상담심리
가이드북

Counseling Psychology
Guidebook

상담심리 가이드북

Counseling Psychology Guidebook

이장호 | 김현아 | 백지연 공저

북스힐

머리말

최근에는 상담심리학을 언론에서 자연스럽게 접할 수 있습니다. 심리상담은 건강한 사람들을 보다 성숙하게 변화시킨다는 성장모형의 관점에서 학교, 기업체, 군대뿐 아니라 가족, 스트레스 및 정신건강 등 다양한 일상의 문제로 널리 적용되고 있습니다. 이러한 사회적 분위기로 인해 전문대학이나 4년제 대학교(사이버대학교 포함), 평생교육원 등에서 상담 및 심리치료를 공부하고자 하는 분들이 늘어나고 있습니다.

이에 따라 상담심리학이란 학문이 매우 흥미롭게 여겨지기도 하지만, 막상 공부를 해보면 익혀야 할 내용이 너무 방대하고 어렵다고 생각됩니다. 또한 전문적인 상담자가 되기 위해서는 대학원을 진학하거나 전문자격 수련을 거쳐야 한다는 것을 깨닫게 됩니다. 전문적인 상담을 배우고자 하는 분들의 길 찾기는 너무나 다양합니다.

국가기관, 학회, 협회 등에서 상담 및 심리치료에 관련된 다양한 자격과정을 보면 어떤 자격증 취득이 전문 상담자로 가는 길인지 혼란스럽기도 할 것이며, 또 어떤 대학원을 가야 할지, 대학원을 가기 위해서는 어떤 준비를 해야 할지 막막하기만 합니다. 한편, 상담을 잘하고 싶은 열망의 크기만큼이나 두껍고 어려운 각론 서적들이 대부분이라고 해도 과언이 아닐 것입니다. 결국 이러한 교재를 읽고 이해해야 한다는 부담감을 안고서 상담심리학 분야의 전문적인 성장을 위한 첫걸음을 내딛게 되지요.

본 저자들은 사이버대학과 학부 대학에서 상담심리학을 수년 동안 강의하면서 한 교재만 가지고는 이해가 불충분하다는 아쉬움을 느꼈습니다. 이에 본 교재의 취지는 각 장별 핵심용어를 통한 개념 이해와 요약을 통한 정리, 심화학습을 위한 추천도서, 상담실습의 적용, 대학원 시험 기출문제의 정리 등을 통하여 상담심리학 학습의 적용능력을 높이며 상담심리전문가로서의 역량 강화에 초점을 두었습니다. 본 교재는 상담심리학을 공부하는 초보자들이 전문가로 성장하는 길 찾기에 필수적인 대학원 진학뿐 아니라 상담심리사, 청소년상담사, 전문상담교사 자격시험 대비에도 충분히 활용할 수 있도록 하였습니다. 또한, 상담심리학의 기초적 이론뿐만 아니라 전문가로서 성장하도록 도와주는 경험과 실습 위주의 강의를 하고자 하는 분들의 보조교재로도 활용할 수 있습니다.

우선, 상담전문가로서의 로드맵을 통한 자기점검을 한 다음, 상담의 개요, 상담의 주요 이론, 상담의 최근 및 기타 이론, 상담의 과정과 기법, 상담에서 활용되는 심리검사, 집단상담을 포함시켰습니다. 이러한 내용은 상담심리학의 전공 필수 교과목이면서도 상담심리 자격증 취득이나 상담전문가로 성장하는 데 기본적인 내용이기 때문입니다. 본 저자들은 독자들의 입장에서 보다 전문적인 진학이나 자격취득에 필요한 교과내용이나 기출문제, 참고자료들을 정리하고, 이미 전문적인 상담자의 길을 가고 있는 선배들에게 어떤 팁들이 있을지 귀 기울여서 교재에 반영하였습니다.

상담심리학을 공부하면서 궁금증이 들었던 부분에 대해 '호기심 많은 멘티'가 질문을 하고 '친절한 멘토'가 교과내용에 관련된 질문에 답변하는 방식을 도입하였습니다. 그리고, 상담심리학 전공 대학원을 준비하면서 미리 알았더라면 좋았을 걸 하는 아쉬움이 남는 기본 지식과 입시준비로 보았던 주교재에서 보완하고 싶은 자료를 첨가함으로써 친절하면서도 쉬운 상담교재를 만들고자 하였습니다. 기출문제의 경우, 저자들과 평소 친분이 있는 선후배, 동료들의 인적망을 토대로 대학원 기출문제들을 모았고, 기출문제에 자주 등장하는 주요 핵심개념들을 최대한 본 교재에 반영하고자 하였습니다. 물론 이러한 기출문제에 대한 해설이 각 대학의 입시사정위원들의 기대에 얼마나 부합할지 장담할 수는 없지만, 꼭 알고 넘어가야 할 핵심개념을 그 근거로 정하였음을 밝혀두는 바입니다.

또한, 원래 집필의 취지는 쉽고 간편하면서도 친숙하게 완성하려고 하였으나, 예비 독자들을 대상으로 실제 반응을 검토해 본 결과, 대학원 진학 이전의 독자층인 경우 다소 개념 설명이 어렵다는 피드백이 있었습니다. 공저자들의 공동평가 결과에서도 본래 집필목적이 덜 충족된 것 같아 독자들에게 미안한 생각이 들기도 합니다. 하지만, 대학원 과정에 있는 독자층의 경우는 한 권으로 상담 관련 과목이 일목요연하게 정리되어 있고 실제 예시가 다양하게 제시되어 이해하기 쉽다는 의견이 많았습니다. 이후에라도 수정사항이 있거나 질문이 있으면 의견을 보내주시기 바라며, 다음 수정본에는 보다 완성되고 이해하기 쉬운 교재가 되도록 노력하겠습니다.

마지막으로 이 책을 가장 효율적으로 사용하려면, 타 상담개론서와 함께 보면서 본 교재의 핵심내용을 요약, 메모를 하거나, 대학원 입시 및 자격시험 대비 기본내용을 파악하고자 할 때, 그리고 대학원 입시 및 자격시험 마무리 정리용으로 보실 것을 추천합니다. 아무쪼록 본 교재가 상담심리학을 보다 전문적이고 체계적으로 공부하고자 하는 독자들의 디딤돌이 될 수 있기를 바랍니다.

2011년 3월 저자 일동

차 례

2 Chapter 상담의 주요 이론 / 57

3 Chapter 최신 및 기타 상담이론 / 113

4 Chapter 상담의 과정 / 155

5 Chapter 상담의 기법 / 177

6 Chapter 상담에서 활용되는 심리검사 / 213

로드맵

/상담전문가의 길/

호기심 많은 멘티

호기심 많은 멘티는 심리학과는 무관한 전공으로 대학을 졸업하고 일정기간 어떤 일에 종사하다가 직업에 회의를 느끼는 분일 수 있다. 또는 아직 졸업 후의 취업 방향을 찾지 못한 학생일 수도 있다. 어쩌면 대학 졸업 후 결혼하고, 아이만 기르다가 육아와 가족관계에 갈등을 느끼고, 실생활에 도움을 받기 위해 심리치료 분야에 관심을 갖게 된 분일지도 모른다. 이런저런 경로를 통해 여러분은 최근 들어 예전에 관심을 가졌던 심리학 서적을 다시 뒤져보고 언론매체에서 접한 각종 상담심리 관련 직업에 관심과 흥미를 갖게 되었다. 그러나 어디서부터 어떻게 시작해야 상담전문가가 될 수 있을지 막막하기만 하다. 인터넷을 검색해도 뚜렷하고 구체적인 답을 찾기 어렵다. 이럴 때 만약 이 책을 접하였다면, 여러분은 친절한 멘토를 만날 수 있을 것이다.

친절한 멘토

친절한 멘토는 여러분보다 조금 일찍 상담심리학을 접하고, 상담현장에서 많은 내담자들을 만나본 사람이다. 또한 먼저 시작했기에 좀 더 많은 시행착오를 겪은 사람일 수도 있다. 따라서 여러분들이 좀 더 빠르고 쉬운 길을 통해 상담전문가가 될 수 있도록 돕는 일종의 가이드 역할을 하고자 한다.

1. 우선 자질과 적성을 점검해보자

1) 상담전문가의 인간적 자질

- 사람과 만나 마음을 열고 대화하는 것을 즐기는가?
- 계획대로 되지 않고, 예측이 어려운 상황에서도 잘 견딜 수 있는가?
- 친구나 주변 사람들이 내게 고민을 자주 털어놓고 상의하는가?
- 사람들에 대한 따뜻한 관심을 가지고 있는가?
- 어떤 사람이 고민이 해결되어 안정되는 것을 볼 때 기쁨을 느끼는가?
- 인간에 대한 기본적인 신뢰가 있는가?
- 주위 사람들의 감정에 잘 공감하는 편인가?
- 누군가 나를 비난하고 비판할 때 방어적이 되기보다 그 사람 입장에 설 수 있는가?
- 나에게 마음을 연 사람에 대해 지켜보며 기꺼이 책임을 질 수 있는가?

2) 상담전문가와 나의 적성

- 성격유형 및 진로, 적성검사를 통해 심리상담과 관련된 자신의 적성을 확인해본다.
- 일반적으로 널리 알려진 MBTI 유형검사를 통해 자신의 성격유형과 추천직업을 확인해본다.

  → 인간이해와 인간복지에 기여할 수 있는 일을 하기를 원하는 INFP 유형, 직관력과 사람중심의 가치를 중시하는 분야에 적합한 INFJ 유형, 타인에게 관심을 쏟으며 통찰력이 뛰어난 ENFP 유형, 공동선의 가능성을 추구하는 ENFJ 유형, 자신의 가치를 타인에게 강요하지 않으며 타인의 감정에 민감한 ISFP 유형 등이 심리상담 분야에 적합할 수 있다.

더 자세한 내용을 알고 싶다면 본 교재 6장의 심리검사 중 MBTI 검사 및 www.mbti.co.kr에서 관련 정보를 검색해보자. 그 외 홀랜드 직업적성검사나 스트롱 진로탐색검사 등을 통해서도 자신의 진로적성을 파악할 수 있다. 학생이라면 소속된 대학의 학생상담센터, 학생이 아니라면 가까운 지역 내 복지관, 상담센터, 청소년지원센터, 건강가정지원센터 등 각종 상담 관련 기관에서 이러한 심리검사가 가능하다. 또한 노동부 워크넷(www.work.go.kr)에서도 온라인 직업심리검사 등을 무료로 실시하고 있다.

3) 상담전문가의 비전

▸▸ 특성

상담전문가는 개인, 가족, 사회, 교육, 정신건강 그리고 진로결정 등의 문제가 있는 사람들을 돕는다. 이들의 업무는 상담서비스를 제공하는 각 개인 및 일하는 분야에 따라 상이하다.

초등·중등·고등학교에서의 교육, 직업, 학교상담전문가는 학생들이 자신의 능력, 관심, 재능, 개성을 이해함으로써 자신의 현실과 앞으로의 진로를 모색할 수 있도록 도움을 준다. 상담전문가는 학생에게 조언을 해주거나 면접, 상담활동, 시험 또는 다른 기법을 사용하여 학생을 평가하고, 취업정보센터와 취업교육 프로그램을 운영한다. 고등학교의 상담전문가는 대학전공, 입학요건, 입학시험, 재정적 도움 그리고 직업, 기술학교, 견습과정 등과 관련한 조언을 하며, 이력서 작성 및 면접요령 등과 같이 직업을 얻는 데 필요한 기법을 가르쳐 주기도 한다. 대학의 취업정보센터에서 근무하는 상담전문가는 졸업생이나 재학생에게 진로결정 및 취업요령에 대한 도움을 준다.

초등학교 상담전문가는 수업시간 및 놀이시간에 학생을 관찰하고, 그들의 체력, 문제, 특별한 필요사항 등을 아이들의 담당교사나 부모들과 상의하며 좋은 학습 습관을 갖도록 도와준다. 이들은 또한 학생들이 겪고 있는 사회, 행동, 개인적 문제를 이해하고 해결하는 데 도움을 준다. 이들은 학생들이 어떤 문제에 직면하기 전에 그 문제를 미연에 방지하고 개인적·사회적·학문적인 향상을 도모할 수 있도록 조언을 해준다. 한편, 알코올 및 마약예방 프로그램과 학생들이 폭력에 의존 없이 갈등을 해결할 수 있도록 도와주는 강의를 포함한 특별서비스를 제공하며, 학생들의 성장에 관련된 가족학대 및 기타 가정의 문제점을 찾아내기 위한 노력을 한다. 이들은 학생 개개인이나 소수의 인원 또는 전체 학생을 대상으로 일을 하며, 부모, 교사, 학교 행정직원, 학교 심리학자, 학교 양호교사 및 사회활동가들과 함께 일한다.

직업상담전문가(vocational counselors, 학교 이외에서 근무할 경우 고용상담전문가(employment counselors)라고도 함)는 각 개인의 직업결정 시 현명한 결정을 할 수 있도록 도와준다. 이들은 개인의 교육, 훈련, 경력, 관심사항, 기술, 성격, 신체적인 능력 등을 개발하고 평가할 수 있도록 도와주며, 적성 및 성취검사를 시행한다. 또한 고객이 직업을 찾거나 새로운 직업에 지원할 수 있도록 도와준다.

재활상담전문가(rehabilitation counselors)는 장애로 기인한 개인적·사회적·직업적 문제를 해결할 수 있도록 돕는다. 이들은 선천성 기형, 질병, 사고 또는 일상의 스트레스로부터 초래된 장애를 가진 사람들과 상담한다. 개인적인 장점과 한계를 평가하고, 개인적·직업적 상담을 제공하며 의료치료, 직업훈련, 구직활동을 준비해준다. 재활상담전문가는 장애를 가진 사람들 및 그들 가족과 상담하고 학교생활기록부 그리고 의무기록을 평가하며 개인의 능력과 기술을 결정하기 위하여 의사, 심리학자, 작업치료사 및 고용주와 함께 의논하고 계획한다. 또한, 고객과 상담하면서 고객이 독립적인 생활을 하고 생활을 즐길 수 있는 훈련 프로그램을 포함한 재활프로그램을 개발하고 수행하며, 고객이 독립적으로 생활하고 사회에 적응할 수 있는 능력을 키울 수 있도록 돕는다.

정신건강상담전문가(mental health counselors)는 개인이나 집단이 최상의 건강상태를 유지할 수 있도록 문제예방에 역점을 둔다. 이들은 약물남용과 중독, 가족, 육아, 부부문제, 자살, 스트레스 관리, 자존심 관련 문제, 나이, 직업, 경력 관련 문제, 교육 결정, 정신건강 등의 문제를 해결하는 것과 관련하여 개인을 도와준다. 정신건강상담전문가는 다른 정신건강상담전문가, 정신과의사, 심리학자, 사회활동가, 정신과간호사 그리고 학교상담원과 밀접하게 일한다.

약물남용 및 행동질환상담전문가(substance abuse and behavioral disorder counselors)는 술, 마약, 도박, 식사장애 등의 문제가 있는 사람을 돕는다. 마약에 중독된 사람을 대상으로 할 경우 중독과 관련된 문제 및 행동을 일깨워주기 위해 상담한다. 이들은 한 사람, 가족 또는 그룹을 상대로 문제해결을 돕기 위해 상담강의를 하기도 한다.

결혼 및 가정문제치료전문가(marriage and family therapists)는 개인, 가족구성원, 커플 또는 감정 갈등을 해결하기 위해 원칙, 방법, 치료기술을 적용하여 견해 및 행동을 바꾸고, 가족 간의 의사소통 및 이해를 증가시키고, 가족 및 개인의 위기를 막는 데 도움을 준다. 이들은 또한 정신병치료 위임자와 함께 심리요법을 사용하며, 대인관계 및 인간개발의 전체적인 분야에서 조사 및 강의를 하기도 한다.

기타 상담전문 분야로 노인 또는 다문화상담 등이 있다. 노인상담전문가는 건강문제로 인한 생활방식 변화를 겪고 있는 노인 및 가족들에게 이러한 변화를 어떻게 대처할 것인지에 대한 조언을 해준다. 다문화상담전문가는 점차 증가하고 있는 다른 문화권의 내담자가 한국 문화에 잘 적응할 수 있도록 도와준다.

▸▸ 근무환경

근무환경은 보통 오전 9시에서 오후 6시까지이지만 내담자의 일정에 따라 야간이나 휴일에 상담이 이루어지기도 한다. 또한 소수이지만 24시간 상담이 이루어지는 상담실도 있다.

대부분 학교상담전문가는 9~10개월 동안 근무하고 2~3개월의 방학을 가지는데, 중고등학교에서 일하는 학교상담전문가는 11개월 혹은 1년 전체를 계약하는 경우가 증가하고 있다. 이들은 일반적으로 교사와 근무시간이 같다. 대학 내 진로 및 취업상담전문가는 학생들의 취업기간 동안에는 비정규적으로 장시간 근무한다.

재활상담전문가는 일반적으로 주당 40시간을 일한다. 자영업을 하는 상담전문가와 정신건강 및 약물남용, 행동질환상담전문가와 같이 지역사회 단체에서 근무하는 상담전문가는 낮에 근무하는 고객들을 위해 저녁에 상담을 하기도 한다. 결혼 및 가정문제상담전문가는 종종 문제가 있는 가정에 적합한 시간이나, 밤이나 주말에만 약속을 잡을 수 있는 커플을 위해 유동적으로 근무한다.

상담원은 일련의 문제를 처리하기 위해 많은 육체적·정신적 에너지를 가지고 있어야 한다. 매일 이러한 문제를 다루는 것은 정신적으로 스트레스를 받을 수 있으며 감정이 메말라질 수 있다. 또한, 사생활 보장은 고객과의 솔직한 상담을 위하여 필수적이며 반드시 비밀이 유지되어야 하기 때문에 일반적으로 상담원은 개인사무실이 있다.

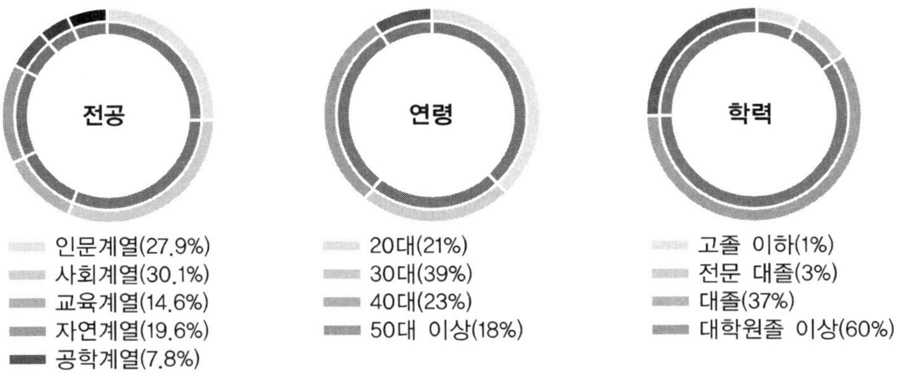

상담전문가 및 청소년지도자 2010-2020 인력수급 결과

2010년 고용자수	2015년 고용자수	2020년 고용자수
1만 5천 1백명	2만 7백명	2만 4천 8백명

※ 자료: 한국직업정보 재직자 조사

직업현황(종사현황 및 수입)

▸▸ 전망

향후 5년간 상담전문가의 고용은 증가할 것으로 전망된다. 상담 관련 졸업자 수보다 일자리 수가 더 많으며, 이외에도 퇴직연령에 가까운 상담원이 많아짐에 따라 대체수요에 의한 고용기회가 많아질 것이다.

교육, 직업 및 학교상담전문가의 경우 학생 등록 수, 특히 중등학교 및 고등교육 관련 학교의 학생 수가 증가하고, 초등학교에서의 상담전문가 채용이 의무화되고 상담가의 책임이 확대됨에 따라 고용이 증가할 것으로 예상된다. 예를 들어, 상담전문가는 마약 및 알코올 남용에서부터 죽음과 자살에 관련된 문제를 학생들이 해결할 수 있도록 도우며 위험과 예방부문에 관여하고 있다. 하지만 학교와 정부가 학생의 학업성취에 상담가의 중요성을 깨닫고 있음에도 불구하고, 각급 학교의 예산 제한은 학교상담전문가의 고용증가에 걸림돌이 될 것이다. 이에 따라 학생 대 상담가의 비율을 줄이기 위해서 많은 학교에서 상담가의 확보를 승인받거나 초등학교 상담프로그램을 확대하고 있다.

개인이 평생 하나의 직업에 머무르는 것에서 자신의 경력을 관리하고 그것에 책임을 진다는 개념으로 인식이 바뀜에 따라 직업 또는 경력상담전문가의 수요는 증가할 것이다. 더욱이 수익자로 하여금 일을 요구하는 복지법의 변화는 이들의 수요를 더욱 촉진하고 있다. 근로자의 훈련, 일시 해고자에 대한 서비스, 새로운 또는 복수의 직업을 찾거나 자신의 기술을 향상시키고자 하는 민간부문의 직무훈련센터에서 또 다른 고용이 발생할 것이다.

약물남용 및 행동, 정신건강, 결혼 및 가정문제치료전문가, 재활상담전문가의 수요는 다양한 이유로 많이 발생할 것으로 예상된다. 미국 캘리포니아와 몇 개 주에서는 최근 약물중독자를 구속하는 대신 약물남용 치료를 받도록 하는 법을 통과시켰다. 이러한 변화는 약물상담가의 고용을 더욱 촉진할 것이다. 또한, 심각한 정신질환을 겪고 있는 어린이와 청소년 및 이들의 가족구성원을 위한 서비스를 개선하기 위해, 주 전체에 걸친 네트워크를 만들 자금이 증대되어 상담전문가의 고용증가에 긍정적인 영향을 미칠 것으로 보인다. 의료관리체계에서 점차 상담비가 보험항목에 포함되면서 정신과의사와 심리학자를 찾는 비용이 낮아지고 있다. 또한 의료보험 수혜자에게 상담서비스를 제공하는 법안이 마련 중에 있다.

의학기술이 발전함에 따라 생명을 구하는 사람이 증가하면서 재활서비스가 필요한 사람이 증가할 것이다. 이외에도 장애인에게 동등한 고용권리를 보장하는 법률은 상담가의 고용을 촉진할 것으로 보이며, 상담전문가는 장애인이 취업할 수 있도록 도와줄 뿐만 아니라 회사들이 장애인 고용기회 균등법을 준수할 수 있도록 도와줄 것이다.

정신건강상담가나 결혼 및 가족치료사의 고용은 건강, 개인, 가족문제들에 대해 전문적인 도움을 찾고자 하는 사람들이 늘어남에 따라 증가할 것으로 보인다. 고용주는 근로자의 정신건강과 알코올 및 마약 남용 관련 서비스를 제공할 근로자 지원프로그램을 제공하고 있다. 직업과 가족에 대한 책임으로 생기는 스트레스 조절 등의 정신적인 복지 개발에 대한 사회적 관심이 증대됨에 따라 더 많은 상담전문가가 필요하게 될 것이다.

▸▸ 고용

2004년 현재 상담전문가로 활동하는 사람은 약 60만 1,000명이다. 이들의 전문분야별 고용현황을 보면 다음과 같다.

〈전문분야별 고용 현황〉 (단위 : 명)

전문분야	인 원
교육, 직업 및 학교상담전문가	248,000
재활상담전문가	131,000
정신건강상담전문가	96,000
약물남용 및 행동질환상담전문가	76,000
결혼 및 가정문제치료전문가	24,000
기타 상담전문가	25,000

〈청소년상담사 양성현황〉 (단위 : 명)

연 도	1급	2급	3급	계
2007	1	177	296	474
2008	47	194	450	691
2009	15	239	517	771
2010	14	140	332	486
2011	19	298	418	735
2012	29	335	928	1,292

※ 자료 : 여성가족부, 한국청소년상담복지개발원 통계

주 : 각 통계치는 청소년상담사의 급별 취득자 현황을 나타냄. 청소년 상담사는 2003년부터 시작되어 매년 청소년상담사 자격 검정을 합격한 자에게 100시간의 연수를 통해 청소년상담사 자격증을 부여.

• 관련 정보처

한국상담심리학회(www.krcpa.or.kr) ☎ 02)498－8293

한국청소년상담복지개발원(www.kyci.or.kr) ☎ 02)2250－3000

※ 출처 : www.work.go.kr (<2009 한국직업전망>의 사회복지관련직 중 '상담전문가', 취업자료실의 '직업정보')

2. 대상에 따른 관심을 확인해보자

1) 아동

- 아이랑 함께 놀아주는 것을 즐기는가?
- 아이와 잘 통한다는 느낌이 드는가?
- 아이가 제멋대로 행동할 때도 아이가 이해되는가?
- 아이들이 산만하거나 거칠게 행동할 때도 사랑스러운가?
- 놀이나 미술 등을 통해 아이들과 소통해본 적이 있는가?

2) 청소년

- 청소년 시기에 방황을 한 적이 있는가?
- 말이 없거나 단답형으로만 말하는 청소년과도 마음이 통하는 경험을 한 적이 있는가?
- 청소년과 함께 있을 때 생기를 느끼는가?
- 공격적으로 말하거나 욕을 자주 하는 청소년의 마음도 이해되는가?
- 가출, 폭력 등을 행하는 소위 비행청소년들과도 소통이 잘 되는가?

3) 대학생 및 성인

- 개인 대 개인 간의 대화를 즐기는가?
- 특별한 도구, 매체를 활용한 만남보다 개인 간의 언어적 대화 자체가 편안한가?
- 관계 및 직업상의 갈등, 부부문제, 진로 문제 등 특정하게 관심이 있는 문제의 분야가 있는가?
- 개인과의 장기적인 만남 또한 책임감 있게 이어갈 수 있는가?
- 아동, 청소년보다 성인이 편안한가?

4) 노인

- 대가족 경험이나 생활상의 경험을 통해 노인이 친밀하게 느껴지거나 익숙한가?
- 건강상의 문제나 고독 등의 문제로 힘들어 하는 노인을 보면 다가가서 돕고 싶어지는가?
- 노인의 복지에 관심이 많은가?
- 아동, 청소년 등 이미 활성화된 대상보다는 좀 더 전문성 개척의 여지가 있는 대상

을 선택해서 상담하고 싶은가?

- 노인상담의 경험이 있는가?

5) 집단

- 개인 대 개인의 만남보다는 단체의 만남을 선호하는가?
- 집단에서만 가능한 상호 간의 심리적 역동을 즐길 수 있는가?
- 집단 내에서 지도력을 발휘할 수 있는가?
- 구성된 프로그램을 가지고 상담을 진행하고 싶은가?
- 때로 집단 내에서 비난을 받더라도 견딜 수 있는가?

3. 활용매체에 따른 관심을 확인해보자

1) 학부에서 미술을 전공했거나 미술에 관심이 많고 미술을 즐긴다면 → 미술치료사

미술치료사로 활동하는 사람들의 전공은 미술학과, 심리학과, 교육학과, 재활학과, 아동학과 등으로 다양하다. 최근에는 미술치료만을 전문적으로 교육·훈련하는 곳이 대학원에 개설되고 있다. 정해진 학력은 없지만 현장에서는 대학원 이상의 학력이 요구될 수 있다.

한국미술치료학회(www.korean-arttherapy.or.kr)
한국예술치료학회(www.artstherapy.or.kr)
한국표현예술치료협회(www.keapa.or.kr)

- 미술치료학과

개설 학부: 대구사이버대학교, 영남대학교 등
개설 대학원: 한양대학교, 대구대학교, 서울여자대학교, 평택대학교, 한세대학교, 서울불교대학원대학교 등

2) 아동 관련 학과로 학부를 졸업했거나 아동상담에 관심이 많다면 → 놀이치료사

놀이치료사는 의료기관, 사설 아동상담센터, 복지관 등에서 일하고 있으며, 대부분 심리학, 아동학, 사회복지학 전공자로서 석사 이상의 학력을 요구한다. 또한 현재 활동하고 있는 대부분의 놀이치료사는 관련협회의 자격증을 취득하거나 교육과정을 이수한 후 활동하고 있다.

한국놀이치료학회(www.playtherapykorea.or.kr)

• 놀이치료 관련 학과

숙명여대, 대구대학교, 한양대학교를 포함한 각 대학의 아동학, 아동복지학, 놀이치료학, 아동심리치료학과

3) 학부에서 음악을 전공했거나 평상시 음악에 관심이 많다면 → 음악치료사

음악치료사는 음악을 매개로 하여 치료를 수행한다. 관련 학과로는 관현악과, 교회음악과, 기악과, 성악과, 실용음악과, 심리학과 등이 있다. 정해진 학력은 없지만 석사학위를 요할 수 있고, 대학의 사회교육원, 평생교육원 등에서도 음악치료 과정을 개설하고 있다.

한국음악치료학회(www.musictherapy.or.kr)

• 음악치료학과

숙명여대, 이화여대, 성신여대, 명지대학교 등의 대학원 과정

4) 무용을 전공했거나 몸으로 하는 동작 등에 관심이 많다면 → 무용/동작치료사, 춤치료사

최근 들어 부상하고 있는 무용/동작 심리치료사들은 정신과 병동, 정신보건센터, 발달장애아동을 위한 센터, 학교, 청소년보호시설 등 비교적 다양한 시설에서 활동하고 있다. 무용치료사가 되려면 대학원에서 무용치료를 전공하거나 민간학회 등에서 자격증을 취득할 수 있다.

한국댄스테라피협회, 한국무용/동작심리치료학회(www.kdmta.com)

한국춤테라피학회(www.dancetherapy.or.kr)

• 무용치료 관련 학과

서울여대 특수치료대학원 동작치료학과, 순천향대학교 대학원 무용치료 전공, 대전대학교 보건스포츠대학원 예술치료학과 무용치료 전공 등

5) 학부에서 영상영화 관련 전공을 했거나, 특히 영화를 즐긴다면 → 영화치료사

영화는 국내에 널리 알려진 치료매체는 아니나, 최근 들어 치료의 매체로 부상하고 있고 교육과정도 개설되어 있다. 아직까지 대학, 대학원 등에서 직접적인 전공학과는 개설되지 않았다.

한국영상영화치료학회(www.cinematherapy.kr)

6) 학부에서 사진학을 전공했거나, 사진에 흥미가 있다면 → 사진치료사

한국사진치료학회(www.kopta.org)

※ 기타 매체를 활용한 치료 종류에 관해서는 본 교재 1장 상담의 개요 중 '활용매체에 따른 상담의 종류'를 참고하자.

4. 상담전문가가 되는 길을 찾아보자

여러 가지 매체를 활용한 심리치료사가 되기 이전에, 이론과 실제 면에서 상담에 관한 기본을 튼튼히 하고 싶다면 상담심리학을 전공하거나 상담심리사가 되는 것이 가장 좋은 방법이다.

1) 학부, 사이버대학교 진학 혹은 편입

학부를 마치지 못했거나 학부 전공이 심리학과 무관하다면, 대학, 사이버 대학의 상담심리학과 편입을 고려할 수 있다.

2) 대학원 진학

상담심리사 자격증을 전문적으로 취득하고자 한다면, 대학원을 진학하는 것이 가장 좋은 방법이다.

• 일반대학원

학부에서 심리학, 교육학과 인접한 전공을 하고 풀타임으로 공부할 수 있는 여건이라면, 일반대학원 내에 상담심리 전공 석사과정을 고려해보자. 각 대학의 대학원 내에서 교육학, 심리학, 교육심리학 등의 전공과정 중 일부로 상담심리를 전공할 수 있다.

• 특수대학원

현재 직업을 가지고 있어 야간 석사과정을 원하거나 상담심리 전공이 실제를 바탕으로 특화되어 있는 과정을 원한다면, 각 대학의 특수대학원 내의 상담심리전공을 고려해보자.

예 교육대학원, 심리상담 대학원, 신학대학원, 상담 관련 대학원대학교, 사이버대학원 등

※ 전공개설 학교목록은 '부록 3' 참고

3) 관련 학회 자격증 따기

국가공인 자격증은 아니지만 현재 국내의 상담현장에서 가장 인정받는 자격증을 취득하고자 한다면 다음의 학회 자격증을 참고해보자. 학회 자격증은 대부분 석사 이후를 기본으로 하고 있다. 따라서 대학원 진학 후 학회에 가입하여 자격증 수련을 진행하는 것이 좋다.

한국상담심리학회 상담심리사(www.krcpa.or.kr)

한국상담학회 전문상담사(www.counselors.or.kr)

또한, 청소년에 관심이 있고 국가공인 자격증을 따고자 한다면, 청소년상담사(www.youthcounselor.or.kr) 자격증에 관심을 가져보자.

Chapter 1
상담의 개요

상담이란 무엇인가? 상담은 어떤 요소로 이루어지는가? 상담에는 어떤 종류들이 있는가? 또한 상담은 심리치료 및 정신치료와 어떻게 다른가?
본 장은 위의 질문들에 답하면서 상담의 기본적인 개념을 안내하고 여러분이 숙지할 수 있는 내용들로 구성되어 있다. 상담의 정의, 상담의 요소, 상담의 종류에 관해 구체적으로 알아보자.

Zoom up

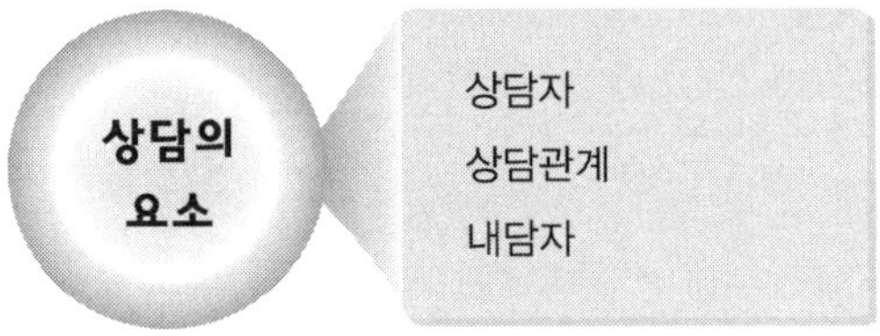

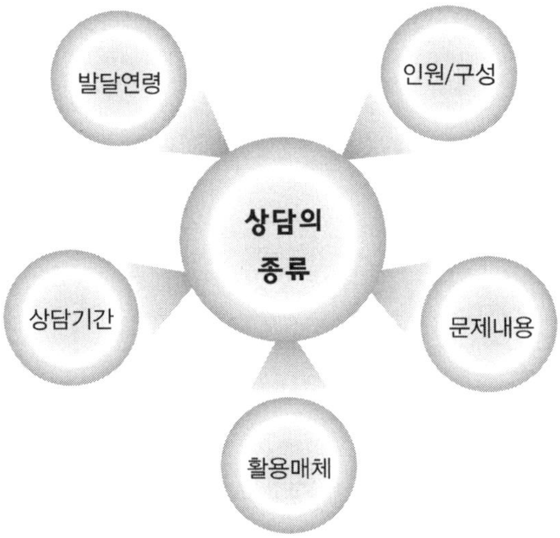

단원소개

학습내용 분석	참고사항
1. 상담의 정의 1.1 상담의 정의 1.2 상담에 대한 정의의 어려움 1.3 상담의 주요 목표	
2. 상담의 주요 구성요소 2.1 상담자 1) 상담자의 자질* 2) 바람직한 상담자의 인성* 3) 효과적인 상담자의 특성 2.2 내담자 1) 내담자가 상담에 오기까지의 과정 2) 문제의 속성에 따른 분류 3) 발생 원인에 따른 분류 4) 심각성 정도에 따른 분류 2.3 상담관계* 1) 상담관계의 3가지 측면 2) 상담관계의 형식적 측면	*상담자의 자질, 인성 *상담관계(라포, 작업동맹)
3. 상담, 심리치료, 정신치료의 비교 3.1 목표 3.2 대상 3.3 기간	
4. 상담의 종류 4.1 발달연령에 따른 구분 1) 에릭슨의 발달단계 참고 2) 발달연령에 따른 상담접근 4.2 인원 및 구성에 따른 구분 1) 개인상담 2) 집단상담 3) 부부상담 4) 가족상담 4.3 문제내용에 따른 구분 1) 성상담 2) 학습상담 3) 비행상담 4) 직업 및 진로 상담 5) 위기상담 6) 산업상담 7) 성장상담 8) 종교 및 영성 상담 9) 다문화상담 10) 군상담 4.4 활용매체에 따른 구분 1) 미술치료 2) 놀이치료 3) 음악치료 4) 독서치료 5) 드라마치료 6) 영화치료 7) 동작치료 4.5 상담기간에 따른 구분 1) 장기상담 2) 단기상담 3) 장기/단기 상담의 비교	

*표기는 기출문제 빈도가 높은 내용의 핵심용어.

1 상담의 정의

1.1 상담의 정의

- 도움을 필요로 하는 사람(내담자)이 전문적 훈련을 받은 사람(상담자)과의 대면관계에서 생활과제의 해결과 사고, 행동 및 감정 측면의 인간적 성장을 위해 노력하는 학습과정이다(이장호, 2005).
- 상담자가 내담자와의 관계에서 촉진적인 의사소통을 통하여 내담자가 개인적인 문제에 대한 자기 이해와 자기 지도력을 터득하도록 도와주는 과정이다(홍경자, 2001).
- 전문적 훈련을 받은 상담자와 조력을 필요로 하는 내담자가 상담활동의 공동주체로서 내담자의 자각활동을 통해 문제예방, 발달과 성장, 문제해결을 달성함으로써 그의 삶의 질을 향상시키기 위해 함께 노력하는 조력과정이다(노안영, 2005).

즉, 상담이란 훈련받은 상담자가 내담자의 인생에 긍정적인 변화를 만들 수 있도록 문제예방, 발달과 성장, 문제해결을 돕는 전문적 과정이다. 이 과정에서 상담자와 내담자는 합동으로 작업한다.

1.2 상담에 대한 정의의 어려움

다양한 상담 및 심리치료 이론(현존 약 60여 개) 중 적용되는 이론에 따라, 그리고 상담을 진행하는 상담자의 개인적 경험과 취향에 따라, 또한 각 상담사례가 지니는 개별적 특성에 따라 다양한 형태를 지닐 수 있기 때문에 상담에 대한 정의를 명확히 내리기란 쉽지가 않다.

1.3 상담의 주요 목표

① 현재 내담자에게 당면한 문제를 해결하고 갈등을 해소하고자 한다.
② 내담자가 처한 상황에 잘 적응할 수 있도록 돕는다.
③ 성격장애나 심리적 장애 등의 증상을 제거하거나 완화한다.
④ 내담자의 비적응적인 행동을 적응적이고 적절한 행동으로 변화시킨다.
⑤ 선택과 결정의 상황에서 합리적인 의사결정을 할 수 있도록 돕는다.
⑥ 인생에서의 성숙과 발달을 돕는다.

⑦ 심리적 상태를 결정하는 중요한 요인인 자존감을 향상시킨다.

⑧ 심리적으로 건강한 상태를 유지하고 행복한 삶을 영위하도록 장애를 예방한다.

멘티 상담의 목표는 누가 정하나요?

멘토 내담자가 상담에서 변하고 싶은 호소내용을 중심으로 가장 우선적이고 중요하며 해결 가능한 문제를 내담자와 상담자가 함께 협의하여 설정합니다. 즉, 상담자가 생각한 내담자의 문제를 일방적으로 상담의 목표로 정하는 것은 바람직하지 않습니다. 이때 상담의 목표는 추상적인 것보다는 구체적인 행동을 나타내는 용어로 정하는 것이 좋습니다.

2 상담의 주요 구성요소

상담활동의 공동주체는 상담자와 내담자다. 하지만 상담자와 내담자 간의 관계를 배제하고서는 상담활동을 이야기할 수 없다. 즉, 상담의 주요 구성요소는 ① 도움을 주는 사람(상담자) ② 도움을 받는 사람(내담자) ③ 도움을 받는 사람과 주는 사람 간의 관계(상담관계)라 할 수 있다.

2.1 상담자

전문적 상담자란 치료적, 예방적, 교육 및 발달적 역할을 실천하는 사람을 말한다. 또한, 내담자를 조력하기 위해 상담이론과 기법, 인간발달, 집단과정, 윤리적 및 법적 문제 등에 관한 지식과 기술을 습득하는 훈련을 받은 사람이다.

1) 상담자의 자질

상담효과가 높은 상담자라면 3가지(EAT)를 갖추어야 한다(Strong).

- E(Expertness) – 높은 수준의 전문성
- A(Attractiveness) – 사람을 끄는 친근감
- T(Trustworthiness) – 믿음을 주는 신뢰감

① 상담자의 전문성

전문적 상담자는 평가나 진단에 대한 지식, 상담이론에 관한 이론적 지식 및 이해를 바탕으로 다양한 상담기법을 능숙하게 활용할 수 있어야 한다. 또한, 전문적 상담자란 상담에 대한 지식 이외에도 다양한 실습경험과 교육분석, 수퍼비전 등의 훈련과정을 거쳐야 한다.

> **멘티** 교육분석과 수퍼비전은 어떤 과정을 말하나요?
>
> **멘토** 교육분석이란, 상담자가 자신의 심리적 문제해결과 인간적 성장을 이루기 위해 일정한 기간 동안 다른 상담자에게서 상담을 받는 경우를 말합니다.
>
> 교육분석은 모든 대학원이나 자격증 과정에서 필수요건은 아니지만, 상담자 자신의 심리적 문제를 통찰하고 해소하지 않으면, 상담자로서의 전문성과 발전에 저해가 될 수 있으므로 석사 졸업을 위한 요건으로 교육분석을 권유하는 분위기가 많습니다. 대체로 6개월에서 1년, 길게는 수년간 교육분석을 받기도 합니다.
>
> 수퍼비전(supervision)이란, 상담자가 자신이 행한 상담사례를 선배 상담자에게 지도받는 훈련과정을 말합니다. 수퍼비전은 한국상담심리학회의 상담심리사나 한국상담학회의 전문상담사 자격증을 취득하기 위한 필수 수련요건에 해당됩니다.

② 상담자의 인간적 자질

상담자 자체가 치료적 도구이므로 인간으로서의 상담자는 내담자에게 무의식적 본보기 역할을 할 수 있어야 한다. 또한, 자신과 타인에 대한 개방성, 이해와 수용, 유연성, 안정성, 창의성, 신뢰감을 주는 인성이 필요하다.

③ 상담자의 태도

정직하고 겸손하며 편견 없이 내담자를 기꺼이 도우려는 의지가 있어야 한다. 내담자의 비밀을 철저히 유지하고 자신의 전문적 한계를 알고 있으며 내담자와의 상담관계에 영향을 줄 수 있는 이중관계를 피하는 등 내담자를 존중하는 높은 윤리적 책임감이 필요하다.

멘티 상담할 때 항상 비밀보장을 받을 수 있나요? 그리고 이중관계란 무엇인가요?

멘토 상담자는 내담자가 자신이나 타인을 해칠 수 있는 경우나 아동학대와 관련된 경우 등 특별한 경우를 제외하고는 비밀을 유지해야 합니다. 상담내용을 노출할 때는 수퍼바이저의 지도와 자문을 받는 것이 좋습니다. 이중관계란, 상담자와 내담자가 상담 이외에 경제적 거래나 사적 관계 등을 맺는 것을 말합니다. 또한, 한국상담심리학회의 상담심리사 윤리강령에 따르면 상담관계가 종결된 이후 최소 2년 내에는 내담자와 성적 관계를 맺지 말 것을 규정하고 있습니다.

④ 상담자의 윤리

- 자신의 개인적 욕구와 행동이 내담자에게 어떤 영향을 미치는지 인식하고 있어야 한다.
- 자신이 소속된 기관에서 채택하고 있는 윤리적 규준에 대해 잘 알며, 동시에 독자적 판단이 중요하다는 사실 또한 인식하고 있어야 한다.
- 내담자의 복지에 대한 책임이 있으며, 내담자를 자신의 욕구를 충족시키기 위한 수단으로 삼아서는 안 된다.
- 내담자와의 치료적 관계를 방해할 수 있는 어떠한 다른 관계도 가져서는 안 된다.
- 내담자의 비밀에 대한 보장과 상담에 부정적인 영향을 미칠 수 있는 다른 문제들에 대해서도 내담자에게 알려줄 책임이 있다.
- 자신의 가치관, 태도 등을 자각하며, 이러한 가치와 태도가 내담자에게 어떠한 영향을 미치는지 인식하고 있어야 한다.
- 상담자는 자신이 제공할 수 있는 전문적인 도움의 한계를 잘 알고 있어야 하며, 적절한 도움을 주지 못할 때는 수퍼비전을 받거나 다른 상담자에게 상담을 의뢰해야 한다.

2) 바람직한 상담자의 인성(G. Corey, 1993)

- 자신의 길을 발견한 사람들로서 인생철학과 개인적인 삶의 양식을 가지고 있다.
- 자기존중감과 자기안정감을 갖고 있다. 자신의 가치와 능력에 대한 자신감을 가지고 있다.
- 강한 사람이 될 수 있고 자신의 힘을 인식하고 수용할 줄 안다.
- 변화에 개방적이고 일반적으로 자아를 유지하며 자발적으로 모험을 한다.
- 자신과 타인에 대한 인식을 확장시키고 있다.
- 불확실성을 기꺼이 수용할 수 있다.

- 정체성을 갖고 있어서 자신이 누구인지 어떤 사람이 될 수 있는지 안다.
- 생기가 있고 생활지향적이다. 감정을 깊이 느낄 수 있으며 삶을 즐긴다.
- 진실하고 솔직하며 일치성이 있고 순수하며 정직하다.
- 영혼으로부터 우러나오는 사랑을 주고받을 수 있다.
- 현재에 산다. 과거에 묶이거나 미래에 고착되지 않는다.
- 실수를 행하기도 하며 그것을 기꺼이 인정한다.
- 자신의 일에 깊이 관여하고 창조적 과제에 몰두한다.
- 자신을 재창조할 수 있고 자신의 삶에서 의미 있는 관계를 재창조할 수 있다.
- 타인을 위해 자신의 감정을 드러낼 줄 안다.
- 자신의 삶을 만들어가는 과정에 있으며 초기 결정의 희생이 되지 않는다.
- 계속적인 자기평가를 통해 비합리적인 가정이나 자기파괴적 신념, 태도 등에 굴복하지 않고 도전한다.
- 존중과 배려, 신뢰, 자신에 대한 가치의식에 바탕을 두고 타인의 복지에 진실한 관심을 갖는다.

3) 효과적인 상담자의 특성

- 진실하게 경청하고 공감하는 능력
- 능숙한 대인관계기술 및 갈등해소능력
- 자기이해 및 타인이해
- 내담자의 문제를 해결해줄 수 있는 전문적인 지식과 경험
- 유연한 사고, 융통성, 가치판단을 떠난 이해심
- 심리적, 정서적 안정성
- 모호함을 잘 견디는 능력

2.2 내담자

1) 내담자가 상담에 오기까지의 과정

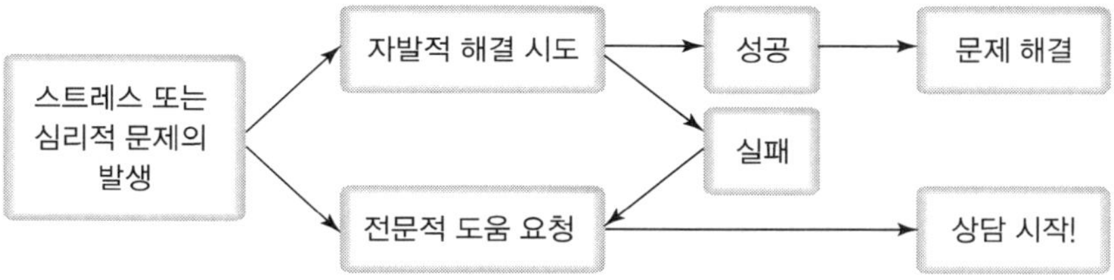

2) 문제의 속성에 따른 분류

- 일시적 문제를 지닌 내담자

  1~2개월 이내의 문제에서 벗어나 정상적인 생활적응기능을 수행할 수 있는 문제를 말한다. 이 경우 친구나 주변의 도움을 받아 스스로 해결할 수도 있다.

- 지속적 문제를 지닌 내담자

  6개월 이상 문제가 계속되는 경우를 말한다.

- 만성적 문제를 지닌 내담자

  몇 년 이상 지속되는 경우를 말한다. 이때 문제 자체의 심각성 정도와는 무관하며, 일정한 시간 간격을 두고 되풀이하여 경험되는 반복경향이 있는지 확인하는 것이 중요하다.

3) 발생 원인에 따른 분류

- 심리적 문제의 발생 원인이 개인 내부에 있는 내담자(성격적 문제)
- 심리적 문제의 발생 원인이 외부에 있는 내담자(상황적 문제) 예 부모, 실직, 질병, 재해
- 심리적 문제의 발생 원인이 상황적 요소와 성격적 요소의 상호작용인 내담자

4) 심각성 정도에 따른 분류

- 아무런 심리적 문제도 겪지 않는 사람, 즉 정상인

  일상적인 생활을 방해할 정도의 커다란 심리적 문제나 적응기능상의 어려움을 겪지는 않으나, 자신의 성격과 사고방식 또는 행동패턴을 개선해보고 싶다거나 특정한 능력을 개발하고 싶은 등의 성장촉진적 욕구가 있는 상태를 말한다.

- 신경증적인 문제를 겪는 사람

  현실인식과 생활적응에 극심한 결함을 가지지는 않지만 주로 정서적 또는 행동적 측면에서, 그리고 주변 사람들과 인간관계를 맺고 유지해 나가는 과정에서 상당한 정도의 불편과 고통을 느끼는 경우를 말하며, 자발적이고 전문적인 도움을 요청할 수 있다.

- 정신증적인 문제를 겪는 사람

  현실의 인식과 기본적인 생활적응 자체가 심각하게 손상된 경우를 말하며, 현실에 대한 올바른 인식이 결여되어 있으므로 자신에게 문제가 있다는 것 자체를 제대로 알지 못하고, 타인에 의해 상담이 의뢰되는 경우들이 많다. 이러한 경우에는 정신과전문의에게 치료를 의뢰하거나 정신과의 약물치료와 병행하여 상담할 수 있다.

  예 정신분열증, 성격장애 등

※ 위의 3가지 부류 간의 경계가 뚜렷하지는 않다.

멘티 문제의 심각성과 지속성은 상담기간과 어떤 관련이 있나요?

멘토 문제의 수준이 심각하고 6개월 이상 지속되었을 경우에는 비교적 장기간으로 상담이 진행될 가능성이 높다고 볼 수 있습니다.

2.3 상담관계

상담관계는 상담의 성과를 가장 잘 예측할 수 있는 요인이며, 상담자와 내담자가 맺는 인간적 관계를 말한다. 상담관계인 촉진적 혹은 치료적 상담관계가 올바르게 형성되지 않으면 상담의 효율적인 진행은 불가능하다.

1) 상담관계의 3가지 측면

- 유대감: 연결되어 있다는 강한 느낌, 공감대와 공유된 이해
- 공동목표: 상담목표, 즉 내담자가 변화해야 할 부분에 대한 동의 및 공동노력
- 공동작업: 상담이 어떻게 진행될 것인지에 대한 합의 및 공동참여

멘티 상담자에게서 '라포'라는 말을 많이 들었는데, '라포'란 무슨 뜻인가요?

멘토 라포(rapport)란, 상담자와 내담자 사이의 상호 신뢰관계를 나타내는 심리학 용어입니다. 즉, 마음이 서로 통하고, 무슨 일이라도 털어놓고 말할 수 있을 것 같이 느껴지는 치료적 관계를 말합니다. 본래 라포란 최면을 발견한 메즈머(Mesmer)가 쇠막대인 라포를 사용하여, 환자들에게 건강한 마음을 넣어준다는 데에서 유래되었습니다. 그러나 실제로는 쇠막대가 환자의 마음을 건강하게 했던 것이 아니고, 치료자와 환자 사이에 심리적인 관계를 통해 건강해진 것이라는 사실이 밝혀지면서 치료자와 환자 사이의 관계라는 말로 라포라는 용어를 사용하게 되었습니다. 이 용어 이전에 프로이트(Sigmund Freud)가 분석가와 환자와의 관계를 논하면서 사용한 용어로 '치료동맹'이란 용어가 있습니다. 프로이트가 치료에서 더 이상 최면을 활용하지 않게 되면서 '라포' 대신에 '치료동맹'이란 말을 사용하게 되었지요. 정신분석에서 라포라는 말 대신에 치료동맹이 등장한 것은 1950년대 보스턴의 정신분석학자인 제트젤(Zetzel)이 사용하면서 시작되었고, 1960년대에는 UCLA 의과대학 정신과교수이자 정신분석학자인 그린슨(Greenson)에 의해서 작업동맹(working alliance)이란 용어가 등장하면서 치료동맹 혹은 작업동맹으로 사용되고 있습니다. 이러한 라포 형성이 되어야 상담에서의 의사소통이 원활해지고 내담자가 좀 더 자신을 드러내며 편안하게 자신을 탐색할 수 있으므로, 상담의 성과에 있어서도 매우 중요합니다.

2) 상담관계의 형식적 측면

- **대면상담**: 가장 일반적이고 전통적인 상담진행방식으로, 내담자를 직접 만나서 관찰할 수 있기 때문에 내담자가 스스로 보고하는 언어적 내용 이외에 비언어적 행동(목소리, 표정, 몸짓 등) 등 여러 가지 중요한 정보활용이 가능하다. 대화 이외의 다른 수단을 통해 상담을 진행하는 경우도 있는데 놀이치료, 음악치료, 미술치료 등이 그 예다.
- **전화상담**: 상담자와 내담자가 전화를 이용하여 대화를 나누면서 상담을 진행하는 방식이다. 남에게 쉽게 털어놓지 못할 지극히 사적인 비밀을 지닌 내담자, 상담자가 내담자의 문제와 관련된 정보를 제공하는 것만으로 해결될 수 있는 구체적인 문제를 지닌 내담자, 응급상황의 내담자에게 효과적이다. 단, 내담자가 전화를 끊어버리면 상담이 종료되기 때문에 상담관계가 불안정하고 지속적인 상담을 통한 문제해결이 어렵다는 한계점이 있다.
  예 여성의 전화, 1388 등
- **사이버상담**: 컴퓨터 이용이 증가함에 따라 전자우편(E-mail), 게시판, 문자채팅, 화상채팅 등과 같은 여러 가지 인터넷 통신 수단을 이용해 심리적 문제에 대한 이해와 해결을 시도하는 것이다.

3 상담, 심리치료, 정신치료의 비교

구 분	다루는 문제	목 표	책임자	기 간
상 담	긴장, 불안, 비적응적 행동 등 (일시적 경미한 문제)	감정, 사고, 행동상의 긍정적 변화, 성장	상담자	단기
심리치료	신경증, 성격장애, 우울증 등 (만성적 심각한 문제)	정서적 해소, 성격상의 심층적 변화	심리치료자	중장기
정신치료	정신병리 (만성적 심각한 문제)	정신질환의 증상 완화, 치료	정신과 전문의	장기

3.1 목표

상담자의 상담목표는 인간적 성장을 도모하며 내담자의 사고, 감정, 행동상의 변화에 도움을 주는 것이다. 심리치료자는 여기에서 더 나아가 정서, 갈등의 해소 및 성격구조상의 변화도 도모한다. 정신과전문의는 심각한 정신병리의 증상을 완화하거나 치유한다.

3.2 대상

상담자는 상대적으로 건강한 일반인들을 대상으로 하여 진로문제, 관계향상, 의사소통 기술 등을 증진시킨다. 심리치료자는 우울증, 성격장애 등 좀 더 심각한 문제를 지닌 내담자를 대상으로 한다. 정신과전문의는 정신질환을 지닌 환자를 대상으로 한다.

3.3 기간

상담은 심리치료에 비해 기간이 짧고, 심리치료는 정신치료에 비해 기간이 짧을 수 있다.

멘티 역술원이나 피부과에서도 상담이라는 말을 쓰는데, 그런 일반적인 상담과 심리상담은 어떤 차이가 있나요? 또한, 심리상담과 상담심리는 어떤 차이가 있나요?

멘토 심리상담이란, 일반상담과 비교할 때 심리학에서의 체계적이고 과학적 접근을 강조하는 상담을 말합니다. 따라서 심리학적인 이론과 실습을 갖춘 전문적인 상담자인지, 내담자의 심리적 문제에 대한 체계적인 평가가 있는지, 체계적이고 구체적인 상담방법을 활용하는지, 상담을 정기적·규칙적으로 행하는지에 따라 다릅니다. 이러한 사항들을 갖춘 상담이라면 전문적인 심리상담이라 할 수 있습니다. 반면, 상담심리는 심리상담에서의 학문적 측면을 말합니다. 상담의 효과를 검증하고, 그 연구결과가 강조될 때 상담심리학으로 접근될 수 있습니다. 혹자에 따라 '상담학'이라고 명명하기도 합니다.

4 상담의 종류

4.1 발달연령에 따른 구분

1) 에릭슨(Erik Erikson)의 발달단계

에릭슨의 심리사회발달이론에 따르면, 인간의 심리 성적 발달은 심리 사회적 성장과 병행하며 생의 각 단계에서 개인은 자신과 사회와의 평형을 유지하기 위한 발달과제에 직면한다고 보았다. 또한, 자아를 자율적인 구조로 파악하여, 자아의 통제능력과 숙달은 생애 전반에 걸쳐 추구된다는 점을 강조하였다.

① 환상기: 신뢰 대 불신(생후 1년)

에릭슨은 이 시기를 인생에서 가장 중요한 시기로 보았다. 중요한 타인이 기본적인 신체적 정서적 욕구를 충족시키면 신뢰감이 발달하며, 기본적 욕구를 충족시켜주지 못할 때 불신의 태도가 발달하게 되는데, 특히 인간관계에 장애가 발생하게 된다. 주 양육자로부터 보호받고 사랑받는 데서 자신, 타인, 세계에 대한 신뢰의 기초가 확립되는 시기다.

② 유아기: 자율성 대 수치, 회의(2~3세)

자율성을 발달시키는 시기이며 기본 갈등은 자기신뢰감과 자기회의감이다. 탐색과 경험을 통해 실수하고 한계를 점검하게 되는데, 이때 부모가 의존심을 촉진시키면 아동의 자율성이 금지되고 세상을 성공적으로 다루는 능력이 장애를 받게 된다.

③ 학령 전기: 주도성 대 죄의식(3~5세)

기본 과제는 능력감과 주도성의 감각을 성취하는 것이다. 아동에게 선택권이 주어질 때 긍정적 관점을 갖고 과제를 해결할 수 있게 된다. 주도성은 놀이와 환상에 근거하여 형성되며 죄책감은 지나치게 엄격한 훈육, 윤리적 태도를 강요할 때 생기게 된다.

④ 학령기: 근면성 대 열등감(6~11세)

자아성장의 결정적인 시기로, 근면성이란 의미 있는 존재로서 발달과제를 달성할 수 있다는 창조적 목적과 연합한다. 이 시기에는 외부세계에 대한 이해를 확장하고 학교생활에 필요한 기술을 학습한다. 기본과제인 근면성 획득에 실패한 결과로 부적절감(열등감)이 생겨 이후 발달에 영향을 미친다.

⑤ 청소년기: 정체감 대 역할 혼미(11~18세)

아동기와 성인기의 과도기다. 이때는 급격한 신체적 변화와 더불어 사회의 새로운 압력과 요구에 직면하게 된다. 부모로부터 의존의 끈을 풀고, 정체감을 형성하기 위해 자신의 한계를 검사한다. 그러나 부모, 동료, 사회로부터 다양한 압력을 받으므로 정체감 형성이 어려울 때 역할 혼미에 빠지게 된다. 인생목표, 인생의 의미를 명료화하기 위한 역할 모델이 중요한 시기다.

⑥ 성인 초기: 친밀감 대 고립감(18~30세)

직업 및 배우자 선택의 시기로, 상대방과 공유할 수 있는 정체감을 탐색한다. 긍정적 정체감을 확립했을 때 진정한 친밀감 형성도 가능하다. 즉, 심리적으로 성숙한 성인의 특성은 친밀한 관계를 만들 수 있는 능력이다. 친밀한 인간관계 형성에 실패할 때 소외와 고립의 상태가 된다.

⑦ 중년기: 생산성 대 침체성(30~60세)

생에서 가장 생산적인 시기로서 자신과 타인을 위해 창조적으로 사는 방법을 학습한다. 생산성이란 직업, 가족, 여가활동 등을 통해 창조적인 감각을 확산시키는 것으로, 자신과 가족에 대한 욕구를 넘어서 다음 세대를 도우려고 한다. 자신의 꿈과 현실적 성취 사이의 불일치를 조정하는 시기이며, 생산적 감각 획득에 실패할 때 침체하게 된다.

⑧ 노년기: 자아통합 대 절망(60세 이상)

자신의 삶을 회고하면서 개인적인 가치감, 자아정체감을 느끼는 시기로, 신체적·사회적 퇴보를 어떻게 받아들이느냐에 따라 성패가 좌우된다. 지혜를 통해 앞의 7단계를 통합하며 한 차원 높은 인생철학을 형성하게 된다. 죽음을 삶의 한 과정으로 생각하며 현재의 삶에서 의미를 발견하는 자아통합에 실패할 때 자신의 삶을 낭비했다는 인식, 절망감, 자기경멸, 죄의식 등에 빠지게 된다.

> **멘티** 에릭슨의 발달주기에 의하면 노년기가 60세 이상이고 자아통합 대 절망이라는 과제만 있는데, 최근에는 수명이 길어져서 70대나 80대 이후를 위한 과제도 있지 않을까요?
>
> **멘토** 그렇습니다. 에릭슨의 발달단계는 '자아통합 대 절망'이라는 과제로 마무리되지만, 이 책의 공동저자이자 ≪임상노인심리학≫(2009, 시그마프레스)을 번역한 이장호 교수의 의견을 대표적으로 제시하자면, 70세에서 75세까지는 '자기확인'의 과제를, 75세 이후로는 '자기초월'의 과제를 들 수 있습니다. 저명한 인본주의 심리학자인 아브라함 매슬로(A. Maslow)도 후반기 연구를 통해서는 인간은 '자아실현'을 넘어 '자기초월'을 추구한다고 하였습니다. 즉, 최근의 관점에 의하면 인생을 통해 이뤄낸 자아의 성장과 실현조차 넘어서서 자신을 초월하는 단계까지도 인간의 발달과제로 부여할 수 있습니다.

2) 발달연령에 따른 상담접근

학령 전기, 학령기 → 아동상담	청소년기 → 청소년상담
성인 초기, 중년기 → 성인상담	노년기 → 노인상담

① 아동상담

3, 4~12세 정도까지 해당된다. 자율성 · 주도성 · 근면성과 같은 주요 발달과업을 이루지 못하여 수치심, 죄의식, 열등감을 보이거나 부적절한 행동을 보이는 경우 주로 놀이치료를 통해 접근 가능하다. 이 경우 부모상담을 병행하는 것이 필요하다.

② 청소년상담

13~18세까지 해당된다. 이 시기의 주요 발달과제인 정체감에 어떠한 문제가 있는지 점검을 해볼 수 있다. 문제내용에 따라 이성관계, 비행, 정체감 혼란, 학업문제, 진로문제 등의 상담이 주로 이루어진다. 활용매체에 따라서는 대면상담, 전화상담 및 모래놀이치료, 미술치료, 게임놀이치료 등으로 접근 가능하다.

③ 성인상담

주로 19~60세까지 해당된다. 성인 초기의 대학생 경우, 부모에 대한 의존을 벗어나 독립적인 성인으로서 역할을 수행하는 데 따른 진로, 이성 등의 고민문제를 대학교의 학생생활 상담소에서 상담할 수 있다. 중년기의 경우, 결혼 및 가족을 이루고 생산적인 활동을 하는 데서 오는 다양한 스트레스나 우울증 등과 같은 심리적 문제를 상담한다.

④ 노인상담

발달단계 중 마지막 단계인 노년기에 해당되는 사람들에 대한 상담이다. 노인상담은 주로 노인복지회관 등에서 이루어지는데 신체 노화와 자아통합 실패에서 오는 노년기 우울증, 고독감, 경제적 문제, 가족 갈등을 주로 상담하게 된다. 노령 인구의 급증에 따라 은퇴 이후 노인이 성공적으로 자아통합을 할 수 있도록 돕는 전문적인 상담이 필요하다.

4.2 인원 및 구성에 따른 구분

1) 개인상담

상담자와 내담자가 일대일로 만나 상담하는 경우를 말한다. 대체로 심각한 심리적 문제를 지녀 장기적으로 접근해야 할 경우나 여러 가지 이유로 집단상담에 참여하기 부적합한 경우에 개인상담으로 접근한다.

2) 집단상담

내담자의 구성원이 8~12명 정도로 이루어지며 교육적이거나 훈련목적일 경우에는 더 많은 인원으로 구성할 수도 있다. 일정한 프로그램을 짜서 진행하는 구조화된 집단과 '지금 – 여기'에서 일어나는 집단의 역동과 응집성을 중심으로 진행되는 비구조화된 집단이 있다.

※ 자세한 내용은 7장을 참고해보자.

3) 부부상담

부부를 대상으로 부부갈등, 이혼 등의 문제를 전문적으로 조력하는 접근방법이다. 이 경우 부부관계가 중요한 상담내용이며, 부부를 면접하면서 남편 혹은 아내의 문제를 개별적으로 다루며 부부의 의사소통문제, 서로에 대한 무의식적 욕구, 의사결정 과정 등을 상담에서 다룬다.

4) 가족상담

가족을 하나의 체계로 보고 가족 전체를 상담대상으로 하여 접근하는 경우다. 가족 전체가 심각한 갈등에 휩싸여 있거나 어느 특정 구성원만이 심리적 문제를 겪고 있더라도, 그 원인이 다른 가족구성원과 밀접한 관련이 있거나 특정 구성원의 심리적 문제 해결을 위해 다른 가족구성원의 적극적인 도움이 필요할 경우, 가족상담이 필요하다. 가족상담에서는 청소년 가출, 가정폭력, 부부갈등, 아동학대 등의 문제를 역기능적 가족에서 비롯된 것이라고 볼 수 있다.

멘티 주변의 권유로 집단상담에 한번 가보려고 하는데, 제가 집단상담에 맞을지 걱정돼요.

멘토 자신이 생각하기에 심리적 소양이 다소 부족하거나, 너무 급박한 삶의 위기에 처했거나, 다른 사람과 친밀감을 가지는 것이 어렵거나, 타인과의 관계 속에서 자신을 바라보는 것이 부담스럽거나 또는 우울증, 중독, 편집증 등 각종 정신적 장애로 진단을 받은 경우에는 집단상담보다는 개인상담을 먼저 하는 것이 더 좋습니다. 하지만 관계 속에서 자신의 대인관계 패턴을 파악하고, 새로운 사회성 기술을 연습하기에는 집단상담이 효과적입니다. 집단상담에 관한 구체적 내용과 사례는 7장을 참고하세요.

멘티 특정 대상별 상담에 관한 참고서적이 있으면 알려주세요.

멘토 아동상담은 아동발달 및 놀이치료의 이론과 실제에 관한 여러 서적을 참고하세요. 청소년상담은 한국청소년상담복지개발원(www.kyci.or.kr)에서 제작된 청소년 관련 교재들을 참고하세요. 홈페이지에서 자료 검색이 가능해요.

- **부부상담**: 송정아 역(2004), ≪이마고 부부치료≫, 학지사
  이정연 역(2009), ≪부부상담과 치료≫, 시그마프레스
- **가족상담**: 김유숙 저(2002), ≪가족치료 : 이론과 실제≫, 학지사
  김현경, 박태영 역(2005), ≪가족치료 사례집≫, 시그마프레스
- **노인상담**: 이장호 외 역(2006), ≪노인상담 : 경험적 접근≫, 시그마프레스
  이호선 저(2005), ≪노인상담≫, 학지사
- **집단상담**: 박애선, 천성문 역(2007), ≪집단상담 과정과 실제≫, 시그마프레스
  최해림 역(2008), ≪최신집단정신치료의 이론과 실제≫, 하나의학사
  강순화 저(2004), ≪상담전문가 11인의 만남과 치유-집단상담사례 및 해설≫, 학지사

4.3 문제내용에 따른 구분

1) 성상담

이성관계 문제, 성폭력, 성적 호기심, 피임, 자위행위 등 다양한 성에 관련된 문제를 다룬다. 성상담자는 성에 관한 올바른 전문적 지식을 요하며 사고 및 언어에 있어서 융통성 및 개방성, 솔직성 등이 필요하다. 필요에 따라 성문제전문가나 비뇨기과, 산부인과의사 등에게 의뢰할 수 있는 준비를 갖춰야 한다.

2) 학습상담

학업습관, 학습방법, 학습기술 등에 대한 코칭을 통해 학생들이 최대한 자신의 능력을 발휘할 수 있도록 조력하는 상담이다. 내담자의 학업능력, 학업성취수준 등에 관한 평가가 필요하며 성공적인 학습태도로 변화할 수 있도록 긍정적인 자극을 준다. 또한, 학습과 관련된 심리적 문제도 병행하여 접근한다. 최근 학습코칭은 학생과 부모 사이에서 큰 호응을 얻고 있다.

3) 비행상담

비행청소년의 특성과 일탈행동에 대한 상담이다. 비행청소년들의 심리적·환경적 욕구는 다양하므로 이들 문제를 해결하거나 지도하는 데 다각적 접근이 필요하다. 또한 비행청소년들의 문제는 사회적·경제적 환경과도 연관이 깊다. 비행상담자는 직접적 개입을 통해 일탈행동을 일으키는 환경적 요인을 차단하거나 조정하는 것이 중요할 수 있다.

4) 직업 및 진로 상담

진로선택 및 진로계획 수립에 필요한 정보 및 기법을 활용하여 적절한 직업을 선택하고 잘 적응할 수 있도록 돕는 상담이다. 한 개인의 인생경험과 교육 및 학습의 산물이 곧 진로선택이므로 진로 및 직업상담도 일반상담의 연장선상에서 진행할 필요가 있다. 주로 중·고등학생이나 대학생의 진로인식, 선택, 결정을 잘 도와 사회에서 생산적인 직무를 수행할 수 있도록 돕는다. 최근에는 성인들의 직업 전환이나 경력 단절 여성을 위한 진로상담, 은퇴 후 전직상담 등 진로상담의 영역이 확장되고 있다.

5) 위기상담

위기란 외부의 사건과 그 위기를 맞이하는 사람과의 상호작용을 통해 일어난다. 따라서 내담자의 위기관리 능력과 스트레스 해소방법, 위기대처 능력, 위기상황을 돕기 위한 각종 조직 및 단체로의 다각적 접근이 필요하다. 자살의 위기, 폭력의 위기, 이혼의 위기, 건강상의 위기, 경제적 위기, 지진이나 폭풍과 같은 자연재해나 사고 등 주로 긴박한 상황에서 상담이 요청되므로, 위기상담자는 되도록 빠른 시간 내에 내담자를 효율적으로 도울 수 있는 전문적 지식 및 지지체계, 자원을 갖출 필요가 있다.

6) 산업상담

산업상담 혹은 기업체상담이라고도 한다. 직장에서 업무를 수행해 나가는 과정에서 경험하는 스트레스 해결을 위해 전문상담자가 기업체에 상주하면서 조직구성원의 직장적응 문제, 동료나 상사 또는 부하직원 간의 인간적 갈등 문제, 경력개발 문제, 비효율적 의사소통 문제, 개인적 또는 가정적 문제 등을 상담하는 것이다. 최근 기업체상담에서는 직원을 위한 복리후생을 기반으로 한 개인 심리치료를 넘어서 기업의 인적자원 관리 모델로서 새로운 형태의 노사관계를 정립하고 인사관리를 위한 대안적 가능성도 탐색하고자 한다.

7) 성장상담

현대인들은 정신병리나 특별한 문제를 지니지 않더라도, 웰빙을 추구하며 더 나은 상태로 성장하고자 하는 욕구가 있다. 삶에서의 선택과 책임 등의 실존적 문제, 자아실현 등 자기개발 및 성장과 관련된 많은 집단 프로그램들이 있으며 이를 개인상담을 통해서도 접근할 수 있다.

8) 종교 및 영성 상담

내담자 각자가 속한 종교 혹은 영성과 관련된 문제를 상담으로 접근한다. 신앙, 종교적 갈등, 영적성장 과정에서의 위기, 경전에서 강조하는 삶의 실천과 윤리문제 등을 상담을 통해 해소할 수 있다. 구체적으로는 목회상담, 불교상담, 동양적 수련과 서구 심리치료의 접목을 시도한 자아초월상담 등이 있다.

9) 다문화상담

외국인노동자, 이주, 국제결혼, 난민, 북한이탈주민 등 문화적 배경이 다른 내담자들을 대상으로 한 상담이다. 문화적 차이에 따른 인간행동의 차이를 이해하고, 상담자가 문화적인 편견 없이 내담자의 문화적응 스트레스를 해소하고 문화적 유연성을 기를 수 있도록 도와준다.

10) 군상담

청소년시기에 해당하는 병사들이 군생활에서 겪는 심각한 부적응행동과 자살행동을 예방하고 이들의 심리, 정신적 문제해결을 돕고자 하며, 더 나아가 심리적 건강과 행복감을 증진시키고자 한다. 최근 국방부는 병영생활 전문상담관 제도를 통해 핵가족화 속에 성장하여 군이라는 특수환경에 잘 적응하지 못하고 일탈행동을 하거나 위기상황을 초래하는 군인들을 위한 전문적 상담을 실시하고 있다.

4.4 활용매체에 따른 구분

1) 미술치료

주로 미술과 관련된 도구, 즉 그림, 점토, 공예 등을 매개로 하여 내담자의 심리적 증상을 제거하거나 경감시키는 치료적 접근이다. 미술 자체의 예술적 속성이 지니는 창조적 표현을 통해 내담자의 무의식적 갈등이 잘 드러날 수 있으며 미술치료사와의 치료적 관계를 통해 이를 긍정적으로 해소할 수 있다. 미술치료사는 특별히 미술을 전공할 필요는 없으나 미술치료 전공이나 관련 교육을 통해 일정한 정도 미술매체를 이해하는 훈련이 필요하고, 또한 상담에 대한 지식과 훈련이 필요하다. 아동, 청소년, 성인 등 그 접근대상의 폭이 넓어서 최근 대중적으로 각광받고 있다.

2) 놀이치료

주로 아동을 대상으로 하여 놀이가 지닌 치료적 속성을 활용하여 접근하는 상담방법이다. 주로 언어를 통해 자신의 정서나 갈등을 원활하게 표현하지 못하는 아동이나 발달장애를 지닌 청소년, 성인에게 적용 가능하다. 놀이를 통해 아동의 발달 정도와 성격 특성, 심리적 문제 등을 평가할 수 있고 놀이를 매개로 하여 상담자와 치료적 관계 형성이 가능하다. 놀이치료를 위해서는 여러 가지 안전한 장난감들이 마련된 별도의 놀이치료실 공간이 필요하다. 아동상담, 놀이치료를 전공하거나 별도의 훈련을 통해 아동발달에 대한 지식과 경험이 풍부한 상담자의 경우 놀이치료를 실시할 수 있다.

3) 음악치료

치료적 환경 속에서 음악을 단계적으로 활용하여 내담자의 심리적 문제를 해소할 수 있는 상담방법이다. 음악은 그 자체로 생리적 · 심리적 · 문화적 · 사회적 기능을 지니고 있어, 음악을 연주하거나 들을 때의 정서적 체험이 긴장을 해소하고 정서적 안정감을 줄 수 있다. 발달장애아동, 신체장애, 시각장애, 정신질환, 약물남용, 노인성치매 등의 다양한 대상에 대해 정신과 병동이나 지역사회 정신건강센터, 호스피스, 학교, 감호소 등의 기관에서 실시할 수 있다. 음악을 전공한 뒤 상담심리학을 별도로 공부했거나, 음악치료 전공의 경우 음악치료사로 활동할 수 있다.

4) 독서치료

독서의 힘을 활용하여 내담자의 정서, 심리, 부적응 등을 해소하고자 하는 상담접근이다. 독서치료의 3요소는 상담자, 내담자 그리고 텍스트(문학작품)이다. 그중에서 어떤 요소를 강조하느냐에 따라 정보제공형, 자기조력형, 상호작용형 독서치료와 시치료, 글쓰기치료 등으로 구분할 수 있다. 독서치료는 아동과 청소년을 대상으로 한 양서목록을 제공, 활용하면서 점차 일반인에게 확대되고 있는 접근이다.

5) 드라마치료(심리극)

내담자 내면의 갈등을 극(드라마)의 형식으로 형상화하여 재경험과 정화를 통해 새로운 대처방식을 습득하는 집단 심리치료의 한 형태다. 심리극에서는 집단 내에서의 상호신뢰를 바탕으로 주인공과 관객이 카타르시스(정화)를 경험하게 되는데, 심리극 자체로 치료적 접근이 되기도 하며 다른 치료의 보조적 접근방안으로 활용되기도 한다. 병원, 상담실 등에서 청소년, 성인, 부부, 정신과 환자 등의 다양한 대상에게 적용된다.

6) 영화치료

영화치료는 좁게는 영화를 감상하고 심리치료에 활용하는 것을 이르며, 넓게는 심리치료의 수단으로 영화를 활용하는 방법을 통칭한다. 필름치료, 비디오치료라 불리기도 하며, 1990년대 말경 영화치료에 필요한 기술적 문제들이 해결되면서 영상이 치료수단이 될 수 있다는 인식하에 최근 새로운 치료매체로 부상하고 있다. 독서치료와는 달리 자기조력적인 방법으로 영화목록을 작성하는 방식을 떠나 체계적인 치료방법으로서의 가능성이 활발하게 논의되고 있는 중이다. 또한 최근에는 영화와 별도로 영상매체 중 하나인 사진을 치료에 활용하는 방안이 대두되고 있다.

7) 사진치료

사진치료란 전문적인 심리치료자들이 내담자를 치료하는데 사진촬영, 현상, 인화 등의 사진 창작활동 등을 시행함으로써 심리적인 장애를 경감시키고 심리적성장과 치료 상의 변화를 가능하게 하는 접근이다. 디지털 카메라가 보편화된 현대인들에게 흥미로울 수 있는 매체상담으로서 미술에 부담을 지닌 이들에게 적합할 수 있다.

8) 동작치료

무용동작치료라고도 하며 신체의 동작, 움직임, 춤 등을 심리치료에 활용하는 접근이다. 동작치료의 입장에서 볼 때 신체는 성격의 한 표현이다. 따라서 동작은 내담자의 활동성, 무기력, 경직성 등의 심리적 상태를 나타낼 수 있으며, 상담자와의 움직임을 통한 상호작용이 치료적으로 작용할 수 있다고 본다. 동작치료의 연장선상에 있는 춤치료는 일반인들 사이에서도 어느 정도 호응을 얻고 있다.

멘티 치료 종류가 너무 많아서 어떤 치료를 배워야 할지 헷갈려요. 상담전문가가 되려면 이렇게 다양한 매체를 다 배워야 하나요? 또, 상담을 먼저 공부하고 나서 매체를 배워야 하는지, 그 반대로 공부해야 하는지 헷갈리네요.

멘토 다양한 매체가 치료에서 활용될 수 있지만, 우선적인 것은 치료에 활용되는 매체를 배우는 것이 아니라, 그 치료적 기반이 되는 상담 및 심리치료의 이론과 실제를 탄탄히 하는 것입니다. 그러나 매체를 많이 활용할 수 있다면 내담자에게 맞는 매체를 자유롭게 활용할 수 있다는 이점이 있습니다. 그런 점에서 다양한 치료매체를 활용하고자 한다면, 자신이 흥미와 관심을 갖고 있거나, 자신에게 익숙한 매체를 활용한 치료 한 가지를 우선적으로 배운 후에 조금씩 다양한 매체로 확장해나가는 방법이 있구요. 반대로 다양한 매체를 우선 간략하게라도 접해본 후 그중에서 자신에게 적합한 매체를 선택하여 자신의 전공으로 선택하여 계속해서 수련해가는 방법도 있습니다.

상담심리학을 먼저 공부할지, 매체치료를 먼저 공부할지에 관해서는 자신이 처한 입장과 선호하는 방식을 따르면 됩니다. 어느 쪽이든 장단점이 있습니다. 부록 Q&A 4번을 참고하세요.

4.5 상담기간에 따른 구분

1) 장기상담

주로 오래 지속된 갈등의 해소나 무의식을 다루며 장기적인 성장 및 성격변화를 목적으로 하여 장기적으로 지속되는 상담이다. 내담자의 무의식을 포함한 내면세계를 성장사를 통해 탐색하고, 통찰과 훈습을 통해 성격의 근본적인 변화를 돕는다. 프로이트의 정신분석 및 융의 분석심리학이 대표적이며 여러 치료이론에서 장기적 접근을 기본으로 한다.

2) 단기상담

내담자가 당면한 현재의 문제해결을 주요 목표로 하여 대체로 20여 회 이내로 종결하는 단기간의 상담이다. 상담비용의 문제 등으로 인해 구체적인 문제를 되도록 빨리 해결하고자 하는 내담자들이 많기 때문에 현대 사회에서는 단기상담이 더욱 필요하다.

① 전략

- 목표의 구체화

  제한된 시간 내에 내담자를 도와야 하므로 목표를 구체적으로 수립하는 것이 매우 중요하다. 구체적인 목표는 내담자의 상담에 대한 동기를 높이고, 성취 여부를 확인하기 쉬우므로 성취감을 경험할 수 있다. 또한 상담의 성과를 확인할 수 있다. 작은 변화는 큰 변화를 가져오는 출발점이 될 수 있으므로 작은 목표를 세우고 이를 달성하여 성취감을 맛보게 한다.

- 긍정적 측면에 초점

  단기상담에서는 내담자의 문제를 해결하기 위해 내담자의 부족한 점이나 부정적인 측면에 초점을 맞추기보다는 내담자에게 이미 존재하는 긍정적인 측면, 즉 자원, 동기, 관계망, 성공경험, 기술 등을 강화하는 데 주력하여 내담자가 현실생활에서 건강하게 기능할 수 있도록 돕는다.

② 상담자의 역할

- 시간제한 내에서 효율적으로 접근하기 위해 내담자를 적극적으로 지지하고 이끌어가거나 과제를 부여하고 방법을 가르치는 등 상담자가 다소 주도적이고 적극적인 참여자 역할로 임한다.

• 전통적인 장기상담의 축소판이 아니라, 단기상담 그 자체로 내담자를 위해 효과적이고 가치 있는 상담방법이라는 확신이 있어야 상담성과를 기대할 수 있다.
• 상담자가 적극적인 입장으로 이끌어가더라도 문제해결의 주체는 내담자임을 상담자와 내담자 모두 인식한 상태에서 내담자의 자발적 동기를 이끌어낼 필요가 있으며, 내담자의 긍정적 자원에 대한 신뢰를 요한다.

③ 적합한 대상 및 유의사항

• 현재 당면한 문제의 해결을 원하는 내담자, 호소하는 문제가 구체적인 내담자, 비교적 정상적인 기능을 유지해온 내담자, 주변에 활용 가능한 지지 자원(인간관계 포함)이 있는 내담자 및 위기에 처한 내담자나 불가피한 상황으로 단기간의 상담만이 가능한 내담자 등이 적합하다.
• 단기간에 상담의 효과를 마술적으로 기대하는 내담자나 불안, 우울 등의 문제를 지닌 내담자, 정신병, 성격장애, 중독과 같은 심각한 장애에는 적합하지 않다.

④ 대표적 접근의 예

해결중심치료(Solution－Focused in Brief Therapy ; SFT)는 내담자의 욕구를 구체화하고 내담자의 자원을 찾아줄 수 있는 자원을 활용하는 기법이다. 잘 기능했던 경험을 찾아내는 예외질문, 원하는 모습을 구체적으로 그려낼 수 있도록 하는 기적질문, 문제의 정도 등을 숫자로 표현하게 하는 척도질문, 스스로 대처방안을 가지고 있음을 깨닫게 하는 대처질문 등을 활용한다.

3) 장기/단기 상담의 비교

구 분	단기상담	장기상담
목 적	당면 문제해결, 환경적응, 강점강화	지속된 갈등 해결, 장기적 성장, 성격변화
회기 수	10회 미만~25회	50회 이상
주요 방법	지금－여기에 초점, 환경제어, 질문기법 활용	과거－현재－미래에 초점, 통찰, 훈습
상담자 역할	지시적・주도적 역할	신뢰관계 수립, 비지시적 역할
평가 여부	공식적 심리평가보다는 척도, 질문법 활용	심리평가를 대체로 실시함

대표적 접근	해결중심치료, 각종 위기상담, 인지치료, 현실치료 등	정신분석, 융의 분석심리학 등
적합한 대상	건강한 일반인, 당면 문제가 있는 내담자	우울, 성격장애 등 심리적 장애를 지닌 내담자, 성격변화를 원하는 내담자

- 참고자료
  - 이장호 저(1995), ≪상담심리학 제3판≫, 박영사.
  - 이장호 저(2005), ≪상담심리학의 기초≫, 학지사.
  - 노안영 저(2005), ≪상담심리학의 이론과 실제≫, 학지사.
  - Gerald Corey 저(1993), ≪상담과 심리치료의 원리와 실제≫, 성원사.

핵심 Summary

1. 상담의 기본개념

1) **상담자**: 상담이란, 훈련받은 상담자가 내담자의 사고, 행동, 감정상의 긍정적 변화 및 문제해결을 돕는 전문적 과정이다. 상담의 주요 요소는 상담자, 내담자, 상담관계로 구성된다. 상담자는 전문적·인간적·태도적 자질이 필요하다.

2) **내담자**: 문제의 속성에 따라, 발생원인에 따라, 심각성 정도에 따라 분류가 가능하다.

3) **상담관계**: 상담의 성과를 예측할 수 있는 중요한 요인으로 상담자-내담자의 인간적 관계이다. 유대감, 공동목표, 공동작업의 3가지 측면이 있다.

4) **상담, 심리치료, 정신치료**: 목표, 대상, 기간 등의 차이로 구분하되, 상대적으로 건강한 일반인을 대상으로 하는 상담은 정신병리를 치료하는 정신치료나 심층적 변화를 도모하는 심리치료와는 구분된다.

2. 상담의 종류

1) 발달연령에 따른 구분
- 학령 전기, 학령기 → 아동상담
- 청소년기 → 청소년상담
- 성인 초기, 중년기 → 성인상담
- 노년기 → 노인상담

2) 인원 및 구성에 따른 구분
개인상담/집단상담/부부상담/가족상담

3) 문제내용에 따른 구분
성상담/학습상담/비행상담/직업 및 진로 상담/위기상담/산업상담/성장상담/영성상담/다문화상담/군상담

4) 활용매체에 따른 구분
미술치료/놀이치료/음악치료/독서치료/드라마치료/영화치료/동작치료

5) 상담기간에 따른 구분
- 장기상담/단기상담
- 단기상담의 주요 전략은 목표의 구체화, 내담자의 긍정적 측면에 초점 두기
- 단기상담의 적합대상은 호소문제가 구체적이고 비교적 정상적 기능이 유지되며 지지자원이 있는 내담자로서, 불안, 우울증, 정신병, 성격장애 등 심각한 장애가 있는 경우에는 부적합하다.

기출문제 및 예상문제 풀이

◎ 기출문제

1. 상담의 윤리를 기술하시오. (한국교원대학원)

상담자는 상담에 수반되는 전문적 윤리를 이해하고 엄격히 실천해야 한다. 상담자는 자신의 가치관, 태도 등을 자각하며, 이러한 가치관과 태도가 내담자에게 어떠한 영향을 미치는지 인식하고 있어야 한다. 또한, 자신의 개인적 욕구와 행동이 내담자에게 어떤 영향을 미치는지 인식하고 있어야 한다.

상담자는 내담자의 복지에 대한 책임이 있으며, 내담자를 자신의 욕구를 충족시키기 위한 수단으로 삼아서는 안 된다. 따라서 내담자와의 치료적 관계를 방해할 수 있는 어떠한 다른 관계(물질적 거래, 성관계 등)도 가져서는 안 된다. 한편, 내담자의 비밀에 대한 보장과 상담에 부정적인 영향을 미칠 수 있는 다른 문제들에 대해서도 내담자에게 알려줄 책임이 있다. 마지막으로 상담자는 자신이 제공할 수 있는 전문적인 도움의 한계를 잘 알고 있어야 한다.

2. 상담에서의 비밀보장이 절대적이 될 수 없는 상황들은 어떤 경우인가? (가톨릭대 일반대학원)

상담자는 특별히 예외적인 몇 가지 경우를 제외하고는 내담자의 비밀을 보장해야 하는 윤리적 책임이 있다. 그 예외적인 경우란, 우선 내담자들이 자신과 타인을 해칠 수 있는 경우를 말한다. 구체적으로는 자살을 할 위험이 있다고 판단되거나 미성년자인 내담자가 강간, 아동학대, 기타 다른 범죄의 희생자라고 여겨질 때, 법률상의 쟁점이 될 정보가 있을 때, 타인을 폭행하거나 해친다거나 방화를 일으킬 가능성이 있을 때 그리고 내담자 스스로가 자신에 관한 기록을 공개해달라고 요청할 때 등이다.

3. 효과적인 상담자의 인간적 자질에 대해 쓰시오. (가톨릭대 심리상담대학원)

상담에서는 상담자 자체가 치료적 도구이므로 인간으로서의 상담자는 내담자에게 무의식적 본보기 역할을 할 수 있어야 한다. 따라서 자신과 타인에 대한 개방성, 이해와 수용, 유연성, 안정성, 창의성, 신뢰감을 주는 인간적 자질이 필요하다. 좀 더 구체적으로는 진실하게 경청하고 공감하는 능력, 자기 및 타인 이해, 능숙한 대인관계기술 및 갈등해소능력, 유연한 사고, 가치판단을 떠난 이해심, 심리적 안정성과 모호함을 잘 견디는 능력이 필요하다.

◎ 예상문제

1. 단기상담의 방법과 전략에 관해 쓰시오.

단기상담에서는 제한된 시간 내에 내담자를 도와야 하므로 목표를 구체적으로 수립하는 것이 매우 중요하다. 구체적인 목표는 내담자의 상담에 대한 동기를 높이고, 성취 여부를 확인하기 쉬우므로 성취감을 경험할 수 있다. 또한 작은 변화는 큰 변화를 가져오는 출발점이 될 수 있으므로 작은 목표를 세우고 이를 달성하여 성취감을 맛보게 한다. 또한, 단기상담에서는 내담자의 문제를 해결하기 위해 내담자의 부족한 점이나 부정적인 측면에 초점을 맞추기보다는 내담자에게 이미 존재하는 긍정적인 측면, 즉 자원, 동기, 관계망, 성공경험, 기술 등을 강화하는데 주력하여 내담자가 현실생활에서 건강하게 기능할 수 있도록 돕는다.

전략적 측면에서는, 시간제한 내에서 효율적으로 접근하기 위해 내담자를 적극적으로 지지하고 이끌어가거나 과제를 부여하고 방법을 가르치는 등 상담자가 다소 주도적이고 적극적인 참여자 역할로 임한다. 전통적인 장기상담의 축소판이 아니라 단기상담 그 자체로 내담자를 위해 효과적이고 가치 있는 상담방법이라는 확신이 있어야 상담성과를 기대할 수 있다.

2. 문제내용에 따라 상담의 종류를 분류하고 간략히 설명하시오.

상담은 그 기준에 따라 다양하게 분류가 가능하나 문제내용에 따라서는 크게 성상담, 학습상담, 직업 및 진로상담, 위기상담, 성장상담 등으로 분류할 수 있다.

우선 성상담은 이성관계 문제, 성폭력, 성적 호기심, 피임, 자위행위 등 다양한 성에 관련된 문제를 다룬다. 성상담자는 성에 관한 올바른 전문적 지식을 요하며, 다른 의료나 법률 팀과의 협조체계 구축 및 사고·언어에 있어서 융통성 및 개방성, 솔직성 등이 필요하다.

학습상담은 학업습관, 학습방법, 학습기술 등에 대한 코칭을 통해 학생들이 최대한 자신의 능력을 발휘할 수 있도록 조력하는 상담이다. 내담자의 학업능력, 학업성취 수준 등에 관한 평가가 필요하며 성공적인 학습태도로 변화할 수 있도록 긍정적인 자극을 준다.

직업 및 진로 상담은 진로선택 및 진로계획 수립에 필요한 정보 및 기법을 활용하여 적절한 직업을 선택하고 잘 적응할 수 있도록 돕는 상담이다. 그러려면 내담자로 하여금 자신에 대한 정보와 사실을 탐색하고 인생계획의 일부로서 진로를 설정할 수 있도록 하는 것이 필요하다.

위기상담은 내담자의 위기관리능력과 스트레스 해소방법, 위기대처능력, 위기상황을 돕기 위한 각종 조직 및 단체로의 다각적 접근이 필요하다. 주로 긴박한 상황에서 상담이 요청되므로 위기상담자는 되도록 빠른 시간 내에 내담자를 효율적으로 도울 수 있는 전문적 지식 및 지지체계, 자원을 갖출 필요가 있다.

성장상담은 삶에서의 선택과 책임 등의 실존적 문제, 자아실현 등 자기개발 및 성장과 관련된 문제를 상담을 통해서 접근하는 것이다.

그 밖에도 산업상담, 종교 및 영성 상담, 다문화상담, 군상담 등이 있다.

※ 1장의 '4.3 문제내용에 따른 구분' 참고.

사례적용 연습

1. **당신의 친구 중에 남자친구와 헤어진 후 매일 술을 마시며 괴로워하는 친구가 있다고 합시다. 상담사가 되고자 하는 당신은 친구에게 상담을 권하였습니다. 그러자 친구는 자신이 정신질환자 진단을 받기는 싫다고 합니다. 친구에게 어떻게 상담과 정신치료의 차이를 설명할 수 있을까요?**

※ 1장의 '3. 상담, 심리치료, 정신치료의 비교' 참고.

2. **L군은 고교 2학년생으로 다재다능한 재능을 지녔는데, 최근 학교에서 폭력을 당한 이후 우울하고 학교에 가기 싫어한다고 합니다. L군은 잠시 학교를 쉬는 동안 심리치료는 싫고 뭔가 자신이 좋아하는 예술을 배우고 싶다고 하는데, 만약 L군을 설득해서 상담을 받게 한다면 어떤 종류의 상담으로 접근하면 좋을까요?**

※ 1장의 '4.4 활용매체에 따른 구분' 참고.

3. **당신은 초보 상담자이며, 5회를 상담해온 내담자가 밤중에 별안간 전화를 하여 전화하기 직전에 아동 성범죄를 저지른 사실을 고백합니다. 그러면서 이 사실을 누구에게도 알리지 말아 달라고 합니다. 상담자로서 당신은 어떻게 해야 할까요?**

※ 1장의 2.1 상담자 중 '④ 상담자의 윤리' 및 '부록 5' 참고.

생각할 거리

1. 그다지 마음에 들지 않는 내담자와 촉진적 관계형성을 하려면 어떤 태도를 지니면 좋을까요?
   ※ 상담관계, 상담자의 태도, 라포.

2. 당신은 종교적 이유로 이혼과 낙태를 반대하는 입장입니다. 그런데 내담자는 낙태를 하고 이혼을 하겠다고 할 때 어떻게 접근하면 될까요?
   ※ 상담자의 윤리, 인간적 자질, 상담자의 가치관, 태도.

3. 상담심리 전공 예정자로서, 자신의 인성을 바람직한 상담자의 인성 요건들에 비추어볼 때 상담자로서 보다 적합한 특성들과 좀 더 보완해야 할 자질들을 돌아보세요.
   ※ 바람직한 상담자의 인성.

나만의 Summary

상담심리 가이드북

Chapter 2

상담의 주요 이론

상담을 위한 인간이해의 관점은 상담이론에 따라 다르다. 인간이해를 위한 주요 상담심리학의 원리는 일반적으로 4가지로 나누는데, 정신분석적 상담, 행동주의적 상담, 인간중심적 상담, 인지행동적 상담이다. 이들 각각의 상담이론은 인간의 정서(감정)적인 면, 행동적인 면, 인지적인 면 중에서 어떤 면을 강조하여 인간을 이해하느냐에 따라 심리적 문제에 대한 관점과 해결방법이 조금씩 다르다고 볼 수 있다.

Zoom up

상담의 주요 이론

정신분석	인간중심	인지행동	행동주의
과거(만 5세 이전) 중시	현재 중시	과거, 현재 중시	현재 중시
부정적 인간관	긍정적 인간관	중립적 인간관	중립적 인간관
원초아, 자아, 초자아	유기체, 현상적 장, 자기	신념체계	조건화
심리성적 결정론	비결정론	인지적 결정론	학습이론
자아 간의 갈등	가치조건화	비합리적 사고	잘못된 행동학습
무의식의 의식화	'here & now' 통찰	합리적 사고 전환	바람직한 행동학습
자유연상, 꿈의 분석	공감, 존중, 진솔성	논박	강화, 벌, 소거, 모델링
전이, 해석, 훈습			

1 정신분석적 상담

개 요

본 단원에서는 정신분석적 상담에서 인간의 심리적 문제를 어떻게 이해하고 어떠한 상담과정을 거쳐 변화시키고자 하는지 알아보고자 한다.

"꿈은 무의식에 이르는 왕도다(Dream is the royal road to the unconscious)."

—프로이트(Freud)

Keyword

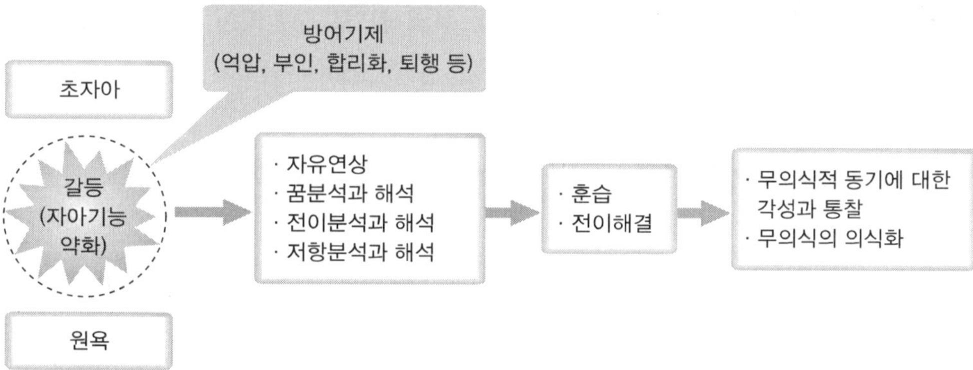

단원소개

학습내용 분석	참고사항
1.1 정신분석적 상담의 주요 개념	
1) 인간관	*방어기제
2) 의식수준과 성격의 구조	*심리성적 발달이론
3) 성격의 역동성	
4) 성격의 발달과정	
1.2 문제행동의 원인과 상담의 목표	
1) 문제행동의 원인 2) 상담의 목표	*전이와 역전이의 중요성
1.3 정신분석적 상담의 평가	
1) 비판점 2) 공헌점	*상담이론 비교

*표기는 기출문제 빈도가 높은 내용의 핵심용어.

1.1 정신분석적 상담의 주요 개념

1) 인간관

정신분석학에서는 인간을 기본적인 생물학적 충동과 본능을 만족시키려고 행동하는 비합리적인 존재이면서, 출생에서부터 5세 사이의 어린 시절에 경험한 무의식 속에 잠재되어 있는 심리적인 사건들에 의해 이미 행동에 대한 동기화가 결정되어 버린 결정론적인 존재로 가정한다.

2) 의식수준과 성격의 구조

인간 성격의 구조 : 의식, 전의식과 무의식

정신분석학에서 성격의 구조는 의식, 전의식, 무의식으로 구성되어 있다. 프로이트는 인간의 의식은 무의식에 비해 '빙산의 일각'이라고 할 정도로 무의식의 세계가 우리 인간의 성격구조를 크게 차지하고 있다고 본다.

- 의식(conscious) : 마음 중에서 개인이 이미 알고 있는(즉, 현재 각성하고 있는) 모든 행위와 감정들을 포함한다.
- 전의식(preconscious) : 조금만 노력하면 의식 속으로 떠올릴 수 있는 생각이나 감정들을 포함한다. 정신세계에서 무의식과 의식 영역이 연결되며, '이용 가능한 기억'이다.

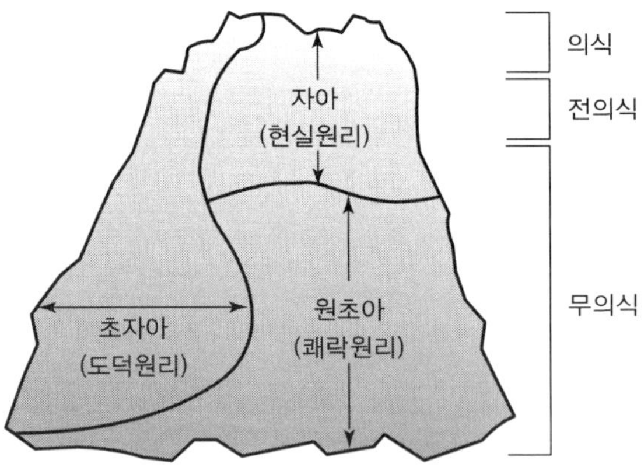

프로이트의 의식 수준 및 성격의 구조

예 전화번호나 마지막으로 본 영화제목과 같이 조금만 노력하면 의식 속으로 떠올릴 수 있는 생각이나 감정

- **무의식(unconscious)** : 가장 중요한 마음의 부분으로 무의식의 내용들이 인간행동의 동기로서 작용한다. 존재하지만 알아차리지 못하며 불안, 갈등, 고통과 연관된 충동과 감정 그리고 생각을 위한 저장소다. 억압되어 있는 무의식이 내적 갈등을 경험하게 하고, 본래의 모습과는 달리 왜곡된 증상으로 나타나기도 한다.

예 꿈, 최면, 자유연상, 말실수 등에서 나타나는 마음의 상태

3) 성격의 역동성

에너지 보존의 법칙에 따라 인간행동의 원천인 일정양의 에너지가 3가지 성격체계인 원초아, 자아, 초자아 간에 어떻게 분배되고 활용되는가에 따라 성격의 특성이 나타난다.

① 정신적 힘으로서의 본능

인간은 본능에서 정신적 힘을 얻는데 인간의 본능에는 성적 본능과 공격적 혹은 파괴적 본능이 있다.

- **성적 본능** : 식욕, 성욕과 같은 삶 본능에 의해 나타난 정신에너지다.
- **공격적 혹은 파괴적 본능** : 공격성으로 표출되어 타인이나 대상을 정복하고 죽이도록 하는 추동(drive)이다. 이 공격적 혹은 파괴적 본능 때문에 공격, 가학, 자살 그리고 살인과 같은 행동특성들이 나타나게 된다.

② 성격의 구성요소

인간 성격의 구성요소 : 원초아, 자아, 초자아

- **원초아(id : 라틴어로 '그것')** : 태어날 때부터 존재하는 성격의 원초적 요소로서, 기본적인 생물학적 반사 및 충동 그리고 본능 등을 포함한다. 원초아는 무의식 상태에서 기능하며, 현실을 고려하지 않고 '쾌락의 원리(고통을 최소로 줄이는 대신 쾌를 최대화하기 위해 즉각적으로 긴장을 해소하려고 하는 원리)'를 따른다. 원초아가 강한 사람은 충동적이고 자기중심적이며 원시적인 성격특성을 지닌다.
- **자아(ego : 라틴어로 '나')** : 원초아의 본능적 욕구들과 외적인 현실세계를 중재하는 정신적 요소로서, 원초아와 초자아의 작용 사이에서 통합, 조정하는 중재자의 역할을 한

다. 자아는 '현실의 원리(현실적 사고과정을 통하여 통제하고, 그리고 반응할 환경의 성질을 검토, 선정하며, 어떤 욕구를 어떤 방법으로 만족시킬 수 있을 것인가를 결정)'에 따라 작동한다.

- **초자아**(superego : 라틴어로 나의 위에 있는 '윗사람') : 자라나는 과정에서 부모의 영향을 받은 전통적인 가치관과 부모가 주는 보상이나 처벌에 대한 반응으로 발달된 사회적 규칙 그리고 양심이 자리잡은 곳이다. 초자아의 역할은 무엇이 옳고 그른지, 어떤 일을 해야 하고 어떤 일을 하지 말아야 하는지 등을 판단하는 것으로서, 수치와 죄책감을 느끼게 하기도 한다. 초자아는 '도덕의 원리(완벽과 완전을 지향, 이상을 추구)'에 따라 작동한다.

  예 초자아가 지나치게 강한 사람은 항상 죄책감을 느끼거나 참을 수 없을 정도의 '성인군자'로 행동한다.

③ 불안

프로이트는 원인에 대한 명확한 대상 없이 두려움을 느끼는 것을 불안으로 보며, 불안은 현실 및 성격의 3가지 자아 간의 갈등에 의해 야기된다.

- **현실불안** : 현실적 근거가 있는 일종의 객관적 불안이라 할 수 있는 것으로서, 자아가 현실을 지각하여 두려움을 느끼는 불안으로 실제적 위험에서 보호하고자 한다.

  예 실업, 교통사고, 지진, 맹수, 시험 등과 같은 외부세계에서 오는 실제적 위험에 대한 현실적 반응으로 갖게 되는 것

- **신경증불안** : 현실을 고려하여 작동하는 자아와 본능에 의해 작동되는 원초아 간의 갈등에서 비롯된 불안이다. 원초아에 의해 충동적으로 표출된 행동이 처벌되지 않을까 하는 무의식적 두려움으로, 신경증적 불안을 경험할 때는 그 불안의 원인을 개인이 의식하지 못하고 있는 것이 특징이다.
- **도덕불안** : 원초아와 초자아 간의 갈등에서 비롯된 불안이다. 일종의 양심의 두려움으로 도덕적 원칙에 위배되는 본능적 충동표현 시 느끼는 수치와 죄의식이다. 도덕적 불안은 초자아가 강한 사람이 자신이 배운 도덕률에 위배되는 일을 하거나 그러한 일을 생각만 하더라도 죄의식을 느끼고 불안을 경험하게 되는 경우를 말한다.

멘티 정신분석적 상담에서 말하는 신경증의 실례를 들어주세요.

멘토 신경증은 자아가 절박한 위협을 받고 있다는 위험신호라고 볼 수 있습니다. 공포증(phobia)의 경우, 투사와 전위의 방어기제에 해당된다고 볼 수 있습니다. 예를 들면, 아버지에 대한 사랑과 미움을 직접 표현할 수 없기 때문에 부러움과 질투를 아버지에게 투사하게 되면서 아버지를 지독히 화를 잘 내는 사람으로 보게 됩니다. 이때 고통과 두려움을 덜 친밀한 대상인 평소 두려워하는 도둑에게 전위시킴으로써 밤중에 자기를 죽일 것이라고 심한 공포를 느끼게 되는 것이지요(정방자 역(1993), pp.46~47).

④ 방어기제

방어기제는 불안으로부터 자아를 보호하기 위한 전략이라고 볼 수 있다. 방어기제에는 억압, 반동형성, 투사, 합리화, 전위, 승화, 퇴행, 부인 등이 있다.

- 억압(repression) : 사회적으로 혹은 윤리적으로 용납될 수 없다고 생각되는 욕구나 충동 그리고 사고 등을 자신의 무의식 속으로 숨기는 것이다. 억압은 모든 신경증적 행동, 정신신체장애(예 위궤양, 편두통)의 근본원인이 된다.

  예 자신을 학대하는 부모에 대한 뿌리 깊은 적개심을 알아차리지 못하는 것, 고통스러운 경험과 관련된 특정시기의 기억상실증

- 반동형성(reaction formation) : 금지된 욕구나 충동의 표출로 갖게 될 불안으로부터 자신을 보호하기 위해서 용납할 수 없는 충동이나 욕구에 대한 생각을 억압하고, 실제의 욕구나 충동 등과는 오히려 반대되는 행동을 나타내는 것이다.

  예 '미운 놈 떡 하나 더 준다', 동생이 태어남으로써 애정을 뺏긴다고 생각한 언니가 동생을 어루만지며 예뻐하는 행동, 학대 경향성을 지닌 사람의 여성인권운동

- 투사(projection) : 자신이 스스로 받아들일 수 없는 충동이나 태도 등을 무의식적으로 타인이나 환경의 탓으로 돌리는 행동기제다. 즉, 자신의 결점을 다른 사람이나 사물에 전가시켜 비난함으로써 자신의 결함이나 약점 때문에 갖게 되는 위험이나 불안으로부터 자아를 보호한다.

  예 '뭐 묻은 개가 뭐 묻은 개 나무란다', 자신을 무시하고 미워하는 상사가 싫다 → 상사는 나를 싫어한다

- 합리화(rationalization) : 현실을 왜곡하여 자존심을 보호하는 행동기제다.

  예 이솝 우화의 '신포도', 낮은 학점 취득 후 교수가 자신의 능력을 제대로 평가하지

못하고 시험 문제를 잘못 내었기 때문이라고 말하는 행동

- **전위**(displacement) : 본능적 충동의 표현을 재조정해서 위협을 덜어주는 상대로 대치하는 행동기제다.

  예 '종로에서 뺨 맞고 한강에서 화풀이한다', 아버지께 꾸중을 들은 형이 만만한 동생을 때리거나 개를 발로 차는 행동, 직장에서 업무부진으로 무시를 많이 받은 아버지가 집에 와서 자녀들에게 더 엄격하게 잔소리하는 행동

- **승화**(sublimation) : 억압된 충동이나 욕구의 발산방향을 완전히 사회적으로 인정되는 가치 있는 목표로 옮기고 실현함으로써 그 충동이나 욕구를 만족시키는 행동기제다.

  예 성욕과 공격성에 대한 승화 : 영화, 그림과 같은 예술작품
  공격성에 대한 승화 : 권투선수, 정육점 주인, 외과의사

- **고착과 퇴행**(regression) : 좌절과 불안이 너무 커서 개인의 성장이 일시적으로 또는 영구적으로 멈추어질 때와 관련된 방어기제다.

  예 학교에 처음 입학한 어린아이가 입학 첫날 낯선 환경에 대한 두려움으로 운다든지, 손가락을 빠는 행동, 동생이 태어난 다음 아기처럼 행동하는 경우

- **부인**(denial) : 현실에서 일어났던 위협적이거나 외상적인 사건을 받아들이지 않고 거절하는 것과 관련된 방어기제다.

  예 갑작스러운 교통사고로 자녀를 잃은 부모가 사랑하는 자녀의 죽음을 계속해서 믿지 않으려 하는 것, 이별 후 사랑하는 사람의 배신을 인정하지 않는 것

4) 성격의 발달과정 : 심리성적 발달이론

성격의 발달과정은 각 연령에 따라 출생 시에 나타난 성적에너지(리비도)가 신체의 어느 부위에 집중되었느냐에 따라 구강기, 항문기, 남근기, 잠복기, 성기기의 다섯 단계로 설명된다. 특히, 만 5세 이전의 세 단계시기에 어떤 경험을 하느냐가 이후 성격발달에 큰 영향을 미친다고 본다.

> 성격의 심리성적 발달과정 : 구강기-항문기-남근기-잠복기-성기기

① 구강기(oral stage)

생후 12~18개월에 이르기까지 성적에너지가 유아의 구강 부위(예 입술, 혀, 후두 등)에

집중되는 시기다. 이때는 빨거나 핥거나 마시거나 물거나 하는 등의 행위를 통해 쾌감을 경험하게 된다. 구강부위를 통한 성적 욕구의 충족이 심하게 좌절되거나 지나치게 충족되면 구강기 고착의 성격을 형성하게 된다.

예 무조건 믿는 특성, 들은 것 모두를 '삼켜버리는 경향'으로 인해 매우 의존적이고, 속기 쉽고, 지나치게 낙관주의적인 성격, 타인 비난, 비관주의, 염세주의적인 특징을 지님.

② 항문기(anal stage)

구강기 이후 만 3세 전후의 기간으로 성적 욕구가 항문 주위에 집중되는 시기다. 이때는 항문이나 대변을 만지거나, 냄새를 맡거나, 변을 참거나 배설하는 등의 행위를 통해 쾌감을 경험하게 된다. 이 시기 부모의 배변훈련 과정이 적절하면 창의성과 생산성의 기초가 되는 성격이 형성된다.

예 배변훈련이 거칠거나 강압적이면 항문적 보유 성격이 형성되어 고집이 세고, 인색하며 지나치게 청결하거나 지나치게 불결한 성격특성들을 나타냄. 이 단계에 고착이 되면, 잔인하고 파괴적이며 난폭하고 적개심을 나타내는 항문 공격적 성격 형성.

③ 남근기(phallic stage)

항문기 이후 만 5세 전후의 시기로 성적 관심이 성적부위에 집중되는 시기다. 이 시기에 부모와의 관계에서 이성의 부모에 대해서는 연애적 감정과 행동을 동성의 부모에 대해서는 적대적 감정과 행동을 나타낸다. 즉, 남자아이는 오이디푸스 콤플렉스를 여자아이는 일렉트라 콤플렉스를 경험하게 된다. 자신과 같은 성(性)의 부모와 동일시하고 사회적 실체를 받아들이는 사회화를 통해 이러한 콤플렉스를 해결하면서 초자아가 발달하게 된다.

멘티 오이디푸스 콤플렉스와 일렉트라 콤플렉스를 해결하지 못한 성격은 어떤 형태로 나타날 수 있는지요?

멘토 오이디푸스 콤플렉스는 자신의 아버지를 폐하고 어머니와 결혼한 오이디푸스에 대한 그리스신화에서 유래되었습니다. 흔히, 남자아이가 엄마와 결혼하겠다고 하거나, 여자아이가 아빠와 결혼하겠다고 말하는 시기지요.

오이디푸스 콤플렉스를 극복하지 못하면 성인이 되어서도 성격적으로 문제를 일으키기 쉬운데, 남성의 경우 마마보이가 될 가능성이 높습니다. 일렉트라 콤플렉스를 극복하지 못한 여성의 경우는 한 명의 이성에게 만족하지 못하여 불안정한 이성관계를 유지하는 히스테리적인 성격특성으로 나타날 수 있습니다. 이런 경우 흔히 결혼이 늦어지거나 불안정한 이성관계로 인해 부부갈등이 일어날 가능성이 있습니다. 상담을 통해 자신의 남근기 고착행동을 통찰하고 동성 부모의 성역할에 대한 통합이 이루어진다면 이러한 오이디푸스 콤플렉스와 일렉트라 콤플렉스를 해결할 수 있을 것입니다.

④ 잠복기(latency stage)

남근기 이후 11~13세 전후 시기로 성적 욕구가 특정 신체 부위에 존재하지 않는 일종의 휴식기간이다. 성적 욕구는 본능적 욕구 억압, 욕구지연, 사회적으로 용납되는 방식인 지적 관심, 운동, 친구 간의 우정 등으로 나타나며, 자아가 분화되고 발달하는 시기다.

⑤ 성기기(genital stage)

잠복기를 거쳐 12~13세경에 이르러 성적 충동과 공격적 충동이 다시 나타나는 시기다. 남근기와는 달리 성적 욕구의 자기만족 방식에서 벗어나 타인과의 관계 속에서 성적 만족을 추구하는 방향으로 발달하게 된다. 부모 이외의 이성을 통한 비교적 사회화된 형태로 성적 욕구를 만족시키며, 타인과 진실한 친밀감과 사랑을 경험하게 된다. 이를 통해 부모로부터 자유와 독립이 발달하는 시기다.

멘티 프로이트의 심리성적 발달이론은 에릭슨의 발달이론과는 어떻게 다릅니까?

멘토 프로이트 정신분석의 핵심용어는 심리성적, 초기 아동기(초기 발달만 다룸), 원초아에 기초한 자아 간의 갈등이라고 볼 수 있으며, 에릭슨의 심리사회 발달의 핵심용어는 아동기 이후 심리사회적, 전 생애(초기~후기 발달 모두 다룸), 위기, 발달과제, 우월과 유능을 강조하는 자아심리학이라고 요약할 수 있습니다. 에릭슨의 발달단계는 1장 상담의 개요 중 '4.1 발달연령에 따른 구분'을 참고하십시오.

1.2 문제행동의 원인과 상담의 목표

1) 문제행동의 원인

자아와 원초아 그리고 초자아 간의 조화를 이루지 못할 때 심리성적 증상이 형성된다. 자아가 힘이 약해져서 무의식적 충동에 대한 자아의 방어가 효율적이지 못하여 성격구조들 간의 갈등을 중재하는 조정역할을 제대로 하지 못하는 것이 문제행동의 원인이다.

2) 상담의 목표

- 정신분석적 상담의 목적은 무의식에 근거한 내담자의 문제행동에 대한 각성과 통찰을 도와서 건설적인 성격으로 변화시켜 잘 적응하는 개인으로의 성장을 돕는 것이다.
- 정신분석적 상담의 목표는 내담자로 하여금 자신의 무의식적 행동의 동기인 억압된 충동을 각성, 통찰할 수 있도록 하여 의식수준에서 행동할 수 있게 돕는다.

> **멘티** 정신분석적 상담에서 상담자가 다루어야 할 것은 무엇인가요?
>
> **멘토** 내담자에게 문제가 되고 불편과 증상을 일으키는 핵심적인 정서가 무엇인지 이해시키는 것입니다. 즉, 내담자의 문제를 형성하고 있는 주요 정서반응에 대한 유아기적 양상(아동기 왜곡방식)을 이해하는 것이지요. 상담자는 상담을 통해 정서경험을 수정시키고, 특히 전이를 통하여 이러한 통찰력을 갖게 함으로써 조건화를 풀고 재조건화시키는 것이 중요합니다.

1.3 정신분석적 상담의 평가

1) 비판점

① 인간이 무의식적 충동(성욕과 공격성)에 의해 지배된다고 봄으로써 인간을 지나치게 부정적으로 본다. 특히, 오이디푸스 콤플렉스나 일렉트라 콤플렉스 이론 등에서 볼 수 있는 것처럼 모든 인간에게 근친상간과 쾌락적인 충동이 있다고 본다.

② 과거 만 5세 이전의 유아기적 심리성적 발달단계에서의 경험들과 억압된 무의식의 내용에 의해 현재 행동이 나타난다고 봄으로써, 인간을 지나치게 결정론적이고 비합리적인 존재로 보고 인간의 자율성과 책임성 그리고 합리성을 무시하고 있다.

③ 정신분석은 병원에서의 히스테리 환자의 행동특성을 관찰하면서 출발하게 되었으며, 대부분 사례연구를 통한 질적이고 주관적인 자료들이기 때문에 양적이고 객관적인 자료가 빈약하다.

2) 공헌점

① 관찰과 사례연구를 통해 인간정신의 심층구조를 파악하는 데 기여하였다.

② 인간에게 금기시되어 온 성욕을 공개적으로 논의하면서 성욕이 인간의 심리와 행동에 미치는 영향을 규명하였다.

③ 인간의 심리와 행동을 결정하는 데 있어 어린 시절의 경험을 강조함으로써 자녀양육에 대한 각성과 중요성을 인식시켜주었다.
④ 무의식적인 심리과정과 행동이 인간에게 중요한 영향을 미치고 있다는 사실을 일깨워주었다.
⑤ 에너지 보존의 법칙과 자연과학적 개념을 인간의 정신세계에 도입하여, 인간의 정신세계를 이해하는 틀을 마련하였다.
⑥ 인간의 성격 발달을 이해하기 위한 심리성적 5단계의 발달과정을 제시함으로써 인간을 전 생애에 걸쳐 볼 수 있는 계기를 마련하였다.
⑦ 인간의 정신세계를 분석함으로써 신경증을 비롯한 정신병의 치료와 예방에 공헌하였고, 무의식적 충동(성욕, 공격성)을 적절히 해소시켜주어야 한다는 점을 일깨워주었다.
⑧ 정신분석의 한계점을 보완하기 위한 다양한 상담이론의 창출(예 인간중심, 개인심리학, 인지행동, 행동주의, 현실치료), 정신분석에 근거한 많은 상담이론(예 분석심리학, 게슈탈트, 교류분석), 발달심리학(예 에릭슨의 자아심리학)에 지대한 영향을 끼쳤다.

핵심 Summary

1. 정신분석적 상담에서의 인간 의식수준과 성격구조

인간의 의식구조는 의식, 전의식, 무의식으로 구성되어 억압된 무의식이 개인으로 하여금 내적 갈등을 경험하게 하고, 왜곡된 증상으로 나타나게 한다. 성격은 원초아(id), 자아(ego), 초자아(superego)로 구성되어 있다.

2. 문제행동의 형성

현실 및 성격의 3가지 자아 간의 갈등에 의해 현실불안, 신경증불안, 도덕불안을 야기한다. 불안으로부터 자아를 보호하기 위해 억압, 부정, 반동형성, 투사, 퇴행, 합리화, 전위, 승화 등의 방어기제를 형성한다.

3. 프로이트의 심리성적 발달단계

성적 욕구가 각 연령에 따라 신체의 어느 부위에 집중되느냐에 따라 구강기-항문기-남근기-잠복기-성기기를 거친다. 특히, 만 5세 이전의 구강기-항문기-남근기에 어떤 경험을 하느냐가 이후 성격발달에 큰 영향을 끼친다.

4. 정신분석적 상담과정과 기법

시작-전이의 발달-철저한 지속적 활동(훈습)-전이의 해결과정을 거치며, 상담기법에는 자유연상, 해석, 저항의 분석과 해석, 전이의 분석과 해석, 꿈의 분석과 해석 등이 있다.

5. 정신분석적 상담의 목표

무의식 속에 동기로 작용하고 있는 억압된 충동의 동기를 각성, 통찰할 수 있어서 의식수준에서 행동할 수 있도록 한다.

6. 정신분석적 상담 평가

정신분석적 상담은 인간을 지나치게 결정론적이고 부정적으로 보며 객관적인 검증이 부족하다는 한계가 있으나, 최초로 포괄적인 성격이론 및 심리치료의 체계를 확립하여 추후 상담이론의 발달에 큰 기여를 하였다.

기출문제 및 예상문제 풀이

◎ 기출문제

1. 역전이란 무엇이며, 왜 중요한지 역전이의 긍정적인 측면을 논의하시오.

(연세대, 가톨릭대학교, 서강대학교)

역전이(counter-transference)란 상담자가 생애 초기에 중요한 타인과의 관계에서 발생했으나 의식화하지 못하고 무의식적으로 억압했던 생각, 감정, 욕망을 내담자에게 자신도 모르게 전위시킬 때 나타나는 현상이다. 내담자에 대해 필요 이상으로 애정을 가지거나 거부감이 온다면 한 번쯤 역전이를 의심해볼 수 있다.

역전이는 상담자 자신이 내담자를 통해 자신의 해결되지 않은 감정을 경험하는 것으로 프로이트는 이것을 피해야 하는 부정적인 부분으로 보았지만 신 프로이트학파에서는 상담자가 충분한 자기 통찰이 있는 상태라면, 내담자를 이해하는 수단이나 전이를 유도하는 도구로 활용할 수 있다고 보았다. 그러기 위해서 상담자는 자신의 문제와 내면에 대해 깊이 이해하고 있지 않으면 상담자가 무의식적으로 내담자의 행동을 왜곡되게 지각할 수 있다. 이러한 역전이가 상담관계에 영향을 끼친다는 것을 자각하고 있으면, 내담자를 객관적으로 다루게 되고 상담관계도 제대로 형성된다. 상담자의 역전이 문제를 파악하고 해결하기 위해 슈퍼 비전을 받는 것이 도움이 된다.

2. 정신분석에서 전이와 저항을 중요시하는 이유를 설명하시오. (가톨릭대학교, 서강대, 이대)

전이(transference)란, 내담자가 인생 초기에 의미 있는 대상(주로 부모)과의 관계에서 발생했으나 의식화되지 못하고 억압되어 무의식에 묻혀 있었던 생각, 감정, 욕망을 상담자에게 자신도 모르게 전위시킬 때 나타나는 현상을 말한다.

정신분석에서 전이가 중요한 이유는 상담자와 내담자와의 관계에서 전이관계가 나타나며 상담자에 대한 내담자의 전이가 형성되고 통찰을 얻는 과정이 곧 정신분석적 상담의 과정이기 때문이다. 전이감정의 해소를 통해 내담자가 과거의 영향에서 벗어나 정서적으로 성숙한 인간이 될 수 있도록 도와주는 것이 상담의 핵심이기 때문이다. 상담과정이 깊어지면서 내담자의 어린 시절의 경험과 갈등들이 무의식 속에서 표면 위로 떠오르기 시작한다. 따라서 내담자는 신뢰와 불신, 독립과 의존, 사랑과 증오, 그 밖의 여러 가지 상반되는 감정에 대한 갈등을 회상하게 되고, 그때의 감정들을 상담자를 대상으로 해서 재경험하게 된다. 전이를 통한 정신분석의 치료적 효과는 이러한 전이감정에 대한 해석과 초기 전이감정의 훈습을 통해 상담 장면에서 이전에는 내담자가 접할 수 없었던 다양한 감정을 재경험하도록 함으로써 내담자의 행동변화를 유도할 수 있다는 점이다. 전이의 해석은 전이현상에 담겨져 있는 2가지 왜곡(시점의 왜곡, 대상의 왜곡) 혹은 착각을 내담자에게 알려주고 이해시키는 것을 말하며, 이러한 전이의 해석이 무의식을 의식화시키는 것으로 성공적인 정신분석의 핵심이다. 또한 전이를 이해하고 해결하기 위해서는 '훈습(working through, 지속적인 활동)'이라는 장기간의 과정이 필요하다. 이 과정을 통해서 내담자는 자신의 무의식적 심리역동에 대한 통찰을 얻게 되며, 결과적으로 과거의 경험과 현재의 대인관계 문제를 이해하게 된다.

저항(resistance)이란, 내담자가 상담에 협조하지 않는 모든 행위를 말하는데, 정신분석에서는 이것을 무의식적 갈등이 의식화되는 과정에 내담자의 방어의 하나로 본다. 이는 정신분석적 상담 과정에서 내담자가 무의식에 묻어두었던 자신에게 고통스러운 기억을 드러내기 꺼리는 것과 관련된다(예 정해진 시간에 상담에 참석하지 않거나, 상담과정에서 아무런 의미 없는 말만 되풀이하거나, 중요한 내용은 빠뜨리고 사소한 이야기만 하는 것). 저항의 주된 원인은 변화에 대한 두려움, 무의식적 소망과 욕구의 충족 유지, 그리고 무의식적 갈등에 대한 직면 회피 때문이다. 특히 정신분석적 상담에서 저항이 중요한 이유는 무의식적 역동을 통찰하려는 내담자와 상담자와의 치료적 동맹관계에 도움을 주지 못하여 성공적인 상담에 방해가 되기 때문이다. 따라서 정신분석에서는 '저항의 해결이 곧 정신분석의 법칙'이다.

상담자는 내담자의 저항을 존중하고 내담자들이 방어를 가지고 상담에 임할 수 있도록 해주어야 한다. 이것이 적절히 다루어진다면 저항은 오히려 내담자를 이해하는 데 필요한 매우 유용한 도구가 될 수 있다. 저항을 적절히 해석하여 내담자에게 자신의 무의식적 갈등이 현재에 어떤 영향을 주고 있는지 이해시키고 상담에 참여를 유도하도록 해야 한다.

◎ 예상문제

1. 융과 프로이트의 무의식을 비교하시오.

프로이트는 무의식이 인간의 의식적 행동을 결정하는 부분으로 신경증적 증상의 원인이 무의식적 갈등에 있다고 보았다. 반면, 융은 무의식을 집단무의식과 개인무의식으로 나누었으며, 인간이 과거나 무의식에 의해 결정되기보다는 현재나 미래를 지향하는 태도에 따라 달라질 수 있으며 무의식적 부분과 의식적 부분을 통합함으로써 성장할 수 있다고 보았다.

프로이트의 무의식은 현실에서 외면하고자 하는 갈등이 억압된 것을 말하며, 융의 개인무의식은 프로이트의 무의식과 비슷하지만 다른 점은 집단무의식이라 할 수 있다. 인간의 학습경험

행동에 영향을 주는 집단무의식은 인류, 사회 문화적으로 계승되어지고 공유되는 무의식으로서, 원형(archetype)으로 설명될 수 있다. 원형에는 아니마, 아니무스, 페르조나, 그림자 등이 있으며 인간은 이런 어두운 무의식의 측면을 이해하고 의식과 통합을 통해 변화한다.

2. 전통적 프로이트 이론과 현대의 정신분석 이론과는 어떻게 다른가?

전통적 프로이트학파가 인간의 갈등을 심리 내적인 것으로 보고 특히 심리성적 경험 갈등을 분석하는 데 집중한 반면, 신 프로이트학파의 에릭슨이나 말러는 심리사회적 경험, 대인관계, 주요 타인과의 관계에도 관심을 두고 자아의 발달에 초점을 두고 있다. 또한, 전통 프로이트학파가 인간의 행동과 성격을 결정론적인 것으로 보고 원인이 과거에 있다고 본 것과 달리, 신 프로이트학파는 현재의 경험이나 미래에 대해 지향하는 바에 따라 달라질 수 있다고 본다.

프로이트가 신경증적인 증상에 관심을 둔 반면 신 프로이트학파에서는 성격장애의 원인과 치료에 대해 관심을 기울였고, 장기적인 분석적 틀을 유지하는 프로이트에 비해 단기 정신역동 심리치료에 관심을 둔다. 전통적 프로이트 이론에서는 상담자가 분석적이고 익명성, 객관성을 유지하는 역할인 반면, 신 프로이트학파에서는 내담자와 상담자의 치료적 관계를 강조한다.

나만의 Summary

2 인간중심적 상담

개 요

본 단원에서는 인간중심적 상담이론이 어떻게 발전해왔고, 인간에 대한 기본 관점 및 가정이 어떠한지, 또한 인간 성격의 발달과 심리적 문제가 발생하는 과정을 가치조건화 과정과 관련하여 살펴보고자 한다. 특히, 내담자의 긍정적 행동변화와 성장을 위한 상담자의 필요충분조건으로 강조되는 3가지 상담자의 태도를 중심으로 인간중심적 상담의 상담목표와 상담기법을 자세히 살펴보고, 마지막으로 인간중심적 상담의 기여점과 제한점에 대해서 알아볼 것이다.

"신기한 역설은 내가 있는 그대로의 나를 수용할 때 내가 변화한다는 것이다."

– 로저스(C. Rogers)

Keyword

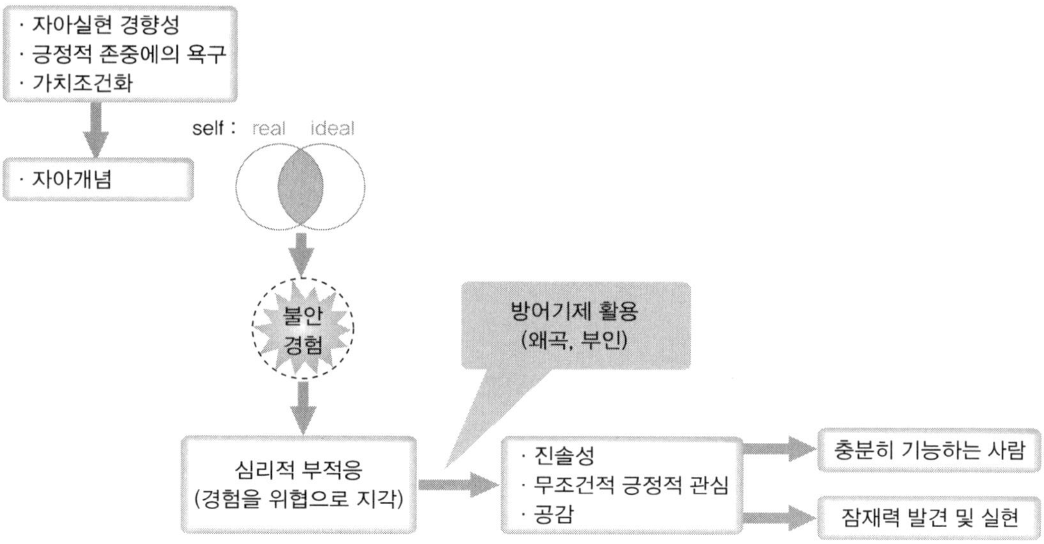

단원소개

학습내용 분석	참고사항
2.1 인간중심적 상담의 주요 개념	
1) 인간관	
2) 상담의 기본가정	
3) 주요 개념	*가치조건화 과정
2.2 성격의 발달	
1) 성격의 형성과정	*충분히 기능하는 사람의
2) 충분히 기능하는 사람	특성
2.3 문제행동의 원인과 상담의 목표	
1) 문제행동의 원인	
2) 상담의 목표	*부적응행동의 발달
2.4 인간중심적 상담의 평가	
1) 비판점	
2) 공헌점	

*표기는 기출문제 빈도가 높은 내용의 핵심용어.

2.1 인간중심적 상담의 주요 개념

1) 인간관

인간은 기본적으로 자유로우며 자신의 행동에 책임을 지고, 유목적적이며, 합리적이고 건설적인 방향으로 지속해서 성장해나가는 미래지향적 존재다(Rogers, 1951). 따라서 적절한 조건만 제공되면 마치 씨앗이 성장하여 가능성을 발휘하는 것처럼 인간은 타고난 잠재력을 건설적으로 발전시켜 나갈 수 있다(Hansen, et al., 1977).

2) 상담의 기본가정

인간중심적 상담에서 기본적으로 가정하고 있는 인간에 대한 이해와 상담자 역할, 상담의 목적은 다음과 같다.

- 인간은 믿을 수 있으며 능력이 있고, 자기이해와 자아실현을 위한 잠재력을 가지고 있으며, 이러한 능력의 발현을 통하여 점진적으로 되어 가는 존재다.
- 인간행동은 각 개인의 주관적 경험 또는 내적 준거체계에 따라 달라진다.
- 인간행동의 궁극적 목표는 자아실현이다.
- 신뢰와 존중의 분위기만 조성된다면 인간은 긍정적 방향으로 성장하고 발달할 것이다.
- 진정한 관심, 수용 그리고 공감적 이해 등을 포함한 상담자의 긍정적 태도는 효과적인 치료관계의 필수 조건이다.
- 내담자의 주관적 경험을 존중하고, 자유와 개인적 책임성 및 자율성을 고양시키고, 선택권을 부여함으로써 내담자의 성장을 촉진시킬 수 있다.
- 상담자는 권위적 인물이 아니라, 존경과 긍정적 관심을 통하여 긍정적 성장을 고양시켜야 할 사람이다.
- 내담자는 부적응적 상태에서도 자아인식을 할 수 있는 능력이 있고, 더욱 적절한 행동을 할 수 있는 능력을 가지고 있다.
- 상담자는 치료관계에서 나타나는 현재 행동에 초점을 두어야 한다.
- 상담의 목적은 내담자가 더욱 독립적이고 통합된 상태로 변화하게 하는 것이다.

3) 성격의 핵심요소

로저스(C. Rogers)는 성격 자체보다는 상담의 결과 어떻게 성격변화가 이루어지는지에 대해 더 많은 관심을 가졌다.

인간 성격의 핵심요소: 유기체, 현상적 장, 자아

① 유기체

로저스는 인간을 총체적(holistic) 입장에서 이해를 하고 있는데, 유기체란 경험에 대해 반응하는 전체로서의 인간(신체, 정서, 인지)을 말한다. 즉, 유기체란 우리가 경험에 대하여 신체적 · 정서적 · 인지적으로 반응하는 모든 것을 의미한다.

② 현상적 장

현상적 장은 끊임없이 변화하는 경험의 세계로, 실제적 사실이 아니라 개인이 주관적으로 그것을 어떻게 지각하는가에 따라 달라진다. 즉, 유기체로서의 경험과 개인이 주관적으로 지각하는 현상적 장이 일치할수록 충분히 기능하는 건강한 성격이라 볼 수 있다.

③ 자기(self)

자기는 성격구조의 중심이며 성격발전의 핵심이다. 자기상은 이상적 자기(ideal self)와 현실적 자기(real self)로 구분될 수 있고, 이상적 자기와 현실적 자기가 일치할수록 보다 건강한 성격이라 할 수 있다.

멘티 인간중심적 상담을 왜 내담자중심 상담이라고 부릅니까?

멘토 상담자가 보다 적극적으로 개입하는 지시적 상담(예를 들어, 정신분석, 파슨즈(Parsons)의 특성요인적 상담, 인지행동적 상담)과는 달리 상담자는 가치중립적이며, 비지시적 접근방식을 취하기 때문에 비지시적 상담 혹은 내담자중심 상담이라고 부릅니다. 이때 내담자중심이라는 의미는 내담자를 의존적인 환자가 아닌 책임감 있는 내담자로 보고 상담자보다는 내담자의 보다 적극적인 참여를 중요시하기 때문입니다.

4) 성격의 형성과정

① 긍정적 관심의 욕구

긍정적 관심을 받고자 하는 욕구는 누구에게나 있기 마련이며 타인을 통해서 충족이 되어진다. 하지만, 타인으로부터 긍정적인 관심을 받으려는 욕구는 유기체가 실질적으로 느끼는 욕구를 억누르고 타인의 생각과 가치를 마치 자신의 것인 것처럼 받아들이게 한다.

② 가치의 조건화

가치의 조건화(condition of worth)란, 의미 있는 타인들로부터 긍정적인 관심을 받고자 하는 욕구로 인해 부모 등으로부터 애정과 관심을 받는 데 도움이 되는 가치를 마치 진정한 자신의 것으로 채택하게 되는 것을 말한다. 이러한 가치조건화 과정을 통해 인간은 자신의 욕구에 따라 살지 못하고 다른 사람의 관심과 애정을 받기 위해 그들의 기준이나 욕구에 맞추어 살아가게 된다.

③ 자아실현 경향성

로저스는 모든 인간에게 자아실현 욕구는 인간의 기본적인 행동동기로, 성장과 자기증진을 위하여 끊임없이 노력하는 과정에 직면한 고통이나 성장방해요인을 극복할 수 있는 성장지향적 유기체라고 보고 있다.

5) 충분히 기능하는 사람

충분히 기능하는 사람의 특징(Rogers, 1961)
① 경험에 대한 개방성, ② 실존적 삶, ③ 자신의 유기체에 대한 신뢰, ④ 자유감, ⑤ 창조성

충분히 기능하는 사람(fully functional person)은 자기와 유기체적 경험이 일치하는 사람으로서 인간중심적 상담에서 목표로 하고 있는 사람의 특성이라고 할 수 있다.

① 경험에 대한 개방성

있는 그대로 자기 내면에서 일어나는 경험에 개방적이기 때문에 공포, 실망, 고통 또는 용기, 애정, 경외감 등의 긍정적이거나 부정적인 감정에 대해 개방적이다. 자기 자신에게 개방적인 사람은 자신이 느낀 것을 자유롭게 표현하고 인식할 수 있으며, 타인과의 관계에서도 자신을 충분히 개방할 수 있는 능력을 지니고 있다.

② 실존적 삶

충분히 기능하는 사람은 자신이 다음 순간에 무엇이 되고 무엇을 할 것인가를 매 순간의 경험을 통하여 판단하고, 매 순간을 충분히 만끽하는 실존적 삶을 살아간다.

③ 자신의 유기체에 대한 신뢰

충분히 기능하는 사람은 자기 자신에 대해 신뢰가 있기 때문에 자신이 해야 할 것과 하

지 말아야 할 것을 판단하는 기준으로 사회적 규범이나 외부의 영향력에 의존하기보다는 자신의 유기체적 경험을 활용한다.

④ 자유감

충분히 기능하는 사람은 자신의 느낌과 반응에 따라 충실하게 살아간다. 자유감이란, 억제나 금지 없이 대안적인 생각과 행동들 중에서 자유롭게 선택을 할 수 있는 건강함을 말한다.

⑤ 창조성

충분히 기능하는 사람은 창조성이 있는데, 그 사회의 문화체계에 구속되거나 수동적으로 동조하지 않고 자신의 삶과 관련된 모든 영역에서 독창적인 창작물을 만들어내고 창의적 삶을 통해 자신의 욕구를 만족시킴으로써 삶의 희열을 경험할 수 있다.

2.2 문제행동의 원인과 상담의 목표

1) 문제행동의 원인

부적응행동의 발달 : 자기 이미지와 현실 사이에 괴리가 심하며, 이로 인하여 높은 수준의 불안을 경험하게 되는 경우

문제행동은 유기체와 현상적 장에서 자기상이 불일치할 때 발생한다. 즉, 자기 이미지와 현실 사이에 괴리가 심하며, 이로 인하여 높은 수준의 불안을 경험할 때다. 로저스(1961)에 의하면 사람이란 완성의 존재가 아니라 '되어가는 존재'이기 때문에, 자아인식을 갖고 있다거나 자아실현을 했다고 해서 완성상태에 도달한 것은 아니며 지속적으로 보다 나은 삶을 획득하기 위하여 자신의 잠재력을 개발해가야 한다.

2) 상담의 목표

로저스(1977)는 상담의 초점이 현재의 문제가 아니라 사람 그 자체이며, 단순히 문제를 해결하는 것이 아니라 내담자의 성장과정을 도와줌으로써 현재와 미래에 마주하게 될 문제들에 대해 보다 잘 대처할 수 있도록 돕는 것으로 규정하고 있다. 즉, 상담자가 내담자의 내적 준거틀을 정확히 이해(공감)함으로써 내담자의 자아개념과 유기체적 경험 간의 불일치를 제거하고 내담자가 느끼는 자아에 대한 위협과 그것을 방어하려는 방어기제를 제거함으로써 충분히 기능하는 사람이 되도록 하는 것이다.

2.3 인간중심적 상담의 평가

1) 비판점

① 정서적 및 감정적인 요소를 크게 강조하는 반면에 지적 및 인지적 요인을 무시하는 경향이 있다. 심리검사 자체도 인간을 무조건적으로 수용하지 않고 판단한다고 보아서 실시하지 않는다. 따라서 객관적인 정보(예 심리검사, 일화기록, 성적)를 사용하여 내담자를 도와주는 면이 부족하다는 비판을 받고 있다.

② 기술수준을 초월하는 상담자의 인격과 수양이 요구되나 이를 달성하기가 너무 어렵다.

③ 모든 내담자에게 광범위하고 일반적이며 동일한 목표를 설정하고 있다. 로저스는 신경증, 비행, 학업부진, 자살, 흉악범, 자폐증 모두를 '있는 그대로의 자기'와 '되고 싶은 자기'의 차이로 본다.

④ 현상학적 장에 근거하고 있다고 보지만, 우리는 의식할 수 없는 요인들에 의해 동기화되며 어떤 사람이 자신에 관해 말하는 것이 바로 왜곡일 수도 있다.

⑤ 상담의 과정에서 강조하는 상담자의 가치중립적 자세가 현실적으로 어느 정도 가능할 것인가이다.

2) 공헌점

① 가족상담, 참만남 집단, 집단상담, 목회상담에 기여하였다.

② 제3심리학의 세력형성에 크게 기여하였다.

③ 오늘날 상담 및 심리치료 과정에서 공통적으로 중요하게 생각하는 공감적 이해를 강조하였다.

④ 상담훈련과 상담의 본질에 영향을 끼쳤다. ≪상담과 심리치료≫(Rogers, 1942)에서 상담장면을 녹음하여 상담훈련과 연구에 활용하는 데 선구적으로 기여하였다.

멘티 인간중심적 상담이 끌리는데요. 더 자세히 알고 싶으면 어떤 책을 참고로 하면 좋을까요?

멘토 ≪인간중심상담 : 이론과 사례 실제≫(연문희, 이영희, 이장호 저(2007), 학지사)를 보면 상세한 내용의 도움을 받으실 수 있을 거예요.

핵심 Summary

1. 인간중심적 상담에서 성격의 핵심요소

유기체, 현상적 장, 자아로 구성되어 있다.

2. 인간중심적 상담에서 부적응적 행동

유기체와 현상적 장에서 자기상이 불일치하여 자기 이미지와 현실 사이의 괴리가 심할 때 높은 수준의 불안을 경험하며 이때 문제행동이 일어난다.

3. 가치조건화 과정

가치조건화는 인간의 긍정적 존중의 욕구 때문에 발생한다. 유기체적 가치화 과정을 억누르고 부모 등으로부터 애정과 관심을 받는 데 도움이 되는 가치를 마치 진정한 자신의 것으로 채택하는 과정이다.

4. 인간중심적 상담기법

상담의 기법보다는 상담자 태도를 강조하며, 치료적 환경을 위한 상담자 태도는 일치성 또는 진솔성, 무조건적 긍정적 관심(수용), 공감이다.

※ 5장 상담의 기법의 '2.2 인간중심적 상담' 참고)

5. 인간중심적 상담목표

내담자의 자아개념과 유기체적 경험 간의 불일치를 제거하고 내담자가 느끼는 자아에 대한 위협과 그것을 방어하려는 방어기제를 제거, 충분히 기능하는 사람이 되도록 하는 것이다. 충분히 기능하는 사람이란, 자아와 유기체적 경험이 일치하는 사람을 말한다.

6. 인간중심적 상담평가

인간의 지적 및 인지적 요소를 간과하고 상담자의 인격과 수양을 지나치게 강조하여, 모든 내담자에게 동일한 상담목표를 설정하고 있다는 한계점이 있으나, 참만남 집단, 가족상담, 상담훈련과 상담본질에 큰 영향을 끼친 이론이다.

기출문제 및 예상문제 풀이

◎ 기출문제

1. 칼 로저스가 제시한 상담자의 자세를 설명하시오. (가톨릭대, 경북대)

인간중심적 상담에서는 이상적 자기와 현재의 유기체적 경험이 일치될 경우 자아가 충분히 기능하여 자아실현을 할 수 있는 잠재력이 촉진된다. 하지만 자기개념이 현재의 유기체 경험이나 이상적 자기와 일치하지 않을 경우, 경험을 왜곡하고 부인하는 방식으로 행동하며 성장가능성이 지연된다. 인간중심적 상담에서는 이런 불일치를 경험하고 있는 내담자에게 성장을 촉진하는 분위기를 조성할 수 있는 일치성 또는 진솔성, 무조건적 긍정적 존중(수용), 공감의 3가지 상담자의 태도를 통해 내담자를 충분히 기능하는 사람으로 도와줄 수 있다.

진솔성(genuineness)이란, 상담자가 내담자와의 상담관계에서 순간순간 경험하는 자신의 감정이나 태도를 있는 그대로 솔직하게 인정하고, 경우에 따라서는 솔직하게 표현하는 상담자의 태도(내담자의 경험에 대한 상담자의 반응)를 말한다. 진솔성을 통해 상담자의 내적 경험과 외적 표현의 일치를 가지고 있어야 하며, 이것은 경험에 개방적이지 못한 내담자를 경험에 진솔하게 접촉해 나갈 수 있도록 해준다. 상담자가 상담관계에서 자신의 권위나 체면에 매이지 않고 자신을 있는 그대로 인정하고, 표현하면 할수록 그만큼 내담자가 건설적인 방향으로 변화하고 성장할 수 있는 가능성이 커진다고 본다. 상담자가 내담자를 싫어하거나 인정하지 않으면서도 수용하는 것처럼 가장하여 행동하는 것은 바람직하지 않다.

무조건적 긍정적 존중(unconditional positive regard)은 내담자에게 결론을 강요하려는 시도를 하지 않고, 내담자에게 충분한 감정표현의 기회를 제공하는 것이다. 상담자가 아무런 가치조건도 부여하지 않고 내담자를 있는 그대로 존중하고 수용함으로써 내담자에게 부여된 가치조건들을 해제하고 경험에 개방적이도록 한다. 또한 내담자를 가치평가하지 않고, 인간으로서의 가치를 존중하여 내담자의 내면화한 가치조건화에서 벗어나 자신을 있는 그대로 느끼고 표현하는 자유로운 존재가 될 수 있도록 도울 수 있다.

공감(empathy)이란, 상담자가 내담자의 생각, 감정, 경험에 대하여 상담자 자신의 주관적인 입장에서가 아니라 내담자의 입장에서 듣고 반응하는 것이다. 공감에서 특히 중요한 것은 내담자의 내적 참고체계(internal frame of reference)를 이해하고 채택하는 것이다. 상담자는 지금 여기에서 경험하는 바를 내담자의 내적 준거틀로 명확히 공감해줌으로써, 완전한 수용을 경험할 수 있다. 또한, 내담자의 내면적 감정을 민감하고 정확하게 내담자의 주관에서 느끼고 경험함으로써 내담자가 자신의 감정을 정확하게 인식하고 진정한 경험과 접촉을 확대시킬 수 있다.

2. 인간중심적 상담, 정신분석적 상담에서의 인간관과 상담이론 및 상담기법을 비교, 설명하시오.

(서강대, 계명대, 동신대, 가톨릭대학교)

〈상담이론〉

주요 개념	정신분석적 상담	인간중심적 상담
인간관	인간의 행동은 과거, 특히 초기 아동기인 만 5세까지의 무의식적이며 생물학적이고 본능적인 충동, 인간의 심리성적 발달에 의해 결정. (성욕 및 공격욕구) • **무의식적 결정론**: 인간의 마음은 대부분 의식할 수 없는 무의식에 의해 동기화.	선천적으로 타고난 성장가능성을 실현하는 과정에서 자신의 인생목표와 행동방향을 스스로 결정하고, 책임을 수용하는 자유로운 존재로서 자기를 조절하고 통제하는 능력이 있음.
성격구조	원초아(id), 자아(ego), 초자아(superego)	유기체, 현상적 장, 자기
성격발달	성격발달은 성적에너지 또는 리비도가 집중되는 신체 부위에 따라 구강기, 항문기, 남근기, 잠복기, 성기기의 5단계로 발달. 일정 단계의 심리성적 갈등이 해결되지 못하거나 심하게 박탈되어 과도하게 몰두하게 되면 어떤 한 단계에 고착.	유아기에는 자아가 분화되어 있지 않다가 점차 자신과 세계를 분리하는 과정에서 자기개념이 생기고, 긍정적 관심을 받고자 하는 욕구를 충족시키기 위해 가치조건화하는 과정에서 자기개념이 발달.
심리적 문제발생	내담자의 무의식적 갈등에 대해 자아가 제대로 감당하지 못할 때 현실 왜곡된 방어기제를 사용하면서 불안, 신경증이 발생.	자기개념과 경험 간의 불일치에서 불안을 경험.

〈상담과정과 기법〉

주요 개념	정신분석적 상담	인간중심적 상담
상담목표	행동의 무의식적 동기를 이해함으로써 무의식을 의식화하여 보다 현실적으로 행동하도록 도우며, 본능이 충동에 따르지 않도록 자아를 더욱 강화시키는 것.	자기개념과 유기체적 경험 간의 불일치를 제거하기 위해 무조건적 존중, 진솔성, 공감을 통해 충분히 기능하는 사람이 되도록 돕는 것.
상담자의 기능과 역할	상담자는 자유연상, 꿈분석, 전이분석, 해석 등을 통해 내담자 자신의 문제에 대한 통찰을 돕고, 통찰을 통해 이해한 것을 훈습과정을 통해 현실생활에 적용할 수 있도록 함.	내담자의 성장을 돕기 위해 상담자가 갖추어야 할 3가지 필요충분조건은 진솔성, 무조건적 긍정적 존중 그리고 공감적 이해임.
상담자와 내담자의 관계	라포 형성을 통하여 치료동맹을 맺어야 하고 내담자의 전이를 치료에 적절히 활용하며 역전이 감정 또한 치료에 활용.	상담자는 진단을 내리지 않고 해석하지 않는 비판단적 자세로 어떤 행동을 하도록 지시하지 않고 내담자 자체에 초점을 맞춤.

상담기법	• **자유연상**: 내담자에게 자신의 마음속에 떠오르는 것을 있는 그대로 이야기하도록 하는 것. • **꿈의 분석**: 내담자의 꿈을 분석·해석하여 심리적 갈등을 통찰하게 하는 방법. • **해석**: 내담자의 연상, 정신작용을 추론하여 설명해주는 것. 전이와 저항에 대한 해석도 포함. • **훈습**: 상담과정에서 느낀 통찰을 일상의 현실생활에 지속적으로 실제 적용하고 이를 통해 변화가 일어나는 것.	• **진솔성 또는 일치성**: 상담자가 상담관계에서 경험하는 감정을 솔직히 표현하는 태도. • **무조건적 긍정적 존중**: 내담자를 있는 그대로의 모습으로 수용하는 것. • **공감적 이해**: 내담자의 입장에서 내담자의 감정을 자신의 감정인 것처럼 느끼고 이해한 다음 그것을 내담자에게 전달하는 것.

◎ 예상문제

1. 로저스의 인간중심적 접근을 가치조건화와 관련지어 설명해보시오.

인간은 태어날 때부터 자아실현의 경향성의 동기를 갖고 태어난다. 또한 자기 경험을 긍정적·부정적으로 평가할 수 있는 '유기체적 가치화 과정'을 거치게 된다. 이때 자기에 대한 각성이 생기면 긍정적인 관심에 대한 욕구가 생기게 된다. 이러한 긍정적 관심은 타인들(주로 주요 타인인 부모나 가족, 교사)에 의해서만 충족될 수 있다.

하지만 타인들로부터 긍정적인 관심을 받고자 하는 욕구는 유기체의 가치화 과정에서 조건적으로 억누르게 된다. 즉, 자신이 필요로 하는 관심과 욕구를 채워주는 다른 사람의 생각과 가치를 마치 자신의 것처럼 채택하게 된다. 이 과정에서 '가치의 조건'을 습득하게 된다. 이는 진정한 자신의 욕구에 따라 살지 못하고 다른 사람의 관심과 애정을 받기 위해 그들의 기준이나 욕구에 맞추어 살아가는 상태를 말한다.

성장하면서 발달하게 된 가치조건화 때문에 타인의 기준에 따라 살아가려는 이상적 자기개념과 유기체적 경험 간의 불일치를 경험하게 됨으로써, 심리적 문제행동이 발생하게 된다. 갈등, 공포, 불안과 같은 정서적 문제도 가치의 조건화와 관련되어 있다. 의미 있는 타인으로부터 내면화된 어떤 행동을 하면 처벌받을 것이라는 가치의 조건화가 주관적 내적 경험과 불일치할 경우, 긍정적 자기존중을 잃지 않을까 하는 두려움으로 느껴져 불안을 경험하게 된다.

인간중심적 상담에서 심리적 증상의 형성은 이러한 가치조건화 과정과 관련이 깊다. 내담자는 자기개념과 유기체적 경험, 이상적 자기개념 간의 불일치 상태로 상담을 받으러 오기 때문에 내담자와 촉진적인 신뢰 관계를 맺고 내담자의 조건화된 가치를 해제시켜 여기－지금에서의 순간순간의 자기내면과의 경험에 충분히 개방될 수 있도록 진솔성, 무조건적 긍정적 존중, 공감적 이해의 태도로 내담자를 대하여야 한다.

2. 로저스가 제시하는 '충분히 기능하는 사람'의 특징을 기술해보시오.

충분히 기능하는 사람(fully functional person)이란, 현실적 자기개념과 이상적 자기개념이 일치되며 자신의 경험에 개방적이고 자기신뢰를 가지고 내적 평가과정을 통해 자기실현 경향을 발휘하며 성장하는 사람을 말한다. 억제나 금지 없이 자신의 느낌과 반응에 따라 충실히 살아가는 자유감, 창의적 삶을 통하여 자신의 욕구를 만족시킴으로써 삶의 희열을 경험하는 창조성, 자신의 내면에서 일어나는 부정적 경험에 대해서도 그대로 경험할 수 있고, 표현할 수 있는 경험에 대한 개방성, 해야 할 것과 하지 말아야 할 것의 판단기준으로 자신의 경험을 활용하여 자신의 유기체에 대해 신뢰하는 사람이다. (※ 2장 2.2 성격의 발달 중 '2) 충분히 기능하는 사람' 참고)

나만의 Summary

3 인지행동적 상담이론

개 요

본 단원에서는 인지행동적 상담에서 인간의 심리적 문제를 어떻게 이해하고 어떠한 상담과정을 거쳐 변화시키는지 알아보고자 한다.

"당신의 감정 혹은 행동은 일어난 사건에 대해 당신이 갖는 신념의 결과다."
– 엘리스(Albert Ellis)

Keyword

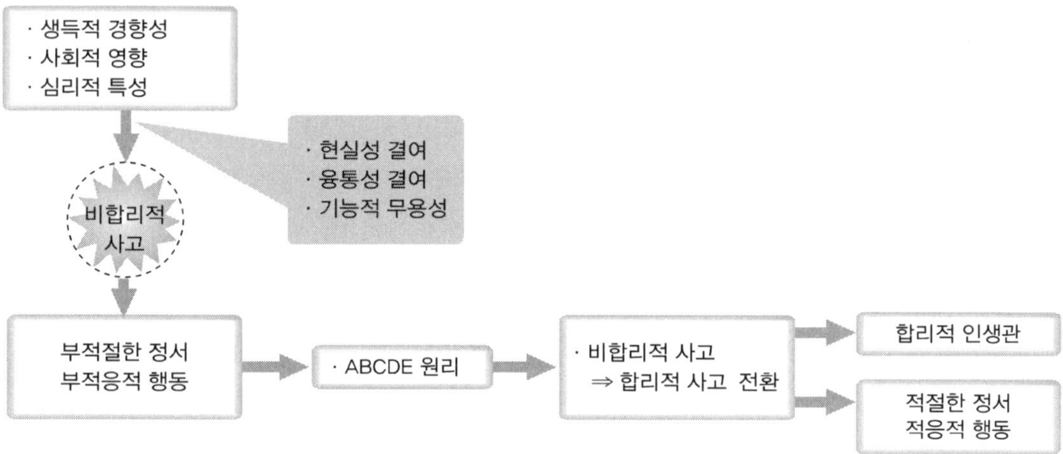

단원소개

학습내용 분석	참고사항
3.1 인지행동적 상담의 주요 개념	
1) 이론적 배경 2) 인간관	
3.2 문제행동의 원인과 상담의 목표	
1) 문제행동의 원인 2) 비합리적 사고	*비합리적 사고의 요소와 특징
3) 상담의 목표	*ABCDE 상담과정
3.3 인지행동적 상담의 평가	
1) 비판점 2) 공헌점	*Beck 인지치료와의 비교

*표기는 기출문제 빈도가 높은 내용의 핵심용어.

3.1 인지행동적 상담의 주요 개념

1) 이론적 배경

인지·정서·행동치료(Rational Emotive Behavior Therapy, 이하 REBT로 지칭)는 1956년 엘리스(Ellis) 박사에 의해서 창안되었고, 인간을 이루는 3가지 핵심영역인 인지, 정서, 행동이 서로 상호작용하는 과정에서 인지가 핵심이 되어 정서와 행동에 영향을 준다는 이론이다.

① 소크라테스의 영향

REBT 기법에서 가장 중요한 내담자의 비합리적인 신념을 논박할 때의 질문과정은 소크라테스 질문의 영향을 받았다.

멘티 REBT에서 소크라테스식 대화법이란 무엇인가요?

멘토 소크라테스식 대화법은 원래 소크라테스가 제자들을 가르칠 때 사용하던 교육방법으로 대화를 통하여 상대방의 막연하고 불확실한 지식을 진정한 개념으로 유도하려 했던 것입니다. REBT 상담자는 논박(dispute)을 통해 비합리적인 신념을 변화시키고자 하는데요. 논박을 할 때는 철학적 설득이나 교훈적 제시, 대리경험, 소크라테스식 대화법, 은유적, 유머의 사용 등의 논박 스타일이 있고 이 중 소크라테스식 대화법은 논박의 인지적 기법에 해당합니다.
이러한 질문방식이 상담에서 구체적으로 어떻게 활용이 되고 있는지 궁금하지요? 상담자는 마치 산파가 산모의 뱃속에 있는 아이를 해산하게 하는 역할과 같이 상담자의 통찰력 있는 질문을 통해 내담자로 하여금 정리된 생각의 출산을 돕는 것입니다. 즉, 상담자가 질문하고 내담자는 대답하는 과정에서 내담자가 자신의 머릿속에 있는 생각들을 스스로 탐색해 나가거나 자신이 막연하게 가지고 있는 신념들을 상담자의 예리하고 분석적인 질문을 통하여 통찰하고, 사색하고, 정리하게 되지요. 일문일답의 형식에 따라 합의에 도달할 때까지 계속해서 이야기를 해가는 소크라테스식 대화법은, 논답식 탐색이기 때문에 상담자의 질문에 대답하는 과정에서 내담자의 적극적인 참여가 가능하고, 내담자가 자신을 스스로 돕고 문제를 해결할 수 있는 방법을 배우게 됩니다.

② 스토아철학의 영향

스토아철학의 대표학자인 에픽테투스(Epictetus)의 "사람들은 사물이 아니라 사물을 보는 견해에 의해서 방해를 받는다.", "우리를 당황하게 하는 것은 우리에게 일어난 사건이 결코 아니다. 그것은 이러한 사건을 보는 우리의 관점이다."에 영향을 받았다. 그 밖에도 도교, 불교, 아들러(Adler) 등 인간의 생각이 중요함을 강조한 철학과 지시적 방법을 강조한 상담이론에 근거를 두고 있다.

> **멘티** REBT라는 명칭은 어떻게 발생되었는지요?
>
> **멘토** 1955년에 '합리적 치료(Rational Therapy)'로 시작하였으나 '합리적(rational)'이라는 용어가 인간의 모든 경험의 우위에 존재하는 이성을 강조하고 인간의 정서적 측면은 무시한다는 비난을 받게 됨으로써 1961년 인간의 정서적 측면을 중시한다는 것을 알리기 위해 '합리적 정서적 치료(Rational Emotive Therapy)'로 개명하였어요. 그 이후 1993년 행동적 측면이 이론에 중요한 부분을 차지하므로 코시니(Corsini)의 의견을 받아들여 공식명칭을 '합리적 정서적 행동치료(REBT: Rational Emotive Behavior Therapy)'로 하게 되었답니다.

2) 인간관

엘리스의 인지행동적 상담에서 인간은 외부적인 어떤 조건에 의해서라기보다도 자신이 직접 정서적 혼란을 일으키는 여건을 만드는데, 이때 인지적인 요소가 정서, 행동에 영향을 끼친다. 인간은 자기와 대화하고(self-talking), 자기를 평가하며(self-evaluating), 자기를 유지(self-sustaining)하려고 하며, 성장과 자아실현 경향성을 타고났다. 반면, 자신이 원하는 것을 얻지 못한다고 여길 때 자신/타인/세상을 두루 비난하며 자기파괴 방식으로 스스로를 파괴하는 생물학적 경향성에서 완전히 벗어날 수 없다. 따라서 인간은 합리적일 수도 비합리적일 수도 있다.

3.2 문제행동의 원인과 상담의 목표

1) 문제행동의 원인(박경애, 1997, pp.61~62)

심리적 장애의 근원으로 가장 중요한 것은 비합리적 사고다. 인간은 생득적으로 비합리적 사고를 지닐 수 있는 경향성이 있는데, 아동기의 중요한 타인으로부터 배운 잘못된 사고체계의 주입에 의해 형성된다. 인간의 비합리적 사고로 인한 역기능적 태도는 부모의 암시보다는 자기 자신의 비합리적 사고에 대한 자기 암시 반복 과정을 통해 더욱 악화된다.

2) 비합리적 사고(박경애, 1997, p.90)

비합리적 사고는 '해야만 한다'(must, should)와 관련된 당위적 사고(자기, 타인, 세상(조건))와 과장적 사고, 인간 비하(자기, 타인)적 사고, 좌절에 대한 낮은 인내심으로 구성된다.

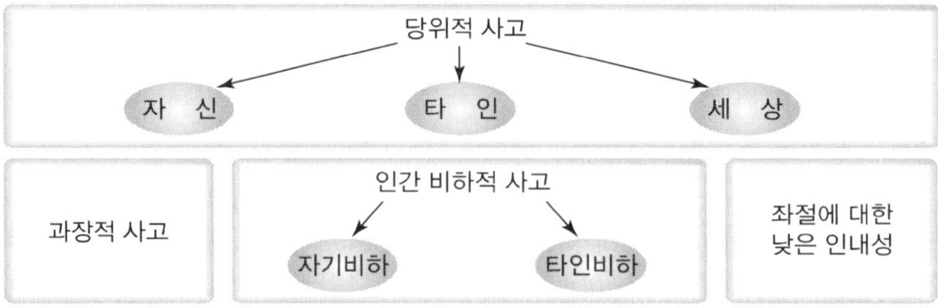

① 비합리적 사고의 구성

- 당위적 사고

인간은 근본적으로 불완전한 존재다. 전지전능하지 않기 때문에 인간과 관련하여 당위성을 강조하는 것은 비합리적이다.

'자신에 대한 당위성(I must)'－우리 자신에 대해 당위성을 강조하는 것이다.

예 나는 착해야 한다, 나는 훌륭한 사람이어야 한다, 나는 실수해서는 안 된다, 나는 실패해서는 안 된다, 나는 실직 당해서는 안 된다 등

'타인에 대한 당위성(Others must)'－타인에 대해 당위성을 강조하는 것이다.

예 타인은 반드시 나를 공정하게 대우해야 한다.

'세상에 대한 당위성(Conditions must)'－우리에게 주어진 조건에 대해 당위성을 기대하는 것이다.

예 우리 집은 항상 사랑으로 가득 차 있어야 한다, 나의 방은 항상 깨끗해야 한다, 나에게 주어진 일은 3D가 아니어야 한다 등

- 과장적 사고, 인간 비하적 사고, 좌절에 대한 낮은 인내성

과장적 사고(Awfulizing)－현실을 있는 그대로 직시하기보다는 과장해서 생각한다.

예 '…이 끔직하다.', '…하면 큰일 난다.' 등의 표현을 드러낸다.

인간 비하적 사고－인간의 가치에 대한 총체적 평가로, 잘못된 한 가지 행동을 가지고 자기 자신의 가치 또는 타인의 가치를 평가하는데, 그 형태가 자기비하 또는 타인비하로 드러나는 경향이다.

예 '점심 때 나에게 밥을 먹자고 하는 사람이 없으니 내가 얼마나 형편없는 사람인가!'

좌절에 대한 낮은 인내성(Low Frustration Tolerance : LFT)－욕구좌절이 되는 상황을 충분히 참지 못하는 경우에 해당된다.

예 '내가 결혼을 실패하였다는 것은 참을 수 없는 일이다.'

② 비합리적 사고로부터 파생한 인지적 왜곡(박경애, 1997, p.92, 예시는 본 저자 기술)

- **과잉 일반화**(overgeneralizing): 만약 한 가지 경우에 옳다면 조금이라도 비슷한 모든 경우에 적용될 수 있다고 믿는 것.

  예 "지난 학기 상담심리학 전공필수 과목에서 B+학점을 받았는데 난 뭐 하나 제대로 하는 것이 없어요. 제 자신이 너무 무능력한 것 같습니다. 저는 상담이 적성에 안 맞는 것 같아서 계속 이 공부를 해야 할지 고민입니다."

- **선택적 추상화**(selective abstraction): 중요한 것은 오직 실패나 결핍 등에 관한 것이다. 개인은 얼마나 실수를 많이 하고 약한가 하는 면에서 평가되어야 한다고 생각하는 것.

  예 "이번 미팅에서 애프터를 받지 못한 것은 내가 이성에게 매력이 전혀 없다는 것을 의미한다."

- **과도한 책임감**(excessive responsibility): 모든 잘못된 일, 실패 등에 책임이 있다고 생각하는 것.

  예 "제 막내 동생은 고등학교 시절부터 가출을 일삼고 게임중독에 빠져 있습니다. 제 동생이 저렇게 된 것은 제가 장녀로서의 역할을 제대로 하지 못하였기 때문이죠."

- **인과적 영속성 가정**(assuming temporal causality): 과거에 사실이었다면 앞으로도 영원히 사실일 것이라고 생각하는 것.

  예 "저는 지금껏 미팅에서 마음에 드는 남성을 만난 적이 없어요. 지금까지 계속 그랬는데, 앞으로 잘될 거라는 보장이 어디에 있나요? 아마 앞으로도 계속 제 마음에 안 드는 키 작고 무능한 남자들만 나올 거예요. 그래서 저는 남자 만나는 것에 회의적이랍니다."

- **자기참조**(self-references): 실제로 그럴 만한 이유가 없음에도 불구하고 '나는 모든 사람들의 관심의 초점이다. 특히 나의 잘못된 수행에 대해 사람들은 주의와 관심을 기울일 것이다. 나는 모든 불행의 원인이다.'라고 생각하는 것.

  예 "오늘 지도교수님이 나에게 너무 냉정하게 대하신다. 지도교수님이 냉정하게 구는 것은 내가 무엇인가 잘못했기 때문이다. 지난번에 질문한 것을 버릇없다고 느꼈거나 준비한 논문이 너무 엉망이라서 그런가 보다."

- **재앙화**(catastrophizing), **부정적 과장**(negative exaggeration): 항상 최악을 생각하고 그것은 언제든지 자신에게 일어날 수 있다고 생각하는 것.

  예 "나는 머리가 자주 아프다. 머리가 아픈 것은 매우 심각한 질병인데, 이런 상태로 계속 가다가는 쓰러지거나 생명에 위협이 있을지도 모른다. 어쩌면 뇌에 문제가 있어서 공부를 할 수 없을지도 모른다."

- 이분법적 사고(dichotomous thinking): 모든 것은 흑이 아니면 백이라고 생각하는 것.

예 "나는 이혼을 하였기 때문에 실패한 인생이다. 가정에서 완벽하게 성공하지 못하였기 때문에 나는 가정에서 실패한 것이다."

- 임의적 추론(arbitrary inference): 결론을 지지할 만한 증거가 없거나 결론과 반대가 되는 증거가 있음에도 불구하고 특정한 결론을 내리는 것.

예 "상담을 하고 오니 모두 점심 먹으러 가고 아무도 없다. 나는 우리 상담실에서 왕따임에 틀림없다."

- 극대화와 극소화(magnification and minimization): 어떤 사건의 중요성을 지나치게 극대화하여 평가하거나 또는 극소화하여 그 중요성을 무시하는 것.

예 "나는 직장에서 성격이 좋다는 소리를 듣는다. 성격이 좋다는 평가를 받는다는 것은 내가 직장에서의 능력은 별로라는 것을 증명하는 것이다."

- 자기 파괴적 결론(self-defeating conclusion): 내가 부적합하기 때문에 가치 없고 바람직하지 못한 사람이라고 생각하는 것과 관련된 것.

예 "나는 좋은 대학을 나오지 못했기 때문에 성공하려고 노력해봤자 아무런 소용이 없다."

- 절망적 결론(hopeless conclusion): 내가 이런 식으로 오랫동안 생각해왔기 때문에 나는 결코 나의 혼란된 정서, 생각 그리고 행동을 고칠 수가 없다. 정말, 말 그대로 너무나 절망적이다.

예 "연예인으로서 이런 악플을 받는다는 것은 너무나 치명적이고 비참하다. 내가 아무리 애를 써도 슬프고 우울한 감정에서 벗어날 수는 없다. 이제 내 삶은 절망적이다."

③ 합리적 생각과 비합리적 사고의 기준(박경애, 1997, p.72)

특성 \ 갈래	합리적 사고	비합리적 사고
논리성	논리적으로 모순이 없다.	논리적으로 모순이 많다.
현실성	경험적 현실과 일치한다.	경험적 현실과 일치하지 않는다.
실용성	삶의 목적 달성에 도움이 된다.	삶의 목적달성에 방해가 된다.
융통성	융통성이 있다. 경직되어 있지 않다.	절대적/극단적/경직되어 있다.
파급효과	적절한 정서와 적응행동에 영향을 준다.	부적절한 정서와 부적응적 행동을 유도한다.

④ 11가지 대표적인 비합리적 사고와 합리적 사고의 예시

	비합리적 사고	합리적 사고
사람관계	1. 알고 있는 모든 중요한 사람들로부터 사랑받고, 인정받고, 이해받아야만 가치 있는 인간이다. 만약 그렇지 않으면 이는 끔찍하다.	1. 자기를 존중하고 실제적인 일에 대해 인정을 받고, 사랑받기보다는 사랑하는 것에 신경을 쓰는 것이 보다 바람직하고 생산적이다.
	2. 어떤 사람들은 나쁘고 사악하며 반드시 비난받고 처벌받아야만 한다.	2. 사람들은 비윤리적으로 행동하는 경우가 흔하며, 이들을 비난하고 처벌하기보다는 그들의 행동을 변화시킬 수 있도록 도와주는 것이 더 좋을 것이다.
	3. 일이 뜻대로 진행되지 않는다면 이는 무시무시하고 끔찍한 일이다.	3. 일이 내 뜻대로 된다면 좋겠지만 내가 원하는 대로 되지 않는다고 해서 끔찍할 이유는 없다.
	4. 위험하거나 두려운 일이 일어날 가능성을 늘 생각하고 있어야 한다.	4. 걱정한다고 해서 어떤 일이 저절로 사라지는 것이 아니다. 나는 일어날 가능성이 있는 괴로운 일을 처리하기 위해 최선을 다할 것이며, 만약 다루기가 불가능하다면 그 일이 어쩔 수 없다는 것을 받아들이겠다.
세상일	5. 완벽한 능력이 있고, 성공을 해야만 가치 있는 인간이다.	5. 자신이 인간적인 제한점이 있고, 실수를 범하기도 하는 불완전한 존재라는 것을 받아들이는 것이 좋을 것이다.
	6. 인간의 문제는 완전한 해결책이 있고 그 해결책을 발견할 수 없다면 이는 끔찍한 일이다.	6. 세상은 불확실한 세계다. 나의 삶을 즐기기 위해 나는 아무런 보장이 없더라도 결정을 내리고 위험을 무릅쓰겠다.
	7. 세상은 반드시 공평해야 하며 정의는 반드시 승리해야 한다.	7. 세상에는 불공평한 경우가 자주 있다. 불공평한 경우에 불안을 갖는 것보다는 이를 시험하도록 노력하는 편이 더 낫다.
	8. 나는 항상 고통이 없이 편안해야만 한다.	8. 고통이 없이 얻을 수 있는 것은 아무것도 없다. 그러므로 내가 비록 이것을 좋아하지 않아도 나는 이런 불편을 참아내고 견딜 수 있다.
운 명	9. 나는 아마 미쳐가고 있는지도 모른다. 그러나 나는 미쳐서는 안 된다. 왜냐하면 그것을 견딜 수 없기 때문이다.	9. 정서적 곤궁은 확실히 즐거운 것은 아니지만 이것은 참을 수 있다.
	10. 인생에서의 어려움은 부딪히기보다 피해가는 것이 편하다.	10. 궁극적으로 소위 쉬운 방법이란 없으며, 피하는 것이 오히려 더욱 어려운 방법이다.
	11. 우리는 다른 사람에게 의지해야만 하고 의지할 강한 누군가가 있어야만 한다.	11. 다른 사람들과 친밀하게 지내는 생활을 즐기지만, 내 생활을 도와줄 사람을 원하지는 않는다. 나는 내 자신을 믿고 의지할 수 있다.

3) 상담의 목표

- 내담자의 핵심적인 비합리적 사고를 합리적 사고로 전환시킨다.
- 삶에 있어 바람직하지 못한 결과가 나왔을 경우, 자기 자신이나 다른 사람에 대한 비난을 줄이고 삶에 있어 더욱 현실적이고 관대한 철학을 갖도록 한다.

※ 상담의 목표는 내담자의 정서나 행동, 특히 부적절한 정서나 행동에 큰 영향을 미치는 비합리적 사고를 재검토하도록 도움으로써 성격이나 인생관을 근본적으로 변화시키는 데 있다.

3.3 인지행동적 상담의 평가

1) 비판점

① 내담자들에게 영향을 끼칠 수 있는 과거 경험을 너무 경시한다.

② 자신의 비합리적 사고에 대해 철저한 분석을 통한 논박을 할 수 없을 정도의 지적수준을 가진 내담자, 현실감이 거의 없는 내담자, 많은 나이 등으로 생각이 아주 경직된 내담자, 철학적 편견을 가진 내담자에게는 효과를 기대하기가 어렵다.

③ 다른 이론보다 상담자의 지시를 많이 따라야 하므로 자발성이 없는 내담자에게 그 효과를 기대하기 힘들다.

④ 다른 이론에 비해 지시적이어서 상담자의 철학적 관점이나 가치가 내담자에게 강요될 수 있다.

2) 공헌점

① 상담의 효과를 단기간에 크게 높일 수 있음을 검증하였다.

② 인간의 생각, 신념, 자기언어와 같은 인지적인 면이 경험이나 느낌만큼 인간행동에 중요한 영향을 미칠 수 있다고 주장함으로써, 상담에서 인지의 중요성을 체계화시켰다.

③ REBT에서는 비합리적인 생각을 합리적 생각으로 바꾼 후 이를 자기언어로 바꾸고 다시 어려운 장면에 적용하여 행동까지 바꾸도록 함으로써, 새로 획득한 통찰을 행동으로 옮겨야 함을 강조하였다.

④ 인지구조를 변화시키기 위해 여러 가지 인지적, 정서적, 행동적 논박기술을 사용함으로써, 통합적이고 절충적인 상담실제에 강조점을 두었다.

⑤ ABCDE 이론을 통해 정서적 장애나 문제행동의 원인 및 해결방법을 명확하고 체계

적으로 제시하고 있다.

⑥ 내담자들이 상담자의 직접적인 개입 없이도 스스로 치료할 수 있는 자가 치료적인 접근(ABCDE 기록지, 숙제, 녹음, 행동 지향적 숙제, 행동기록 등)을 자기효능감으로 강화할 수 있고 자율적으로 행동할 수 있도록 도와준다.

핵심 Summary

1. 엘리스의 인지행동적 상담의 인간관

인간은 합리적일 수도 비합리적일 수도 있으며, 성장과 자아실현 경향성이 있으면서도 자신이 원하는 것을 얻지 못한다고 여길 때 자신/타인/세상을 두루 비난하며 자기파괴 방식으로 스스로를 파괴하는 생물학적 경향성이 있다.

2. 문제행동의 원인

인간을 이루는 3가지 핵심영역인 인지, 정서, 행동이 서로 상호작용하는 과정에서 비합리적 사고와 관련된 인지가 핵심이 되어서 문제적인 정서와 행동에 영향을 준다.

3. 합리적 사고와 비합리적 사고의 차이

논리성, 현실성, 실용성, 융통성, 파급효과다.

4. 비합리적 사고의 구성요소와 인지적 왜곡

- 자기, 타인, 세상에 대한 당위적 사고, 과장적 사고, 자기와 타인에 대한 비하, 좌절에 대한 낮은 인내성
- 비합리적 사고에서 파생한 인지적 왜곡은 과잉 일반화, 선택적 추상화, 과도한 책임감, 재앙화, 부정적 과장, 이분법적 사고, 인위적 추론, 극대화와 극소화 등

5. 인지행동상담의 목적

내담자의 정서나 행동, 특히 부적절한 정서나 행동에 큰 영향을 미치는 비합리적 사고를 재검토하도록 도움으로써 성격이나 인생관을 근본적으로 변화시키는 데 있다.

6. 인지행동적 상담의 평가

지시적이고, 지적수준이 낮은 내담자에게는 다소 어려울 수 있으나, 효과적인 행동변화를 위한 단기상담으로서 자가치료다.

기출문제 및 예상문제 풀이

◎ 기출문제

1. REBT 상담이론의 ABCDE 상담절차를 설명하시오. (한양대, 전북대, 가톨릭대학교)

REBT의 상담과정의 핵심부분은 A-B-C-D-E로 불리는 틀이다. A-B-C-D-E 원리에서 A(Activating events, 선행사건)는 인간의 정서를 유발하는 어떤 사건이나 현상 또는 행위를 말한다. B(Belief system, 신념)는 어떤 사건이나 행위 등과 같은 환경적 자극에 대해서 각 개인이 갖게 되는 신념체계 또는 사고방식이다. C(Consequences, 결과)는 선행사건에 대한 개인의 태도나 사고방식으로 인해 느끼게 되는 정서적·행동적 결과를 말한다. D(Disputing, 논박)는 논리성(융통성), 현실성, 기능적 유용성에 근거하여 스스로에게 질문을 한 후 그에 대해 답해보는 가운데 자신의 생각이 타당하지 못함을 밝히는 과정이다. E(Effects, 효과)는 논박의 효과를 말한다.

REBT의 상담과정은 상담관계 수립 → 부적절한 정서 및 행동 확인(irC) → 성격의 ABC이론 확인 → 비합리적 사고 확인(irB) → 비합리적 사고 논박(D) → 합리적 생각 확인(rB) → 합리적 생각 적용(rC) → 합리적 인생관 확립이다.

① **상담관계 수립**: REBT 상담에서 논박을 통한 인지적 수정을 하려면 신뢰 있는 상담관계 형성이 필요하다.

② **부적절한 정서 및 행동 확인**: 상담자와 내담자는 함께 내담자의 문제와 관련해서 내담자가 현재 경험하는 부적절한 정서와 구체적인 행동을 밝힌다.

③ **성격의 ABC 이론 확인**: 내담자가 경험하는 부적절한 정서(ueC : undesirable emotional consequence)와 행동(ubC : undesirable behavioral consequence)과 가장 관계가 있는 선행사건(A)을 찾아낸다. 그리고 그러한 부적절한 정서와 행동은 그와 관련된 어떤 사건 때문이 아니라 비합리적인 생각(iB : irrational belief) 때문임을 분명히 알도록 해준다.

④ **비합리적 사고 확인**: 내담자로 하여금 선행사건에 대해 부적절한 정서를 일으키는 비합리적 사고와 이러한 비합리적 사고에 근거하여 자신과 대화하는 자기언어를 찾아내도록 돕는다.

⑤ **비합리적인 생각 논박**: 부적절한 정서와 관련된 생각이 아무런 합리적 근거가 없음을 밝히는 것을 말한다. 이 경우 비합리적 사고에 대해 의문문으로 진술한 후 그 근거를 찾아보려고 노력한다. 만약 그 근거를 찾지 못한다면 그 생각이나 자기언어는 비합리적이라고 볼 수 있다.

⑥ **합리적 생각 확인**: 내담자에게 부적절한 정서와 행동을 경험하게 하는 비합리적 사고와 대치되는 합리적 생각과 이러한 합리적 생각에 근거한 합리적 자기 언어를 짧은 문장으로

구성하여 진술해보도록 한다.

⑦ **합리적 생각 적용**: 부적절한 정서나 행동을 유발하는 상황에서 비합리적 사고와 대치된 합리적인 자기언어를 적용할 수 있도록 한다. 비합리적인 생각과 대치된 합리적 생각을 실제 장면에 적용하게 되면 정서적 효과(eE : emotional effect)와 행동적 효과(bE : behavioral effect)가 나타난다. 이때 논박 후 생긴 인지적 효과(cE : cognitive effect)가 바로 합리적 생각이다.

⑧ **합리적 인생관 확립**: 내담자가 합리적인 생각과 자기언어에 근거해서 자신의 삶을 살아갈 수 있도록 돕는다.

2. 엘리스, 벡, 마이켄 바움의 인지치료를 비교하시오. (서강대학교, 경기대)

문제행동의 원인이 인지적 면에서 있다고 보고 부정적 사고와 부적응적 신념을 인식시키고 변화시키고자 하는 공통점이 있는데, 다음과 같이 주요 개념이나 상담기법 면을 비교할 수 있다.

엘리스의 REBT	벡의 CT	마이켄 바움의 CBM
• **ABC 이론**: 사건에 대한 그 인간의 신념체계가 정서적, 행동적 결과를 가져옴. • **문제행동의 원인**: 비합리적 사고, 즉 인생 초기에 학습된 비합리적 사고를 자신이 반복적으로 암시화하기 때문	• **주요 대상**: 특히 우울증환자에게 효과적 • 역기능적 신념이 정상적인 인지과정을 방해하기 때문에 문제가 된다고 봄 • **문제행동의 원인**: 자신과 세계에 관한 개인의 정보처리 과정에 나타나는 인지적 오류와 왜곡	• **주요 대상**: 충동적이고 공격적인 행동, 시험공포증, 발표불안 등에 효과적 • **문제행동의 원인**: 자기-언어, 자기-진술
• **비합리적 사고**: "반드시 ~해야 한다", "당연히 ~해야 한다"와 관련된 당위적 사고. 자기, 타인, 세상에 대한 당위적 사고, 과장적 사고, 자기와 타인에 대한 비하적 사고, 좌절에 대한 낮은 인내성 • **인지왜곡**: 비합리적 사고에서 파생된 과잉 일반화, 선택적 추상화, 과도한 책임감, 재앙화, 이분법적 사고, 인위적 추론, 극대화와 극소화, 비현실적인 결론, 불합리한 추론, 자기 파괴적 결론 등	• **자동적 사고**: 한 개인이 어떤 상황에 대해 내리는 즉각적이고 자발적인 평가, 자동적으로 튀어나오는 생각 • **인지 도식(schema)**: 세상에 대한 사고의 틀=사고방식, 자신의 사고방식으로 해석 • **인지적 오류**: 임의적 추론, 선택적 추상화, 과잉 일반화, 과대평가 또는 과소평가, 개인화, 절대적 사고 또는 이분법적 사고, 극단적 사고, 낙인화 등	• 부정적 자기언어를 훈련을 통해 긍정적 사고로 전환 • **자기진술**: 불안이나 기타 부적응 행동에 대해 불안을 줄이거나 적응행동을 할 수 있도록 자기 자신에게 스스로 말하는 것 • 비합리적인 자기언어에서 출발한 내면적 언어발달은 자기교습을 통해 행동변화가 가능. 이러한 자기언어는 자기교습으로 내면화 가능

• 기법: 논박(논리, 현실, 기능적 유용성)을 통해 비합리적 사고를 합리적 사고로 전환 • 교육적이며, 지시적이고 설득적이고 직면적임 • 라포관계는 필요하지만, 내담자와의 따뜻한 인간관계가 필수적이라고 여기지 않음	• 기법: 소크라테스식 대화를 사용하여 자신의 잘못된 인지적 도식과 인지적 오류, 왜곡을 발견하도록 도움 • REBT와의 유사성: 능동적, 지시적, 시간제한적, 현재중심적, 구조적 접근 • 사려 깊은 질문을 통해 내담자와 협력하여 그들의 인지타당성을 검토하기 때문에 치료관계 중시	• 기법: 내담자가 스스로 행하는 자기-대화를 인식하고, 자기지시를 상황에 더 효과적으로 적용할 수 있도록 자기-언어화를 변화시키는 것에 중점 • 내담자 내부의 부정적인 자기-언어를 변화시키기 위해서 문제 상황에 대한 실제적인 대처기술을 획득하도록 함(예 스트레스 예방)

◎ 예상문제

1. 벡(Beck)의 인지치료에서 인지적 오류가 무엇인지 설명하시오.

벡은 초기에는 주로 우울증환자들을 연구하고 치료하였는데, 이들이 자신과 자신의 미래 그리고 자신의 환경에 대해서 비현실적이고 비관적인 생각을 많이 가지고 있음을 발견하였다. 부정적인 자동적 사고는 생활 속의 사소한 자극에 의해 매우 자동적으로 생성되는 경향이 있고 생활사건의 의미를 해석하는 과정에서 체계적인 인지적 오류를 범하기 때문에 생겨나는데, 이런 인지적 오류에는 다음과 같은 것들이 있다.

① **자의적 추론**(arbitrary inference): 충분하고 적절한 증거가 없는데도 결론에 도달하는 것으로, 상황에 대한 비극적 결말이나 최악의 시나리오를 생각하게 한다.

② **선택적 추상**(selective abstraction): 상황의 긍정적인 양상을 여과하는 데 초점이 맞추어져 있고 극단적으로 부정적인 세부상황에 머무르는 것을 말한다.

예 "나의 평가에서 받은 한 가지 낮은 점수는(비록 몇 가지 높은 점수가 있음에도 불구하고) 내가 일을 엉망으로 한다는 것을 의미한다."

③ **과잉일반화**(overgeneralization): 단일 사건에 기초하여 극단적인 신념을 가지고 그것들을 유사하지 않은 사건들이나 장면에 부적절하게 적용하는 과정이다.

예 "(그 모임에서 불편하다고 느꼈으므로) 나는 친구를 사귀는 데 필요한 자질이 없다."

④ **극대화 혹은 극소화**(magnification or minimization): 이러한 인지적 왜곡은 개인이 불완전을 최대화하거나 좋은 점을 최소화할 때 생길 수 있다.

예 "평범하다는 평가를 받는다는 것은 내가 얼마나 부적합한지를 증명하는 것이다. 높은 평가를 받는 것이 내가 똑똑하다는 것을 의미하지는 않는다.

⑤ **개인화(자기탓, personalization)**: 관련지을 만한 일이 아님에도 불구하고 외적 사건들과 자기 자신을 관련짓는 경향이다. 다른 사람의 행동에 대한 좀 더 타당한 설명을 고려하지 않고, 자신 때문에 다른 사람들이 부정적으로 행동한다고 믿는다.

예 "조교가 나에게 퉁명스럽게 대했던 것은 내가 무엇인가 잘못했기 때문이다."

⑥ **이분법적 사고(dichotomous thinking)**: 이러한 왜곡의 주요 특징은 완전한 실패 아니면 대단한 성공과 같이 극단적으로 흑과 백으로 구분하려는 경향이다.

예 "완벽하게 성공하지 못하면 실패한 것이다."

⑦ **정서적 추론(emotional reasoning)**: 정서적 감정이 왜곡되었음에도 불구하고 정서적 경험에 근거해서 그 자신, 세계 혹은 미래에 관해서 추리하는 경우를 말한다.

예 많은 일을 잘한 줄은 알지만, 여전히 나는 실패자라고 느낀다."

벡은 우울한 사람들이 이와 같은 인지적 오류를 범하는 기저에는 어린 시절 경험에 의해 형성된 역기능적인 가정 혹은 도식을 가지고 있기 때문이라고 보았다. 인지치료적 접근에서는 부정적 사고방식이나 인지 내용이 우울증을 유발한다고 본다. 이때 부정적 사고방식이나 인지의 수준은 자동적 사고, 중간 믿음, 핵심 신념으로 구분한다. 핵심 신념은 가장 기저에 있는 것으로 '나는 무능하다'와 같은 개인에 대한 총체적 신념을 의미한다. 이런 신념은 생애 초기에서부터 형성되어 성장과정에서 굳어진 것으로, 평소에는 개인에게 영향을 미치지 않지만 스트레스를 받으면 활성화되어 개인에게 영향을 미친다. 자동적 사고는 어떤 상황에서 떠오르는 생각을 말하는 것인데, 의식적으로 생각해보는 것이 아니라 그 순간 저절로 떠오르기 때문에 자동적 사고라고 부른다. 중간 믿음은 태도나 가치관, ~해야 한다는 규칙, ~하면 ~할 것이라는 가정을 의미하는 것으로, 핵심 신념과 자동적 사고를 이어주는 역할을 한다. 한편, 도식(schema)은 생애 초기에 형성되나 생애 후기에도 지속적으로 영향을 미치는데, 어린 시절 자신과 세상에 대한 부정적인 시각을 형성한 사람은 성인이 되어서도 이 틀에서 쉽게 벗어나지 못한다. 이때 부정적 도식은 정보의 부정적 해석과정에 관여하게 된다.

4 행동주의적 상담

개 요

본 단원에서는 행동주의적 상담에서 인간의 심리적 문제를 어떻게 이해하고 어떠한 상담 과정을 거쳐 변화시키고자 하는지 알아보고자 한다.

파블로프

스키너

반듀라

"자유는 강화 수반성의 문제이지 수반성이 생성하는 감정의 문제가 아니다."

– 스키너(Skinner)

"인간행동은 인지, 환경, 행동을 수반하는 상호결정론에 기인한다."

– 반듀라(Bandura)

Keyword

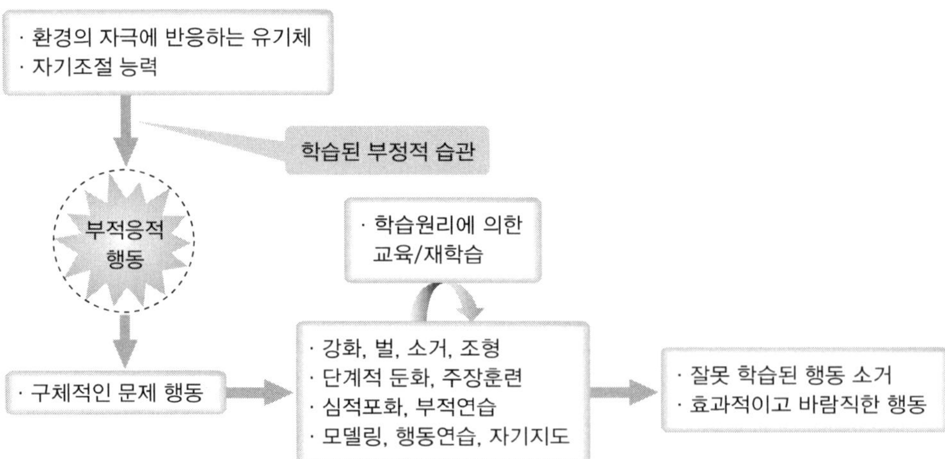

단원소개

학습내용 분석	참고사항
4.1 행동주의적 상담의 주요 개념 1) 이론적 배경 2) 인간관 3) 행동주의적 접근의 특징	
4.2 주요 학습이론 1) 파블로프의 고전적 조건형성 2) 스키너의 조작적 조건형성 3) 사회학습이론	*고전적 조건형성과 조작적 조건형성의 비교 *행동수정의 적용 예시 (※ 5장 상담의 기법 중 '2.3 행동주의적 상담' 참고)
4.3 문제행동의 원인과 상담의 목표 1) 문제행동의 원인 2) 상담목표	
4.4 행동주의적 상담의 평가 1) 비판점 2) 공헌점	

*표기는 기출문제 빈도가 높은 내용의 핵심용어.

4.1 행동주의적 상담의 주요 개념

1) 이론적 배경

행동주의적 상담은 인간행동의 원리나 법칙을 설명하는 학습이론에 근거한다. 바람직한 행동뿐 아니라 잘못된 행동도 학습되었다고 보고, 학습원리에 의해 바람직한 행동으로 학습시키고자 한다. 행동주의 접근의 기초가 되는 중요한 학습이론은 파블로프(Ivan M. Pavlov, 1849~1936)의 실험에 근거한 고전적 조건형성(classical or respondent conditioning)과 스키너(Skinner)의 조작적 조건형성(operant conditioning)이다. 후기 행동주의적 상담은 반듀라(Bandura) 등 인지의 중요성을 내포한 사회적 행동과 학습이론, 1960년대 학습에 대한 인지적 중요성을 수용하면서 사회 학습이론으로 발전하게 되었다.

2) 인간관

항상 환경에 의해 영향을 받기만 하는 수동적 입장의 기계론적이고 결정론적인 데서 환경에 영향을 줄 수도 있다는 면이 강조되면서, 인간의 자유와 의지적 선택을 중심으로 한 인간의 능동적인 측면이 강조되는 경향으로 나아가고 있다. 특히, 최근에는 이 접근에서 자기지도(self-direction), 자기관리(self-management), 자기통제(self-control) 등의 개념이 나오면서 인간의 새로운 측면이 강조되고 있다.

3) 행동주의적 접근의 특징(Kazdin(1978), LaFleur(1979))

- 과거나 미래보다 현재의 구체적인 행동을 강조한다. 내담자의 문제를 과거 경험이나 미래에 대한 지나친 기대에서 찾으려고 하지 않고, 현재 강화받고 있는 행동을 포함하여 주로 현재에서 찾으려고 한다.
- 상담과정은 바로 교육과정이다. 상담자가 여러 학습원리를 사용하여 내담자가 원하는 새로운 행동을 학습하도록 돕는 것이 상담과정이라고 본다.
- 개개인에게 가장 적절한 기술을 사용한다. 구체적인 내담자의 문제에 맞게 상담기술을 적용한다.
- 실험에 의해 상담기술을 개발한다. 행동주의적 접근에서는 실험을 통해서만 내담자에게 도움을 주는 기술을 개발한다. 즉, 누구나 그 절차에 의해 실험하면 똑같은 결과가 나올 수 있는 기술개발을 강조한다.
- 과학적인 방법을 사용한다. 상담기술의 개발뿐만 아니라 객관적인 목표의 설정, 그 결

과에 대한 객관적인 평가를 강조한다.

4.2 주요 학습이론

1) 파블로프(Pavlov)의 고전적 조건형성

고전적 조건형성의 원리는 무조건반응(Unconditioned Response : UR)을 유발하는 자극인 무조건자극(Unconditioned Stimulus : US)과 조건반응(Conditioned Response : CR)을 유발하는 조건자극(Conditioned Stimulus : CS)을 짝지음으로써 조건자극(CS)이 무조건자극(US)의 속성을 얻게 되는 것을 의미한다.

※ 파블로프의 개 실험: 어두운 방에 개를 매어 놓고, 종소리를 들려준 후에 고깃가루를 개의 입에 넣어준다. 이럴 때 개의 입에서 침이 나오며, 이 과정을 몇 차례 반복하게 되면 종소리만 들려도 침이 나오게 된다. 이 개는 종소리에 대해 반응하도록 조건형성된 것이라고 보고, 이러한 조건형성을 고전적 조건형성이라고 한다.

파블로프의 개 실험에서 무조건자극(US)이 고깃가루라면 무조건반응(UR)은 고깃가루를 보고 흘리는 침이고, 조건자극(CS)이 종소리라면 조건반응(CR)은 종소리를 듣고 흘리는 침이다. 처음에 조건자극(CS)인 종소리는 침을 흘리는 것과는 전혀 무관한 자극이었지만, 고깃가루라는 무조건자극(US)과 짝지어짐으로써 침을 흘리는 반응인 조건반응(CR)을 유발할 수 있게 된 것이다. 따라서 고전적 조건형성의 원리는 조건자극(CS)과 무조건자극(US)과의 '연합'이라고 할 수 있다. 고전적 조건형성에 의한 상담기법에는 단계적 둔화, 근육이완훈련, 홍수법, 부적연습 등이 있다.

파블로프식 조건형성의 법칙은 볼페(Wolpe)의 상호제지이론에도 영향을 끼치게 된다. 상호제지(reciprocal inhibition)란 '한 반응의 유발이 동시에 일어날 다른 반응의 강도를 감소시키게 되는 것'을 의미하며, 학습이론의 몇 가지를 상담 실제에 응용한 것으로서 볼페에 의해 체계화되었다. 존스(Jones)가 아동을 대상으로 공포에 대해 연구한 것을 토대로 고양이를 대상으로 실험한 결과, 불안을 줄이는 방법으로 부교감신경의 활동을 극대화시켜서 교감신경의 기능을 약화시키는 방법을 사용하면 된다는 원리를 체계화시키게 된다. 이러한 볼페의 상호제지이론의 원리를 적용한 행동주의적 상담기법에는 이완훈련, 주장훈련, 결과직면과민성 제거, 정서적 심상화 등이 해당된다.

멘티 조건형성이 잘 이루어지려면 어떻게 해야 하나요?

멘토 ① 시간의 원리(근접의 원리): 조건형성의 과정에서 자극을 제시하는 시간을 뜻하는 바, 조건자극은 무조건자극의 제시와 거의 동시에 이루어져야 합니다.

② 강도의 원리 : 무조건자극의 강도가 강하면 강할수록 조건형성이 쉽게 이루어집니다.

③ 일관성의 원리 : 동일한 조건자극을 통해 일관성 있게 강화해주어야 조건반응이 쉽게 이루어집니다.

2) 스키너(Skinner)의 조작적 조건형성(operant conditioning)

행동의 결과에 의해 특정한 행동을 조성하고 유지시키는 과정으로, 조작행동은 유기체가 자유롭게 자발적으로 하는 반응을 말한다.

조작적 조건형성의 원리는 강화(reinforcement)나 보상을 얻기 위해서 조작을 가하게 되는 것이다. 스키너는 스키너 박스(Skinner Box)에 쥐를 넣고 쥐가 지렛대를 누르면, 먹이 자동공급장치에서 먹이가 나오도록 했다. 처음에 쥐는 지렛대를 우연히 누르게 되었지만, 점차적으로 그 반응시간이 단축되었다. 이때 먹이는 바로 쥐가 지렛대를 누르는 조작적 행동을 증가시키는 강화물(reinforcer)이 되는 것이다. 이렇게 반응확률을 증가시키는 것을 강화라고 하는 반면, 반응확률을 감소시키는 것을 처벌(punishment)이라고 한다.

① 강화

어떤 반응이 일어날 확률을 증가시키기 위해 자극과 자극 또는 반응과 자극을 짝짓는 것이다.

② 강화자극

스키너의 실험에서 음식과 같은 것을 강화자극(강화물, 강화제, 보상)이라 한다. 이 강화자극에는 정적 강화자극과 부적 강화자극이 있다. 조작적 조건형성에서 보면 정적 강화자극은 특정반응이 일어난 다음에 그 자극이 주어짐으로써 그 반응이 일어날 확률을 증가시키는 자극이고, 부적 강화자극은 특정반응이 일어난 다음에 그 자극이 제거됨으로써 그 반응이 일어날 확률을 증가시키는 자극이다.

③ 강화계획

강화가 잘 일어나도록(즉, 학습이나 행동변화가 잘 이루어지도록) 취하는 조치를 말한다.

강화계획에는 시간을 기준으로 하는 것과 비율을 기준으로 하는 것 그리고 처벌 등이 있다. 강화계획은 계속강화와 간헐적 혹은 부분강화로 구분하는데, 계속강화는 발생한 모든 반응에 강화물을 제공하는 경우이고, 간헐적 강화는 행동을 통제하기 위해 정해진 계획에 따라 강화물이 제공되는 것이다. 간헐적 강화에는 고정간격 계획, 변동간격 계획, 고정비율 계획, 변동비율 계획이 있다.

- **고정간격 계획**: 일정한 시간이 경과할 때마다 강화가 주어지는 방식
  예 매월 일정한 날짜에 보수를 받는 근로자의 봉급
- **변동간격 계획**: 일정시간을 기준으로 강화가 주어지나(즉, 보상이 따르나) 그 시간 간격이 평균 시간을 전후로 하여 불규칙성을 보이는 특성
  예 버스정류장에서 배차시간을 제대로 지키지 않는 버스를 기다리는 것
- **고정비율 계획**: 일정 수의 반응을 나타낼 때마다 보상을 하는 경우
  예 3번째, 5번째, 100번째의 반응에 대해 강화하는 것. 생산품의 개수에 따라 일정한 보수가 지불되는 삯일을 하는 근로자의 경우. 커피 10잔을 마시면 주는 무료 커피
- **변동비율 계획**: 강화가 반응의 빈도를 기준으로 하여 주어지나 그 빈도의 기준이 불규칙
  예 오락실의 슬롯머신, 낚시, 복권, 도박

> **멘티** 도박중독에 빠져있는 사람은 왜 쉽게 끊을 수 없나요?
>
> **멘토** 돈을 따게 되는 경우는 매우 불규칙적이기 때문에 돈을 따기 위한 도박행동의 강화가 지속된다고 볼 수 있어요. 즉, 변동비율 강화에 의해 학습된 행동은 가장 오래 지속되며 그 행동을 수정하기도 힘들다고 볼 수 있습니다.

④ 처벌

처벌의 원리는 혐오자극 제시나 긍정적 자극의 제거가 행동에 뒤따를 때 반응의 빈도가 감소하는 것을 말한다. 정적 강화든 부적 강화든 양자는 반응을 강화시키나, 처벌은 반응의 확률을 감소시킴으로써 그 반대효과를 갖는다고 볼 수 있다.

3) 반듀라의 사회학습이론

- 반듀라의 관찰학습의 원리: 사회적 상황 속에 있는 사람들은 단순히 다른 사람의 행동을 관찰함으로써 훨씬 더 빨리 학습한다.

  대리적 강화(vicarious reinforcement)에서 관찰은 새로운 행동이 가져올 가능한 결과를

알려준다. 다른 사람이 하는 것을 보고 강화되는 것이다. 모델링 혹은 시범은 관찰학습(observational learning), 사회학습(social learning), 혹은 대리학습이라고도 한다. 다른 사람이 하는 시범을 봄으로써 자신도 시행착오 없이 그대로 해낼 수 있다. 반듀라는 어떤 자극에 대해 대부분의 사람들이 두려움을 가지고 있는 것을 관찰하고서 자신도 그 자극을 혐오자극으로 판단하고 두려워하게 된다고 보고 있다.

4.3 문제행동의 원인과 상담의 목표

1) 문제행동의 원인

모든 문제행동은 잘못된 학습에 기인한다고 본다. 즉, 바람직한 행동과 바람직하지 못한 행동, 혹은 정상적 행동과 이상적 행동 모두 학습원리에 의해 학습된다고 가정하기 때문에 학습된 행동은 또한 학습원리에 의해 소거될 수 있다.

2) 상담의 목표

상담목적은 잘못 학습되었다고 생각되는 행동을 소거하고, 보다 효과적이고 바람직한 행동을 새로이 학습하도록 내담자를 도와주는 것이다. 포괄적인 상담목적보다 구체적인 행동목표를 강조한다. 즉, 상담목표는 관찰될 수 있는 구체적인 행동동사로 각각의 내담자를 위해 각기 다르게 진술되어야 한다.

4.4 행동주의적 상담의 평가

1) 비판점

① 상담에 있어 중요한 것으로 여겨지는 상담자와 내담자와의 관계를 경시하고 기술을 지나치게 강조한다.

② 내담자가 가진 어떤 문제가 행동주의적 접근에 의해 일시적으로 사라진다고 해도 이 접근은 문제를 근원적으로 해결할 수 없기 때문에, 이 접근에 의해 일시적으로 사라진 행동은 곧 다른 형태로 나타난다.

③ 행동주의적 접근은 행동의 변화는 있을지 모르나 느낌의 변화는 없다.

④ 행동주의적 접근은 통찰이 없다.

⑤ 행동주의적 접근에서는 내담자가 가지고 있는 현재의 문제에 대한 과거력을 경시한다.

⑥ 행동주의적 접근이 구체적인 문제행동을 수정하는 데 효과적일지 모르나 자아실현적

인 측면에서는 아주 부적합하다.

⑦ 행동주의적 상담의 기본원리인 학습이론은 실험실에서 동물을 대상으로 한 연구에서 나왔기 때문에, 실험실 밖의 일상생활에서나 동물이 아닌 인간에게는 적절하지 않을 수 있으며, 특히 인간을 동물과 같이 취급하는 것을 비판한다.

2) 공헌점

① **인간 스스로 자신의 행동을 바꿀 수 있는 기법 강조**: 최근의 행동주의적 상담에서는 인지적인 면을 강조하여 자기통제, 자기지도, 자기지시 등 인간 스스로 자신의 행동을 바꿀 수 있도록 하였다.

② **객관적인 평가에 따른 상담의 과학화**: 겉으로 드러나는 구체적인 행동을 소거시키거나 새로운 행동을 획득하도록 상담목표를 정하기 때문에, 상담의 목표가 달성되었는지의 여부를 알 수 있을 뿐만 아니라 어떤 행동이 소거되고 획득되었는지도 객관적으로 분명히 알 수 있다.

③ **다양한 행동적 기법 사용**: 행동하는 것을 강조하기 때문에, 내담자의 행동을 바꾸는 데 도움을 주는 많은 행동적 기법 또는 전략을 가지고 있으며, 내담자와 상담자의 합의에 따라 개개인에게 맞는 구체적인 상담기술을 다양하게 적용할 수 있게 했다.

• **심화학습**: 더 읽을거리
- 김남성, 김양현, 박경애(2006), ≪행동요법 I≫, 양서원.
- 강순화, 김영진, 오혜영, 이성한, 이양희, 이창희, 정순례(2006), ≪행동요법 II≫, 양서원.
- 김영환(1997), ≪행동치료의 원리≫, 하나의학사.
- 이성진(2001), ≪행동수정≫, 교육과학사.

• **심화학습**: 찾아보기
- 한국행동수정연구소(www.childcare.co.kr)
- Association for Advancement of Behavior Therapy(www.aabt.org)

핵심 Summary

1. 행동주의적 상담의 특징

잘못된 학습의 결과로 형성된 부적응적 행동을 학습이론을 이용하여 바람직한 행동으로 수정하는 방법으로, 현재의 행동을 강조한다.

2. 행동주의적 상담의 주요 학습이론

파블로프(Pavlov)의 고전적 조건형성, 스키너(Skinner)의 조작적 조건형성, 반듀라(Bandura)의 사회학습이론, 볼페(Wolpe)의 상호제지이론 등이 있다.

3. 행동주의적 상담의 평가

통찰, 정서의 변화, 자아실현의 성장모형으로는 다소 미흡하나, 다양한 상담기법의 개발과 상담의 과학화에 큰 기여를 하였다.

기출문제 및 예상문제 풀이

◎ 기출문제

1. 고전적 조건형성과 조작적 조건형성에 대해 설명하시오. (고려대, 대구대, 가톨릭대학교)

조건형성에는 고전적 조건형성(classical conditioning)과 조작적 조건형성(operant conditioning)이 있다.

1) **공통점**: 두 조건형성 모두 연합(짝짓기)의 과정을 포함하고 있으며 강화물도 차이가 없다. 획득, 소거, 자발적 회복, 일반화와 변별, 고차적 조건형성과 같은 기본적인 학습현상이 공통적으로 나타나며, 고전적 조건형성이 무조건 자극의 강도에 영향을 받는 것처럼 조작적 조건형성도 강화의 강도에 영향을 받는다. 2가지 조건화의 기본적인 연합의 원리는 같고 조건화절차에서 사용되는 강화물도 차이가 없으며 습득, 소거, 자발적 회복, 일반화와 변별 같은 기본적인 학습현상도 2가지 절차에서 모두 일어난다.

2) **차이점**: 고전적 조건형성의 원리를 '연합'이라고 할 수 있다면, 조작적 조건형성의 원리는 '강화'라고 할 수 있다. 그리고 절차상으로 본다면 고전적 조건형성이 조건자극(CS)과 무조건자극(US)을 짝짓는 것이라면, 조작적 조건형성은 반응과 결과를 짝짓는 것이다. 즉, 자극-반응

의 계열이 고전적 조건형성의 경우는 자극이 반응의 앞에 오지만, 조작적 조건형성의 경우 반응이 효과나 보상의 앞에 온다. 고전적 조건형성은 외부의 자극에 의해 유출된 반응인 데 비해 조작적 조건형성은 자발적 또는 우연적으로 방출된 반응으로, 행동은 제시된 자극에 의해서만 유발되는 것이 아니라 유기체 스스로가 자발적으로 수행하는 것도 많아서 조작적(operant) 행동이라 한다. 고전적 조건형성은 동물을 피동상태(피험동물은 침을 흘리는 것과 같은 수동적이고 불수의적 반응)에 두고 외부에서 자극을 가하는 일로부터 출발하지만 조작적 조건형성은 동물을 능동상태(피험동물은 지렛대를 누르는 것과 같은 능동적이고 수의적인 반응)에 두고 그 동물이 할 수 있는 행동목록에서부터 출발한다. 최초에는 우연적인 반응을 강화를 통해서 통상적인 반응형태로 변화시키는 과정이 조작적 조건형성의 특성이다.

2. 심한 불안을 경험하는 상황을 쓰고 이를 체계적 둔감법(단계적 둔화)에 따라 감소시키는 절차를 쓰시오. (경북대, 고려대)

단계적 둔화(systematic desensitization)는 고전적 조건형성을 이용한 치료법이다. 단계적 둔화는 볼페(Wolpe)의 상호제지원리에 근거하여 역조건 형성을 이용한 방법으로, 바람직하지 않거나 비적응적인 불안 및 공포반응 감소에 효과적이다. 불안(공포) 유발 장면의 단계적 순서에 따라 심상을 떠올려 이완훈련과 함께 불안(공포)을 감소시키는 방법이다.

– 단계적 둔화의 일반적인 단계

① 불안 위계표 작성 : 경험되는 불안강도의 순서에 따라 자극 장면 및 조건의 순서를 정한다. 가장 불안한 상태를 100, 가장 이완된 상태를 0으로 한다. 불안 위계표는 공간적·시간적으로 위계를 작성한다.

② 이완훈련 : 제이콥슨(Jacobson)의 근육(긴장) 이완훈련

③ 불안 위계표에 따른 이완훈련 : 이완상태에서 각 불안반응 위계의 장면을 상상, 불안이 낮은 장면에서부터 시작하여 불안이 높은 장면으로 올라가면서 실시한다.

이 과정은 먼저 불안의 위계를 설정한다. 그리고 이완훈련을 실시하여, 불안의 위계 중 가장 낮은 것을 상상토록 하여 불안이 약해지도록 한다. 그 다음 단계는 그보다 조금 더 불안한 것을 상상하도록 하면서 이완을 통하여 불안을 감소시키는 것이다. 이 기법은 불안이 개인의 인지에서 비롯되는 것이므로, 상상을 통한 불안의 감소도 실제의 강화효과를 낼 수 있다는 데 근거한다.

예를 들어, 시험에 대한 공포를 제거하는 데 단계적 둔화를 사용한다면 우선 시험과 관련된 두려운 상황을 위계적으로 기술한다. 가장 무서운 것부터 하나도 무섭지 않은 것까지 기술한다. 그 후에 제일 무섭지 않은 것부터 체계적으로 하나씩 역조건형성을 시켜가는 것인데, 이런 자극으로 인해 생긴 반응(공포)과 양립할 수 없는 반응(안락함)을 하기 위해서 이완훈련을 시킨다.

다시 말해서, 근육이완과 무서운 자극을 연합시키되 제일 무섭지 않은 것부터 제일 무서운 것까지 조건형성시키는 것이다. 이런 절차를 거쳐서 민감하게 반응했던 자극에 대한 반응을 둔감시킬 수 있다.

〈시험불안의 불안 위계표(anxiety hierarchy) 예시〉

항 목	주관불안 점수
1. 시험 일주일 전	10
2. 시험 4일 전	20
3. 시험 2일 전	30
4. 시험 1일 전	40
5. 시험 전날 밤	50
6. 시험을 보려고 학교에 가는 도중	60
7. 시험감독이 들어온다.	70
8. 시험지를 배부한다.	80
9. 시험지를 받는다.	90
10. 시험문제를 푼다.	100

◎ 예상문제

1. 정적 강화와 부적 강화를 비교, 설명하시오.

정적 강화는 유쾌한 자극, 즉 보상을 줌으로써 바라는 행동을 증가시키는 방법이다. 정적 강화의 원리는 어떤 사람이 어떤 상황에서 즉각적으로 정적 강화물을 받으면 그 사람은 유사한 다른 상황에서 그와 같은 방식으로 행동하게 될 가능성이 높아진다는 것이다.

예 시키지도 않았는데 자녀가 아침에 일찍 일어나서 운동을 했을 때 칭찬을 해주는 것

- **정적 강화물**: 행동 뒤에 즉각적으로 제시되어 그 행동의 빈도를 증가시키는 사건, 보상과 비슷한 개념

  예 교사가 학생에게 미소를 짓는 일, 고개 끄덕임, 기분 좋은 말, 좋은 점수

정적 강화에 영향을 미치는 요인은 증가시킬 구체적인 행동의 선택, 강화자극(reinforcer)의 선정, 박탈(deprivation)과 심적 포화(satiation), 강화자극의 즉시 제공, 강화에 대한 규칙제시로 요약될 수 있다.

부적 강화는 바람직한 행동이 나타나면 위협적이며 불유쾌한 부적 강화물인 혐오자극을 제거시키는 것이다. 혐오자극의 중지에 의해 바람직한 행동의 강도가 높아지는 것이다(혐오자극

의 예: 벌이나 실패, 나머지 공부, 비웃음, 부모의 화, 굴욕, 기아).

예 쥐가 전기충격(혐오자극)을 도피하기 위해 장애물을 뛰어넘는 것(반응)

과도한 부적 강화의 사용 시, 특히 인간의 경우 어떤 상황에서 회피하거나 소극적인 행동성향을 보이는 등 부정적이고 부적응적인 행위를 보일 수 있으므로 주의하여야 한다(**예** 틀릴 때마다 때린다면 공부에 겁먹거나 하기 싫어할 수 있음). 반면, 처벌은 원하지 않는 반응이 수행된 직후에 혐오적 자극을 적용함으로써 어떤 반응을 약화시키는 것을 의미하는 것으로, 과속을 하여 벌금딱지를 받은 운전자의 경우다. 즉, 부적 강화는 혐오자극의 중지에 의해 반응의 강도가 높아지는 것이고, 처벌은 혐오자극의 적용에 의해 반응이 약화되는 것이다.

		강 화	처 벌
유 형	과정결과	반응 혹은 행동의 증가	반응 혹은 행동의 감소
정 적 (positive)	반응 또는 행동의 빈도나 강도를 증가시키는 자극을 제공	정적 강화물: 음식, 장난감, 칭찬, 상, 안아주기 등을 제공	정적 처벌물: 혐오자극인 전기쇼크, 소음, 많은 과제물, 신체적 고통, 야단치기 등을 제공
부 적 (negative)	반응 또는 행동에 대하여 주어진 자극을 제거	부적 강화물: 고통스러운 결과를 줄 수 있는 것을 없애줌	부적 처벌물: 기쁨이나 만족을 주는 것을 제거

2. 행동주의가 현대 심리학에 미친 영향과 단점에 대해서 논의하시오.

※ 2장 상담의 주요 이론 중 '4.4 행동주의적 상담의 평가' 참고

사례적용 연습

1. 다음 사례를 보고, 상담자가 이해하는 내담자의 핵심문제는 무엇이라고 보며 어떠한 상담접근 방식이 적합하다고 보는가?

1) 내담자의 인적사항: 대학교 1학년 여학생(20세)
2) 가족관계: 아버지(52), 대졸, 군인, 말이 없고 엄격하고 권위적임.
   어머니(48), 고졸, 전업주부, 따뜻하고 수용적이나 의존적임.
   오빠(27), 대학졸업 후 취업준비 중, 강하고 고집이 셈.
3) 내담자의 주 호소문제: 발표 불안(사람들이 많은 공개적인 장소에서 발표하기 힘듦), 사람들과 만나기 싫음.

※ 청소년, 단기상담, 불안 감소에 따른 상담접근방식 선택, 단계적 둔화, 주장훈련

2. 상담을 할 때 한 가지 이상의 상담목표를 달성하는 방법으로, 지금까지 살펴본 주요 상담이론의 개념과 기법을 어떻게 통합시킬 것인지 생각해보시오.

※ 내담자가 원하는 변화는 무엇인가? 내담자의 감정, 사고, 행동 중 어느 것을 변화시키는 데 목표를 둘 것인가? 상담자가 접근 가능한 방식인지 점검, 상담기법의 통합, 각자의 상담접근방식 개발.

생각할 거리

1. 지금까지 살펴본 상담이론 중 끌리는 이론은 무엇이며, 끌리는 이유는 무엇이라고 보는가?

※ 자신의 성향, 지시적 입장과 비지시적 입장에 대한 상담철학, 상담의 효과성, 상담전문가 훈련에 대한 소요기간, 적용의 용이성.

2. 주요 상담이론에 따라 자기분석을 해보고, 상담자로서의 자원과 보완할 점이 무엇이라고 생각하는지 기술해보시오.

※ 발달사, 자아강도, 장단점 파악, 자기분석과 의사소통 능력에 대한 점검, 자신의 심리적 특성에 대한 이해와 통찰, 교육분석, 슈퍼비전, 지속적 성장을 위한 노력.

나만의 Summary

상담심리 가이드북

Chapter 3

최신 및 기타 상담이론

상담에서는 앞장에서 살펴본 주요 상담이론 이외에 다양한 상담이론이 활용되고 있다. 정서와 행동변화를 강조하는 게슈탈트와 행동과 인지의 변화를 강조하는 현실치료를 대표적으로 살펴보고, 최근에 이슈가 되고 있는 다문화적 접근과 동양적 접근에 대해 다루어볼 것이다. 이들 각각의 상담이론에서는 인간을 어떻게 이해하고 있으며, 심리적 문제에 대한 관점과 그 해결방법은 어떠한지 살펴보고자 한다.

Zoom up

상담의 최신 및 기타 상담이론

게슈탈트

- 현재 중시
- 존재, 자아, 자아상
- 각성 · 자기책임 결여, 환경과의 접촉상실
- 미해결 과제, 욕구 부인, 자아의 양극화
- here & now 욕구, 신체, 환경, 언어 각성
- 신체적 접촉과 감정표현 강조
- (빈 의자, 뜨거운 자리)

현실치료

- 현재 행동 중시
- 5가지 기본욕구
- 패배적인 정체감
- 책임, 현실성, 옳고 그름(3R)
- 욕구충족에 도움되는 선택
- WDEP

다문화적 접근

- 문화적 배경 중시
- 문화 적응
- 문화적 스트레스, 차별
- 정체감 상실, 문화적 소외
- 정체감, 문화적 수용성
- 다문화적 상담접근

동양적 접근

- 동양적 문화 중시
- 자기존재의 본질
- 본성상실
- 욕심, 집착
- 본성회복
- 직관과 통합적 접근
- 인간성숙과 수양

1 게슈탈트 상담

개 요

본 단원에서는 게슈탈트 상담이 인간의 심리적 문제를 어떻게 이해하고 어떠한 상담과정을 거치는지 알아보고자 한다.

Keyword

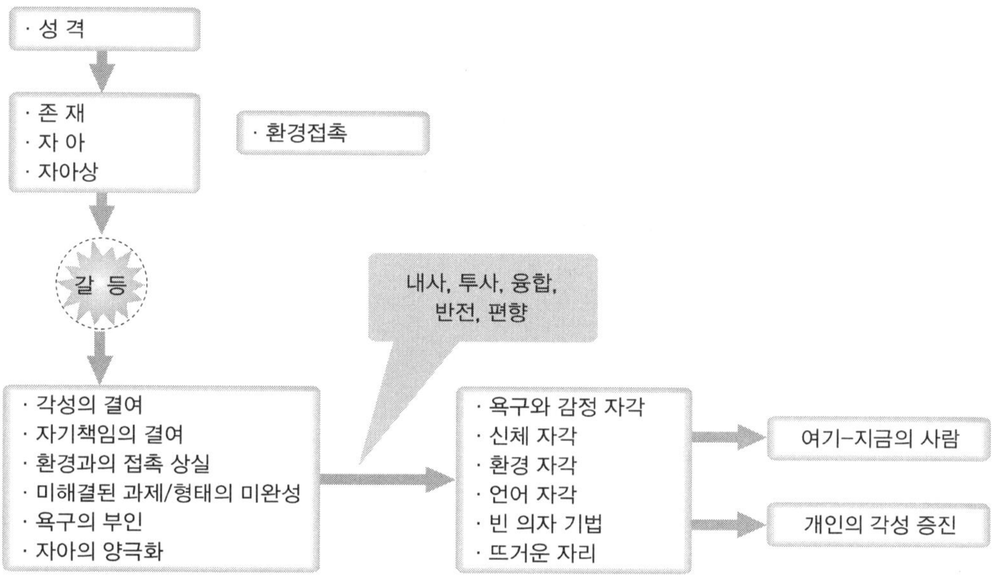

단원소개

학습내용 분석		참고사항
1.1 게슈탈트 상담의 주요 개념		
1) 게슈탈트 심리학	2) 실존철학의 영향	
3) 인간관	4) 주요 개념	
5) 성격의 구조		
1.2 문제행동의 원인과 상담의 목표		
1) 문제행동	2) 부적응행동의 특징	* 부적응행동의 특징
3) 상담의 목표		
1.3 게슈탈트 상담의 평가		
1) 비판점	2) 공헌점	

*표기는 기출문제 빈도가 높은 내용의 핵심용어.

1.1 게슈탈트 상담의 주요 개념

프리츠 펄스(Fritz Salomon Perls, 1983~1970)에 의해 창안되었으며, 1960년대에 들어가면서 개인 및 집단상담, 특히 참만남 집단운동에 큰 영향을 끼쳤다.

게슈탈트(Gestalt) 상담의 발달배경은 프로이트의 정신분석학, 라이히(Reich)의 수정된 정신분석학, 레빈(Lewin) 등의 형태심리학, 부버(Buber)의 현상학적 실존주의 철학, 모레노의 사이코드라마 기법, 도가와 선사상 등 동양사상의 영향을 받았으며, 주된 이론적 배경은 게슈탈트 심리학과 실존철학에 있다.

1) 게슈탈트 심리학

① 베르트하이머(M. Wertheimer)의 게슈탈트 법칙

- **집단성**: 모양, 크기, 색상 등에 있어서 유사한 자극들을 하나로 집단화하려는 경향이 있다.
- **폐쇄성**: 모든 지각의 구조나 의미의 완전성을 찾으려는 경향으로 인해 전체성을 지각하지 못하면 긴장, 불안, 초조감을 갖게 된다. 따라서 인간은 항상 불완전한 형태에 완전성을 부여하기 위하여 없는 부분을 상상적으로 수정, 보완하여 완전한 것으로 완성하여 지각한다.

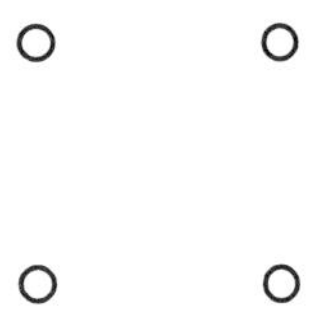

- **친숙성**: 고도로 단순화된 그림이나 불완전한 형태라고 하더라도 지각된 불완전한 형태 이상의 의미를 내포하고 있는 경우에는 짧은 시간에도 지각할 수 있다.

② 게슈탈트 심리학의 이론 중 게슈탈트 상담에 도입한 관점

- 인간은 장을 전경과 배경으로 구조화하여 지각한다.
- 인간은 장을 능동적으로 조직하여 의미 있는 전체로 지각하는 경향을 지니고 있다.
- 인간은 자신의 현재 욕구를 바탕으로 게슈탈트를 형성하여 지각한다.
- 인간은 미해결된 상황을 완결 지으려는 경향을 가지고 있다. 따라서 충족시키지 못한 욕구를 완결시키려는 욕구가 있다.
- 인간의 행동은 개체가 처한 상황에 대한 전체 맥락을 통하여 이해한다.

2) 실존철학의 영향

인간본성에 대한 관점은 실존철학과 현상학에 뿌리를 두고 있다. 즉, 자신과 주변에서 일어나는 것들을 충분히 자각하게 되면 통합된 인간으로 살아갈 수 있다고 가정한다.

3) 인간관

인간은 전체적이고, 현재 중심적이며, 선택의 자유에 의하여 잠재력을 각성할 수 있는 존재다. 인간에 대해서 전체적으로 본다는 뜻은 인간의 행동을 신체, 정서, 사고, 감각지각이 환경 속에서 역동적으로 상호 관련되어 나타나는 하나의 전체로 이해한다는 것이다.

4) 주요 개념

① 도형과 배경의 관계

게슈탈트(gestalt)란, 전체, 모습, 형태의 뜻을 지닌 독일어인데, 개체는 대상을 지각할 때 산만한 부분들의 집합이 아니라 하나의 의미 있는 전체, 즉 게슈탈트를 만들어 지각한다. 개체로서의 인간은 자신의 욕구나 감정을 하나의 의미 있는 전체로 조직화하여 지각한 것을 뜻한다.

도형 혹은 전경(figure)과 배경(ground)의 관계는 사람의 관심의 초점이 모여지는 것이 도형이 되고 그 이외 것은 모두 다 배경이 된다. 우리가 대상을 인식할 때 우리에게 관심 있는 부분은 지각의 중심부분으로 떠올리지만 나머지는 배경으로 보낸다. 따라서 건강한 매체는 매순간 자신에게 중요한 게슈탈트를 선명하고 강하게 형성하여 전경으로 떠올릴 수 있지만, 그렇지 못한 개체는 전경을 배경으로 명확히 구분하지 못한다.

② 현재

현재(now)를 유일한 현실이라고 강조하여 인간에게 '여기, 그리고 지금'을 제외하고는 아무것도 존재하지 않는다고 믿는다. 따라서 '지금-여기에 있는 나'를 적절하게 이해하지 못할 때 과거나 미래로 도피하려는 충동이 생긴다.

③ 자각

게슈탈트 상담의 가장 기초적인 상담의 치료도구는 자각 혹은 각성(본 교재에서는 자각으로 용어를 통일시키고자 한다)이다. 자각은 지금의 현실적인 현재에 무엇이 존재하느냐에 그 초점을 맞추는 능력이다. 건강한 사람은 자아에 대한 자각 및 세계에 대한 자각에 완전하게 잘 관계를 하는 사람이다. 이 접근에서는 지금 이 순간에 자아 및 환경에 대해 각성한 것을 표현하도록 한다.

④ 미해결 과제

완결되지 않은 혹은 해소되지 않은 게슈탈트를 미해결 게슈탈트 혹은 미해결 과제라고 한다. 개체가 게슈탈트 형성을 하지 못했거나, 게슈탈트를 형성하기는 했으나 그것의 해소를 방해받았을 때를 말한다. 미해결 과제를 해결할 수 있는 방법은 지금 여기에서의 자아와 환경에 대한 감정 및 생각을 알아차리는 것이다.

멘티 미해결 과제의 예로는 어떤 것들이 있나요?

멘토 인간의 분노, 증오, 고통, 불안, 슬픔, 죄의식과 같은 표현되지 못한 감정을 포함하며 이런 감정들은 충분히 자각하지 못하였기 때문에 배경으로 남아 자신이나 다른 사람과 비효과적으로 접촉하도록 합니다. 이 중 적개심은 자주 일어나는 나쁜 미해결 과제의 한 형태입니다. 예를 들어, 어머니로부터 사랑과 인정을 받지 못했던 사람이 아무리 노력해도 어머니의 사랑과 인 정을 얻기 힘들다는 감정을 늘 가지게 되어 어머니에 대한 적개심이 생겨나게 됩니다. 자신의 존재감을 다른 여성을 통해 충족시키려 하지만 늘 만족하지 못합니다. 왜냐하면 이 사람의 욕구는 아동기의 결핍된 미해결 과제로서 어머니에게 사랑받지 못했던 감정을 표현하고 해결하지 않으면 늘 불만족감을 느끼게 됩니다.

⑤ 알아차림과 접촉

- 알아차림(awareness): 개체가 자신의 유기체 욕구나 감정을 자각한 다음 게슈탈트를 형성하여 전경으로 떠올리는 행위다.

- **접촉** : 전경으로 떠오른 게슈탈트를 해소하기 위해 환경과 상호작용하는 행위, 즉 에너지를 동원하여 실제로 환경과 만나는 행위다.
- **알아차림-접촉주기** : 게슈탈트가 형성되고 해소되는 반복과정이다.

징커(Zinker)의 알아차림-접촉주기 6단계

1단계. 배경에서 물러남.

2단계. 감각 : 어떤 유기체의 욕구나 감정이 신체감각의 형태로 나타남.

3단계. 알아차림 : 개체가 알아차려 게슈탈트로 형성하여 전경으로 떠올림.

4단계. 에너지 동원 : 해소하기 위해 에너지를 동원.

5단계. 행동 : 행동으로 옮김.

6단계. 접촉 : 환경과의 접촉을 통해 게슈탈트를 해소(욕구충족, 감정표현).

※ 6단계 중 어느 단계에서든 차단이 되면 유기체는 게슈탈트를 건강하게 완결 지을 수 없고 미해결 과제가 쌓이게 되어, 결과적으로 현실적응에 실패하게 된다.

5) 성격의 구조

① **존재(being)** : 유기체의 본질적인 실제. 참고 로저스의 유기체와 유사

② **자아(self)** : 개인의 자아실현적인 행동을 이끄는 창조적인 측면. 참고 프로이트의 자아와 유사

③ **자아상(self-image)** : 창조적인 성장을 방해하는 성격의 한 부분. 참고 프로이트의 초자아와 유사. 개인이 환경과 접촉할 때 '하기'를 원하는 자아와 '해야 한다'는 자아상과의 내적 갈등이 일어난다. 자아상이 발달할수록 내적 기준보다는 외적인 기준에 집착하게 된다.

성장에 따르는 5가지 층

1단계. 표피층(phony layer) : 자신의 참된 모습을 볼 수 없기 때문에 형식적이고 의례적인 규범에 따라 피상적으로 만나는 단계다.

2단계. 공포층(phobic layer) : 자신이 정말 바라는 행동에 대한 결과의 두려움으로 인한 공포심 때문에 새로운 행동을 회피하게 된다.

→ 표피층과 공포층은 아직 게슈탈트 형성이 잘 안 된 단계

3단계. 난국층 또는 막다른 골목(impasse layer) : 몸을 움직일 수 없는 상태다.

→ 혼란스러움. 게슈탈트 형성은 되었으나 에너지 동원이 잘 안 되는 단계

4단계. 내파층(implosive layer) : 이제까지 자신이 억압하고 차단해왔던 욕구나 감정을 알아차리게 된다. 방어를 벗어버리고 순수한 자기와 접촉을 시작한다.

→ 에너지 동원은 되었으나 행동으로 옮기는 단계에서 차단되어 게슈탈트가 완결되지 않은 상태

5단계. 폭발층(explosive layer) : 지금까지 활용하지 않았던 에너지가 표출하고 힘은 충분히 발휘되며 생생한 사람다움을 되찾은 시기로 이 층을 통과함으로써 생생하고 순수한 자기를 성장시키게 된다.

→ 게슈탈트를 해소하고 완결 짓는 성장 단계

1.2 문제행동의 원인과 상담의 목표

1) 문제행동

적응이 잘 되는 사람들은 자아와 자아상 사이에 균형을 유지한다. 그러나 이 균형이 유지되지 못할 때 내적 갈등을 경험하게 된다.

• 문제행동

– 자각의 결여	– 형태의 미완성 또는 미해결된 과제
– 자기책임의 결여	– 욕구의 부인
– 환경과의 접촉상실	– 자아의 양극화

① 자각의 결여는 엄격한 성격, 융통성이 없는 성격을 가진 사람들의 특징이다. 환경의 기대에 맞도록 형성된 자아상에 의하여 지배되는 성격이기 때문에 창의적 능력을 발휘하지 못하고, 불만족하고 불안한 감정을 느끼면서 살아가게 된다.

② 자기책임의 결여는 자각이 결여된 사람의 특성이다. 스스로 책임지기보다는 환경을 교묘히 조정하려는 형태를 취하므로 노력 대신에 의존상태를 그대로 유지하려 한다.

③ 환경과의 접촉상실은 자각의 결여와 관련되어 있다. 유기체가 환경과의 접촉이 명확히 이루어지지 않고, 환경과 자신의 감정이 명확히 구분되지 않아 자신의 욕구가 해소되지 않은 상태다.

④ 형태의 미완성(incompleted Gestalt) 또는 미해결 과제(unfinished business)가 있을 때는 선입관, 충동적 행동, 근심, 중압감, 기타 많은 자기 파괴적인 행동들로 괴로움을 경험하며, 이는 자신이나 다른 사람과 효율적으로 접촉하는 것을 방해한다.

⑤ 욕구의 부인은 인간이 사회적으로 용납될 수 없는 욕구들을 아예 인정하지 않고 없는 것처럼 하는 것이다.

⑥ 자아의 양극화는 자신을 자각하는 모습이 강하거나 약하거나 또는 남성적이거나 여성적이거나, 강력하거나 무기력한 것 등과 같이 어느 한쪽의 극단에서만 양극화하여 자기를 바라보는 것을 말한다. 펄스(Perls)는 자아의 양극화를 상전(top-dog)과 하인(under-dog)으로 표현하였다.

> **멘티** 펄스의 상전과 하인은 프로이트의 자아와는 어떻게 비교되나요?
>
> **멘토** 자아의 양극화는 상전과 하인이 서로를 지배하려고 투쟁하며 갈등하는 현상을 말합니다. 이때 상전과 하인은 프로이트의 초자아(superego) 및 원초아(id)와 비슷합니다. 즉, 상전(top-dog)은 도덕적이고 권위적이며 완벽주의적인 인간의 속성으로 프로이트의 초자아와 비슷하구요. 하인(under-dog)은 방어적이고 의존적인 부분으로 프로이트의 원초아와 비슷한 개념으로 보면 됩니다.

2) 부적응행동의 특징

부적응행동의 특징: ① 내사, ② 투사, ③ 융합, ④ 반전, ⑤ 편향

① **내사(introjection)**: 내사는 권위자의 행동이나 가치관을 무비판적으로 받아들여, 타인의 행동방식이나 가치관을 자기내면의 요소로 인식하고 받아들이는 것이다. 환경과의 관계에서 타인의 주장이나 행동가치관을 자기 나름대로 따져보고 비판적으로 받아들이는 능력을 제지당하게 되면 내사가 일어난다.

예 모범생들이 윗사람의 마음에 들게 행동하지만, 정작 자신이 진정으로 무엇을 원하는지 잘 알지 못하고, 자기가 무엇을 하고 싶은 것보다 타인이 자기를 어떻게 평가할까를 더 의식하며 행동하는 경우

② **투사(projection)**: 자신의 욕구나 감정을 자신의 것으로 자각하고 접촉하는 것이 두려울 때, 자기의 자아상이 맞지 않아 받아들일 수 없는 생각, 감정, 태도, 욕구 또는 행동을 다른 사람에게 전가시키는 것이다.

예 누군가를 미워한다는 사실을 윤리적 차원에서 받아들이기 힘들어하는 어떤 사람이 타인에게 투사하여 다른 사람이 자기를 미워하고 곤경에 빠뜨리려 한다고 의심하

고 있는 경우

③ **융합**(confluence) : 내면적으로 서로 독립적으로 행동하지 못하고 의존관계에 빠지는 경우로, 융합관계를 깨트리는 사람은 죄책감을 느끼게 된다(Polster & Polster, 1974, p.93). 어머니와 자식관계에서 많이 나타나며, 어머니로부터 반대, 독립하지 못하고, 어머니-자식 간에 심리적으로 의존한 상태다.

예 마마보이

④ **반전**(retroflection) : 다른 사람이나 환경에 대하여 하고 싶은 행동을 자기 자신에게 하는 것, 혹은 타인이 자기에게 해주기를 바라는 행동을 자기 자신에게 향하도록 하는 행동이다. 부모가 지나치게 엄격하거나 어려운 처지에 있어서 어떤 비판이나 요구를 할 수 없을 때 반전이 형성된다.

예 자해행동

⑤ **편향**(deflection) : 감당하기 힘든 내적 갈등이나 외부 환경적 자극에 노출될 때, 이러한 경험으로부터 압도당하지 않기 위해 자신의 감각을 둔화시킴으로써 자신 및 환경과의 접촉을 약화시키는 행위다.

예 말을 장황하게 하거나 초점을 흐리는 것, 말하면서 상대편을 쳐다보지 않거나 웃어버리는 것, 구체적으로 말하지 않고 추상적인 차원에서 맴도는 것(Polster & Polster, 1974, p.93)

3) 상담의 목표

상담의 목표는 첫째, 내담자의 개인적 자각을 증진시키려고 한다. 둘째, 여기-지금의 삶을 살아가도록 돕는 것이다.

1.3 게슈탈트 상담의 평가

1) 비판점

① 신체적 접촉과 감정의 표현을 강조함으로써 반이성적으로 흐르기 쉽다.

② 현상학적 입장을 고수함으로써 임상진단체계를 지나치게 무시하는 경향이 많고, 체계적인 성격이론이 다소 미흡하다.

③ 내담자의 강렬한 정서경험을 촉진하기 때문에 이를 잘 다룰 수 있는 상담자의 전문적 훈련과 기술, 숙련된 경험이 필요하다.

④ 집단치료나 워크숍, 치료시범, 치료자 훈련 등의 활동에 치중하는 경향이 있고, 개인상담에 있어서도 비교적 단기간의 치료에 역점을 두어 장기치료에서는 다소 소홀하다.

2) 공헌점

① 과도하게 사회화되었거나 긴장, 억압이 심한 경우 또는 위축되어 있는 사람에게 효과적이다.

② 직접적이고 적극적인 상담 방식으로, 내담자의 과거 어려운 문제나 상황을 현재로 가져오게 하고, 지금-여기에서 자신의 감정과 관련시켜 느끼도록 하는 데 기여한다.

③ 상담장면에서 직접적 · 신체적 접촉과 감정의 표현을 강조함으로써, 내담자의 느낌을 자각시키며 문제의 원인을 자각하도록 한다.

④ 내담자의 비언어적 및 신체적 메시지까지 주의를 기울이므로 상담에서 신체언어도 중요한 단서로 여기도록 하였다.

• **심화학습**: 더 읽을거리와 찾아볼 거리

- 김정규(1995), ≪게슈탈트 심리치료≫, 학지사.
- Gary M. Yontef 저, 김정규, 김영주, 심정아 역(2008), ≪알아차림, 대화 그리고 과정 : 게슈탈트 치료에 대한 이론적 고찰≫, 학지사.
- 참고사이트(www.gestalt.co.kr)

나만의 Summary

2 현실치료

개 요

본 단원에서는 현실치료에서는 인간의 심리적 문제를 어떻게 이해하고 어떠한 상담과정을 거쳐 변화시키는지 알아보고자 한다.

글라써

Keyword

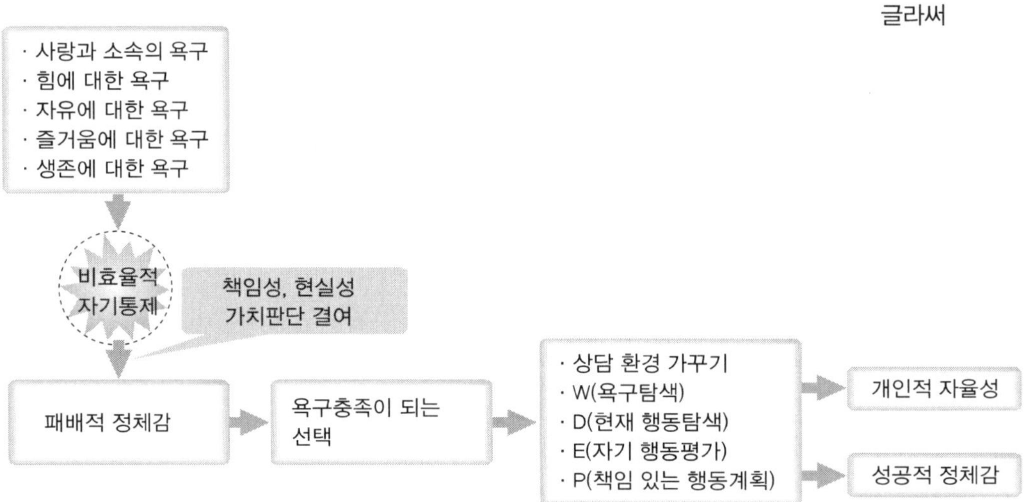

단원소개

학습내용 분석		참고사항
2.1 현실치료의 주요 개념		
1) 현실치료의 개관	2) 인간관	*선택이론
3) 선택이론	4) 인간의 기본욕구	*5가지 기본욕구
5) 전 행동	6) 정체감	*성공적인 정체감
7) 3R		
2.2 문제행동의 원인과 상담의 목표		
1) 문제행동의 원인	2) 상담의 목표	*WDEP 상담과정/질문기법
2.3 현실치료의 평가		
1) 비판점	2) 공헌점	*비행 및 정신병에 대한 관점 차이

*표기는 기출문제 빈도가 높은 내용의 핵심용어.

2.1 현실치료의 주요 개념

1) 현실치료의 개관

윌리엄 글라써(William Glasser)에 의해 정리되어 보급되었으며, 정신분석이 너무 장기적이고 문제중심이라는 비판에서 시작한다.

현실치료는 과거보다는 현재 내담자의 행동과 '지금, 그리고 책임'을 강조한다. 현재의 행동이 내담자가 원하는 것을 얻는 데 효과적인지 평가하도록 도와주어, 내담자들이 자신의 삶을 효과적으로 통제할 수 있도록 도와주는 선택이론에 바탕을 두고 있다.

2) 인간관

- 인간은 누구나 스스로 정체감을 개발할 수 있는 존재다. 따라서 자신의 모든 행위에 대하여 스스로 결정하고 책임을 져야 한다.
- 인간은 자신의 행동, 지각, 바람을 바꿀 수 있고, 행동이 바뀌면 바람이나 지각이 바뀔 수 있다.

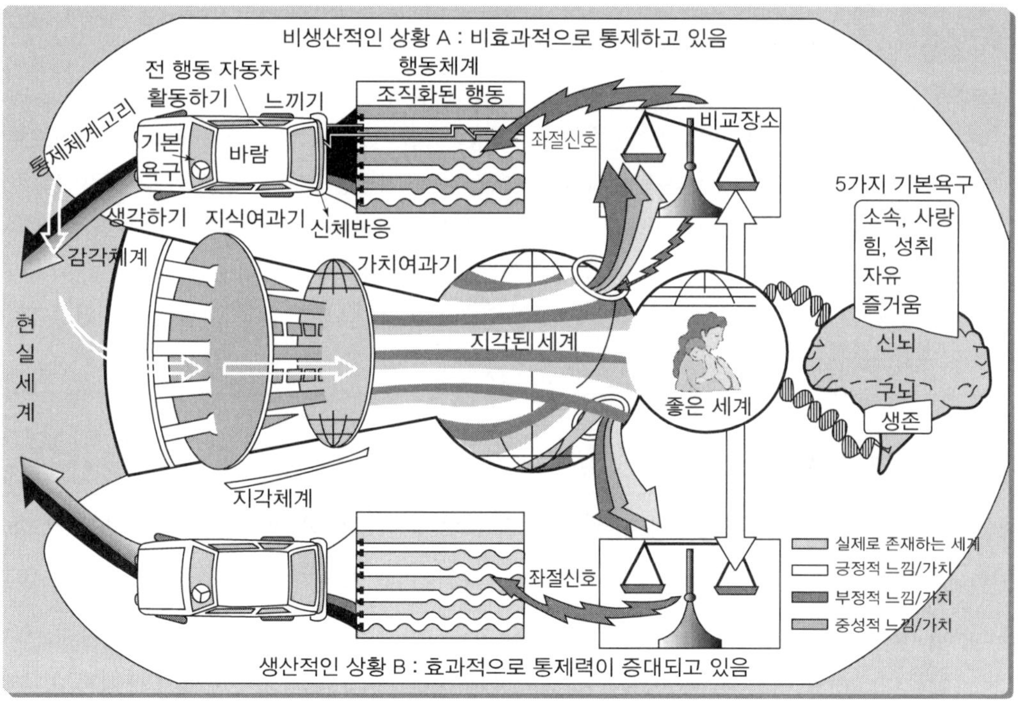

* 선택이론의 도표(Glasser, 1996)

통제체계로서의 뇌기능(윌리엄 글라써)

3) 선택이론

선택이론에 의하면, 인간은 생존·사랑과 소속·힘·즐거움과 자유에 대한 다섯 가지 기본 욕구들 중 하나 혹은 그 이상의 욕구를 만족시키려고 행동한다. 이를 통해 인간은 자신을 통제하고 더 나아가 우리가 살고 있는 환경세계를 통제하기 위한 최선의 선택을 한다.

즉, 선택이론에서는 우리가 행동하는 좋은 것과 나쁜 것, 비효율적인 것, 즐거운 것과 고통스러운 것, 정상적인 것과 비정상적인 것들 모두가 우리 내면에 있는 강한 욕구를 충족시키기 위한 선택이다. 따라서 적절한 선택을 통하여 자신을 통제하는 방법을 배우게 되면 비난 대신 문제 해결에 긍정적으로 에너지를 사용하게 된다.

멘티 현실치료에서는 정신병 환자를 보는 시각이 어떻게 다른가요?

멘토 현실치료에서는 정신병의 개념을 부정하고 신경증적 행동, 정신병적 행동, 중독적 행동 모두 어떤 형태로든 욕구충족을 위한 자신의 최선의 선택(choice)으로 간주합니다. 정신건강이 책임 있는 행동의 원인이 되는 것이 아니라, 책임 있는 행동이 정신건강의 원인이 된다고 보는 것이지요. 즉, 불행과 고통은 무책임의 결과이지 무책임의 원인이 될 수는 없습니다. 따라서 자신의 책임을 잘 지는 사람은 정신적으로 건강한 사람이고, 자신의 책임을 잘 지지 않는 사람은 정신적으로 건강하지 못한 사람이라고 봅니다.

그래서 현실치료에서는 '정신병'과 '정신병 분류체계'라는 말을 배제해야 한다고 주장하며 문제, 진단과 같은 명칭도 쓰지 않으려고 합니다. 정신병의 경우 현실세계를 무시하거나 부정함으로써 현실세계를 직면하는 데 어려움을 겪고 있지요. 자기 자신을 병든 사람으로 받아들이는 한, 그 사람은 자신의 무책임에 대한 변명을 가지게 된 셈이기 때문에 무책임한 행동을 하게 된다는 원리입니다. 그래서 '○○환자', '○○병'이라는 라벨을 떼어버려야 변명의 여지가 없어지기 때문에 자신의 행동이나 욕구충족에 대한 책임을 지게 되고 그렇게 되면 정신적으로 건강해질 수 있다고 봅니다.

4) 인간의 기본욕구

인간을 움직이게 하는 힘은 5가지 기본적 욕구에서 비롯되며, 인간의 모든 행동은 바로 이러한 욕구를 채우기 위한 최선의 선택으로 나타나는 행위다. ① 사랑과 소속의 욕구(belonging need)-사랑하고, 나누고, 협력하고자 하는 인간의 속성(예 결혼, 모임, 가족, 또래집단 가입), ② 힘에 대한 욕구(power need)-경쟁하고, 성취하고, 인정받고, 가치롭고 중요한 존재이고 싶어 하는 속성(예 사회적 지위, 부의 축적, 대접받기, 전문가 되기, 고시공부),

③ 자유에 대한 욕구(freedom need)-이동하고 선택하는 것을 마음대로 하고 싶어 하는 속성(예 주거 및 직업의 자유로운 선택, 여행, 자기 방식대로 하기), ④ 즐거움에 대한 욕구(fun need)-많은 새로운 것을 배우고 놀이를 통해 즐기고자 하는 속성(예 놀이와 게임, 취미활동, 유머, 배움의 재미), ⑤ 생존에 대한 욕구(survival need)-살고자 하고 생식을 통한 자기 확장을 하고자 하는 속성(예 성적인 관심, 건강 챙기기, 저축, 돈에 대한 관심, 절약)이다.

멘티 인간은 기본적인 욕구 5가지 중 1가지 욕구에 의해서만 행동을 하게 되나요?

멘토 아닙니다. 예를 들어, 여러분들이 상담심리학 공부를 하는 행동은 새로운 것을 배우고 즐기고자 하는 즐거움에 대한 욕구도 충족되면서 성취감을 주는 힘의 욕구도 충족될 것이고, 때로는 동료들을 만나서 함께 경험을 나누는 과정을 통해 사랑과 소속감의 욕구가 충족되기도 하지요.

5) 전 행동

인간의 모든 행위는 분리할 수 없는 4가지 구성요소로 이루어져 있으며, 이를 전 행동(total behavior)이라 한다. 전 행동은 ① 활동하기(acting), ② 생각하기(thinking), ③ 느끼기(feeling) 그리고 ④ 신체반응(physiology)의 4가지 요소로 구성되어 있다.

만약에 여러분들에게 지금 "자리에서 일어나보세요.", "앞으로 잘될 것이라고 생각을 바꾸어보세요.", "땀을 흘려보세요.", "시험에 대한 걱정을 하지 말고 편안한 기분을 가지세요."라고 한다면 가장 손쉽게 할 수 있는 것은 무엇이겠는가? 이처럼 전 행동의 구성요소 중 활동하기 요소에 대해서만 거의 완전한 통제력을 가지고 있으므로 현실치료에서 개인의 행동변화는 활동하기에서부터, 개인의 환경변화는 환경이나 타인의 행동을 변화시키기보다는 변화를 원하는 자신의 활동하기에서부터 출발한다.

6) 정체감

정체감 상(identity image)은 개인의 성장이나 정신건강을 좌우한다.

① 성공적인 정체감을 지닌 사람의 특징

- 강하고(strength), 책임감 있고(responsibility), 자기훈련(self-discipline)이 가능한 사람
- 효과적으로 자신을 통제하는 사람
- 자신의 기본적 욕구를 성공적으로 만족시키는 사람

• 융통성 있고 효과적인 행동을 하는 사람
• 자신이 어떠한 인간이든 간에 이 세상 어디엔가는 자기를 사랑하는 한 사람이 존재하며, 자기도 역시 사랑할 한 사람이 있다고 믿는 사람
• 자기 자신을 가치 있는 인간으로 알고 이해하며, 적어도 한 사람 또는 그보다 더 많은 사람들이 자신을 가치 있는 사람으로 여긴다고 알고 이해하는 사람

② 패배적인 정체감을 지닌 사람의 특징

• 극도의 고독감을 경험하는 사람
• 현실세계를 직면하는 데 어려움을 겪고 있는 사람(현실세계를 무시, 부정)
• 경쟁에서도 마음이 편하지 못하고 불안을 일으키는 사람
• 자신의 기본적 욕구를 성공적으로 만족시키지 못하는 사람
• 융통성이 없고 비 효과적인 행동을 하는 사람

7) 3R

3R은 현실치료의 핵심적인 개념으로 책임(Responsibility), 현실(Reality), 옳고 그름(Right and wrong)을 말한다. 3R은 내담자 행동변화를 위한 WDEP 상담과정을 통해 탐색해볼 수 있다.

• 책임(Responsibility)이란, '다른 사람의 욕구 충족을 방해하지 않는 범위에서 자신의 욕구를 충족시키는 능력'이다(Glasser, 1965, p.13).
• 현실치료에서는 현실(Reality)을 강조한다. 기본적 욕구의 충족이나 욕구충족에 도움이 되는 행동이 현실세계 내에서 가능한 책임 있는 행동인가 하는 것이다.

  예 어떤 독신 여성이 유치원 자녀를 둔 어머니만 참석 가능한 모임에 들어가고 싶다고(belonging need) 하더라도 현실적으로 불가능하다.

• 옳고 그름(Right and wrong)과 같은 가치판단도 현실적으로 책임을 지는 사람에게 중요한 것이다. 현실치료에서는 옳고 그름과 같은 가치판단이 다른 사람의 욕구충족에 방해가 되지 않게 하면서도 자신의 욕구를 충족시키는 쪽으로 행동변화를 이끌어가는 데 도움을 준다는 입장이다.

2.2 문제행동의 원인과 상담의 목표

1) 문제행동의 원인

인간은 자신의 욕구(need)와 바람(want)을 충족시키기 위하여 행동을 하는데, 개인이 경험하는 환경으로부터 얻어진 지각과 자신이 원하는 것과의 차이(좌절)가 생기면 갈등이 유발된다. 이때 문제행동은 다른 사람들의 욕구충족을 빼앗으면서도 자신의 욕구를 충족시키지 못할 때 발생한다.

2) 상담의 목표

내담자가 자신이 원하는 삶을 살고 보다 효과적인 선택을 할 수 있도록 도와줌으로써 개인적 자율성과 성공적 정체감을 갖도록 돕는다. 궁극적으로 내담자가 원하는 바를 성취할 수 있도록 돕는 것이다.

2.3 현실치료의 평가

1) 비판점

① 선택이론에 대한 실증적 검증이나 상담과정과 기법에 대한 기술의 일관된 체계가 이루어지고 있지 않다.
② 정신병 자체를 거부하는 것이 타당한가에 대한 문제가 있다.
③ 욕구충족의 방법이 애매하다.
④ 상담자의 가치가 지나치게 내담자에게 강요될 수 있다.
⑤ 무의식적 동기, 정신역동, 과거를 지나치게 무시한다.

2) 공헌점

① 통제이론-선택이론과 같은 이론적 체계를 통해 인간의 행동을 설명하려고 한다.
② 상담기간을 단축하고 비행청소년과 일반인들에게 광범위하게 적용하였다.
③ 현실적으로 자신에게 부여된 책임을 강조한다.
④ 내담자의 변화정도에 대해 스스로 평가하도록 한다.
⑤ 학교나 수용시설과 같은 교육기관에서 효과적이다.

• 심화학습: 더 읽을거리

- Wubbolding, R. E. 著, 김인자 역(1991), ≪현실치료의 적용≫, 한국심리상담연구소
- Wubbolding, R. E. 著, 박애선 역(2001), ≪21세기와 현실치료≫, 시그마프레스.
- 김인자(1997), ≪현실치료와 선택이론≫, 한국심리상담연구소.
- 김인자(1997), ≪사람의 마음을 여는 열쇠 8가지≫, 사람과 사람.

나만의 Summary

3 다문화적 접근

개 요

본 단원에서는 상담의 최근 동향의 하나인 다문화적 접근에서 인간의 심리적 문제를 어떻게 이해하고 어떠한 상담과정을 거쳐 변화시키고자 하는지 알아보고자 한다.

단원소개

학습내용 분석	참고사항
3.1 다문화상담의 주요 개념 1) 다문화상담의 필요성 2) 다문화가정이란 3) 이주와 적응 3.2 다문화적 접근의 특징 1) 다문화상담자로서의 신념과 태도 2) 다문화상담자로서의 전문지식 3) 다문화상담자의 상담기법	*다문화상담의 필요성과 일반적 상담과의 차이

*표기는 기출문제 빈도가 높은 내용의 핵심용어.

3.1 다문화상담의 주요 개념

1) 다문화상담의 필요성

2012년 1월 기준으로 한국의 결혼이민자 및 혼인귀화자는 총 22만 687명(안전행정부, 2012 외국인주민 현황)이며, 국내 입국 북한이탈주민도 2만 4,309명(통일부, 2012년 10월 현재)에 이른다. 이렇듯 최근 몇 년간 급증하고 있는 결혼이민자, 외국인근로자, 북한이탈주민들이 함께 거주하고 있는 한국의 다문화 현상은 상담에 있어서 다문화적 접근의 필요성을 말해준다.

2) 다문화가정이란

다문화가정	그 자녀
국제결혼 가정	한국인 아버지와 외국인 어머니 사이에서 태어난 아이 한국인 어머니와 외국인 아버지 사이에서 태어난 아이
외국인근로자 가정	외국인 근로자가 한국에서 결혼하여 태어난 아이 본국에서 결혼하여 형성된 가족이 국내에 이주한 가정의 아이
입국재외동포 가정	북한이탈주민 가정 북한이탈주민을 제외한 입국 재외동포 가정

3) 이주와 적응

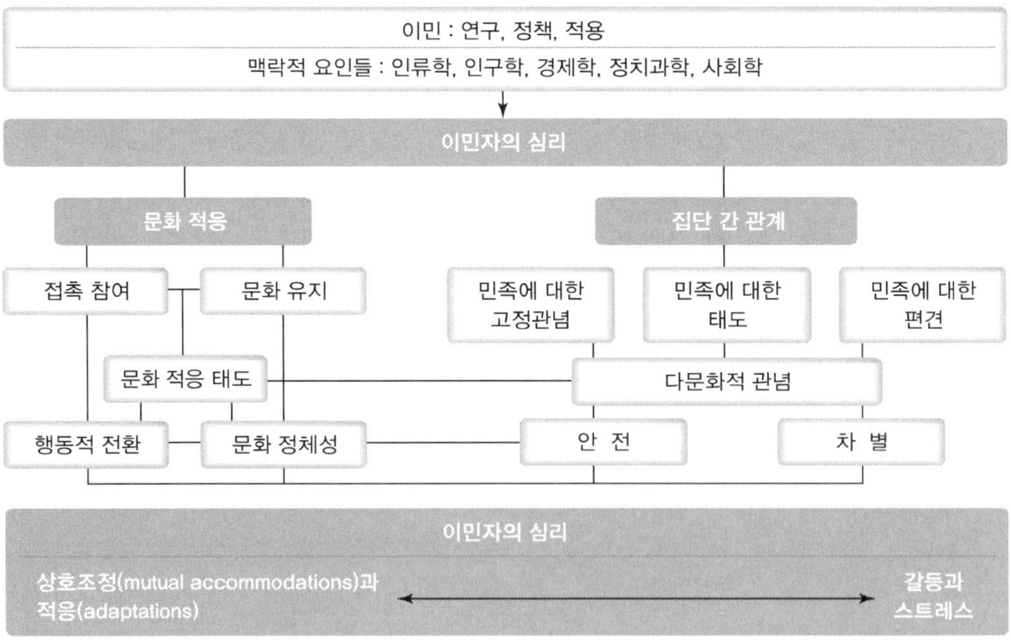

* Berry, John W.(2001), A Psychology of Immigration, Journal of Social issues, Vol.37(3), pp.615~631

① 문화적응 스트레스

문화적응 스트레스란, 난민 및 일반 이주자들이 새로운 주류 사회와 접촉하게 될 때 새로운 언어, 다른 관습 그리고 사회적 상호관계에 대한 규범, 낯선 규칙과 법규 그리고 삶의 변화에 대한 적응과정에서 경험하게 되는 스트레스 행동의 특정한 경향을 말한다. '문화적응 스트레스'는 주류사회의 문화와 이주자의 원국가(original country) 문화 간의 기후적 · 지리적 · 영양학적 및 다른 정신문화적 차이에서 발생된다. '다른 문화 간에 지속적이며 직접적인 접촉으로부터 발생하게 되는 문화변화(cultural change)와 적응(adaptation)의 과정(process)'으로 구체적인 경험으로는 혼란, 불안, 우울과 같은 정신건강 상태, 주변화와 소외의 감정, 강한 심인성 증상 그리고 정체성 혼란 등이 있다.

② 문화적응 형태

베리(Berry)의 문화태도 변용이론에 따르면 다음 4가지의 문화적응 형태를 거치게 된다.

- **통합**(integration) : 자신의 문화를 유지하는 데 관심을 가지면서 다른 사람과의 관계도 유지
- **동화**(assimilation) : 자신의 문화나 정체성의 유지를 원하지 않고 새로운 사회의 문화만을 추구하는 경우
- **분리**(separation) : 자신의 문화를 고수하고 타인과의 접촉을 회피하는 경우
- **주변화**(marginalization) : 자신의 문화 유지에 대한 관심이나 능력이 없으면서 타인과의 관계 유지에도 관심이 없는 경우

다문화적 접근에서는 특히 주변화와 분리과정에서 심리적 문제가 발생한다고 보고 있으며, 문화 통합이 이루어질 수 있도록 도움을 줄 수 있다.

③ 이주의 단계별 적응 변수(Potocky-Tripody, 2002, p.18)

이주의 단계	주요 변수
이주 전/출발 단계	사회적 · 정치적 · 경제적 변수(본국 상황) 가족과 친구와의 이별 이주자와 비이주자의 결정 익숙한 환경을 떠남 생명을 위협하는 환경 폭력의 경험 가까운 지인의 상실

이동 단계	장단기 위험한/안전한 여정 난민캠프 혹은 억류기관에서의 장단기 체류 이주목적 국가의 최종 수용결정의 기다림 가까운 지인의 상실
재정착 단계	문화적 적응 이슈 이주국으로부터의 수용 이주국에서의 기회 구조 기대와 현실 사이의 간극 이주과정 동안 축적된 스트레스의 정도

④ 이주 적응의 어려움

결혼이민자 가족의 일반적 어려움은 ⓐ 가족 내부의 문제-의사소통의 어려움(일방적 한국어 습득 강요), ⓑ 가부장적 사고방식, ⓒ 결혼이민자 출신국 문화 이해 부족, ⓓ 부부 및 시부모관계에서의 가족관계 어려움, ⓔ 부모역할 및 자녀지도 문제, ⓕ 가정폭력 및 가족해체, ⓖ 체류 불안정 및 사회적 편견 등이 있다.

북한을 탈출하여 한국에 입국하여 살고 있는 북한이탈주민의 경우, 남한사회 적응과정에서 문화적응 스트레스와 더불어 적응장애, PTSD(외상 후 스트레스 장애), 우울증, 불안, 수면장애, 물질남용(알코올, 흡연 중독, 마약 등), 인터넷 중독(청소년) 등의 어려움을 겪고 있다.

3.2 다문화적 접근의 특징

콜맨(Coleman, 1999, pp.156~157)은 다문화상담자로서의 신념과 태도, 상담자로서의 전문지식, 적합한 상담기법에 있어서 상담자의 편견에 대한 자각, 이문화 내담자에 대한 이해, 다문화적 접근에 필요한 적절한 상담전략과 기법을 개발하는 것이 필요하다고 본다.

1) 다문화상담자로서의 신념과 태도

상담자의 가설, 가치 편견에 대한 자각	문화적으로 다른 내담자의 세계관 이해	적절한 상담전략과 기법 개발
1. 문화적인 면에서의 자기자각: 가치와 차이에 대한 존중	1. 상담장면에서 만나는 문화적으로 다른 내담자에 대한 부정적 정서반응과 영향력에 대한 자각	1. 내담자의 종교적·영적 신념과 가치관 존중(신체적·정신적 기능에 관한 것 포함)

2. 자신이 가지고 있는 문화적 배경과 경험, 태도, 가치, 편견이 심리적 과정에 어떻게 영향을 끼치는지 자각	2. 서로 다르다는 고정관념과 개인적 편견에 대한 자각	2. 내담자의 전통적인 토착 조력행위에 대한 존중과 소수민족의 네트워크 형성을 위한 지역사회 조력
3. 자신의 유능성과 전문성의 한계를 인식		3. 이중언어 사용자의 가치를 존중하고, 상담에 있어서 언어 이질감을 장애물로 인식하지 않는다.
4. 상담자와 내담자의 차이점을 인정하고 편안함을 느낌		

2) 다문화상담자로서의 전문지식

상담자가 가지는 가설, 가치, 편견에 대한 자각	문화적으로 다른 내담자의 세계관 이해	적절한 상담전략과 기법 개발
1. 자신의 인종적 문화적 전통을 알고 이것이 상담 및 정상과 비정상의 규준에 어떻게 영향을 끼치는지를 자각한다.	1. 내담자의 삶의 경험, 문화적 전통, 역사적 배경을 안다.	1. 전통적 상담(문화적 한계, 신분의 한계, 단일 언어 사용)이 소수민족의 문화적 가치와 어떻게 갈등이 일어나는지 알고 이해한다.
2. 억압, 인종주의, 차별, 고정관념이 자기 자신과 상담활동에 어떻게 영향을 끼치는지 안다. 이는 상담자로 하여금 자신의 인종주의를 인정하도록 한다.	2. 인종, 문화, 민족주의가 성격의 발달, 직업선택, 심리장애, 조력추구 행동, 적절한(부적절한) 상담접근 방식에 어떻게 영향을 끼치는지 이해한다.	2. 제도적 장벽이 어떻게 소수민족으로 하여금 정신건강 서비스를 활용하지 못하도록 하는지 안다.
3. 자신이 다른 사람들에게 미치는 사회적 영향력을 이해한다. 문화적으로 다른 내담자와 자신의 의사소통 스타일의 차이를 알고, 자신의 의사소통 스타일이 내담자와의 의사소통에 어떻게 도움을 주거나 방해하는지 안다.	3. 인종적/민족적 소수자들의 삶에 영향을 끼치는 사회정치적 영향을 알고 이해한다. (예 통합, 가난, 인종주의, 고정관념, 정치적 무력함)	3. 평가도구의 편차를 안다. 즉, 심리평가 선정과정과 그 결과 해석 시에는 내담자의 문화적·언어적 특성을 고려한다. 4. 지역사회와 가족의 자원뿐 아니라 소수민족의 가족구조, 가족위계, 가치와 신념체계에 친숙해진다. 5. 내담자가 처한 환경으로 인한 차별적 관례와 함께 그것들이 심리적 기능에 어떻게 영향을 끼치는지를 알아본다.

3) 다문화상담자의 상담기법

상담자가 가지는 가설, 가치, 편견에 대한 자각	문화적으로 다른 내담자의 세계관 이해	적절한 상담전략과 기법 개발
1. 문화적으로 다른 집단에 대한 이해와 상담 효율성을 높이기 위해 지속적인 교육, 자문, 훈련을 받는다.	1. 문화적으로 다른 집단의 정신건강 연구와 연구결과에 친숙해진다.	1. 정확하고 적절하게 언어적 비언어적 메시지로 상호작용한다. 문화적으로 적절한 다양한 접근을 사용한다.
2. 끊임없이 자기 자신을 인종적/문화적 존재로서 이해하고 비인종적 정체감을 개발하기 위해 노력한다.	2. 학문적인 입장과는 달리 상담장면 바깥에서도 소수민족과 관계를 맺는다. (예 지역사회 행사, 사회적/정치적 행사, 축하모임, 친교모임)	2. 내담자의 권익을 위해 제도적 개입을 시도한다. 내담자가 부적절하게 자신을 비난하지 않도록 인종주의나 편견으로 인한 문제를 확인한다. 3. 필요 시 전통적인 치유자나 정신적 지도자에게 자문을 구한다. 4. 내담자가 선호하는 언어로 상호작용을 한다. 5. 심리평가와 검사과정에 대한 훈련(문화적 한계 숙지 포함)을 받는다. 6. 억압, 남녀차별과 인종주의 문제에 민감해지고, 편견, 선입견, 차별적 활동 없이 상담에 임한다. 7. 내담자에게 심리적 개입과정에 대한 교육을 실시한다. (예 상담목표, 상담에 대한 기대, 법적 권리, 상담자의 이론적 지향)

- 심화학습: 찾아가보기
  - 전국다문화가족지원센터(liveinkorea.mogef.go.kr)
  - 이주배경청소년지원재단 무지개청소년센터(www.rainbowyouth.or.kr)
  - 북한이탈주민지원재단(www.dongposarang.or.kr)

4 동양적 접근

개 요

본 단원에서는 상담의 최근 동향의 하나인 동양적 접근에서 인간의 심리적 문제를 어떻게 이해하고 어떠한 상담과정을 거쳐 변화시키는지 알아보고자 한다.

단원소개

학습내용 분석	참고사항
4.1 동양적 접근의 주요 개념 1) 동양사상과 서양심리학의 접목 2) 동양적 접근의 필요성 4.2 동양적 접근의 특징 4.3 본성실현 상담의 예시 1) 본성실현 상담의 개관 2) 본성실현 상담에서의 인간본성 3) 본성실현 상담의 주요 개념 4) 본성실현 상담의 목표	*동양적 접근의 필요성 *동양적 상담의 특징

*표기는 기출문제 빈도가 높은 내용의 핵심용어.

4.1 동양적 접근의 주요 개념

1) 동양사상과 서양심리학의 접목

동양사상의 심리치료적 의미는 융, 프롬, 호르니, 로저스, 펄스에 의해 주목되었다. 상담에 대한 서구적인 접근이 합리적이고 분석적인 측면을 지나치게 강조하여 인간을 고통과 절망에서 해방시키는 데 한계점에 도달하게 되자 직관적이고 통합적인 접근을 강조하는 동양적 상담모형에 대한 탐색을 시작하였다.

2) 동양적 접근의 필요성

윤호균(1982)에 의하면, 자신의 욕망보다 절제, 타인에 대한 정복보다는 상호 간의 조화를 추구하는 동양사상은 인간의 성숙과 수양에 관심을 두어야 하는 상담전문가들에게 더욱 필요한 것이라고 강조한다. 이장호와 김정희(1988)에 의하면, 대표적인 동양사상인 유교, 불교, 노장철학 등의 동양철학의 관점을 종합해볼 때 진정한 자아의 망각 또는 포기에서 혼란이 생기고, 현재의 자아를 확인하고 진정한 자아를 발견, 실현하는 것이 혼란과 망념에서 벗어나는 길이며, 자아로부터 자유 또는 해방이 가장 높은 경지의 성숙상태다.

4.2 동양적 접근의 특징

동양문화권에서 상담심리적 접근은 실제의 진아(眞我)에 대한 깊은 인상을 지각, 소화하는 것이다. 이는 정신분석에서의 자기통찰과 유사하지만 내용과 접근방법에서 차이가 있다. 동양적 자기탐구는 자기존재의 본질이고, 서양적 자기통찰은 주로 자기의식의 인과관계에 국한된다. 접근방법에 있어서는 동양적 자기탐구 과정이 자기 발견적 수심(修心)인 반면, 서양적 자기통찰 과정은 상담자에 의한 분석적 훈련이라 볼 수 있다. 동양적 상담모형의 기초를 다음과 같이 정리하고 있다(이장호와 김정희, 1988).

- 분석적 · 공감적 대화보다는 자기 발견적 · 교육적 대화에 역점을 둔다.
- 욕구의 충족, 발산보다 욕구의 극기, 소화를 강조한다.
- 문제행동의 교정보다는 본성의 회복 또는 긍정적 자질을 강화한다.
- 내담자의 침묵에 있어서는 저항, 무지(無知)가 아닌 수용, 기지의 측면에 유의한다.
- 사회적 적응, 대처행동의 훈련보다는 참된 자기모습의 발견과 소유를 강조한다.
- 생활문제뿐 아니라 내담자의 가치관(인생의 의미), 관념적 갈등을 주요 과제로 삼는다.
- 내성적 자기분석보다는 가족관계를 포함한 공동체적 책임행동을 격려한다.

4.3 본성실현 상담의 예시

1) 본성실현 상담의 개관

이형득(2003)은 기독교, 불교(선불교 포함), 도교의 사상을 근간으로 하여 자신의 상담이론을 개발(유교는 예의범절과 의식을 지나치게 강조하여 인간의 자발성을 억제하는 경향을 띤다는 이유로 이론적 배경에서 제외)하였다. 본성실현 상담에서는 증상의 치료나 문제의 해결보다는 능력의 개발 또는 본성의 실현에 강조를 둔다. 기독교, 불교, 도교는 모두 인간의 본성을 선하고 유능하게 볼 뿐 아니라 이의 실현을 궁극 목적으로 하고 있다는 점에서 모두 발달 지향적인 접근이라 본다.

인간의 본성	본성의 장애	본성의 실현
① 선악 초월의 능력 ② 정확한 지각력 ③ 욕심과 집착으로부터의 초탈 가능성 ④ 좋은 대인 및 대자연관계 능력 ⑤ 우주적 초능력	① 부정적 자아개념 ② 불신과 소외 ③ 욕심과 집착 ④ 반응의 주저 ⑤ 조급한 행동	① 인지와 확인 ② 사랑의 느낌 ③ 허용적 태도 ④ 직관적 반응 ⑤ 조화적 행동

2) 본성실현 상담에서의 인간본성

불 교	인간은 본래 불성을 지닌 존재로서 부처나 나한이 소유한 여러 성격적 특징을 그 본성으로 지니고 있다. (직관적 지혜, 자비)
도 교	인간을 덕이라고 하는 신비한 능력을 소유한 존재로 인정하여 누구든지 도인이 될 자질을 생래적으로 갖추고 있다. • 도: 길, 흐름, 리듬 • 무위: 이 세상의 모든 사물은 그 나름의 길, 흐름, 리듬을 본성적으로 지니고 있으며, 사람이 이 사물의 길, 흐름, 리듬에 역행하지 않고 조화를 이루어 행동하는 것 • 덕: 사람이 사물의 길, 흐름, 리듬을 타고 그것과 조화롭게 행동할 때 저절로 발현되는 내적인 능력
기독교	인간을 하나님의 형상으로 지음을 받은 존재로 보며 그 표본적인 인물인 예수의 성격적 특징을 지닌 존재로 보고 있다. *아담, 하와 본성 그대로 느끼고 생각하고 매우 자유롭고 행복한 삶 → 하나님의 뜻을 거역하고 선악을 알게 하는 나무의 실과를 따먹음 → 선악의 구분, 수치심, 공포심 느낌(본성 장애의 시작) → 속박과 고뇌의 삶

결국, 인간의 본성을 선하고 유능한 것으로 본다.

3) 본성실현 상담의 주요 개념

① 허구적 자아개념

욕심과 집착의 특성		욕심과 집착의 결과
허구적 자아개념의 유지, 보호 자아중심적 이기적	→	자기 자신에 대한 그릇된 이해에 근거를 두고 있기 때문에 항상 좌절과 실망을 초래

- 불교: 인간이 경험하는 불안, 좌절, 고뇌, 속박 등의 근본원인인 동시에 본성적인 능력발휘에 장애가 된다(Matttews, 1983; Watts, 1989; King, 1991).
- 도교: 외적 사물에 의존하는 강한 욕심이 인간이 본성적 능력을 계발하는 데 지장을 준다(Wang, 1986).
- 기독교: 인간이 시험받는 것은 이기적인 욕심에 이끌려 미혹된 결과이며, 그 욕심이 잉태하여 죄를 낳고 죄가 장성하여 사망을 낳는다(성경, 야보고서 1, pp.14~15).

② 불신과 소외

		불 신		자기의 본성상실		소외감
부정적 자아개념 형성	→	자기 자신과 주위의 사물에 대해 회의적이고 부정적인 시각을 가짐	→	타인과의 참만남의 관계경험 불가 자연을 착취, 오염	→	자기의 본성, 타인 및 자연으로부터 단절 경험

③ 욕심과 집착

갓난아이		허구적 자아개념 형성		어린이
초인적 능력의 소유자, 자연인, 행복인의 표본	→	인정을 받기 위해 자신의 본성을 억제하고 부모의 기대에 맞추어 행동하기를 학습 ↓ 인간이 경험의 폭을 넓혀감에 따라 불변적이고 고정적인 실제처럼 받아들여짐	반복 → 습관	부모나 사회의 기대에 부응하는 느낌이나 행동을 본성적으로 착각 ↓ 인간은 자기 자신과 역할을 동일시함으로써 역할수행자로서의 허구적 자아에 대한 개념을 본성 자기보다 실제적인 것으로 착각

④ 주저와 조급

행 동	이 유	결 과	
주저/회피	예상불안 또는 두려움	무념-본성에 따라 직관적으로 행동	○
		자발성 결함으로 비효율적	×
조급/초조	이기적 욕심이 성취되지 못할 것을 사전에 염려하고 걱정함	마음과 행동을 사물의 원리와 조화를 이루도록 허용	○
		집착하는 사물을 더 빨리 더 많이 갖거나 더 잘하고 싶은 욕심에서 조급하게 서두르거나 무리하게 간섭 → 사물의 원리를 거스르는 결과	×

4) 본성실현 상담의 목표

① 상담목표

- 인지와 확인: 본성의 참된 성질, 만물의 존재양식, 삶의 원리, 자아개념의 허구성에 관한 바른 인식을 가질 뿐 아니라 이들 사실과 원리에 대하여 확고한 신념을 갖도록 한다.
- 사랑의 느낌을 갖도록 한다.
- 허용적 태도: 안과 밖의 어떠한 자극에도 동요하지 않는 여유롭고 허용적인 태도를 지닐 수 있게 한다.
- 직관적 반응: 어떠한 사태에 처해도 자연스럽고 자발적인 동시에 즉각적이고 직접적으로 반응할 수 있는 직관적 반응력을 개발하도록 한다.
- 조화적 행동: 타인과 관계하거나 사물을 다룰 때 상대방의 리듬을 방해하지 않고 그것과 조화를 이루면서 행동할 수 있는 능력을 기르도록 한다.

핵심 Summary

〈게슈탈트 상담〉

1. 게슈탈트 상담에서 인간은 전체적이고 현재 중심적이며, 선택의 자유에 의해 잠재력을 자각할 수 있는 존재로 본다.
2. 게슈탈트 상담에서는 인간의 성격이 자아, 자아상, 존재로 구성되어 있으며, 미완성된 형태에서 완성된 형태(gestalt)를 형성하는 방향으로 나아가는 것을 중시한다.
3. **자각**: 있는 그대로의 자아와 세계를 정확하게 인식하여 '있는 그대로' 볼 수 있도록 깨닫는 것으로, 게슈탈트 상담의 가장 기초적인 상담치료 도구다.
4. **여기-지금(here and now)**: 부적응적 행동을 해결하는 방식은 여기-지금에서의 자기 자신을 자각하는 것이다.
5. **전경(figure)과 배경(ground)**: 대상을 인식할 때 사람의 관심의 초점이 모여지는 것이 도형이 되고 그 이외 것은 모두 배경이 된다.
6. **게슈탈트(gestalt)**: 전체, 모습, 형태의 뜻으로, 유기체적 욕구나 감정을 하나의 의미 있는 전체로 조직화하여 지각한 것을 말한다.
7. 게슈탈트 상담에서는 '전체로서 유기체', '여기-지금'에 초점을 두어, 경험의 자각, 비언어적 표현, 말보다는 행동을 강조하며 선택과 책임, 내담자의 경험에 대한 현재의 자각을 강조한다.
8. 게슈탈트 상담에서 건강한 성격은 '여기-지금의 사람'으로 자아와 세계(환경), 자아와 세계(환경) 간의 관계에 대한 자각이 잘된 사람이다.
9. 게슈탈트 상담에서 부적응행동은 자각의 결여, 책임의 회피, 환경과의 접촉 상실, 형태의 미완성, 욕구의 부인, 자아의 양극화로 인해 발생한다.
10. 게슈탈트 상담은 특히, 과도하게 사회화되었거나 긴장, 억압이 심한 경우 또는 위축되어 있는 사람에게 효과적이다.

〈현실치료〉

1. 현실치료란, 윌리엄 글라써가 주창한 상담과정으로 내담자가 자신이 원하는 삶을 살기 위해 보다 효과적인 선택을 할 수 있도록 도와줌으로써 개인적 자율성과 성공적 정체감을 갖도록 돕는 과정이다.
2. 현실치료의 핵심개념은 인간의 5가지 기본욕구, 선택이론, 3R, 성공적인 정체감 형성이다.
3. **인간의 기본적인 욕구**: 사랑과 소속에 대한 욕구, 힘과 성취에 대한 욕구, 자유에 대한 욕구, 즐거움에 대한 욕구와 생존에 대한 욕구를 채우기 위한 개인의 최선의 선택으로 나타난다.
4. **전 행동**: 인간의 모든 행위는 분리할 수 없는 4가지 구성요소인 활동하기, 생각하기, 느끼기, 신체반응으로 이루어져 있으며, 이를 전 행동(total behavior)이라고 하며 가장 통제가 쉬운

활동하기를 통해 행동변화를 선택하도록 한다.

5. 3R: 현실치료에서 강조하는 3R은 현실치료의 핵심적인 개념으로 ① 책임(Responsibility), ② 현실(Reality), ③ 옳고 그름(Right and Wrong)이다.
6. 현실치료의 상담과정은 상담환경 바꾸기와 내담자를 행동이나 방향변화로 유도하는 두 과정으로 구성되어 있다. 행동변화를 위한 상담과정은 질적인 세계(바람), 욕구, 지각 탐색하기-전 행동 탐색하기-내담자에게 평가 요청하기-계획하기와 다짐받기의 WDEP 과정을 거친다.

〈다문화적 접근〉

1. 다문화가정에는 국제결혼 가정, 외국인근로자 가정, 입국 재외동포 가정이 포함된다(북한이탈주민 포함).
2. 문화적응 스트레스: 난민 및 이주민이 새로운 주류 사회와 접촉하게 될 때 새로운 언어, 다른 관습과 규범 등의 새로운 삶에 적응하면서 겪게 되는 스트레스를 말한다.
3. 문화적응 태도는 통합, 동화, 분리, 주변화의 4가지로 설명된다.
4. 다문화상담이란, 문화적 차이에 따른 인간행동의 차이를 이해하려는 상담을 말한다.
5. 다문화상담자의 자질에는 문화적 자각 및 수용능력을 포함한 문화적 역량강화, 다문화상담자로서의 신념과 태도, 다문화상담자로서의 전문지식, 다문화적 접근에 적절한 상담전략과 기법을 개발하는 것이 필요하다.

〈동양적 접근〉

1. 동양사상은 서양의 심리학과는 달리 직관적이고 통합적인 접근을 강조한다.
2. 본성실현 상담은 기독교, 불교, 도교의 사상에 근간을 둔 한국적 상담모형이다.
3. 본성실현 상담에서는 증상의 치료나 문제의 해결보다는 능력의 개발 또는 본성의 실현에 강조를 둔다.
4. 본성실현의 장애요소는 부정적 자아개념, 불신과 소외, 욕심과 집착, 반응의 주저, 조급한 행동이다.

5 기타 상담이론 요약

개 요

본 단원에서는 기타 상담이론으로서 교류분석과 실존주의 상담에서 인간의 심리적 문제를 어떻게 이해하고 어떠한 상담과정을 거쳐 변화시키고자 하는지 핵심내용을 위주로 정리하였다.

1) 교류분석(TA)

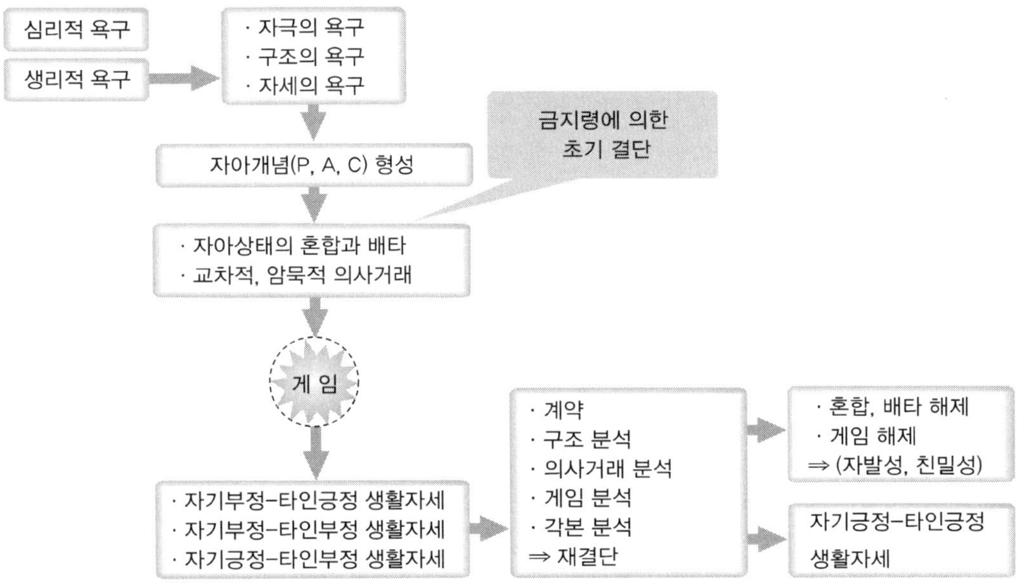

2) 실존주의적 상담

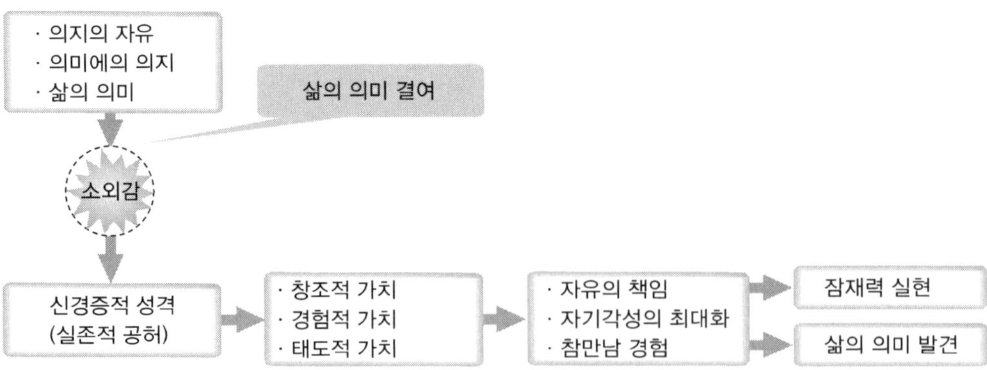

핵심 Summary

〈교류분석〉

1. **생활자세**: 부모의 금지령에 따른 초기결단은 자기부정-타인긍정(I'm not OK-You're OK), 자기부정-타인부정(I'm not OK-You're not OK), 자기긍정-타인부정(I'm OK-You're not OK), 자기긍정-타인긍정(I'm OK-You're OK)의 4가지 생활자세를 형성하게 한다.
2. **자아상태**: 교류분석적 상담에서는 인간의 자아상태가 어버이 자아(P), 어른 자아(A), 어린이 자아(C)로 구성되어 있다.
   어버이 자아에는 주장적 · 지배적 · 처벌적 · 비판적 어버이 자아와 배려 · 격려해주는 양육적 어버이 자아가 포함된다.
   어른 자아는 효율적 · 적응적 자아 상태 간의 갈등을 중재하는 컴퓨터 같은 역할을 한다.
   어린이 자아에는 자유로운 감정 표현, 즐거움, 자기중심의 자유 어린이 자아와 타인 수용, 순응, 모범적 규범 준수의 순응적 어린이 자아가 포함된다.
3. **금지령**: 금지령은 어떤 행동을 할 때 이를 금지시키는 것으로, 자아가 건강하게 기능하지 못하여 타인과 친밀한 대인관계를 맺지 못하도록 한다.
4. **게임**: 게임은 숨겨진 동기를 가진 암시적 의사거래로 만성부정감정을 경험하게 하기 때문에 친밀한 인간관계나 긍정적인 생활자세 확립을 방해한다.
5. 교류분석적 상담에서는 계약-구조분석-게임분석-각본분석-재결단으로 상담과정이 진행된다.
6. 교류분석적 상담기법에는 상담분위기 조성을 위해서 허용, 보호, 잠재력기법을, 상담자 자질과 관련된 기술에는 질의, 특별 세부반응, 맞닥뜨림, 설명, 실증, 확립, 해석, 기타 형태주의 기법, 심리극 등을 활용한다.
7. 교류분석적 상담은 학교상담뿐 아니라, 병원, 기업체, 일반인을 대상으로 개인 또는 집단에서 많이 활용되고 있다. 특히, 대인관계에 있어서 의사소통의 질을 개선하기 위해서나 효율적인 부모교육에 활용될 수 있다.

〈실존주의 상담〉

1. 실존주의 상담은 상담의 바탕이 되는 인간관, 인간실존을 이해하기 위한 내담자의 자세와 태도, 철학을 강조한다.
2. 실존주의 상담은 정신분석이나 행동주의에 대한 반발로 생겨나 실존주의 사상과 심리학에 있어서 제3세력으로 간주되고 있는 인본주의 심리학에 근거하여 출발하였다.
3. 주요 개념은 자유와 책임, 자기각성, 참만남으로, 실존적 상담에서 인간은 항상 행동을 할 수 있는 능력, 즉 책임능력이 있으므로 자유로부터 도피할 수 없다는 전제에서 출발한다.
4. **프랭클(Frankle)의 의미치료**: 내담자의 심리적 문제는 삶의 의미가 결여되어 있는 실존적 공허

에 있고, 따라서 내담자로 하여금 자기인생의 의미를 발견하고 발전시키도록 돕는다.

5. **자유와 책임**: 인간은 어느 범위 내에서 자유로운 존재로, 선택권을 가지고 있으며 자신이 선택한 것에 대한 책임을 질 수 있는 존재다.
6. **자기각성**: 인간존재는 자기각성이 가능하며, 이러한 자기각성의 기능이 스스로 생각하고 선택, 결정, 자유롭게 선택한 것에 대한 책임이 있다는 것을 깨달을 수 있는 힘이 된다.
7. **참만남**: 인간이 세계에 대해서 가질 수 있는 관계는 '나-그것'의 관계로 표현되는 사물세계와 '나-너'의 관계로 표현되는 인격적 만남의 세계가 있다. 사람은 '나-너'의 관계에서 서로 참인격으로 관계를 하며, 참다운 자신의 존재를 회복할 수 있다.
8. **삶의 의미를 가져다줄 수 있는 방법**: 어떤 창작품을 발표하는 것, 경험으로 세상살이에서 얻은 것, 고통에 대해 취하는 태도에 의해서 삶의 의미를 찾을 수 있다.
9. 실존주의 상담의 목표는 내담자로 하여금 자기인생의 의미를 발견하고 발전시키도록 돕는 것으로, 여기 그리고 지금(here and now)에 초점을 둔다.
10. 실존주의 상담의 과정은 내담자가 자기의 역량을 충분히 자각하고 그 실존의 바탕에서 반응할 수 있는 자기능력의 자각을 포함하는 자기존재를 완전히 자각하도록 하며, 내담자들이 자신은 외부결정의 단순한 희생자 이상의 존재라는 현실을 받아들이고, 스스로 선택해야 하는 사실에 대한 불안을 직면하도록 돕는다.
11. 실존주의 상담은 자유와 책임을 강조하는 점이나 자기인식을 가지고 선택함으로써 자신의 삶을 재설계할 수 있는 인간의 능력을 인정함으로써 상담 및 심리치료의 새로운 관점을 태동시키게 하였다. 하지만, 개념들이 너무 추상적이고 과학적 엄격성이 결여되었으며, 어떤 내담자에 따라서는 철학적 통찰이 적합하지 않을 수 있다는 한계가 있다.

기출문제 및 예상문제 풀이

◎ 기출문제

1. 게슈탈트 심리치료 중 내사, 융합, 반전이 무엇인지 약술하시오. (동신대)

게슈탈트는 끊임없이 형성되고 사라지는데, 배경으로 물러나 있던 게슈탈트를 자각하고 알아차림을 통해 전경으로 떠오르게 되면 개인은 에너지를 동원하여 실제로 욕구를 충족시킬 수 있는 행동을 함으로써 자신 및 환경과 접촉을 한다. 이러한 과정들이 적절하게 이루어지면 전경으로 떠올랐던 과제는 배경으로 물러나며 개인은 새로운 게슈탈트를 형성하고 현재를 살아가게 된다. 게슈탈트에서 문제행동의 원인은 자각이 결여되거나, 자기책임의 결여, 환경과의 접촉 상실, 미해결 과제, 욕구의 부인, 자아의 양극화 때문이다. 이때 알아차림과 접촉을 방해하는 부적응행동에는 내사, 융합, 반전, 투사, 편향이 있다.

내사는 권위자의 행동이나 가치관을 무비판적으로 받아들여 외부에 있는 다른 대상을 자기 내면에 있는 요소로 인식하고 받아들이는 것을 말한다. 예 자신이 원하는 삶이 아니라 아버지가 원하는 착한 딸로 살면서 자신이 하고 싶은 것보다 아버지가 어떻게 평가할까를 더 의식하는 경우

융합은 밀접한 관계에 있는 두 사람이 서로 간에 차이점이 없다고 느끼도록 합의함으로써 발생하는 '접촉-경계' 혼란이다(Perls, et al., 1951). 타인과 구분 없이 섞인 상태인데, 갈등과 불안을 피하고자 자신을 없애고 항상 타인의 의견에 따름으로써 현상을 유지하려고 한다. 내면적으로는 서로 독립적이지 못하고 의존관계에 빠지는 경우가 많다. 예 마마보이

반전은 외부로 향해야 할 충동이나 감정이 자기 자신에게로 향하는 것이다. 타인이나 환경 등 외부를 향해서 하고 싶은 행동을 변형하여 자신에게 향하도록 하는 행동이다. 예 자해행동

2. WDEP의 각 단계를 설명하고, 각 단계의 상담자 역할을 설명하시오. (순천대)

현실치료에서는 타인의 욕구에 방해되지 않으면서 자신이 원하는 선택을 하고 환경을 통제할 수 있도록 함으로써 성공적인 정체감을 형성하도록 한다. 이 과정에서 상담자는 WDEP라는 적절한 질문을 통해 적극적으로 내담자가 원하는 바를 얻을 수 있게 계획하도록 돕는다.

현실치료에서 상담과정은 상담환경 가꾸기와 내담자를 행동이나 방향변화로 유도하는 WDEP로 구성되어 있다. 이 두 과정을 통해 내담자가 원하는 삶을 사는 데 스스로 평가하고 그들의 삶을 효과적으로 선택하도록 돕는다.

1) 상담환경 가꾸기

상담자는 친근감을 가지고 내담자의 이야기를 경청하며 내담자가 그들의 욕구를 충족할 수 있는 바람직한 방법을 찾는 데 도움을 줄 수 있는 사람이라고 믿을 수 있게 한다.

2) 행동변화를 위한 상담과정: WDEP 과정이다.

① '질적인 세계'(바람), 욕구, 지각 탐색하기(Want)

- "무엇을 원하는가?"라고 묻기
  상담자는 내담자가 자신의 질적인 세계를 탐색하고, 자신의 바람을 확인하도록 한다.
- "진정으로 원하는 것이 무엇인가?"라고 묻기
  상담자는 내담자들이 주위환경에서 원하는 것과 경험하고 있다고 지각하는 것 사이의 간격을 좁혀 나감으로써 충족되지 못한 욕구를 구분해내어 내담자를 도와준다.
- "사람들이 당신에게 원하는 것이 무엇이라고 생각하는가?"라고 묻기
  상담자는 주위사람들과 내담자가 원하는 것의 일치 혹은 불일치를 알아봄으로써 내담자 자신의 마음속의 사진(바람)에 내포되어 있는 근본적인 욕구가 무엇인지를 더욱 확실하게 보도록 도와준다.
- "당신은 어떤 시각으로 사물과 환경을 바라보는가?"라고 묻기
  상담자는 내담자의 지각체계를 탐색, 즉 외부세계로부터 여과되어진 것을 점검한다.
- "당신은 상담자에게 무엇을 바랍니까?"
  상담자가 내담자에게 어떤 도움을 제공해야 하는지, 주위사람들에게서 무엇을 원하는지, 내담자 자신이 상담상황을 어떻게 바라보는지 내담자에게 말하도록 하는 것이다.

② 전 행동과 행동방향 탐색하기(Doing)

상담자는 상담과정 초기에 내담자에게 상담의 전반적인 방향, 즉 내담자가 어디로 가고 있는가를 탐색하도록 도와준다. 예 "당신이 1년 후에 되고 싶은 방향으로 가고 있습니까?"

③ 내담자에게 평가(가치판단)를 요청하기(Evaluation)

상담자는 내담자의 행동변화를 위해 자신의 행동과 욕구와의 관계를 그들 스스로 자기평가하게 한다.

예 "당신의 지금 행동이 당신에게 도움이 됩니까?", "당신이 지금 하고 있는 것은 원하는 것을 얻는 데 도움이 됩니까?", "당신이 원하는 것은 현실적이거나 실현 가능한 것입니까?" 등

④ 계획하기와 다짐받기(P : Planning and commitment)

상담자는 내담자의 욕구충족에 도움이 되는 행동을 계획하기 위해서는 5가지 욕구가

충족되면서도 단순하고 구체적이며, 현실적이고 실현 가능하면서 즉각적인 계획을 세우도록 한다.

3. 실존주의 상담의 치료적 요인에 대하여 논의하시오. (가톨릭대학교)

실존주의 상담에서 신경증은 삶의 의미가 결여되어 있는 상태이며, 이전의 문제가 다시 재현되지 않을까 하는 예기불안에서 출발한다. 실존주의 상담에서는 ① 삶의 의미, ② 자기각성, ③ 자유, 선택, 책임지는 존재가 될 수 있도록 인간 속에 내재하는 책임과 자유를 일깨워서 삶의 의미와 연결시키고자 한다. 이때 예기불안에서 야기되는 신경증을 실존주의 상담에서는 역설적 의도와 반성제거 혹은 방관(dereflection)이 그 치료적 요소가 된다고 본다. 프랭클은 인간이 정신의 반발력이라 불리 우는 힘을 통하여 심리 신체적인 평면을 초월하여 존재하고자 자기초월과 자기이탈의 능력을 치료의 기본으로 삼는다. '그것이 일어나지 않는다'가 아니라 '자기에게 그것이 일어난다'는 것을 강하게 긍정하여 오히려 그것을 바라는 만큼 적극적인 자세를 가지도록 한다.

역설적 의도란, 내담자가 갖는 예기적 불안을 제거함으로써 강박증이나 공포증과 같은 신경증적 행동을 치료할 수 있는 기법을 말한다. 자기증상에 대한 내담자의 태도를 변경시키고 내담자로 하여금 자기 노이로제에서 자기 자신을 분리할 수 있게 하는데, 이는 단기상담과 예기불안과 관련된 내담자에게 적합하다(예기적 불안 : 내담자가 두려움으로 경험한 바 있는 어떤 사태가 재발될 것이라는 예상 때문에 지레 갖게 되는 불안을 말함). 예를 들면, 불면증 환자는 잠을 자지 말도록 한다. 역설적으로 오히려 잠을 자지 않은 역전행동은 내담자로 하여금 증상행동으로부터 거리감을 두고, 자기의 문제를 바라보게 함으로써 증상에 대한 태도변화를 일으키게 한다. 따라서 실존주의 상담자는 내담자를 증상으로부터 피하여 증상과 싸우게 하는 대신에 오히려 그것을 과장하거나 직면함으로써 문제해결을 하도록 시도한다.

방관 혹은 반성 제거는 증상에 대한 과도한 관심, 의도, 자아 관찰에 초점을 두도록 적용되는 기술로, 신경증적 반응에 뒤따르는 극도의 강박적인 자기관찰이나 반성을 제거하여 중화시키는 것이다. 즉, 내담자의 주의를 자기 자신으로부터 유리시킴으로써, 자신의 일과 동료에게 향하도록 하여 징후로부터의 도피가 아니라 보다 긍정적인 활동에 적극적인 지향을 하는 것이다. 과잉된 주의나 자기관찰이 오히려 행동장애의 원인이 될 수 있다고 보기 때문에, 내담자의 과잉된 주의를 내담자 자신의 밖으로 돌려 문제를 무시하도록 함으로써 의식을 긍정적이고 생산적인 곳으로 전환할 수 있도록 돕는다. 예를 들면, 불면증 환자에게 잠을 자지 않으려고 애를 쓰는 대신 음악을 듣거나 다른 흥미 있는 일을 함으로써 잠을 자는 일에 쏟는 관심을 다른 곳으로 돌리고 집중하게 하는 것이다.

4. 교류분석의 각 유형의 개념을 설명하고 상담자의 역할을 설명하시오. (순천대)

교류분석 상담에서 인간은 금지령에 의한 초기 결단이 그 이후의 개인의 행동에 많은 영향을 끼친다. 부모의 금지령에 따른 초기 결단이 생활자세인 자기부정-타인긍정 자세(I'm not OK-You're OK), 자기부정-타인부정 자세(I'm not OK-You're not OK), 자기긍정-타인부정 자세(I'm OK-You're not OK), 자기긍정-타인긍정 자세(I'm OK-You're OK)를 형성하게 한다. 교류분석에서 상담자는 ① 자아구조 분석, ② 의사거래 분석, ③ 게임분석, ④ 각본 분석을 통해 자기부정-타인긍정, 자기부정-타인부정, 자기긍정-타인부정의 생활자세를 자기긍정-타인긍정의 생활자세로 바꿀 수 있도록 한다.

교류분석 상담에서 인간의 자아상태는 어버이 자아(P), 어른 자아(A), 어린이 자아(C)로 구성되어 있는데, 교류분석에서 상담자는 내담자의 자아가 어떤 상태에 있으며 어떻게 작용하는지를 파악한다. 자아상태의 혼합과 배타 상태를 파악하여, 내담자의 어른 자아가 적절하게 기능하지 못하는 원인을 찾아 제거함으로써 합리적이고 적응적인 어른 자아의 역할을 되살릴 수 있도록 한다.

의사거래 분석에서 상담자는 내담자의 의사거래 방식을 분석하여 내담자가 타인과 상호작용하는 방식을 확인한다. 두 사람이 교류를 할 때 자극과 반응을 어떻게 주고받는가에 따라 상보적 교류, 교차적 교류, 암시적 교류로 나눌 수 있다. 상보적 교류는 자극과 반응의 주고받음이 평형이 되는 교류로서 언어적인 메시지와 표정, 태도 등의 비언어적이니 메시지가 일치되어 나타난다. 교차적 교류는 어떤 반응을 기대하여 시작한 교류에 대하여 기대와 다른 자아상태로 교류하는 것을 말하며 인간관계의 문제가 된다. 암시적 교류는 상대방의 하나 이상의 자아상태를 향해서 현재적 교류와 이면적 교류 모두가 동시에 작용하는 복잡한 의사거래 방식이다.

게임분석에서는 암시적 의사거래 분석을 한다. 상호작용에서 겉으로 드러나는 자아와 실제로 작용하는 자아 간의 차이가 무엇인지 찾도록 한다. 게임은 불쾌한 감정을 유발하는 암시적 의사거래의 한 종류로서, 게임분석에서 상담자는 내담자의 암시적 의사거래를 분석하여 역기능적인 상호작용을 발견하고 수정하도록 한다.

각본분석에서는 내담자의 역기능적 행동을 형성하는 패배자 각본을 찾아, 스스로 자신의 인생 목표를 정하고 이를 최선을 다해 성취하며 양육적 어버이 자아의 가치관에 따라 살아갈 수 있는 새로운 승리자 각본을 재형성하고 재결단하도록 돕는다.

5. 문화적 특성을 고려한 다문화상담의 필요성에 대해서 서술하시오. (가톨릭대학교)

전통적인 심리학 특히 정신분석학에 있어서는 인간행동을 심리내적인(intra-psychic) 관점에서 이해하되 문화나 환경의 산물로 보지 않으려 한다. 그러나 문화, 환경, 제도가 인간행동에 미치는 영향을 무시할 수 없기 때문에 문화적 차이에 따른 인간행동의 차이를 이해하고자 하는 다문화적 상담이론이 발생하기 시작하였다. 다문화상담의 최고권위자 중 한 사람인 페더슨(Pedersen) 교수는 다문화주의 상담을 상담의 '제4세력'이라고 명명하였는데, 이는 정신분석학, 행동주의 인본주의 상담을 이어 90년대 이후 다문화주의는 상담의 새로운 패러다임으로 자리잡고 있다.

서양의 전통적인 심리상담/치료 실제는 유색인종, 노인과 같은 특수 계층의 사람에게는 맞지 않다. 대부분의 상담 및 심리치료 기법은 백인, 남성, 중류 계층, 서양인 내담자를 위해 또 그런 부류의 사람들에 의해 개발되었기 때문에 다른 인종, 다른 윤리, 다른 문화적 배경을 가지고 있는 내담자에게는 적용할 수 없을지도 모른다.

따라서 다문화상담에서는 다양한 내담자에 대한 단일 이론모형의 적용보다는, 도움을 주는 과정에서 문화적 유연성을 촉진하고, 도움을 주는 전문가들이 비록 전통적인 상담방식은 아닐지라도 내담자의 문화적 특성에 맞는 상담기법의 레퍼토리를 확장하기 위해 노력해야 한다. 그러한 행동의 예로는 ① 내담자에게 가족이나 파트너를 초대해서 전통적인 개인상담에 덧붙여지는 다양한 대안적 상담(가족상담이나 부부상담, 공동체 활동)에 참여하도록 장려하기, ② 내담자의 문제나 걱정거리를 찾기 위해 덜 구조적이거나 공식적이지 않은 환경(교회, 시민문화회관, 공원 등)에서 만나기, ③ 내담자와 덜 공식적인 방법으로 작업하기(예를 들면, 전통적인 언어를 통한 상담방식은 상대적으로 비공식적인 조력관계에 익숙하거나 직접적이고 언어적인 응답보다는 대화의 비언어적인 측면에 익숙한 문화적 집단의 구성원들과의 상담을 보장해주지 못할 수 있다), ④ 내담자가 어떤 지시를 원한다면, 치료관계의 맥락에서 과거 지향이라기보다는 좀 더 직접적이고 행동 지향적으로 상담하기 등이다.

타 문화에 대한 직접적인 경험이 부족한 상담자는 문화에 따라 달리 해석될 수 있는 행동을 일반적인 관점에서 해석하는 실수를 범할 수 있다. 따라서 소수집단을 대상으로 상담은 타 문화에 맞는 상담기법과 접근법이 생겨나야 하고, 상담자는 상대방의 문화적 경험에 대한 보다 정확하고 풍부한 지식, 수용성, 개방성을 지니고 있어야 할 것이다. 내담자의 사회적 지지체계를 활용하고 촉진할 수 있어야 하며, 특정문화에 맞는 상담을 개발하여야 한다. 상담자가 다문화적 상담능력을 촉진시킬 수 있도록 상담자의 가설, 편견에 대한 자각, 내담자의 세계관 이해, 적절한 상담전략과 기법 개발을 위해 상담자가 지녀야 할 신념/태도, 지식, 상담기법이 필요하다.

◎ 예상문제

1. 펄스의 지금–여기의 개념과 연관지어 부적응행동을 설명하시오.

※ 3장 1.2 문제행동의 원인과 상담의 목표 중 '2) 부적응행동의 특징' 참고.

2. 비행청소년 상담에 적합한 상담이론은?

현실치료는 과거보다 현재 내담자의 행동과 '지금, 그리고 책임'을 강조하는 단기상담이기 때문에 자신의 비행행동의 원인을 타인이나 현실에 귀인하는 비행청소년 상담에 적합하다. 현실치료를 통해 현재의 행동이 내담자가 원하는 바를 성취하는 데 효과적인지 평가하도록 도와주어 내담자들이 그들의 삶을 좀 더 효과적으로 통제할 수 있도록 도와주는 선택이론에 바탕을 둔 상담방법을 적용해볼 수 있을 것이다.

사례적용 연습

1. 다음 경우 상담자로서 어떻게 접근해볼 것인지 서술하시오.

"어머니를 따라 5년 전에 한국에 온 러시아 출신 ○○(남, 21세)는 지금 인천에 살고 있다. 어머니는 한국인 아버지를 만나 재혼을 하여 여동생을 낳았다. 부모님 모두 그 어린 여동생에게만 관심이 있는 것 같고 ○○는 가족들과의 대화에도 끼지 못한다. 한국에 온 지 5년이 되어가지만, 여전히 한국사회는 낯설기만 하고 자신이 늘 이방인이라는 생각이 든다. 또한, 친구들은 모두 대학에 다니지만 ○○는 고등학교를 졸업하고 마트에서 일을 하고 있다. 러시아에 두고온 친구들 생각이 많이 나고, 지난 5년의 생활이 허망하기만 하며 외롭다는 생각이 자주 든다."

※ 상담자로서 문화적 편견에 대한 대처, 내담자의 문화적응 유형 파악, 사회적 지지망 구축, 다문화상담자로서의 자질점검 및 적절한 상담접근 개발(다문화적 접근 참고).

2. 다음의 사례를 보고 내담자의 핵심문제가 무엇이며, 어떠한 접근방식을 적용해볼 수 있겠는가?

"한 내담자가 집단상담에서 너무 불안이 심해 신체를 잔뜩 긴장하고 몸을 심하게 떨고 있다. 내담자는 매우 권위적인 아버지 밑에서 어릴 때부터 심한 야단을 맞으며 자라서, 어른을 보면 주눅이 들어 말을 잘 못하는 어려움이 있었다. 그러나 내심으로는 아버지에 대한 엄청난 적개심을 눌러놓고 있으며 폭발하기 직전의 상태다."

※ 신체에 집중되어 있던 긴장에너지, 과거 주요 인물에게 형성된 적개심을 상담자에게 투사, 게슈탈트 상담, 신체자각, 빈 의자 기법.

생각할 거리

1. 생활형편이 어려운 청소년을 대상으로 상담을 할 경우 어떠한 상담이론을 적용해볼 수 있겠는가?

※ 발달과업, 현실생활 속의 수정, 단기상담.

2. 문화적 배경이 다른 내담자를 대상으로 상담을 할 때 상담자가 자각하고 있어야 할 문화적 영향력에는 어떠한 것이 있을까요?

※ 나이와 세대, 출신성분, 종교적 성향, 민족이나 인종에 대한 정체성, 사회경제적 지위, 성적 경향성, 성별(남, 여).

나만의 Summary

상담심리 가이드북

Chapter 4

상담의 과정

상담의 진행과정은 시작부터 종결까지 일정한 단계를 거친다. 상담의 초기에는 접수면접과 첫 상담을 준비하고 상담 중에는 심층적 탐색과 통찰이 이루어진다. 또한, 상담의 종결에는 종결의 준비도를 확인하고 마무리 짓는 과정이 이루어진다. 본 장에서는 상담의 일반적인 모델을 중심으로 하여 다양한 상담진행 과정의 모델을 살펴본다. 한편, 각 진행과정별로 상담자가 미리 알아두어야 할 사항들을 점검해본다.

Zoom up

상담의 진행과정

상담 초기

- 의뢰
- 접수면접
- 첫 상담
- 내담자 문제의 이해
- 촉진적 관계의 형성
- 상담의 구조화
- 상담의 목표설정

상담 중기

- 심층적 탐색
- 내담자 통찰
- 저항 다루기

상담 후기 및 종결

- 실행 점검
- 종결의 신호
- 준비도 확인
- 종결
- 추후 상담

단원소개

학습내용 분석	참고사항
1. 상담과정 모델	
1.1 일반적 모델	
1.2 3단계 상담모델	
1.3 7단계 상담모델	
2. 상담의 과정	*첫 상담의 운영요령
2.1 상담의 시작	
1) 첫 상담 전 준비	
2) 첫 상담의 목표	
3) 첫 상담에서 상담자의 역할	
4) 첫 상담 운영요령*	
2.2 상담 초기	
1) 내담자 문제의 이해	
2) 내담자의 인적, 사회적 배경의 이해	
3) 촉진적 상담관계의 형성*	*촉진적 상담관계 형성
4) 비현실적 기대의 수정	
5) 상담의 목표설정	
2.3 상담 중기	
1) 심층적 탐색	
2) 내담자의 통찰	
3) 내담자의 저항* 다루기	*저항
2.4 상담 후기 및 종결	
1) 상담 후기	
2) 종결*	*종결의 기능, 전략

*표기는 기출문제 빈도가 높은 내용의 핵심용어.

1 상담과정 모델

1.1 일반적 모델

초기 → 중기 → 종결

현재 상담심리학에서 가장 일반적인 모델은, 상담의 진행과정을 초기와 중기 그리고 후기 및 종결 과정으로 나누어 설명한다.

1.2 3단계 상담모델

탐색 → 통찰 → 실행

클라라 힐과 카렌 오브리언(Clara Hill & Karen O'Brien, 2001)은 상담을 탐색-통찰-실행의 3단계로 가정하여 설명한다.

1) 탐색단계

내담자의 사고와 감정, 행동을 탐색할 수 있도록 돕는 단계다. 이 단계에서는 치료적 관계를 발전시키고 내담자와 소통이 원활하도록 하며, 내담자 자신의 관점에서 자신을 더 잘 알 수 있도록 돕는다.

2) 통찰단계

내담자의 사고와 감정, 행동을 이해할 수 있도록 돕는다. 이 단계에서는 내담자들이 자신의 생각과 감정, 행동 속에서 규범을 결정하고 새로운 통찰과 이해를 구축할 수 있도록 노력한다.

3) 실행단계

탐색과 통찰에 근거하여 내담자가 어떤 행동을 취해야 할 것인가를 돕는다. 즉, 내담자들이 가능하면 새로운 행동을 할 수 있도록 용기를 주며 시도한 변화에 관해 피드백을 제공한다. 또한 변화를 측정하고 행동계획을 수정하도록 돕는다.

1.3 7단계 상담모델

문제제시, 상담 필요성 인식 → 치료적 관계 형성 → 목표설정, 구조화 → 문제해결 노력 → 자각과 합리적 사고 촉진 → 실천행동 계획 → 실천결과 평가, 종결

이장호(1997)는 상담의 진행과정을 다음과 같이 7단계로 구분하여 제시하였다.

1) 문제제시 및 상담의 필요성 인식

내담자의 주요 호소문제를 충분히 듣고, 상담을 통해 내담자의 문제해결에 도움을 줄 수 있음을 인식하여 상담에 적극적인 참여를 이끌어낸다.

2) 치료적 관계 형성

상담의 효과에 가장 중요한 영향을 미치는 것은 상담자와 내담자 간의 관계이므로 상담자가 공감적 이해, 성실한 자세, 수용 등을 통해 촉진적 관계를 형성한다.

3) 목표설정과 구조화

상담과정의 방향을 분명히 하기 위해 상담의 형태에 대한 기본골격을 설정하고 상담에 대한 오리엔테이션을 실시한다. 일종의 내담자 교육이 이루어지는데 그 내용은 상담시간, 장소 등의 규칙과 역할, 상담의 개념 및 비밀보장에 대한 안내 등이다.

4) 문제해결 노력

내담자의 호소문제와 관련된 감정표현을 촉진하고 내담자의 문제를 다시 구체적으로 정의한다. 문제행동과 바람직한 목표행동에 대한 내담자의 자각을 촉진하고 실제 문제해결 노력이 이루어진다.

5) 자각과 합리적 사고 촉진

이 단계에서는 내담자의 정서, 행동, 사고 측면에서의 반복되는 패턴을 자각하고 반복되는 패턴을 대체할 수 있는 합리적인 사고를 촉진하게 된다. 이 단계에서는 변화의 요구에 대한 부담으로 인하여 저항이 일어날 수 있다.

6) 실천행동 계획

내담자의 구체적인 행동절차를 협의하고 세부적인 행동계획을 작성한다. 자신에 대한 통찰과 합리적인 사고를 생활 속에서 어떻게 적용할 것인지를 모색한다.

7) 실천결과 평가와 종결

새로운 행동이 내담자의 문제해결에 효과적인지를 평가하고 상담의 전체 과정을 요약하며 상담자와 내담자의 합의가 이루어지면 종결한다.

멘티 상담과정은 항상 초기, 중기, 종결로 진행되나요?

멘토 한국의 동양적 접근모형을 연구해 온 이장호(1997)는 서구적 상담접근을 한국에 곧바로 적용하는 데 대한 한계점을 인식하고, 2004년 통합상담연구회를 구성하면서 다음과 같이 동양적 상담과정 모델을 제시하였습니다. 참고하세요.

- 동양적 상담과정의 모델
  1단계 : 초점적 자기관찰
  2단계 : 통합적 고려
  3단계 : 초월

2 상담의 과정

2.1 상담의 시작

1) 첫 상담 전 준비

- 접수면접지 혹은 상담신청서를 통해 내담자의 인적사항, 호소문제, 성장사 및 가족관계, 현재 건강상태, 이전 상담경험, 첫인상 및 행동특징 관찰 등을 파악한다.
- 접수면접 시 파악된 내용을 바탕으로 하여 어느 정도 상담을 구상하되 선입견을 갖지 않는 것이 좋다.
- 첫 면접 전 대기실에서 상담자를 기다리는 모습, 걸어오는 모습, 인사하는 모습 등에서 상담에 대한 내담자의 동기, 정서상태, 성향 등의 다양한 측면에 대한 정보를 얻을 수 있다.

• 상담실의 물리적 배치에 있어서도 ㄱ, ㄴ자형의 의자 배치, 햇볕이나 전등불이 마주 보이지 않는 곳, 창을 향해 앉아야 할 필요가 있다면 블라인드나 커튼을 치도록 하며, 의자는 편한 것으로 하는 것이 좋다.

2) 첫 상담의 목표

• 내담자로 하여금 안심하고 이야기할 수 있는 분위기를 조성한다. (라포 형성)
• 상담자가 내담자의 말을 경청하고 이해하고 있음을 인식하도록 돕는다.

3) 첫 상담에서 상담자의 역할

① 접수면접자의 진단과 평가에 대한 확인

기관에 따라서 접수면접자와 상담자가 별도로 배정되어 있는 경우가 있으므로, 상담자는 접수면접자의 임시평가를 면담과 관찰을 통해 재확인할 필요가 있고 필요 시에는 이를 수정하여야 한다. 또한 접수면접지에 기록된 내용 외에 다른 의견이 있다면 보충이나 수정을 하여 명확하게 기록해둔다.

② 상담자의 평가

평가란, 내담자의 문제와 상태를 전문가의 입장에서 기술하고, 문제가 발생되고 유지되는 여러 요소들을 기술하는 일이다.

• 평가할 요소
  – 내담자는 자신의 문제를 구체적 혹은 추상적으로 제시하는가?

- 내담자는 자신이 경험하는 감정들을 언어로 표현할 수 있는가?
- 내담자는 솔직한가, 혹은 느낌과 생각을 개방하기를 꺼리는가?
- 내담자는 가족이나 친구와의 관계를 언어로 설명할 수 있는가?
- 내담자의 문제를 발생시키거나 유지하는데 공헌하는 사람들은 누구인가?
- 내담자는 상담과 상담자에 대해서 긍정적인 기대 혹은 의심을 보이는가?
- 내담자는 상담을 통해서 자기가 얻고자 하는 바를 구체적으로 진술할 수 있는가?

③ 가정의 검토와 확인

상담자는 접수면접자를 통해 내담자의 문제, 성격, 상호작용 패턴 등에 대한 가정을 미리 가져볼 수 있다. 이런 가정은 최소 몇 차례의 상담과 관찰을 통해 확인이 이루어질 수 있으나 첫 상담에서 우선적으로 중요한 몇 가지를 확인하고 검토해볼 수 있다.

④ 구조화

구조화(structuring)는 첫 상담에서 필수적인 요소다. 효율적인 상담의 진행을 위해 상담에서 내담자가 준수해야 할 일들과 상담의 기본적인 진행방식 등에 대해 내담자에게 안내하거나 설명하는 일종의 오리엔테이션이다. 상담의 특성, 한계, 조건, 앞으로 기대되는 결과, 내담자와 상담자의 역할, 비밀보장 등에 대해 언급할 수 있다. 또한, 상담료, 상담시간, 상담주기(대개 주 1회), 연락방법 등의 구체적인 사항도 상호 합의한다. 상담 경험이 있는 경우는 어떤 상담자에게 어느 정도 상담을 받았고 무슨 문제를 다루었으며, 그 경험이 어떠했는지를 점검해보아야 한다. 이전에 상담경험이 없거나 상담의 문화가 보급되지 않은 문화권에서 온 내담자의 경우 상담 구조화가 꼭 이루어져야 한다.

멘티 상담시간은 얼마나 되며, 상담시간을 잘 지키지 않는 내담자는 어떻게 접근하는 것이 좋을까요?

멘토 대개 50분 정도입니다. 호소가 많은 내담자나 시간 예측이 잘 되지 않아 자주 지각을 하는 내담자들이 있는데, 이때 상담자는 따뜻하면서도 엄격하게 상담의 규칙을 설명해주어 일상생활에서도 내담자의 그러한 특성이 변화될 수 있도록 도와주는 것이 좋습니다.

⑤ 주 호소문제의 재확인

상담자는 치료적 목적에서 내담자의 호소문제를 듣는다. 문제행동을 정의하고, 문제행동이 발생하는 것과 관련된 조건들을 알아내며, 문제행동을 유지 혹은 감소시키는 자극들에 관련된 정보를 수집하고 치료전략을 수립한다. 이때 상담신청서에 작성한 호소문제와 상담에서 말하는 호소문제를 종합해서 확인하도록 한다.

멘티 첫 상담에 대해서 조금 더 공부하고 싶어요.

멘토 첫 상담에 대한 좀 더 자세한 사항은 ≪카운슬링의 실제≫(김계현(2002), 학지사)를 참고하세요.

4) 첫 상담의 운영요령

① 긍정적 분위기 조성

- 상담에 적극적으로 참여할 수 있는 동기를 부여할 수 있도록 상담의 결과에 대한 긍정적인 희망을 주는 것이 좋다. 단, 헛된 희망을 제공하거나 상담자가 모든 문제를 해결해줄 것이라 믿게 만드는 것은 좋지 않다.
- 첫 상담에서 내담자가 너무 위축하지 않도록 내담자의 긍정적인 측면과 강점에 대해 언급할 필요가 있다.
- 첫 만남에서는 내담자가 어떤 불안을 느끼고 있을 수 있으므로, 수용적이고 온화한 태도로 그러한 불안을 다루어줄 필요가 있다.

② 정보 제공

내담자에 따라서는 상담자의 나이, 학력, 경력 등에 대해서도 어떤 기대를 가지고 있을 수 있으므로, 그 기대를 탐색하고 상담자에 대한 기본적 사항들을 알려주며 그들이 느낀 바를 이해하고 공감하는 것이 도움이 된다.

③ 내담자의 욕구 파악

내담자가 상담을 통해 변화하고자 하는 부분을 구체적으로 파악한다. 내담자의 호소문제, 내담자의 성격과 변화에 대한 동기 등을 정확하고 신속하게 파악하여 그에 적합한 상담을 운영할 필요가 있다.

멘티 상담에서 구조화란 일종의 교육을 하는 건가요? 실제로 어떻게 진행되는지 궁금해요.

멘토 구조화란, 시간, 비용 등을 포함해서 상담이 어떻게 진행되는지, 각자의 책임과 한계는 무엇인지 등을 내담자와 의논하고 합의하는 절차입니다. 이러한 구조화를 통해 상담관계가 합리적인 계획을 가지고 있다는 점을 내담자가 느낄 수 있게 되어 효과적입니다. 하지만, 구조화에 있어서 내담자와 상담자 모두 편안히 느낄 정도로 최소화하는 것이 좋습니다. 또한, 강의식의 일방적 주입이 되어서는 안 되며, 내담자에게 상담에서 무엇을 원하는지, 어떤 방향으로 나가길 바라는지, 그것을 이루려면 어떻게 행동해야 하는지 상호 합의를 통해 이루어져야 합니다. 아래의 간략한 축어록을 참고하세요.

※ 내담자 인적사항 : 17세, 여, 고 2, 성적하락 및 시험불안 문제로 자발적 내방

내담자 1 : 상담을 받으면 성적이 오를까요? 그러려면 오래 상담받아야 되나요?

상담자 1 : 상담을 받는다고 해서 성적이 저절로 오르지는 않아요. 하지만 공부할 때 자꾸 집중이 안 되는 게 마음이 불안해서라면, 상담을 통해서 불안이 해소되고 나면 아무래도 공부가 좀 더 잘되겠지요? 상담을 얼마나 받아야 하는지는 ○○가 상담을 통해서 얼마나 달라지고 싶은지와 얼마나 열심히 상담을 받으러 올 수 있는지에 달려있어요. 상담을 통해 뭐가 달라졌으면 좋겠어요?

내담자 2 : 공부할 때 마음이 편해졌으면 좋겠구요. 수업시간에 자꾸 딴 생각이 나니까 집중이 안 돼요. 집중력이 높아졌으면 좋겠어요.

상담자 2 : 그럼, 왜 집중이 잘 안 되는지 원인을 알아보기 위해서, 우선 종합적으로 심리검사를 해보면 어떨까요? 검사결과를 같이 보면서 다시 상담목표를 잡아보기로 해요.

내담자 3 : 네, 검사는 받아봤으면 좋겠어요. 특히 진로검사도요. 그리고 학원도 가고, 공부해야 하니까 너무 오래 상담하지 않았으면 좋겠어요. 방학 동안에 자주 받으면 1달 정도면 되나요? 1번 상담하는 데 시간이나 비용은 어떻게 돼요?

상담자 3 : 그럼 다음 주에 따로 시간을 예약해서 검사를 하기로 해요. 그런데, 상담을 너무 자주 받는다고 해서 빨리 좋아지는 것도 아니고, 또 상담할 때 얘기 나눈 걸 생활에서 소화하고 실천할 시간도 필요하니까 일주일에 1번 만나기로 하는 게 어떨까? 상담시간은 1번에 1시간이에요. 또 우리 기관에서 청소년상담은 무료로 가능해요.

내담자 4 : 그런데 혹시 선생님한테 얘기하는 거 우리 부모님한테도 얘기하실 건가요?

상담자 4 : 그 부분이 걱정되나봐요. ○○가 나한테 얘기한 것 중에 비밀로 해줬으면 하는 부분은 부모님께 얘기하지 않기로 약속할게요. 상담 중에 얘기한 건 비밀을 지켜줘야 하는 것이 우리 상담심리사의 의무예요. 하지만 만약, ○○가 아주 위험한 상황에 처해 있다면, 예를 들어 만약에라도 자살의 위험이 있다거나, 학교에서 심한 폭력을 당하고 있다거나 하면 부모님의 도움이 필요하니까 알릴 수도 있어요.

내담자 5: 네, 그런데 대략이라도 제가 몇 번이나 와야 할지 알고 싶어요. 학원시간도 조정해야 해서요.

상담자 5: 그렇겠네요. 상담을 하다가 중간에 그만두게 되면 우리가 상담을 하는 목적을 이루거나 효과를 보기가 어려우니까, 중간에 그만두지 않는다는 약속을 좀 받았으면 좋겠어요. 내 생각에는 최소한 10번은 빠지지 않고 오겠다는 약속을 해주면 좋겠네요. 괜찮겠어요?

내담자 6: 생각보다 좀 길긴 한데, 공부만 잘할 수 있다면 그렇게 할게요.

상담자 6: 한 가지 더 부탁하자면, 상담에서 주인공은 ○○예요. ○○가 나와 같이 목표를 세우겠지만, 그 목표를 향해서 노력하고, 필요한 것을 찾아가는 건 ○○예요.
그러니까, ○○가 열심히 상담에 참여하는 만큼 원하는 변화를 얻어갈 수 있을 거예요. 상담약속을 만약 못 지키게 되면 미리 꼭 연락을 주고요. 되도록 약속시간에 빠지지 않고 열심히 와주길 바래요.

※ 본 축어록은 상담의 구조화에 대한 이해를 돕기 위한 가상의 상담이므로 상담실제와는 다소 차이가 있을 수 있음.

2.2 상담 초기

상담 초기란 내담자가 상담자를 처음 만난 후부터 몇 차례의 만남을 통해 상담목표를 세워 구체적으로 개입을 시작하기 전까지를 의미한다. 내담자에 대한 이해, 상담의 목표 및 진행방식의 합의, 상담관계의 형성 등 상담진행에 필요한 기본 구조를 세우는 것이 상담 초기의 작업이다. 이 단계에서 다음의 초기 과제들을 잘 달성하면, 상담 중기에 이루어질 심층적 탐색과 통찰의 기반이 된다.

1) 내담자 문제의 이해

상담 초기에 상담자는 내담자가 방문한 이유를 좀 더 구체적으로 탐색하면서, 이와 관련된 정보들을 수집할 수 있다. 이때, 문제 자체에 대한 정보를 상담자가 얻을 수 있지만 그와 동시에 내담자 스스로도 자신의 심리적 상태에 대한 통찰을 얻을 수 있다. 이때 내담자가 도움을 청하는 직접적인 이유가 무엇인지, 내담자의 문제가 어떤 배경에서 나온 것인지 최초의 문제유발 요인이 되는 구체적인 상황을 탐색하고 과거에 비슷한 문제는 없었는지 점검하도록 한다. 과거에도 비슷한 고통을 경험했다면 일시적 문제가 아니라 비교적 지속적이고 뿌리 깊은 문제일 가능성이 크다. (내담자의 문제특성에 관해서는 1장 '2.2 내담자' 참고)

2) 내담자의 인적, 사회적 배경의 이해

접수면접과 첫 면접 시에 파악한 기본적인 정보를 토대로 하여 내담자에 대한 구체적인 탐색을 시도한다. 이때 상담자가 수집해야 할 내담자에 대한 자료의 내용은 호소문제의 구체화, 가족관계, 사회적 관계, 주요 발달배경 등이다.

> **멘티** 비자발적인 내담자란 무엇이며 상담자는 상담 초기에 비자발적인 내담자를 어떻게 다루어야 할까요?
>
> **멘토** 제3자, 즉 부모님, 선생님, 가족 등에 의해 마지못해 상담에 참여한 경우입니다. 이들은 대개 상담에 대한 동기가 낮기 때문에 상담 초기에 상담자가 비자발적으로 끌려오게 된 기분을 토로할 수 있게 하고, 상담이 무엇이고 상담을 통해 무엇을 얻을 수 있는지 등을 충분히 나누는 것이 필요합니다.

3) 촉진적 상담관계(라포)의 형성

촉진적 상담관계란, 상호신뢰, 개방성, 안정감, 그리고 앞으로 진행될 상담에 대한 희망을 고취하는 것 등을 의미한다. 이러한 촉진적 상담관계는 궁극적으로 상담의 성공 여부가 좌우되기도 하는 것이므로, 상담자는 상담의 기본적 태도와 기법 등을 적극 활용하여 보다 촉진적인 상담관계를 형성해야 한다.

4) 비현실적 기대의 수정

내담자들은 때로 상담자가 자신에 대해 조언해주거나 문제를 모두 해결해주거나 또는 대신 결정해주기를 바란다. 이러한 잘못된 비현실적인 기대는 상담 초기에 적절한 기대로 조정해주어야 한다. **예** 상담을 받으면 나의 모든 문제가 마술처럼 해결될 것이다. 상담자는 내 마음을 꿰뚫어 볼 것이다. 상담자는 나이가 많고 인자한 남자 혹은 여자일 것이다.

5) 상담의 목표설정

초기에는 내담자와 합의하에 상담의 목표를 설정한다. 상담의 목표는 구체적이면서도 명확해야 하고, 내담자가 처한 현실상황에서 달성 가능한 것이라야 한다. 그 과정에서 내담자가 호소하는 여러 증상의 공통점을 찾아내서 핵심적인 몇 가지 문제로 축소하는 것이 바람직하다.

멘티 상담의 목표는 어떻게 정하는 것이 좋을까요?

멘토 상담의 목표를 정하는 것은 상담의 성과를 확인할 수 있는 중요한 요인으로, 내담자의 호소문제와 변화하고자 하는 욕구, 상담에 대한 기대 등을 반영합니다. 따라서, 내담자가 상담의 목표를 정하는 주인공일 수는 있지만, 상담자가 이러한 목표를 현실적이고 구체적으로 수정한 후 합의하는 방식으로 목표를 정할 수 있습니다.

2.3 상담 중기

상담 중기에 접어들면 내담자에 대해 훨씬 정확하게 반응할 수 있으며, 내담자의 저항을 야기하거나 내담자로 하여금 상담을 중단하게 할 상담자의 반응이나 자극에 대해서도 알게 된다.

상담 중기에는 심층적 탐색과 내담자의 통찰이 이루어진다고 할 수 있다. 이 시기에 상담자는 상담 초기의 태도와 기법을 계속하여 갖춘 상태에서 좀 더 심층적인 공감과 직면, 즉시성의 활용, 해석, 역할연기 등을 기법으로 활용한다.

1) 심층적 탐색

심층적 탐색이란, 상담 초기에 제시되지 못한 깊은 이야기들과 표현할 수 없었던 감정들이 표현되는 가운데 내담자의 숨겨진 동기와 무의식적인 자료들을 밝혀내는 과정이다.

내담자는 탐색을 통해 자신에 대한 다양한 측면의 통찰을 할 수 있으며, 이러한 통찰을 바탕으로 내담자의 깊은 욕구를 만족시키는 변화가 무엇인지를 알 수 있게 된다.

2) 내담자의 통찰

심층적 탐색과 개방을 통해 상담자와 내담자는 현재의 문제와 관련되는 자신의 부적응적 사고, 감정, 관계, 생활패턴 등에 대해서 깨닫게 된다. 통찰은, 상담자와 내담자가 함께 내담자의 환경, 사고, 감정, 인간관계의 패턴 등을 발견해나가는 것이다.

통찰을 통해 내담자는 자신이 가지고 있는 문제와 고통의 의미를 발견하며, 자신이 책임지고 해결할 수 있는 부분과 해결하지 못할 부분에 대한 현실적인 판단을 내릴 수 있게 된다.

3) 내담자의 저항 다루기

심층적 탐색과 자각이 이루어지는 상담 중기에는 내담자 자신의 사고, 감정, 행동 그리고 삶의 패턴에 불일치와 모순이 조금씩 나타나 자신이 이야기하는 내용에 대해 불안해하거나 저항을 할 수 있다. 따라서 불안에 대해 탐색하거나 심하게 불안해하는 내담자는 안심시킬 필요가 있다.

상담 중기 이후에는 상담주제와 다소 관련이 없는 주제 사이를 오가며 상담에 진전을 보이지 않는 등의 변화에 대한 저항이 일어날 수 있다. 이러한 경우에는 현재 일어나고 있는 일에 대해서 즉시적으로 반응하거나 상담자가 자기개방을 하여 상담과정을 재검토하고 다시 관련 주제에 초점을 맞출 수 있다.

멘티 저항이란 무엇인가요? 또, 내담자가 저항할 때 상담자는 어떻게 해야 하나요?

멘토 저항이란, 본래 프로이트의 정신분석에서 사용된 용어로 내담자가 상담의 진전을 방해하고 상담자에게 협조하지 않으려는 무의식적인 행동을 말합니다. 상담 약속을 어긴다거나 자신의 감정, 경험들을 다 털어놓지 않으려는 것도 저항의 한 방식이지요. 저항을 하는 이유는 자신의 무의식적인 욕구를 알아차렸을 때 불안해져서 자신을 보호하고 변화하지 않으려 하기 때문입니다. 따라서 내담자의 문제를 근본적으로 해소하려면 상담자가 이런 사실을 부드럽게 알려주고 주의를 환기시켜 내담자로 하여금 수용할 수 있도록 도와주어야 합니다.

2.4 상담 후기 및 종결

1) 상담 후기

상담 후기는 상담 중기에 얻은 통찰을 바탕으로 실제 새로운 행동을 시험하고 평가해보는 시기다. 지금까지 내담자에 대해서 얻은 정보들을 바탕으로 상담자와 내담자는 앞으로 실천할 행동을 결정하고 그 행동을 어떻게 실천할 것인지에 대한 계획을 세운다.

새로운 행동은 우선 상담실 내에서 내담자의 즉시적인 반응이나 역할연기를 통해 이루어지다가, 그것이 어느 정도 성공적일 때 상담실 밖에서의 행동으로 일반화시키는 순서를 밟도록 하며 새로운 행동과 사고를 반복하고 연습하는 것이 필요하다. 상담 초기의 문제가 어느 정도 해결되는 시기라고 볼 수 있다.

그 결과로 인해 발생하는 정서적인 갈등, 두려움 등에 대해서도 충분히 논의하고 수정이 필요할 때는 계획을 수정하며, 새로운 행동과 사고방식을 적용하여 생활할 때 생기는 정서적 갈등과 두려움, 어색함 등에 대해서는 다시 심층적 탐색과 자각의 과정을 통해 내담자를 더 깊이 이해하는 과정으로 삼는 것이 좋다.

2) 종결

① 종결의 시기

- 종결의 신호
  - 언제 상담이 끝나게 되는지, 종결에 관해 질문하거나 언급한다.
  - 상담의 목표가 달성되었다는 등의 긍정적 변화를 자주 보고한다.
  - 자신의 문제에 대해 지적인 해석(주지화)을 한다.
  - 결석이나 지각, 농담, 약속시간 어기기, 초기의 덜 성숙한 행동유형으로의 퇴행, 분노 표현, 분리 및 상실감, 무기력, 의존, 버림받는 느낌 등이 일어난다.
- 종결의 준비도 확인
  - 상담에서 일단 종결이 언급되면 상담과정에서 상담효과의 평가, 종결에 대한 내담자의 준비도에 초점을 맞출 필요가 있다.
  - 상담목표의 달성 여부와, 상담과 관련된 감정의 해결을 주요한 기준으로 한다.
- Maholic & Turner(1979)의 7개 기준
  - 호소문제와 증상이 줄어들거나 제거되었는지를 확인하다.
  - 상담의 계기가 되었던 스트레스가 없어졌는지를 확인한다.
  - 적응능력이 증진되었는지 조사한다.
  - 타인과 관계 맺는 수준이 증진되었는지를 평가한다.
  - 생산적으로 일하고 계획하는 능력이 증진되었는지를 확인한다.
  - 자신과 타인을 이해하고 가치있게 여기는 정도가 증진되었는가를 평가한다.
  - 인생을 즐길 줄 아는 능력이 증진되었는지를 평가한다.

② 종결의 주요 기능

- 상담 종결에 대한 내담자의 준비도를 평가하고 상담을 통해 얻은 학습이 일상생활에도 지속적으로 일어나도록 변화된 행동을 지지 · 격려 · 확장시켜준다.
- 내담자에게 남아 있는 정서적 문제를 해결하고 상담자와 내담자 사이의 의미 있는 관계를 적절하게 끝맺는다.
- 학습의 전이를 극대화하고 내담자의 자기신뢰 및 상담이 끝난 후에도 변화를 유지할 수 있는 자신감을 증가시킨다.

③ 종결의 전략

- 상담에서 효과적인 종결은 매우 중요하다.
- 상담의 성과를 확인하고 강화하며 상담 종결 후에도 상담에서 얻은 효과를 계속 유지하도록 준비시키는 것이 필요하다.
- 내담자와의 협의에 의해 이루어져야 하며 갑자기 이루어져서는 안 된다. 종결에 대한 의견이 나온 뒤에도 2~4회 정도 추가적인 상담을 진행하는 것이 필요할 수 있다.
- 성공적인 상담 종결의 조건으로는 합의한 목표의 달성, 문제증상의 완화, 현실 적응력의 증진, 성격상의 긍정적 변화 등이 있다.
- 상담목표를 달성했는데도 상담자나 내담자가 종결을 원하지 않을 경우도 있다. 이러한 때는 분리에 대한 내담자의 불안감이나 의존욕구를 상담에서 다루어주어야 한다. 그러나 종결을 미루는 것이 상담자의 욕구 때문이라면 상담자 역시 자신의 분리에 대한 불안이나 의존 욕구를 살펴볼 필요가 있다.

④ 유형에 따른 종결방법

- 성공적 합의 종결-상담의 목표가 성공적으로 달성되어 종결하는 경우
  현재 문제는 해결되었으나 다시 유사한 문제가 발생할 수 있음을 알려주고 지속적인 성장을 격려한다. 또한 필요하다고 판단될 경우 다시 상담을 시작할 수 있다는 사실을 알려준다.
- 비성공적 합의 종결-상담의 목표가 달성되지 않았으나 상담자, 내담자의 여건상의 이유로 종결을 하게 되는 경우
  종결에 대한 내담자의 반응을 다루고 일시적으로 상담을 중단하거나 다른 상담자에게 의뢰할 수 있다. 또한 이때는 상담에서 미해결된 과제를 내담자와 함께 검토하는 것이 필요하다.
- 합의되지 않은 조기 종결-예고 없이 내담자가 상담을 중단하는 경우
  내담자에게 상실감, 두려움, 불안, 서운함 등이 발생할 수 있으므로 즉시 내담자와 접촉하려는 노력을 하여 적어도 한 차례 더 내담자가 오도록 강하게 격려하거나 아무 때나 내담자가 다시 찾아올 수 있도록 편지를 보내는 것도 도움이 될 수 있다. 또한 미리 내담자의 조기 종결 기미를 알아차렸다면 종결의 문제를 내담자와 터놓고 의논하는 것이 좋다.

멘티 상담목표가 달성되었는데도 종결을 하지 않을 수도 있나요? 어떤 경우인가요?

멘토 종결을 앞두고 내담자의 증상이 갑자기 악화되거나 상담에 참여하지 않는 경우가 있는데요. 이때는 오랫동안 의지해왔던 상담자를 잃는 것에 대한 두려움으로 상담에 저항하는 것이라고 볼 수 있습니다. 상담자는 이러한 저항을 알려주고, 내담자의 의존성을 상담에서 다루어 독립할 수 있도록 도와주는 것이 필요합니다. 반면에, 상담자가 종결을 미루는 경우도 있을 수 있습니다. 이때는 상담자 자신이 내담자 앞에서 유능하고 전능한 사람이 되고 싶거나, 돕는다는 것에 대한 만족감 혹은 상담자 자신도 이별에 대한 불안이나 회피가 있지는 않은지 돌아볼 필요가 있습니다.

• 참고자료

- 이장호 저(1995), ≪상담심리학≫ 제3판, 박영사.
- 이장호 저(2005), ≪상담심리학의 기초≫, 학지사.
- 이장호 외 저(2006), ≪상담면접의 기초≫, 학지사.
- 김계현 저(2002), ≪카운슬링의 실제≫, 학지사.
- 노안영 저(2007), ≪상담심리학의 이론과 실제≫, 학지사.

핵심 Summary

1. 상담의 진행과정

상담의 진행과정은 내담자와 처음 만났을 때부터 만남이 완전히 종료되기까지의 전체 과정을 말한다. 진행과정은 크게 초기-중기-종결단계로 나누어볼 수 있으며, 상담진행 과정별 각 주요 단계에 따른 상담전략이 필요하다.

2. 상담단계별 주요 과제

1) **상담 초기**: 상담 초기란 내담자가 상담자를 처음 만난 후부터 상담목표를 세워 구체적으로 개입을 시작하기 전까지를 의미한다.
   - **첫 상담**: 접수면접 시에 파악된 내담자의 인적, 사회적 배경을 재평가하고, 주 호소문제를 재확인하며 상담을 구조화한다.
   - **상담 초기**: 내담자에 대한 이해, 상담의 목표 및 진행방식의 설정, 상담관계의 형성 등 상담진행에 필요한 기본구조를 세우는 작업이 이루어진다.

2) **상담 중기**: 상담의 목표에 따라 내담자의 문제를 본격적으로 탐색하고 해결하는 시기다. 심층적 탐색과 개방을 통해 내담자는 자신의 문제와 고통의 의미에 대한 통찰이 일어날 수 있고, 동시에 변화의 진전을 방해하는 저항을 다루는 작업이 이루어진다.

3) **상담 후기 및 종결**: 상담 중기에 얻은 통찰을 바탕으로 새로운 행동을 시험하고 평가해보는 시기다.
   - **종결**: 상담목표 달성 여부를 평가하고 분리에 따른 정서적 문제를 해소하는 시기다. 종결의 신호 및 내담자의 종결 준비도를 확인하고 상담을 통해 얻은 학습을 강화한다. 성공적인 상담 종결의 조건으로는 합의한 목표의 달성, 문제증상의 완화, 현실 적응력의 증진, 성격상의 긍정적 변화 등이 있다.

기출문제 및 예상문제 풀이

◎ 기출문제

1. 상담의 구조화에 포함되는 사항들을 기술하시오. (가톨릭대 심리상담대학원)

구조화(structuring)란, 첫 상담에서 반드시 진행해야 할 필수적인 요소로 포함되어야 한다. 첫 상담에서 상담자는 효율적인 상담의 진행을 위해 상담에서 내담자가 준수해야 할 일들과 상담의 기본적인 진행방식 등에 대해 내담자에게 안내하거나 설명하게 되는데, 이러한 일종의 오리엔테이션이 바로 구조화다. 오리엔테이션의 내용으로는 상담의 특성 및 한계, 기본적인 조건, 앞으로 기대되는 결과, 내담자와 상담자의 각각의 역할, 비밀 보장 등에 대해 언급할 수 있다. 또한, 보다 구체적으로는 상담료, 상담시간, 상담주기, 연락방법, 약속 이행 등의 사항도 구조화를 통해 상담자와 내담자 간에 상호 합의한다.

2. 상담의 진행과정을 각 단계별로 요약, 기술하시오. (서강대 교육대학원)

우선, 첫 상담을 포함한 상담 초기는 내담자가 상담자를 처음 만난 후부터 상담목표를 세워 구체적으로 개입을 시작하기 전까지를 말한다. 첫 상담에서는 접수면접 시에 파악된 내담자의 인적, 사회적 배경을 재평가하고, 주 호소문제를 재확인하며 상담을 구조화한다. 또한 상담 초기 전반에 걸쳐 내담자를 파악, 이해하고 상담의 목표를 설정하고 합의하며, 촉진적 상담관계를 형성하는 등 상담진행에 필요한 기본구조를 세우는 작업이 이루어진다.

그다음 단계로 상담 중기는 합의된 상담의 목표에 따라 내담자의 문제를 본격적으로 탐색하고 해결하는 시기다. 내담자는 심층적 탐색과 개방을 통해 자신의 문제와 고통의 의미에 대한 통찰이 일어날 수 있고, 동시에 변화의 진전을 방해하는 내담자의 저항을 다루는 작업이 이루어진다.

마지막으로, 상담 후기에서는 상담 중기에 얻은 통찰을 바탕으로 새로운 행동을 시험하고 평가해보며, 그 후 상담목표 달성 여부를 평가하고 분리에 따른 정서적 문제를 해소하는 시기로 종결을 준비한다. 종결 시에는 종결의 신호 및 내담자의 종결 준비도를 확인하고 상담을 통해 얻은 학습을 강화한다. 성공적인 상담 종결의 조건으로는 합의한 목표의 달성, 문제증상의 완화, 현실 적응력의 증진, 성격상의 긍정적 변화 등이 있다.

3. 상담 초기의 주요 목표와 과제가 무엇인지 설명하시오. (가톨릭대 심리상담대학원)

상담 초기의 주요 목표는 촉진적 상담관계(라포) 형성을 통해 내담자로 하여금 안심하고 이야기할 수 있는 분위기를 조성하고, 상담목표 설정 등 상담진행에 필요한 기본구조를 세우는 것이다. 상담 초기에서의 과제는 내담자의 문제와 관련된 정보를 수집하고, 상담에 대한 긍정적 기대를 심어주며, 상담에 대한 내담자의 비현실적 기대를 수정하고, 상담의 목표를 설정하고 합의하는 것이다. 이 단계에서 초기 과제들을 잘 달성하면, 상담 중기에 이루어질 심층적 탐색과 통찰의 기반이 된다.

◎ 예상문제

1. 첫 상담의 운영요령을 쓰시오.

첫 상담에서는 상담에 적극적으로 참여할 수 있는 동기를 부여할 수 있도록 상담의 결과에 대한 긍정적인 희망을 주는 것이 좋다. 또한, 첫 만남에서는 내담자가 어떤 긴장과 불안을 느끼고 있을 수 있으므로 수용적이고 온화한 태도로 그러한 불안을 다루어줄 필요가 있다.

한편, 내담자에 따라서는 상담자의 나이, 학력, 경력 등에 대해서도 어떤 기대를 가지고 있을 수 있으므로, 그 기대를 탐색하고 상담자에 대한 기본사항들을 알려주며 그들이 느낀 바를 이해하고 공감하는 것이 도움이 된다. 그리고 마지막으로, 내담자가 상담을 통해 변화하고자 하는 부분을 구체적으로 파악한다. 내담자의 호소문제, 내담자의 성격과 변화에 대한 동기 등을 정확하고 신속하게 파악하여 향후 그에 적합한 상담을 운영할 필요가 있다.

2. 상담의 종결에서 다루어야 할 사항에 대하여 쓰시오.

상담에서 효과적인 종결은 매우 중요하다. 종결 시에 상담자는 종결에 대한 내담자의 준비도를 평가하고 상담을 통해 얻은 학습을 강화한다. 또한, 내담자에게 남아있는 정서적 문제를 해결하고 상담자와 내담자 사이의 의미 있는 관계를 적절하게 끝맺는다. 무엇보다 상담을 통한 변화가 일상생활로 적용되는 것을 극대화하고 상담이 끝난 후에도 변화를 유지할 수 있는 자신감을 증가시킨다. 이러한 종결은 내담자와 협의에 의해 이루어져야 하며 갑자기 이루어져서는 안 된다. 종결에 대한 의견이 나온 뒤에도 2~4회 정도 추가적인 상담을 진행하는 것이 필요할 수 있다. 성공적인 상담 종결의 조건으로는 합의한 목표의 달성, 문제증상의 완화, 현실 적응력의 증진, 성격상의 긍정적 변화 등이 있다.

사례적용 연습

1. 청소년 K양은 최근 우울증상을 호소하며 부모에 의해 전화로 의뢰되었습니다. 몸무게가 갑자기 10kg이 빠지고, 학습에 집중력이 떨어지며 밤에 잠을 잘 못 자는 현상이 나타났다고 합니다. K양은 현재 고등학교 3학년으로 입시를 앞두고 있기 때문에 상담을 받고는 싶으나 얼마나 걸릴지, 어떤 과정을 밟아야 할지 궁금하다고 합니다. 상담자는 전화상으로나마 ○○양에게 상담의 과정을 어떻게 설명해주면 좋을까요?

   ※ 상담의 과정(접수면접 → 첫 상담 및 평가 → 초기 → 중기 → 종결), 단기상담.

2. A씨는 최근 6개월간 상담을 받아왔습니다. 그는 상담비용 문제도 있고, 이제 어느 정도 문제가 해소된 것 같아 상담을 그만두려고 합니다. 그러나 막상 상담을 종결하려니 아쉬움이 많이 남고, 상담자를 계속 만나고 싶은 마음이 들어 혼란스럽습니다. A씨와 어떤 대화를 나누면 좋을까요?

   ※ 종결, 종결의 준비도, 추후상담.

3. B양은 상담을 3개월간 받았고 상담자와 라포 형성도 잘된 편입니다. 그런데, B양의 진짜 문제를 다루고 B양이 변화해야 할 시점이 되자 자꾸 약속을 어기거나 상담시간에 늦습니다. 그러면서 상담이 흐지부지되어 가고 있는데, 상담자는 이때 어떤 조치를 취해야 할까요?

   ※ 저항, 상담의 중기, 즉시성.

생각할 거리

1. 초보상담자로서 첫 면접을 진행했는데 자신이 느끼기에 다소 버거운 내용을 털어놓는다고 가정합시다. 어떻게 하면 좋을까요?

   ※ 구조화, 의뢰, 상담자의 윤리(1장, 부록 5).

2. 상담의 종결이 다가오는데 내담자와 계속해서 만나고 싶은 마음이 듭니다. 이럴 때는 어떻게 대처하면 좋을까요?

   ※ 상담자의 윤리(1장, 부록 5), 역전이(2장), 종결의 준비도.

3. 상담을 의욕적으로 진행하고 있는데, 어느 날 내담자가 갑자기 상담을 그만하겠다고 합니다. 상담자로서 어떤 마음이 들까요?

   ※ 조기 종결, 역전이(2장), 유형에 따른 종결방법.

상담심리 가이드북

Chapter 5
상담의 기법

상담자는 자신의 이론적 배경에 따라 상담의 기법을 선택하는 것이 아니라, 내담자에게 맞는 다양한 상담의 기법을 활용해야 할 필요가 있다. 따라서 경청, 공감과 같은 기본적인 기법뿐만 아니라 각 이론에 따른 심층적 기법도 미리 알아두어야 한다. 본 장에서는 이론적 배경에 무관하게 기본적으로 익혀두어야 할 상담기법과 각 이론적 배경에 따른 구체적인 상담기법을 예문과 함께 자세히 알아본다. 또한, 상담의 3단계 모델에 따라 각 단계별로 필요로 하는 상담기법을 소개한다.

Zoom up

기본적 기법

경청
반영
공감
명료화
직면
해석
질문(개방형/폐쇄형 질문)

이론에 따른 기법

정신분석적 상담기법 : 자유연상, 꿈의 분석, 저항 및 전이 해석
인간중심적 상담기법 : 진솔성, 무조건적 존중, 공감적 이해
행동주의적 상담기법 : 강화, 단계적 둔화, 자기주장 등
인지행동적 상담기법 : 인지적 · 정서적 · 행동적 논박기법
게슈탈트 상담기법 : 빈 의자 기법, 책임지기, 과장하기, 뜨거운 자리 등

상담과정에 따른 기법

탐색단계 : 주의집중/경청, 감정 반영, 재진술, 개방형/폐쇄형 질문
통찰단계 : 도전, 해석, 자기개방, 즉시성
실행단계 : 정보 제공, 직접적 안내, 피드백, 지지와 승인

단원소개

학습내용 분석	참고사항
1. 상담의 기본적 기법	*공통적인 상담기법
1.1 경청*	*경청
1.2 반영	
1.3 공감*	*공감
1.4 명료화	
1.5 직면	
1.6 해석*	*해석
1.7 질문	
2. 각 이론에 따른 대표적 상담기법	
2.1 정신분석적 상담기법	
2.2 인간중심적 상담기법	
2.3 행동주의적 상담기법	
2.4 인지행동적 상담기법	
2.5 게슈탈트 상담기법	
3. 상담의 과정에 따른 상담기법	
3.1 탐색단계	
3.2 통찰단계	
3.3 실행단계	

*표기는 기출문제 빈도가 높은 내용의 핵심용어.

1 상담의 기본적 기법

상담자는 상담이론에 따라 상담기법을 달리 할 수 있을 것이다. 하지만 효율적 상담자는 어느 한 이론에 따른 상담기법에 한정되지 않는다. 즉, 내담자에 따라 다양한 상담기법을 활용할 필요가 있다. 상담에서 일반적으로 활용되는 기본적인 상담기법은 다음과 같다.

1.1 경청

1) 경청이란

경청(listening)이란 내담자의 말과 행동에 상담자가 선택적으로 주목하는 것을 말한다. 즉, 상대적으로 더 비중을 두어야 할 말과 행동을 선택하여 주목함으로써 내담자가 특정한 문제에 대해 탐색하도록 돕는 기법이다. 내담자의 말과 행동을 경청하는 것은 상담을 성공적으로 이끄는 데 필수적이라고 할 수 있으며, 내담자로 하여금 생각, 감정을 자유롭게 표현할 수 있도록 격려하며 상담에 대한 책임감을 느끼게 한다.

2) 경청의 방법

- 눈맞춤(eye contact) : 상담자는 시선을 통해 내담자에게 진지한 관심을 전달할 수 있다. 내담자를 주목하는 것은 경청의 효과적인 방법 중 하나지만 지나치게 고정적이고, 가까운 거리에서 시선을 받으면 한국 문화에서는 오히려 불편해할 수 있으므로 내담자를 잘 살펴서 적절하게 시선을 맞추는 것이 좋다.
- 비언어적 몸짓 : 고개를 적절히 끄덕이거나 손을 흔들거나 하는 몸짓을 통해 내담자에게 이해하고 있음을 전달할 수 있다. 이때 지나치게 과장된 몸짓을 하게 되면 내담자가 부담스러워할 수 있다.
- 자세 : 이완된 자세로 내담자 쪽으로 약간 상체를 기울일 때 경청하고 있음을 전달할 수 있다.
- 언어 : 이야기의 흐름에 적절한 질문을 하거나 내담자가 말한 의미를 요약, 반복 표현해준다. 또한 "으음.", "네.", "아, 그러셨군요.", "무슨 뜻인지 알겠어요." 등의 적당한 반응을 통해 경청하고 있음을 전달할 수 있다.

1.2 반영

1) 반영이란

반영(reflection)이란, 내담자의 말과 행동에서 표현된 감정, 생각, 태도 등을 상담자가 다른 참신한 말로 바꾸어 내담자에게 전달해주는 것이다. 이러한 반영을 통해 내담자는 자기가 이해받고 있다는 느낌을 받게 된다. 따라서 상담자는 가능한 한 내담자의 감정, 생각 등을 잘 표현할 수 있는 말로 반영하여 내담자를 깊이 이해하는 태도를 보여야 한다.

2) 반영의 방법 및 예시

① 감정 반영

내담자의 감정은 보다 표면적인 감정과 보다 심층적이고 핵심적인 감정으로 나누어 이해할 수 있다. 상담자는 내담자의 좀 더 핵심적이고 내면적인 감정을 잘 파악하여 전달할 필요가 있다. 특히 내담자에게 갈등을 일으키는 양가적 감정(같은 대상에 대해 둘 이상의 상반되는 감정들이 공존하는 경우)을 잘 발견하여 반영해줌으로써 긴장을 덜어줄 수 있다. 상담자의 이러한 감정반응은 감정표현이 잘 되지 않는 내담자에게 감정표현의 모델이 되어줄 수 있다.

예 내담자: (한숨) 딸이 또 집을 나갔어요.
상담자: 화도 나지만 딸이 돌아오지 않을까봐 걱정하고 계시네요.

② 행동, 태도의 반영

내담자의 말뿐만 아니라 자세, 행동, 몸짓, 어조 등 비언어적으로 표현되는 부분도 반영할 필요가 있다. 특히 불일치하거나 모순을 보이는 언어와 행동을 반영해줄 수 있다.

예 괜찮다고 말하면서 손을 떨고 있는 경우

멘티 감정반영을 하려면 상담자가 감정을 잘 파악하고 적절하게 표현할 수 있어야 할 것 같은데요. 참고할 만한 자료가 있을까요?

멘토 초보 상담자는 내담자의 중요한 감정을 포착하여 반응하는 데 어려움을 느낄 수 있습니다. 또한 내담자의 경험으로부터 자신의 감정을 분리시키지 못하고 내담자가 상담자 자신과 같은 감정을 가질 것으로 추측하여 강요할 수 있습니다. 그래서 상담자는 긍정적이든 부정적이든 감정단어를 적절하게 활용하기 위한 꾸준한 연습이 필요합니다. 다음의 표를 참고하세요.

긍정적 감정표현		부정적 감정표현	
인정받는	희망적인	두려운	고통받는
적절한	영예로운	화난	환멸의
모험적인	중요한	불안한	고독한
대담한	기쁜	수치스러운	비참한
훌륭한	사랑스런	부끄러운	초조한
침착한	사랑하는	지루한	욕심꾸러기인
아껴주는	신명나는	소심한	성질난
명랑한	평화스런	기만 당한	떠밀린
편안한	원기왕성한	걱정스러운	후회스러운
자신있는	장난스런	패배한	수줍은
만족한	기분 좋은	도전적인	실망한
용감한	자랑스러운	의심스러운	풀이 꺾인
열심인	기분이 전환된	피곤한	의기소침한
의기양양한	해방된 듯한	궁지에 몰린	쑥스러운
힘이 솟는	만족한	불편한	질투심 나는
정열적인	안정된	힘든	어리석은
흥분한	신나는	불행한	좌절한
자유로운	기운찬	사랑받지 못한	죄책감 드는
충만한	성공적인	확실치 않은	미운
반가운	깜짝 놀란	지친	주저하는
굉장한	동정적인	근심스러운	희망 없는
기세등등한	마음이 고요한	무시받은	상처 입은
행복한	이해받는 듯한	원망스런	참을 수 없는
들뜬	포근한	기가 죽은	약 오른
멋있는	익살스러운	고통스런	

1.3 공감

1) 공감이란

공감(empathy)은 상담자로서의 입장은 유지하되, 내담자의 경험의 장에서 마치 내담자인 것처럼 내담자의 감정을 이해하는 것이다. 또한 상담자로서의 객관적인 자세를 유지한다는 점에서 '동감(sympathy)'과는 다르다. 공감에서 중요한 것은 반응기법이 아니라 내담자를 진솔하게 대하는 태도일 수 있다.

2) 공감의 방법 및 예시

① 칼 로저스(C. Rogers)의 방법

- 내담자의 지각세계로 들어가서 머문다.
- 내담자의 지각세계 내에서 매 순간 감지되는 의미들에 민감해진다.
- 무비판적으로 경험한다.

- 경험한 느낌을 내담자에게 전달한다.
- 상담자가 느낀 느낌이 정확한지 내담자를 통해 점검한다.

② 칼커프(Carkhuff, 1969)의 5가지 공감 수준

- **수준 1** : 상대방의 말이나 행동의 의미에 주의를 기울이지 않아 상대방이 표현한 것보다 훨씬 못 미치는 수준으로 감정이나 의사소통을 하는 경우다. 따라서 상대방과의 의사소통이 손상된 경우라고 할 수 있다.
- **수준 2** : 상대방의 감정표현에 반응은 하지만 표현의 주요 내용을 파악하지 못하고 주목할 만한 감정을 제외시킨 채로 의사소통하는 수준이다. 따라서 상대방이 표현하거나 의도한 것과는 거리가 있는 감정 및 의미에 반응한다.
- **수준 3** : 상대방이 표현한 내용을 파악하고 본질적으로 같은 정서와 의미를 표현하여 상호교류적으로 의사소통하는 수준이다. 그러나 내면적 감정에는 반응하지 못한다. 대인관계 기능을 촉진할 수 있는 기초적 수준이다.
- **수준 4** : 상대방이 실제로 표현한 내용보다 상대방의 마음 더 깊은 곳에 있는 감정을 표현하면서 의사소통하는 수준으로 뿌리나 원인을 짚어준다. 수준 4부터는 의사소통이 촉진된다.
- **수준 5** : 상대방의 내면과 완전히 같은 몰입 수준에서 상대방이 표현한 내용을 정확하게 표현하거나, 상대방이 표현한 감정과 의미에 더해서 상대방의 인간적인 성장동기를 이해하여 의사소통하는 수준이다.

예 내담자 : 왜 이렇게 사회가 살기 어려워지는지 모르겠어요. 취직할 마음이 나지 않네요.

상담자 :

수준 1. 사회가 뭐가 살기 어렵다고 그래요? 취직이 안 되는데 핑계도 많군요.

수준 2. 사회는 그렇더라도 좀 참고 취직할 생각을 해야지요.

수준 3. 그래요. 우리 사회를 돌아보면 취직하는 데 어려움이 많지요.

수준 4. 취직할 의욕이 들 수 있도록 사회가 좀 더 건강해졌으면 하고 바라는군요.

수준 5. 어렵지만 취직해서 사회가 건강해지는 데 한몫 하고 싶은 바람도 있네요.

1.4 명료화

1) 명료화란

명료화(clarification)란, 내담자의 말 속에 내포되어 있는 의미를 좀 더 명확하게 전달해주는 것을 말한다. 이는 내담자의 말을 단순히 반복해주는 재진술과는 달리, 내담자가 말하고자 하는 의미를 상담자가 분명히 한 다음 다시 내담자에게 전달해주는 것이다. 따라서 명료화는 내담자가 미처 자각하지 못한 감정, 생각 속에 숨어 있는 관계와 의미를 보다 분명하게 언급해주는 것이다.

2) 명료화의 방법 및 예시

① 내담자의 말에서 모호하거나 잘 이해되지 않는 부분을 밝힌다.

② 내담자로 하여금 구체적인 예를 들어주거나 자신의 말을 좀 더 분명하게 표현할 수 있도록 요청한다.

③ 내담자의 말에 대한 상담자 자신의 반응을 통해 내담자의 반응을 좀 더 분명하게 한다.

예 내담자: 남편은 어제도 과음을 하고 들어왔어요. 전화조차 없었구요. 애들조차 이제 내 말을 들으려고 하지 않아요. 내가 뭘 잘못했죠? 왜 다들 나한테 이럴까요?

상담자: 내 잘못은 아닌데 가족들이 내 뜻을 따라주지 않아 화나신 것처럼 들리는군요.

1.5 직면

1) 직면이란

직면(confrontation)이란, 내담자가 미처 모르고 있거나 인정하기를 거부하는 생각과 느낌, 또한 불일치되는 말과 행동 등에 대해 주목하도록 하는 것이다. 직면은 내담자의 변화를 촉진시킬 수 있는 반면, 내담자에게 심리적인 위협을 가할 수도 있을 만큼 강력한 것이다. 따라서 직면은 내담자와의 상호 신뢰가 이루어진 다음에 행해져야 한다. 또한, 직면의 목적은 내담자의 부정적 측면에만 초점을 맞추어 내담자 자신의 한계를 깨닫도록 하는 데 있지 않고, 미처 깨닫지 못한 자신의 자원과 능력을 주목하게 하는 데도 활용할 수 있다.

2) 직면의 방법 및 예시

① 불일치를 지적하기

말이나 행동에서 어떤 불일치가 발견될 때 이러한 불일치를 내담자가 알도록 해줄 수 있다.

예 내담자: 저는 아무런 문제가 없는데 남편이 문제예요.

상담자: 지난번엔 아무래도 본인이 문제인 것 같다고 하셨는데요. 그때 마음과 지금 마음이 어떻게 다르신가요?

② 상황 왜곡을 지적하기

내담자가 자신이 보고 싶은 대로 상황을 왜곡하여 해석할 때 상황을 있는 그대로 직시할 수 있도록 하는 데 직면을 사용할 수 있다.

예 내담자: 저는 아무런 문제가 없는데 남편이 문제예요.

상담자: 그런데 왜 다른 가족들, 친정어머니조차도 ○○님이 문제라고 말했을까요?

③ 회피를 지적하기

상담 중 특정 화제를 회피하거나 타인의 의견 등을 받아들이려하지 않을 때 내담자의 이해를 돕기 위해 직면 반응을 사용할 수 있다.

예 내담자: 제 친정 부모님 이야기는 할 필요가 없어요. 시댁이랑 남편이 문제니까요.

상담자: 항상 부모님 이야기가 나오면 화제를 돌리시네요. 무엇이 마음에 걸리시나요?

3) 주의사항

① 라포가 탄탄하게 형성되어 있고, 내담자가 상담자를 깊이 신뢰하는 맥락에서만 사용할 것

② 내담자가 직면을 받아들일 준비가 되어 있는지를 면밀히 고려한 후 적절한 타이밍에서만 사용할 것

③ 내담자에 대한 상담자의 좌절, 분노를 표현하는 수단으로 사용해서는 안 되며 내담자의 성장과 변화를 진솔하게 배려하는 분위기에서 행할 것

1.6 해석

1) 해석이란

해석(interpretation)이란, 내담자의 표면적인 행동 이면의 관계 및 의미에 대한 가설을 제시하는 것이다. 즉, 내담자에게 그의 생활경험과 행동의 의미를 설명하여 자신의 문제를 새로운 각도에서 볼 수 있도록 돕는 것이다. 상담에서의 해석은 내담자의 무의식에 관한 분석적 전문성을 요한다. 또한 해석의 정확성이나 타당성 여부는 내담자의 만족도 및 활용도

에 달려 있다. 즉, 내담자가 그 해석을 자신의 문제를 해소하는 데 활용했는가, 상담자의 해석에 내담자가 수긍하고 만족하느냐에 따라 해석의 질이 달라진다.

2) 해석의 방법 및 예시

① 상담과정에 따른 방법

- **상담 초기**: 상담에 대한 잘못된 기대와 소극적인 태도를 해석할 필요가 있다. 이때의 해석은 상담과정을 밝혀주고 내담자가 앞으로 유의해서 노력해야 할 영역을 제시해주는 것이다.
- **상담 중기**: 내담자의 방어기제나 문제에 대한 생각, 느낌, 행동 등을 해석의 대상으로 삼는다. 구체적이고 심층적인 해석은 상담관계가 잘 형성된 이후 상담 중반기에 행한다.
- **상담 종결**: 종결 시기에는 내담자 스스로 해석할 수 있도록 격려하면서 해석의 횟수를 줄인다.

② 해석의 시기

해석을 하는 데 가장 중요한 것은 적절한 시기다. 내담자가 자신에 대해 거의 깨닫고 있으나 명확하게 개념화하지 못하고 있을 때 해석을 해주는 것이 가장 효과적이다. 내담자가 해석을 수용할 만한 준비가 되어 있지 않을 때 해석을 사용하게 되면 내담자의 심리적 균형이 깨어지고 불안해질 수 있다.

③ 해석의 형태

- **가설적 표현**: 상담자가 판단한 내용을 단정적으로 해석하기보다는 내담자의 저항을 줄일 수 있도록 암시적이거나 잠정적으로 부드럽게 표현한다.

  예 어쩌면 어릴 때 어머니가 가출하셨던 일과 지금 아내를 믿지 못하는 것이 연결될 수도 있을 것 같네요.

- **질문형태의 표현**: 해석이란 상담자의 가설을 바탕으로 하므로 내담자 스스로 해석을 할 수 있도록 질문형태로 제시하는 것도 유용하다.

  예 연하의 남자친구만 사귀어온 것이 혹시 사이가 나빴던 오빠와 관련있다는 생각이 드세요?

- **반복적 제시**: 처음 해석을 내담자가 이해하거나 수용하지 못할 때 상담자는 적절한 시기에 다시 다른 경험적 증거를 제시하면서 해석을 반복해야 할 필요가 있다.

예 상담자: 어린 시절 어머니가 가출했을 때의 감정을 혹시 지금도 느끼세요?
내담자: 글쎄요. 별로 기억도 안 나는데요.
상담자: 그래요. 기억은 별로 안 나실 수 있지요. 하지만 이번에 아내가 집을 나간 후의 느낌은 배신감이라고 하셨지요. 어머니를 떠올리면 배신감이 느껴진다고도 하셨구요.

1.7 질문

1) 개방형 질문이란

개방형 질문(open guestion)이란, 보다 포괄적이며 내담자에게 모든 반응의 길을 터놓는 질문이다. 내담자로 하여금 관점, 의견, 사고, 감정을 개방적으로 탐색하여 시야를 넓히도록 하는 데 도움이 된다.

예 상담자: 지금 느낌은 어떠세요?
내담자: 좀 당황스럽네요.

2) 폐쇄형 질문이란

폐쇄형 질문(closed guestion)이란, 내담자에게 어떤 특정한 답변을 요구하는 질문이다. 주로 구체적인 정보를 요청하는 것으로 내담자는 '예' 또는 '아니오'나 단답형으로 답하게 된다.

예 상담자: 지금은 기분이 좋으세요?
내담자: 아니요, 별로요.

멘티 상담자로서 질문을 할 때 주의해야 할 사항 좀 알려주세요.

멘토 폐쇄형 질문은 취조받는 느낌을 주기 때문에 대체로 개방형 질문이 더 유용합니다. 그 밖에 여러 가지 질문을 한꺼번에 하는 것은 내담자가 어느 질문에 답을 해야 할지 혼란을 주기 때문에 단일 질문형태로 하는 것이 좋아요. 또한 "왜"라는 질문은 답하기도 어렵고 내담자에게 도전받는 느낌을 주어 방어적으로 만들기 때문에 "무엇"이나 "어떻게"라는 질문으로 표현하는 것이 좋습니다.

2 각 이론에 따른 대표적 상담기법

2.1 정신분석적 상담기법

정신분석적 상담의 기법은 자유연상, 꿈의 분석, 저항의 해석, 전이의 해석 등으로 분류될 수 있으며 공통적으로 적용되는 기본적인 상담의 기법은 무의식적 동기에 대한 해석이다.

1) 자유연상

자유연상(free association)이란, 내담자가 전혀 자기검열 없이 마음에 떠오르는 모든 기억이나 생각을 상담자에게 보고하는 기법이다. 이는 무의식적 단서를 의식화하는 상담기법으로 내담자로 하여금 마음에 떠오르는 내용이 무엇이든 자유롭게 표현해 보도록 한다. 자유연상에서는 그 내용이 내담자 스스로에게 이상하게 보일지라도 검열하지 않고 표현하게 하는 것이 중요하다. 상담자는 이러한 연상을 통해 표현된 여러 가지 내용을 퍼즐을 맞추듯 조각조각 맞추어가면서 내담자의 무의식을 탐구한다.

정신분석 치료 장면

멘티 영화에서 보면 소파 같은 곳에 누워서 정신분석을 받던데, 그것이 자유연상 기법인가요?

멘토 전통적인 정신분석에서는 환자를 카우치(couch)라고 부르는 긴 소파에 누워 이완된 상태에서 자유연상을 하도록 합니다. 또한, 분석가는 환자의 연상에 개입되거나 방해되지 않도록 마치 빈 스크린처럼 환자의 뒤쪽에 앉아서 분석을 진행합니다. 그러나 현대의 정신분석에서는 카우치를 활용하지 않고 그냥 편안한 의자에 앉아서 자유연상을 하도록 합니다.

- 영화 속의 정신분석 : <카우치 인 뉴욕(Couch in NewYork)>, <최종 분석(Final Analysis)>, <레인 오버 미(Reign over Me)>, <스토리 오브 어스(Story of us)>

2) 꿈의 분석

- '꿈은 무의식에 이르는 왕도'로, 꿈 분석은 내담자의 무의식의 비밀을 벗기기 위해 사용했던 주요 기법이며, 프로이트는 꿈을 소망 충족을 위한 위장된 시도라고 본다. 꿈의

내용은 실제 사건(현재 몽)과 사건에 숨겨진 상징적 의미(잠재 몽)로 구분되며, 꿈에서 나타난 상징의 숨겨진 의미를 성적 충동과 관련하여 찾으려 한다.

- 꿈의 분석은 수면 중에는 내담자의 방어가 약하다는 점을 이용한다. 꿈을 잘 기억하거나 기록하여 상담 중에 떠올리도록 하여 꿈속에 숨어 있는 무의식적 동기들을 분석가가 분석해주는 기법이다.

  예 초기 아동기부터의 꿈, 아동기와 이후에 반복되는 꿈, 일생동안 지속되고 현재 반복되는 공통적인 꿈의 형식, 현재의 꿈들, 상담 전날의 꿈과 상담결정이 내려진 날 밤의 꿈

3) 해석

해석(interpretation)이란, 상담자가 꿈, 자유연상, 저항, 전이 등의 의미를 내담자에게 지적하고 설명하고 가르치는 것을 말한다. 해석은 무의식적인 재료를 의식화하는 것을 촉진시킴으로써 내담자로 하여금 이전에 몰랐던 무의식적 내용을 차츰 의식적으로 이해하고 받아들이게 한다.

① 저항의 해석

- 저항(resistance)이란, 내담자가 상담에 협조하지 않는 모든 행위를 말한다. 이는 정신분석 치료과정에서 내담자가 자신에게 고통스러운 기억을 무의식으로부터 드러내기 꺼려하는 것과 관련된다.

  예 정해진 시간에 상담에 참석하지 않거나, 상담과정에서 아무런 의미 없는 말만 되풀이 하거나, 중요한 내용은 빠뜨리고 사소한 이야기만 하는 것.

- 저항의 주된 원인은 변화에 대한 두려움, 무의식적 소망과 욕구의 충족 유지, 그리고 무의식적 갈등에 대한 직면을 회피하기 때문이다. 저항의 해결이 곧 정신분석 치료의 법칙이다.
- **저항의 해석**: 상담자는 내담자가 보이는 저항의 의미를 이해하고, 이를 내담자에게 적절히 해석해줌으로써 상담에 대한 내담자의 협조를 이끌어낼 수 있어야 한다.

② 전이의 해석

- 전이(transference)란, 내담자가 인생 초기에 의미 있는 대상(주로 부모)과의 관계에서 발생했으나 의식화되지 못하고 억압되어 무의식에 묻혀 있었던 생각, 감정, 욕망을 상담자에게 자신도 모르게 전위시킬 때 나타나는 현상을 말한다. 즉, 중요한 인물에 대한

내담자의 정서적 반응이 상담자에게로 향하는 것을 말한다.

예 정서적 보살핌을 하지 않았던 어머니와의 관계에서 비롯된 분노 감정이 상담자에게 화를 내는 것으로 상담관계에서도 반복되는 것

• 전이의 해석: 전이를 해석하는 것은 전이현상에 담겨져 있는 2가지 왜곡(시점의 왜곡, 대상의 왜곡) 혹은 착각을 내담자에게 알려주고 이해시키는 것을 말한다. 상담자는 치료적 관계에서 일어나는 유사한 갈등에 대한 해석을 반복해줌으로써 내담자가 통찰할 수 있도록 훈습한다. 전이의 해석은 성공적인 정신분석의 핵심이다.

2.2 인간중심적 상담기법

인간중심적 접근에서의 상담기법은 기법이라기보다 상담자가 가져야 할 태도적 조건에 가깝다. 인간중심적 접근의 창시자인 로저스는 상담의 필요충분조건으로서 진솔성, 무조건적 긍정적 존중, 공감적 이해의 3가지 태도를 제시하였다.

1) 진솔성

진솔성(genuineness)이란, 상담자가 내담자와의 상담관계에서 순간순간 경험하는 자신의 감정이나 태도를 있는 그대로 솔직하게 인정하고, 경우에 따라서는 솔직하게 표현하는 상담자의 태도(내담자의 경험에 대한 상담자의 반응)를 말한다.

로저스(1980)는 상담자가 상담관계에서 자신의 권위나 체면에 매이지 않고 자신을 있는 그대로 인정하고 표현하면 할수록 그만큼 내담자가 건설적인 방향으로 변화하고 성장할 수 있는 가능성이 커진다고 본다. 상담자가 내담자를 싫어하거나 인정하지 않으면서도 수용하는 것처럼 가장하여 행동하는 것은 바람직하지 않다.

진솔성은 3가지 태도적 조건 중에서 가장 기본이 되는 태도라고 할 수 있다. 이러한 상담자의 태도는 내담자의 개방과 자기탐색을 촉진한다.

멘티 진솔성의 상담기법을 활용하기 위해서는 어떠한 단계를 거쳐야 할까요?

멘토 진솔성의 중요성은 매번 강조되지만, 실제로 진솔성 있게 반응하기란 쉽지 않지요. 먼스와 손(Mearns와 Thorne, 1988, p.84)에 의하면, 진솔성의 태도를 잘 유지하려면 먼저 내담자에 대한 상담자의 심층적 느낌을 진솔하게 느끼고, 그러한 느낌을 상담자가 스스로 알아차린 다음, 상담자 자신의 느낌을 내담자에게 표현하면 조금 더 쉬워진답니다.

2) 무조건적 긍정적 존중

무조건적 긍정적 존중(unconditional positive regard)이란, 내담자를 자신의 가치기준에 따라 평가하고 비판하는 것이 아니라 내담자의 자기실현 가능성을 신뢰하며 근본적으로 존중하는 태도다. 내담자가 어떤 상태에 놓여 있든 간에 그를 향한 무조건적이고 긍정적이며 수용적인 태도를 유지할 때, 내담자의 치료적 변화가 일어날 가능성이 더욱 커진다(Rogers, 1980).

이러한 수용적 분위기가 형성되었을 때 내담자는 자신의 감정이나 경험 등을 자유롭게 표현할 수 있고 상담자와 공유할 수 있게 된다. 그리고 상담자의 보호는 비소유적이어야 한다. 만약 보호를 하는 상담자가 자신이 인정받고 사랑받으려 한다면 내담자의 건설적인 변화는 기대하기 어렵다. 무조건적 긍정적 존중은 이러한 상담자가 조건부가치를 버리고 무조건적으로 내담자를 존중하고 수용하는 것을 의미한다.

상담자로서 이러한 존중의 태도는 내담자로 하여금 스스로를 신뢰하고 성장하게 하는 촉진적 조건이 된다. 또한 가치의 조건화에 의해 왜곡하고 부정해왔던 경험을 개방적으로 수용하기 시작한다.

멘티 상담자가 내담자에게 무조건적으로 긍정적 관심을 보이는 상황의 구체적인 예를 들어주세요.

멘토 예를 들어, 오랫동안 헌신해온 아내를 두고 외도를 한 가장을 상담하게 되었다고 합시다. 만약 여러분이 어떤 경험을 통해 외도에 관해 부정적 느낌을 가지고 있다면 이 내담자에 대해 아무래도 곱지 않은 시선을 느끼게 될 수 있습니다. 그냥 일반인으로서는 그럴 수 있지만, 상담자로서는 상담자 자신의 그러한 느낌이 상담관계에 미치는 영향을 일단 알아차릴 필요가 있습니다. 또한 내담자에게 온전히 집중하고 내담자를 선입견 없이 한 인간으로서 바라보며, 어떤 과정을 통해 외도를 하였고 이 내담자는 어떤 감정을 느끼고 있는지에 대해 존중하며 진심 어린 관심을 갖게 되는 것을 말합니다.

3) 공감적 이해

공감(empathy)이란, 상담자가 내담자의 생각, 감정, 경험에 대하여 상담자 자신의 주관적인 입장에서가 아니라 내담자의 입장에서 듣고 반응하는 것이다.

공감적 이해는 상담자가 자신의 입장을 유지하면서도 마치 내담자인 것처럼(as if) 내담자가 경험하는 내면세계를 정확하게 느끼고 이해하는 것을 말한다. 내담자의 감정을 공감적으로 이해하려면 내담자가 주관적으로 경험하는 내적 세계의 참조 틀(internal frame of reference)에 근거해서 상대방을 이해해야 한다. 이는 상담자가 내담자에게 던져주는 단순한 하나의 언어반응이 아니라 상담자가 내담자과 '함께하는(being with) 과정(process)'이라고 보아야 한다.

멘티 공감을 잘 하려면 어떻게 하면 되나요?

멘토 Gazda 등(1977)에 의하면 상담자가 내담자 자신이 당면하고 있는 문제를 스스로 어떻게 느끼는지에 대해서 이야기하는 내용을 일단 주의깊게 들어주어야 합니다. 또한 상대방의 감정과 상황을 잘 이해하고 있다는 말을 전달해주어야 합니다.

멘티 공감의 예를 들어주세요.

멘토 다음과 같은 사례에 적용을 한번 해볼게요. 새로 이사 온 206호 김진희 씨의 이웃인 박미경 씨가 나에게 "옆집에 새로 온 206호와 좀 더 친해보려고 노력하면 할수록 진희 씨는 나를 불편하게 생각하고 집 밖으로 나오지 않으려고 하는 것 같아요."라고 했습니다.
이때 표면적 공감의 반응을 한다면, "내버려 둬! 206호는 혼자 있기를 좋아하는 것 같으니 그냥 자기 혼자 하고 싶은 대로 그냥 두는 게 좋겠네."라고 할 수 있을 것이구요.
심층적 공감을 한다면, "새로 이사온 206호와 좀 더 가까이 지내려고 노력하는데도 잘 받아들여지지 않아 실망스럽고 섭섭하겠어요."와 같은 방식으로 반응할 수 있을 것입니다.
어때요? 이해하기가 훨씬 나아지셨나요?

2.3 행동주의적 상담기법

행동주의적 접근에서의 상담기법은 인간행동의 원리나 법칙을 환경에 의한 학습으로 설명하는 학습이론에 근거하고 있다. 따라서 부적절한 행동을 소거하고 바람직한 행동을 학습시키는 기법들이 주로 실시된다.

1) 강화

강화(reinforcement)란, 어떤 환경적 자극을 제공함으로써 바라는 행동을 증가시키는 것이다. 강화물(reinforcer)이란 반응할 확률을 증가시키는 모든 자극을 일컫는 말이다. 강화물을 통해 바람직한 행동이 증가되므로 강화는 강화물이 주는 효과라고 볼 수 있다.

① 강화물의 종류

- 정적 강화물: 주어졌을 때 반응이 발생할 확률을 높여주는 자극.
  예 미소, 칭찬, 좋은 점수, 장난감, 돈, 사탕
- 부적 강화물: 어떤 상황에서 바람직한 반응을 했을 때 예정된 처벌적 요소를 제거시켜

주는 것.

예 전기쇼크, 소음, 처벌, 잔소리, 신체적 고통, 벌 청소, 나머지 공부

- **일차적 강화물**: 학습에 의하지 않고도 강화의 효과를 갖는 자극. 이것은 학습과 관련 없는 일상적인 욕구나 추동(drive), 동기와 관련된 것.

  예 음식, 옷, 물건

- **이차적 강화물**: 중성자극이었던 것이 강화하는 능력을 지니고 있는 다른 자극과 반복되어 짝지워짐으로써 강화능력을 갖게 된 자극. 즉, 학습된 강화물.

  예 돈이나 승인, 승진, 칭찬, 미소

② 강화계획

강화가 잘 일어나도록(즉, 학습이나 행동변화가 잘 이루어지도록) 취하는 조치다.

강화계획	정 의	예 시	반응양식	강화 종결 후 반응
연속 강화	매 반응 후 강화	TV를 켜는 것	반응의 빠른 학습	**지속성 없음**: 강화가 지속되지 않고 반응이 빨리 사라짐
고정간격 강화	정해진 시간주기 후에 강화	매주 보는 쪽지시험, 월급	강화시간이 다가옴에 따라 반응비율이 증가됐다가 강화 후 떨어짐	**약한 지속성**: 강화시간이 지나도 강화인자가 나타나지 않을 때 반응비율이 급격히 떨어짐
변동간격 강화	다양한 시간주기 후에 강화	갑자기 보는 쪽지시험	**느리고 꾸준한 반응비율** : 강화 후 거의 쉬지 않음	**강한 지속성**: 반응비율이 늦게 떨어짐
고정비율 강화	일정한 횟수의 반응 후에 강화	품삯일	**빠른 반응비율** : 강화 후 휴식	**약한 지속성**: 기대했던 반응수가 주어져도 강화인자가 나타나지 않을 때 반응비율이 급격히 떨어짐
변동비율 강화	다양한 수의 반응 후에 강화	낚시, 슬롯머신 복권, 도박	**매우 높은 반응비율** : 강화 후 거의 쉬지 않음	**강한 지속성**: 반응비율이 높게 지속되고 점차로 떨어짐

※ 참고: 강화계획의 비교(이성진 외, 1988)

2) 단계적 둔화(systematic desensitization)

볼페(Wolpe)의 상호제지 원리에 근거하여 불안(공포) 유발 장면의 단계적 순서에 따라 심상을 떠올려 이완훈련과 함께 불안(공포)을 감소시키는 방법이다. 바람직하지 않거나 비적응적인 불안 및 공포 반응 감소에 효과적이다.

– 단계적 둔화의 일반적인 단계

① 이완훈련: 제이콥슨(Jacobson)의 근육이완훈련

② 불안 위계표 작성: 경험되는 불안강도의 순서에 따라 자극장면 및 조건의 순서를 정한다.

③ 불안 위계표에 따른 이완훈련:

- 이완상태에서 각 불안반응 위계의 장면을 상상.
- 불안이 낮은 장면에서부터 시작하여 불안이 높은 장면으로 올라가면서 실시.
- 가장 불안한 상태를 100, 가장 이완된 상태를 0.

〈말더듬이의 불안 위계표(anxiety hierarchy)〉

항 목	주관불안 점수
1. 친한 친구와 얘기할 때	10
2. 전화를 받을 때	20
3. 품명을 말하고 물건을 살 때	30
4. 식당에서 음식을 주문할 때	40
5. 자기소개를 할 때	50
6. 손위 사람과 대화할 때	60
7. 역의 창구에서 차표를 살 때	70
8. 수업 중 짧은 대답을 지명 당했을 때	80
9. 전화를 걸 때	90
10. 집회나 토론회에서 자기의견을 주장할 때	100

※ 참고: 김남성(1976), p.125

3) 기타 기법들

① 토큰 강화(token economy)

다른 강화인자와 교환할 수 있고 모을 수 있는 것이 2차 강화인자다. 토큰강화란 2차적 강화자극을 사용하여 강화하는 방법으로 2차적 강화자극 중에서도 토큰을 사용하는 방법이다.

- 바람직한 행동을 한 후 1차 강화인자를 직접 얻은 것이 아니라 그것을 얻을 수 있는 토큰을 받게 된다.

  예 공책이나 칠판에 표시해주는 체크표, 전표, 금색 별표 또는 웃는 얼굴의 스티커, 부모나 교사의 도장을 찍은 카드, 커피전문점의 쿠폰, 백화점 상품권, 카드회사의 포인트적립금 등

② 조형(shaping)

복잡한 도달점 행동을 습득시키기 위하여 그 행동에 접근하는 근사한 모든 행동을 소단계로 나누어 각 소단계의 행동을 단계적으로 강화해나가는 방법이다.

- 목표행동에 접근하는 반응들을 강화함으로써 새로운 행동을 가르치는 것이다. 즉, 목표행동에 가까운 행동을 연속적으로 강화하는 점진적 접근법이다.
- 조형에서는 내담자의 여러 행동 중 상담자가 바라는 행동에 대해서만 강화를 주고 그렇지 않은 행동은 강화해주지 않는다.

예 서커스단에서 훈련된 비둘기, 돌고래가 공을 던지고 춤을 추는 것, 곰이 자전거를 타는 것 등의 동물훈련, 기타 언어지도 및 정신지체나 자폐아동의 식사나 옷 입기

③ 주장 훈련(assertiveness training)

볼페의 상호제지 이론에 근거하며 불안, 그중에서도 대인관계에서의 불안을 주장행동을 통해 상호제지하므로 불안을 줄이는 데 사용되는 훈련이다.

주장행동이란, "상대방의 권리를 침해하거나 상대방을 불쾌하게 하지 않는 범위에서 자신의 권리, 욕구, 의견, 생각, 느낌 등 자신이 나타내고자 하는 바를 솔직하게 상대방에게 직접 나타내는 장면에 따라 특별히 학습된 행동이다." (김성회(1982), p.4)

- 소극적 행동, 주장적 행동, 공격적 행동 구분
- 비주장적 행동의 이유 확인
- 주장적으로 사고하기(비주장 행동과 관련된 비합리적 사고 → 합리적 사고로 전환)
- 불안극복 작전(정서적 원인-근육이완 훈련, 인지적 원인-긍정적 자기진술)
- 주장적으로 행동하기(모델 관찰/역할연기를 통한 행동연습/실행연습/일반화)

④ 정서적 심상법(emotive imagery)

- 상호제지의 한 변형으로 내담자의 공포(특히, 어린이의 공포)를 제거하는 데 도움이 된다.
- 주어진 장면에서의 불안을 차단하기 위해서 근육이완 대신에 자기주장, 긍지, 애정 그리고 환희와 같은 긍정적인 느낌들이 일어나도록 하는 상상을 한다.

예 발표불안이 있는 어린이 내담자에게 발표를 멋지게 하고 났을 때의 자심감과 뿌듯함, 주위의 환희, 어머니의 칭찬을 듣는 모습을 상상하도록 함.

⑤ 부적연습(negative practice)

없애고 싶어 하는 습관적인 행동을 내담자가 적극적으로 의식하며 연습함으로써 그 행동

을 없애는 것이다. 한 가지 반응을 계속 되풀이하면 신체적 피로감 및 심리적 권태 등으로 그 반응이 나타날 수 있는 잠재력을 약화시켜 결국 그 행동이 없어진다는 피로법의 원리를 적용한다.

예 말더듬이가 더듬는 부분을 정확히 반복해서 더듬도록 함으로써 피로와 권태가 쌓여 더듬는 반응을 하지 않게 되는 것

⑥ 혐오기법(aversive techniques)

혐오자극을 제시함으로써 부적응행동을 하지 않도록 하는 방법이다.

예 전기쇼크, 화학적 혐오자극(술이나 음식에 포함), 시각 혐오자극 (흡연 내담자의 경우 기관지염・폐결핵, 성 문란 내담자의 경우 성병 시청각자료를 보여줌)

⑦ 행동연습(behavior rehearsal)

- 내담자의 실제생활에서 구체적인 행동이 어려운 장면에 대해 역할연기 등을 통해 반복해서 연습하는 것이다.
- 처음에는 상담실에서 이루어질 수 있지만 가급적 실제장면에 가까운 장면을 통해서 행동을 연습하는 것이 좋다.
- 목표행동에 대한 이해 – 목표행동의 시범 – 역할연기 등을 통한 행동 연습 – 실제장면에서의 행동 연습이 통합되어질 때 더욱 효과적이다.

⑧ 자기지시(self-instruction)

- 불안이나 기타 부적응행동에 대해 불안을 줄이거나 적응행동을 할 수 있도록 자기 자신에게 지시하거나 자기 스스로 말하는 것이다.
- 자기지시에는 정서적 안정을 위한 근육이완을 하도록 하는 지시, 비합리적 생각을 합리적 생각으로 바꾸도록 하는 지시, 그리고 구체적 행동을 하도록 하는 지시 등이 있다.

2.4 인지행동적 상담기법

인지행동적 상담에서 비합리적 사고를 합리적 사고로 변화시키기 위해 논박이라는 상담기법을 사용한다. 인지적 논박기법이 주로 활용되지만 인지, 정서, 행동이 서로 영향을 미친다는 데 근거하여 정서적・행동적 논박을 통해서도 사고의 변화를 통한 행동 변화를 유도한다.

1) 인지적 논박기법

문제행동과 관련된 생각을 바꾸어 정서와 행동을 바꿀 수 있도록 비합리적 신념을 논박하는 기법이다.

① 비합리적 신념에 대한 상담자의 논박(disputing)

상담자는 내담자에게 융통성, 현실성, 기능적 유용성에 근거하여 내담자가 가진 신념을 반박한다.

- **융통성**: '모든', '항상', '반드시', '꼭', '당연히', '…이어야만' 등의 어떠한 예외도 인정하지 않는 융통성 결여. **예** 예외 없는 규칙은 없다.
- **현실성**: 완전과 완벽을 실현하고자 하는 현실적이지 못한 사고다.
  예 당신이 믿고 있는 것에 대한 증거가 어디 있는가?
- **기능적 유용성**: 현실을 행복하게 사는 데 얼마나 도움이 되는 생각인지와 관련되어 있다. 그럴 듯하고 바람직한 생각이라도 행복보다는 불행을, 기쁨보다는 슬픔을, 희망보다는 절망을, 성공보다는 좌절을 불러일으키는 것이라면 비합리적 사고다.
  예 만약 당신이 바라는 그대로 일이 풀려나가지 않으면 왜 그것이 끔찍하고 무시무시한가?

② 인지적 과제 부과(cognitive homework)

내담자의 내면화된 자기언어의 일부인 'should' 나 'must'를 제거시키려는 방법이다.

- **유인물이나 독서요법**: 인지행동적 상담에 대한 책을 읽게 하는 것이다. 이러한 책들은 내담자의 인지적 재구조화를 도와준다.
  예 ≪화가 날 때 읽는 책≫(Ellis저, 홍경자 역, 1995), ≪합리적 삶을 위한 안내서(A New Guide to Rational Living)≫(Ellis and Becker, 1982)
- **녹음테이프 들어보기**: 상담을 받는 동안에는 별로 느끼거나 생각지 못했던 것들이 상담회기를 녹음하고 테이프를 듣는 과정에서 자기자신의 'must', 'should'와 관련된 비합리적 사고를 발견하게 된다.

③ 내담자 자신의 비합리적 신념에 대한 자기 논박

매일 일정시간 내담자로 하여금 자신의 비합리적인 신념이 약화될 때까지 대표적인 비합리적 신념을 논박하도록 하는 것이다.

예 "주위의 모든 사람들에게 항상 사랑과 인정을 받아야만 한다."

→ "사람들에게 사랑과 인정을 받는 것이 좋기는 하지만 모든 일에 대해 모든 사람들에게 항상 그럴 수는 없다."

④ 새로운 진술문의 사용

상담자는 내담자로 하여금 자기진술이 "반드시 ~을(를) 해야만 한다." 또는 "반드시 ~이어야만 한다."라는 것을 발견하도록 한다. 그렇게 되면 내담자는 절대적이 아닌 "최선을 다해도 ~일 수도 있다." 등 합리적인 자기진술을 할 수 있게 되는 것이다. (should, must, ought → preferable)

⑤ 소크라테스식 대화법

상담자는 질문하고 내담자는 대답하는 과정에서 내담자가 자신의 머릿속에 있는 생각들을 스스로 탐색해나가거나 자신이 막연하게 가지고 있는 신념들을 상담자의 예리하고 분석적인 질문을 통하여 통찰하고, 사색하고, 정리하게 되며 학습과 회상에 도움을 준다.

2) 정서적 논박기법

정서적 기법은 정서의 변화를 통해 생각의 변화를 가져오게 하고 변화된 생각에 따라 행동을 바꾸려는 기법이다.

① 합리적 정서적 심상법(Rational-Emotive Imagery: REI)

내담자로 하여금 습관적으로 부적절한 느낌이 드는 장면을 생생하게 상상하도록 하여 그 장면과 관련된 비합리적인 생각을 버리게 하거나 합리적 생각으로 대치시키는 방법이다.

예 여러 사람 앞에 나가서 말하는 것이 불안한 경우 그 장면을 생생하게 상상하면서 불안해하지 않고 즐겁게 느껴보는 것이다. 이때 느낌의 변화는 생각의 변화와 밀접하게 관련되어 있음을 알게 할 수 있다. 즉, 그 장면에 대한 불안은 '실수를 해서는 안 된다'는 비합리적인 생각 때문임을 알게 하는 것이다.

② 역할연기(role-playing)

내담자는 문제행동과 관련된 장면에서 어떤 비합리적 생각이 일어나는지를 알기 위하여 상담자가 상대역을 할 수도 있는데 그 장면에서의 행동을 시도해보도록 한다. 예를 들어, 선생님 앞에서 더 긴장되고 떨리는 학생이 있다고 가정하자. 이때 상담자가 선생님 역할을 수행하면서 내담자와 그 장면을 연기해보면 긴장의 이유가 '알고 있는 모든 사람들로부터 사랑받고 인정받아야 한다'는 비합리적 생각 때문임을 알게 된다.

③ 수치심-공격하기 연습(shame-attacking exercise)

어떻게 생각할지에 대한 두려움 때문에 하고 싶은 행동을 하지 못하는 것에 대해 실제로 행동을 해보도록 하는 훈련이다. 때때로 내담자에게 그들이 창피하거나 부끄럽게 느끼는 방식으로 행동해보도록 과제를 부과한다. 이 과정을 통해 내담자는 자신이 생각한 것보다 주위사람들이 자신에게 관심을 가지고 있지 않음을 알게 된다.

④ 유머(humor) 사용과 역설적 의도

내담자에게 혼란을 일으키는 어떤 생각을 줄이기 위해 유머를 사용한다. 이러한 기법을 사용함으로써 내담자에게 자신의 실수를 웃어넘기고 인간적인 모든 약점들을 수용하도록 도울 수 있다. 화를 내거나 죄책감을 가지는 것이 얼마나 어리석고 비생산적인가를 보여주기 위해 유머러스한 합리적 노래를 사용하기도 한다.

예 합리적 유머 노래-브람스의 자장가에 맞추어서

역설적 의도는 내담자의 비합리적 신념을 크게 과장시켜서 실제 그러한 신념이 얼마나 비현실적이며 비합리적인가를 깨닫게 하는 기법이다.

예 "완벽하게 일을 해야지 그렇지 않으면 마음이 쓰여서 도저히 견딜 수가 없습니다."→ "홍길동 씨가 곧 하느님이 되실 것 같다는 생각이 듭니다."

⑤ 합리적 자기진술문 사용

내담자는 열정적이고 합리적인 자기진술문을 사용하여 정서적이고 환기적인 방법으로 비합리적 신념에 도전한다.

예 알코올 중독자의 자기진술-"난 참을 수 있어, 어쨌든 지나갈 테니까.", "가끔 정말 힘들기도 하지만, 너무 힘든 건 아냐. 또 계속해나가면 점점 쉬워질 거야."

3) 행동적 논박기법

행동의 변화를 통해 생각의 변화를 가져오게 하고 변화된 생각에 따라 정서와 행동을 확실하게 변화시키는 기법이다.

① 합리적 역할 바꾸기

상담자는 내담자가 되어 비합리적인 생각을 표출하고 내담자는 상담자 편에서 합리적 생각을 드러냄으로써 논박해본다.

② 여론조사 기법

내담자가 지니고 있는 비합리적 생각과 타인들의 생각에 대해 타인들의 의견을 조사해오게 한다.

③ 숙제활동

행동을 해보고 오는 것뿐만 아니라 비합리적 사고에 대해 논박하는 것과 같은 인지적 숙제활동을 내기도 한다.

예 알코올 중독자의 숙제활동-탄산수나 콜라를 마셔보기, REBT 질문들을 완성해보기

④ 벌과 강화의 사용

어떤 중요한 일을 지연하는 습관이 있는 내담자의 경우 주어진 시간 내에 업무를 마쳤을 때는 자신에게 개인적으로 의미 있는 강화를 주고, 중요한 과업의 수행을 지연시켰을 때는 벌을 준다.

⑤ 기법 훈련

내담자에게 결핍된 자기표현훈련, 이성친구 사귀기, 효과적인 시간관리, 효율적인 학습방법 등의 기술을 가르칠 수 있다.

2.5 게슈탈트 상담기법

게슈탈트 상담에서의 가장 기초적인 상담기법은 '자각'으로 지금-여기에서 일어나는 욕구, 감정, 미해결 과제 등에 초점을 맞추어 알아차리는 데 중점을 둔다.

1) 빈 의자 기법

2개의 의자를 이용하여 내담자가 가진 내적 갈등 혹은 대인관계 갈등을 해소하도록 돕는 방법이다. 자신의 양극화된 감정이나 자아들 간의 갈등, 나와 생각을 달리하는 다른 사람들을 이해할 때 활용된다.

예 아버지와 갈등을 겪고 있는 내담자로 하여금 빈 의자에 아버지가 있다고 여기면서 아

버지 입장이 되어 이야기를 해보고, 다시 자신의 입장으로 의자를 바꿔 앉으며 대화를 나누도록 하는 것이다. 이 기법은 사이코드라마(드라마치료)에서 활용되는 기법이기도 하다.

2) 책임지기

자신의 감정, 생각, 행동에 대한 책임을 타인에게 교묘하게 전가하는 내담자로 하여금 "나는 ~에 대해 책임을 진다."고 표현할 수 있도록 하여 자신의 감정을 알아차리고 책임질 수 있도록 돕는 방법이다.

예 내담자가 "저는 늘 신세 한탄을 하고, 우울합니다. 그리고 그것에 대해 저에게도 책임이 있습니다."라고 말할 수 있도록 하여 자신의 감정, 생각, 행동에 대해 자신의 책임이 있음을 인식하도록 돕는 것이다.

3) 과장하기

비언어적이고 신체적인 신호와 단서를 잘 자각하게 함으로써 내담자로 하여금 자신의 감정을 보다 강렬하게 경험하고 그 내적 의미를 자각하도록 돕는 방법이다. 내담자가 말할 때의 움직임, 자세, 제스처 등을 반복적으로 과장하도록 한다. 신체언어를 각성함으로써 자신이 하는 행동의 의미를 보다 명확히 알 수 있도록 하는 기법이다.

예 상담자는 "당신은 아버지에 대한 이야기가 나올 때마다 주먹을 쥐고 있는데, 조금 더 세게 반복적으로 쥐어보실래요? 그것은 무슨 의미인 것 같습니까?"라고 반응할 수 있다.

4) 뜨거운 자리(hot seat)

내담자의 자기각성을 촉진시키기 위해서 널리 활용되는 방법 중의 하나다. 내담자로 하여금 자기를 괴롭히는 어떤 구체적인 문제를 이야기하게 하고, 그 후 상담자는 그것에 대해 직접적으로 그리고 공격적으로 맞닥뜨림하는 기술이다. 흔히 집단상담에서 많이 활용하여, 집단원들과 상담자가 차례로 돌아가면서 내담자가 내어놓은 문제를 각성할 수 있도록 맞닥뜨려주는 기법이다.

멘토 각 상담이론에 관한 자세한 내용은 2장을 참고하세요. 주요 상담이론 외의 기타 상담이론에 따른 상담기법은 3장을 참고하세요.

3 상담의 과정에 따른 상담기법

여기서는 3단계 상담모델에 따라 상담진행 과정별로 주로 사용되는 상담기법을 살펴볼 것이다.

탐색 → 통찰 → 실행

클라라 힐과 카렌 오브리언(Clara Hill & Karen O'Brien, 2001)은 상담을 탐색-통찰-실행의 3단계로 가정하여 설명하며 각 단계에 따라 주로 사용하는 기법을 다음과 같이 설명하였다.

멘토 3단계 상담모델 및 상담의 과정에 관한 자세한 내용은 4장을 참고하세요.

3.1 탐색단계

이 단계에서는 치료적 관계를 발전시키고 내담자와 소통이 원활하도록 하며 내담자 자신의 관점에서 자신을 탐색하고 더 잘 알 수 있도록 돕는다.

1) 탐색단계에서 활용 가능한 기법

① 주의집중 및 경청 : ENCOURAGES로 요약

- Eye contact : 적절한 눈맞춤
- Nods : 적절한 고개 끄덕임
- Cultural differences : 문화적 차이에 대한 존중
- Open stance : 내담자쪽으로 열린 자세
- Umhmn : '음' 소리로 동의 표시
- Relax : 편안하고 자연스런 행동
- Avoid : 방해가 되는 행동 삼가기
- Grammatical : 내담자가 사용한 언어방식 사용
- Ear : 언어적, 비언어적 메시지를 주의깊게 듣기
- Space : 적절한 거리 유지

② 감정 반영

초기단계에서 가장 좋은 탐색의 도구로서 내담자의 감정을 명확히 파악하는 것을 포함한 내담자의 진술을 다시 반복하거나 재진술한다.

예 내담자: 남편은 한 번도 제 얘기를 귀 기울여 들어준 적이 없어요.
상담자: 남편과 얘기를 할 때는 많이 답답하시겠어요.

③ 재진술

내담자가 혼란스럽거나 무엇을 이야기하는지 모를 때 내담자 진술의 내용이나 의미를 단순히 반복하거나 다시 표현하는 것이다. 내담자의 진술보다는 더 구체적이고 명확하며 내담자가 사용한 단어를 비슷하거나 적게 사용한다.

예 내담자: 아버지가 퇴직하신 후로는 집안 분위기가 어두워요. 가족끼리 별로 할 얘기도 없구요.
상담자: 아버지가 퇴직하고 나서 가족 간의 대화를 좀 피하는 분위기군요.

④ 개방형 질문

이 단계에서는 탐색을 증진시키려는 의도로 사용하며 상담과정의 흐름을 유지하고 내담자로 하여금 사고나 감정을 탐색하여 명료화하는 데 도움이 된다.

예 상담자: 오늘은 어떤 마음으로 오셨어요?
내담자: 사실 오늘 여기 오기 직전에 아이가 아파서 올까 말까 고민했어요. 결국 오긴 했지만 마음이 안 좋네요.

⑤ 폐쇄형 질문

탐색단계에서 내담자에 관한 구체적인 중요한 정보를 얻기 위해 활용한다. 주로 '예' 혹은 '아니오'로 답할 수 있다.

예 상담자: 어젯밤에는 잠을 잘 주무셨나요?
내담자: 아니요, 어제는 통 못 잤어요.

3.2 통찰단계

이 단계에서는 내담자들이 자신의 생각과 감정, 행동 속에서 규범을 결정하고 새로운 통찰과 이해를 구축할 수 있도록 노력한다.

1) 통찰단계에서 활용 가능한 기법

앞서 설명한 탐색단계의 기법들을 계속하여 사용하되 여러 기술을 활용하여 보다 깊은 수준의 탐색으로 이끈다.

① 도전

내담자가 미처 깨닫지 못하고 있거나 변화하기를 거부하는 불일치, 모순, 비합리적 견해 또는 방어에 직면하도록 할 때 사용한다. 도전하기는 질문 혹은 직면조로 말할 수 있다.

예 내담자: 이번 시험에 떨어진다면 정말 모든 게 끝장이에요.

상담자: 과연 그렇게 모든 것이 끝장일까요? 시험에 떨어진 후에 정말 어떤 일들이 일어날까요?

② 해석

사고와 행동에 대한 중요한 원인과 동기를 명료화하는 데 유용하게 사용한다.

③ 자기개방

상담자가 자신의 개인적 경험을 드러냄으로써 내담자의 통찰을 촉진하는 데 도움이 된다.

예 상담자: 저도 이혼을 겪고 나서 한때 우울증에 시달렸어요. 이혼을 결정한다는 건 큰 용기를 필요로 하지요.

④ 즉시성

이미 형성된 치료적 관계에서의 긴장이나 오해를 다루고 부적절한 행동에 대한 통찰을 얻도록 하기 위해 사용한다. 내담자와의, 내담자에 대한, 또는 상담관계에 대한 상담자 자신의 즉각적 감정을 내담자에게 털어놓는 기법이다.

예 내담자: 이제 모든 것이 좋아졌어요. 상담을 그만해도 될 것 같아요.

상담자: 그렇게 느끼신다니 의아하네요. 저는 ○○님을 볼 때마다 좀 답답함을 느끼는데요.

3.3 실행단계

탐색과 통찰에 근거하여 내담자가 어떤 행동을 취해야 할 것인가를 도우며 변화를 측정하고 행동계획을 수정하도록 돕는다.

1) 실행단계에서 활용 가능한 기법

① 정보 제공

특정자료, 사실, 자원, 상담과정에 대한 자료와 의견을 제공한다.

예 내담자: 상담은 언제까지 할 수 있나요?

상담자: 우리가 약속한 남은 한 달 동안 만나실 수 있습니다.

② 직접적 안내

조언, 지시 등을 통해 변화를 촉진한다.

예 상담자: 이번 주 과제는 생활 속에서 화가 날 때마다 그 상황을 기록해 오시는 겁니다.

③ 피드백 주기

행동에 초점을 맞추어 지침과 지지 등을 제공한다.

예 상담자: 어제 남편에게 여행을 가자고 하셨다니 용기있게 잘 말씀하셨네요. 부부여행을 가시게 된다면 주로 얘기하기보다는 남편의 얘기를 들어보세요.

④ 지지와 승인

이 단계에서는 실행이 중요하므로 작은 행동 변화에 대해서도 지지와 격려를 제공한다.

예 상담자: 그렇게 하셨다니 참 다행이네요. 잘하셨어요.

• 참고자료

- 클라라 힐 외 저(2001), ≪상담의 기술≫, 학지사.
- 김계현 저(1997), ≪증보판 카운슬링의 실제≫, 학지사.
- 이장호 저(1995), ≪상담심리학≫, 박영사.
- 이장호 저(2005), ≪상담면접의 기초≫, 중앙적성출판사.

핵심 Summary

1. 상담의 기본적 기법

이론이나 상담목표에 한정되지 않는 공통적인 상담의 기술이 있다.

- **경청**: 내담자의 말과 행동에 상담자가 선택적으로 주목
- **반영**: 내담자의 말을 상담자가 다른 참신한 말로 바꾸어 전달해주는 것
- **공감**: 상담자의 입장을 유지하되 마치 내담자인 것처럼 감정을 이해하는 것
- **명료화**: 내담자의 말 속에 내포된 의미를 좀 더 명확하게 전달해주는 것
- **직면**: 내담자가 모르거나 인정하기 거부하는 생각과 느낌에 주목하도록 하는 것
- **해석**: 내담자의 표면적 행동 이면의 관계, 의미에 대한 가설을 제시하는 것
- **개방형 질문**: 보다 포괄적으로 답하도록 모든 반응의 길을 터놓는 질문
- **폐쇄형 질문**: 어떤 특정한 답변을 요구하며 '예, 아니오'로 답할 수 있는 질문

2. 각 이론에 따른 상담기법

- **정신분석적 상담**: 자유연상, 꿈의 분석, 저항의 해석, 전이의 해석을 통한 무의식적 동기 분석
- **인간중심적 상담**: 진솔성, 무조건적 긍정적 존중, 공감적 이해 등의 태도적 조건
- **행동주의적 상담**: 강화, 단계적 둔화, 주장 훈련 등의 기법
- **인지행동적 상담**: 인지적 논박, 정서적 논박, 행동적 논박 기법
- **게슈탈트적 상담**: 빈 의자 기법, 책임지기, 과장하기, 뜨거운 자리 등 자각의 기법

3. 3단계 상담모델에 따른 상담기법(Clara Hill & Karen O'Brien)

- **탐색단계**: 주의집중, 경청, 감정 반영, 재진술, 개방형 질문 등을 통한 치료적 관계의 발전
- **통찰단계**: 도전, 해석, 자기개방, 즉시성 등을 통한 통찰과 이해 구축
- **실행단계**: 정보 제공, 직접적 안내, 피드백, 지지와 승인 등을 통한 행동 변화

기출문제 및 예상문제 풀이

◎ 기출문제

1. 각 상담방법에서 공통적으로 요구되는 상담대화 기법에 대해 논하시오.

(서울교대 교육대학원 상담심리전공)

각 상담이론에 따라 다양한 대화의 기법이 있으나, 효율적 상담자는 어느 한 이론에 따른 상담기법에 한정되지 않는다. 즉, 내담자에 따라 다양한 상담기법을 활용할 필요가 있다.

이론이나 상담목표는 다르더라도 공통적으로 사용되는 상담기법으로는 경청, 공감, 반영, 직면 등이 있으며, 질문기법으로는 개방형 질문과 폐쇄형 질문을 들 수 있다.

경청이란, 내담자의 말과 행동에 상담자가 선택적으로 주목하는 것을 말한다. 즉, 상대적으로 더 비중을 두어야 할 말과 행동을 선택하여 주목함으로써 내담자가 특정한 문제에 대해 탐색하도록 돕는 기법이다.

반영이란, 내담자의 말과 행동에서 표현된 감정, 생각, 태도 등을 상담자가 다른 참신한 말로 바꾸어 내담자에게 전달해주는 것이다.

공감이란, 상담자로서의 입장은 유지하되, 내담자의 경험의 장에서 마치 내담자인 것처럼 내담자의 감정을 이해하는 것이다. 공감에서 중요한 것은 반응기법이 아니라 내담자를 진솔하게 대하는 태도일 수 있다.

직면이란, 내담자가 미처 모르고 있거나 인정하기를 거부하는 생각과 느낌, 또한 불일치되는 말과 행동 등에 대해 주목하도록 하는 것이다. 직면의 목적은 내담자의 부정적 측면에만 초점을 맞추어 내담자 자신의 한계를 깨닫도록 하는 데 있지 않고, 미처 깨닫지 못한 자신의 자원과 능력을 주목하게 하는 데도 활용할 수 있다.

질문기법 중 개방형 질문은 내담자로 하여금 관점, 의견, 사고, 감정을 개방적으로 탐색하도록 보다 포괄적으로 질문하여 다양한 답변을 유도할 수 있도록 한다. 반면, 폐쇄형 질문은 내담자에게 어떤 특정한 답변을 요구하는 질문이다. 주로 구체적인 정보를 요청하는 것으로 내담자는 '예' 또는 '아니오'나 단답형으로 답하게 된다. 상담대화에서는 폐쇄형 질문보다는 개방형 질문이 더 효과적이다.

2. 해석이란 무엇이며, 그 일반적 지침들은 무엇인지 쓰시오. (가톨릭대 특수대학원 상담심리전공)

해석이란, 내담자의 표면적인 행동 이면의 관계 및 의미에 대한 가설을 제시하는 것이다. 즉,

내담자에게 그의 생활경험과 행동의 의미를 설명하여 자신의 문제를 새로운 각도에서 볼 수 있도록 돕는 것이다. 상담에서의 해석은 내담자의 무의식에 관한 분석적 전문성을 요한다.

해석에 있어 중요한 것은 해석의 대상, 해석의 시기 그리고 해석의 제시형태다. 먼저 해석의 대상은 상담과정의 단계에 따라 주의깊게 행해져야 할 것이다. 상담 초기에는 상담에 대한 잘못된 기대와 소극적인 태도를 해석할 필요가 있으며 상담이 점차 진행됨에 따라서 내담자의 방어기제나 문제에 대한 생각, 느낌, 행동 패턴 등을 해석의 대상으로 삼는다. 그리고 상담의 종결시에는 다소 일반적인 내용을 다루면서 해석의 횟수를 줄이는 것이 필요하다. 해석의 시기는 매우 중요한데, 내담자가 받아들일 준비가 되어 있다고 판단될 때 조심스럽게 제시하는 것이 필요하다. 즉, 내담자가 거의 깨닫고는 있으나 확실하게 개념화하지 못하고 있을 때 해석해주는 것이 가장 효과적이다. 해석의 제시형태로는 가설, 질문형태, 반복적 제시 등이 있다. 상담자가 판단한 내용을 암시적이거나 잠정적으로 표현하는 것이 바람직하며, 내담자로부터 저항을 받게 되면 적절한 때에 경험적 증거와 함께 해석을 반복할 필요가 있다.

3. 공감이란 무엇이며, 상담에서 적절한 공감은 내담자에게 어떤 효과를 지니는지 설명하시오.

(가톨릭대학교 일반대학원 상담심리전공)

공감이란, 상담자가 내담자의 입장이 되어 내담자를 깊이 이해하면서도 상담자 본연의 자세를 잃지 않는 것으로 동감이나 동일시와는 다르다. 상담자가 내담자의 감정을 공감하고 있다는 것이 내담자에게 전달될 때, 내담자는 자신이 이해받고 있다는 느낌을 갖게 되어 자기탐색과 자기이해의 길로 들어서게 된다. 즉, 공감의 치료적 효과는 내담자의 소외감과 외로움을 해소하며 내담자에게 자신의 있는 모습 그대로도 가치있다는 느낌을 가지도록 한다. 또한, 수용적이고 비판단적이기 때문에 내담자 스스로 부여해왔던 한계에서 벗어나 자유로울 수 있는 기회를 제공한다. 이를 통해 자기에 대한 새로운 측면을 지각하게 됨으로써 자기에 대한 이해와 확인이 일어난다. 이러한 공감에서 중요한 것은 반응기법이 아니라 내담자를 진솔하게 대하는 태도일 수 있다.

◎ 예상문제

1. 상담의 진행과정별로 활용 가능한 주요한 상담기법을 논하시오.

3단계 상담모델(Clara Hill & Karen O'Brien)에 따라 상담의 진행과정별로 주로 사용되는 상담기술을 살펴보자.

내담자와의 라포형성 및 내담자의 자기탐색이 중요한 탐색단계에서는 주의집중 및 경청, 개방형 질문, 재진술, 감정반영 등이 주로 활용될 수 있다. 생각과 감정, 행동 속에서 규범을 결정하고 새로운 통찰과 이해를 구축할 수 있도록 노력하는 통찰단계에서는 탐색단계의 기술을 바탕으로 하면서 도전하기, 해석, 직면, 자기개방, 즉시성 등의 기술을 활용할 수 있다. 그러나 이러한 기법들을 활용할 때는 내담자와의 라포형성을 전제로 한다.

탐색과 통찰에 근거하여 내담자가 어떤 행동을 취해야 할 것인가를 도우며 변화를 측정하고 행동계획을 수정하도록 돕는 실행단계에서는 정보 제공, 직접적 안내, 지지와 승인, 피드백 주기 등의 기법이 적절하게 활용될 수 있다.

2. 상담관계를 촉진할 수 있는 상담기법에 대해 쓰시오.

상담의 초기 단계에서는 내담자의 자기 탐색 및 개방을 촉진할 수 있도록 하는 신뢰관계의 형성이 무엇보다 우선이다. 이러한 상담관계를 촉진할 수 있는 상담기법으로는 주의집중 및 경청, 공감, 반영 등의 기법을 들 수 있다. 우선, 내담자의 말과 행동을 주의깊게 경청하는 것은 상담을 성공적으로 이끄는 데 필수적이라고 할 수 있다. 내담자가 말할 때 상담자가 집중하여 진지한 관심을 나타냄으로써 내담자와 함께 있음을 알릴 수 있다. 또한, 내담자의 감정을 반영하거나 정확하게 공감함으로써 내담자는 이해받고 있다는 느낌을 받게 되며, 이러한 느낌은 상담에서의 치료적 관계를 촉진시킬 수 있다. 그 밖에도 인간중심적 상담에서의 3가지 중요한 상담자 태도인 진솔성, 무조건적 긍정적 존중, 공감적 이해는 상담관계를 추진시키는 필수요소라 할 수 있다.

※ 5장 '2.2 인간중심적 상담' 참고

사례적용 연습

1. 30년의 결혼생활 동안 대화가 통하지 않고 일방적으로 지시하거나 자신의 말만 쏟아내는 남편으로 인해 답답함과 무기력함을 호소하는 김 모 주부가 상담실을 찾아왔습니다. 이러한 내담자와의 첫 면접에서 상담자는 어떤 상담기법을 활용하면 좋을까요?

※ 촉진적 관계 형성, 탐색, 경청, 공감, 반영.

2. 대학생 L은 사이버대학에서 상담심리학을 공부하고 있는 친구 K에게 자신의 고민을 털어놓았다가 오히려 상처를 받았습니다. 그 이유는, 현재 남자친구가 아무래도 다른 여자를 만나고 있는 것 같다고 친구에게 말했더니, "그건 너희 아버지의 외도로 인한 너의 어린 시절 상처 때문이야. 남자친구는 문제가 없고, 네가 편집증이라는 정신장애를 앓고 있는 거야."라는 말을 들었기 때문입니다. 이 경우 친구 K는 어떤 상담기법을 잘못 사용한 걸까요? 또한 L이 상처받지

않게 같은 내용을 전달하려면 어떻게 하면 좋을까요?

※ 공감, 수용, 해석의 시기.

3. 초보 상담자 M은 상담실습 훈련에 참가하여 가상으로 상담자 역할을 하였는데, 내담자 역할을 맡았던 동료로부터 '취조받는 느낌이다'라는 피드백을 받았습니다. M은 상담 중에 함부로 조언하는 것은 좋지 않다는 교육을 받았기 때문에 열심히 경청하면서 가끔씩 질문만 했을 뿐인데, 왜 그런 피드백을 받게 되었는지 이해가 되지 않았습니다. M이 놓친 부분은 무엇일까요? 그리고 주로 어떤 질문기법을 활용했을까요?

※ 개방형 질문, 폐쇄형 질문.

생각할 거리

1. 공감의 기법을 열심히 연습했지만 내담자에게 공감이 잘 되지 않을 때는 자신의 어떤 부분을 돌아보면 좋을까요?

※ 공감, 역전이(2장, 5장 참고).

2. 이론적 배경에 무관하게 기본적인 상담기법들이 있다면 어떻게 익히고 훈련해야 할까요?

※ 상담의 기본적 기법(5장 참고).

3. 내담자에 대한 비판단적인 태도와 상담자가 사용하고자 하는 기법들을 어떻게 적절하게 조화시킬 수 있을까요?

※ 상담자의 태도(1장, 2장 참고), 상담의 기법(5장 참고).

나만의 Summary

상담심리 가이드북

Chapter 6
상담에서 활용되는 심리검사

심리검사는 상담에서 내담자의 호소문제를 이해하고 상담의 목표를 설정하거나 내담자의 의사 결정에 도움을 줄 수 있다. 이때 상담자가 지녀야 할 태도와 심리검사 사용에 대한 지침을 알고 있을 때 보다 효율적으로 심리검사를 활용할 수 있다.

본 단원에서는 심리검사란 무엇이며, 어떻게 심리검사를 선정하고 상담에서 활용할 것인지 살펴볼 것이다. 구체적으로 지능검사, 성격검사, 적성 및 흥미검사, 투사검사에 대해서 알아보고 활용방법을 숙지하도록 한다.

Zoom up

심리검사 선정조건

- 표준화검사
- 신뢰도
- 타당도
- 객관성/실용도

심리검사 종류

- 지능검사
- 성격검사
- 적성 및 흥미검사
- 투사검사

상담에서 심리검사의 활용

- 내담자 이해
- 내담자 의사 결정 도움
- 상담목표 및 개입방법 설정
- 상담효과 평가

단원소개

학습내용 분석	참고사항
1. 상담과 심리검사	
1.1 심리검사	
1.2 심리검사의 요건	*신뢰도, 타당도, 규준
1.3 심리검사의 분류	
1.4 심리검사의 유형	
2. 지능검사	*지능검사별 특징
2.1 스탠포드 지능검사	
2.2 고대-비네검사	
2.3 웩슬러 지능검사	
2.4 K-WISC-Ⅲ	
3. 성격검사	*성격검사별 특징
3.1 MMPI	
3.2 MBTI 성격유형 검사	
4. 적성 및 흥미검사	
4.1 GATB 직업적성검사	
4.2 흥미검사	
5. 투사검사	*투사검사의 특징과 비교
5.1 로르샤하	
5.2 주제통각 검사(TAT)	

*표기는 기출문제 빈도가 높은 내용의 핵심용어.

1 상담과 심리검사

1.1 심리검사

심리검사란, 개인의 지능, 성격, 흥미, 태도 등과 같은 '심리적 구성개념(psychological constructs)을 수량화할 수 있도록 만들어 놓은 표준화된 측정도구'를 말한다.

상담에 있어서 심리검사란, 개인의 심리적 특성을 객관적으로 측정하기 위한 도구로서 내담자와 상담을 하기 위해 필요한 가장 기본적인 정보를 얻을 수 있는 수단이다. 내담자 특성에 대한 이해뿐 아니라 심리검사를 실시하고 해석하는 과정에서 상담자와 내담자를 연결시켜주기도 하고, 내담자와 어떻게 상호작용을 이끌어갈 것인지, 구체적으로 어떠한 상담 전략을 구상할 것인지에 필요한 객관적인 정보를 제공해주기도 한다.

1.2 심리검사의 요건

1) 표준화검사(standardized test)

표준화검사는 누가 사용하더라도 검사의 실시·채점·해석이 동일하도록 모든 형식과 절차가 엄격하게 통제된 검사를 의미한다. 따라서 표준화검사는 검사의 구성과 문항의 표집이 엄격한 예비조사를 통해 이루어졌고, 타당도와 신뢰도가 보장되며, 상대적 비교가 가능한 규준을 갖추고 있는 심리검사다(서울대학교 교육연구소, 1994).

멘티 표준화검사에서 상대적 비교가 가능한 규준이란 무엇을 말하나요?

멘토 규준(norm)이란, 심리검사에서 얻은 원 점수의 상대적 위치를 나타냅니다. 흔히 심리검사 결과 제시된 원 점수가 어떤 의미인지 궁금할 것입니다. 이때 그 원 점수를 규준에 비추어 상대적 위치나 정상/이상 수준을 파악할 수 있게 되는 것입니다.
규준에는 연령규준, 학년규준, 지역규준 등이 있지요. 연령규준이란, 개인의 점수를 규준집단에 있는 사람들의 연령에 비교하여 몇 살에 해당되는지를 해석하는 방법(예 스탠포드-비네 지능검사)이고, 학년규준이란, 학년별 평균이나 중앙치를 이용해서 해석하는 방법(예 성취도검사)입니다.

2) 신뢰도

신뢰도(reliability)는 그 검사가 '얼마나 정확하게' '오차 없이' 측정하고 있느냐와 관련된 측정의 정확성을 말한다. 신뢰도가 높은 검사는 같은 대상에게 시간을 달리해서 실시하여도 안정적으로 일관성 있는 결과를 얻게 된다. **예 신뢰도 측정방법**: 검사-재검사 신뢰도, 반분 신뢰도, 내적일관성 신뢰도, 채점자 간 신뢰도

> **멘티** 신뢰도가 어느 정도일 때 믿을 만한 심리검사라고 볼 수 있나요?
>
> **멘토** 검사-재검사 신뢰도의 시기는 보통 3주 정도입니다. 그리고 대표적인 내적일관성 신뢰도인 Cronbach β 계수가 .80 이상일 경우 그리고 반분 신뢰도는 전후 반분 신뢰도보다 홀짝 반분 신뢰도가 더 믿을 만하다고 보시면 됩니다.

3) 타당도

타당도(validity)는 심리검사가 측정하려고 하는 내용을 얼마나 제대로 측정하고 있느냐의 문제다. 즉, 타당도란 '무엇을' 측정하고 있느냐, 그리고 측정하려는 것을 어느 정도 충실히 측정하고 있느냐의 개념이다. **예 타당도 측정방법**: 내용 타당도, 구인 타당도, 준거 관련 타당도(공인 타당도, 예언 타당도) (※ 6장 기출 문제 1 참고)

4) 객관도

객관도(objectivity)는 주로 채점이 객관적인 것을 말한다. 어느 것을 정답과 오답으로 하느냐가 확실하며 채점이 용이한 것이 표준화검사다.

5) 실용도

실용도(practicality)는 실제 검사를 활용할 때의 정체성과 간편성의 문제다. 검사의 구입과 실시의 간편성, 채점 등에 소요되는 경비, 검사실시 소요시간 등이 얼마나 실용적인가에 대한 개념이다.

> **멘티** 심리검사 결과는 점수가 여러 개 나옵니다. 어떤 것을 보아야 할까요?
>
> **멘토** 원 점수(raw score)란, 실시한 심리검사를 채점해서 얻은 최초의 점수를 말합니다. 백분위 점수란, 특정 원 점수 이하인 사례의 비율로 표시한 것(%)으로 개인이 규준집단에서 차지하는 상대적인 서열과 위치를 파악하는 것인데요. 예를 들어, 백분위 점수가 98%이면 100명 중 상대적 서열이 앞에서 두 번째임을 말합니다.

표준 점수란, 원 점수처럼 절대평가가 아닌 상대평가 점수(예 T점수(평균 50, 표준편차 10으로 나눔), Z점수(평균 0, 표준편차 1), 스태나인(원 점수를 1~9까지 범주로 나눔))을 말합니다. 결론적으로 심리검사 결과를 볼 때는 원 점수 < 백분위 점수 < 표준 점수를 보는 것이 보다 정확하다고 볼 수 있습니다.

· 매우 높음: 백분위 점수 98%, Z점수 +2, T점수 > 70
· 매우 낮음: 백분위 점수 2%, Z점수 −2, T점수 < 30

1.3 심리검사의 분류

1) 검사 내용에 의한 분류

- 능력검사: 지능, 적성, 학력과 같이 개인의 능력적인 면을 측정하는 검사
- 성향검사: 인성, 성격, 흥미, 태도, 가치관 등 개인의 특성을 알아내는 검사

2) 검사 형태에 의한 분류

① 표준화에 의한 분류

- 표준화 검사: 표준화된 절차를 거쳐서 제작된 검사
- 비표준화 검사: 표준화된 절차를 거치지 않은 검사(신뢰도, 타당도, 규준 없음)

② 실시대상 인원 수에 의한 분류

- 개인검사: 1대 1상황에서 실시하는 검사
  예 K-WAIS, KEDI-WISC, K-ABC, BGT, DAP
- 집단검사: 검사자 1인이 피검사자 여러 명을 대상으로 하는 검사

③ 검사도구에 의한 분류

- 지필검사(paper & pencil test): 검사지와 필기도구만으로 하는 검사
- 기구(도구)검사: 기구, 기계로 하는 검사 예 K-WAIS 지능검사에서 토막 맞추기, 빠진 곳 찾기, 토막 짜기, 모양 맞추기, 바꿔쓰기, GATB 적성검사에서 손의 재치, 손가락의 재치

④ 검사측정 방법에 의한 검사

- 속도검사: 검사실시 시간을 엄격히 제한하는 검사로 숙련도를 측정. 속도검사는 비교적 쉬운 문제로 구성되며, 시간을 제한하므로 답을 몰라서 풀지 못하는 것이 아니라 시간이 부족해서 풀지 못한 경우가 많다. 예 GATB 타점속도, 표식검사, 종선기입 검사

- **역량검사**: 검사실시 시간을 제한하지 않는 검사. 어려운 문제로 구성되며 문제해결력을 측정. 따라서 역량검사는 시간이 부족해서 못 푸는 것이 아니라 문제의 답을 몰라서 못 푸는 경우가 많다.

멘티 상담심리사와 임상심리사는 어떤 차이점이 있나요? 상담심리사도 심리검사를 실시할 수 있는지요?

멘토 상담심리사는 심리교육, 개인 및 집단상담, 심리검사가 주요 업무이고 상담의 목적은 문제해결과 건강한 사람을 보다 성장시키는 데 두고 있어요. 그래서 상담심리사의 상담 장면은 주로 학교, 기업체, 복지관, 상담센터 등이 배경이지요. 반면, 임상심리사는 주로 병원 장면에서 정신과 의사와 함께 약물치료 및 심리치료를 실시하며 전문적인 심리평가가 주된 업무입니다. 그러면 상담심리사는 심리검사를 사용할 수 없는 것일까요? 그렇지는 않습니다. 부록에 나와 있는 상담심리사의 윤리요강을 살펴보면, 상담심리사 또한 심리검사에 대한 엄격한 수련과 슈퍼비전을 받은 후 실시하도록 되어 있습니다. 현실적으로 전문적인 상담수련을 거치는 데도 많은 시간이 할애되므로, 기본적인 심리검사(성격검사, 지능검사, 적성 및 흥미검사) 실시에 대한 요건을 갖춘 후 보다 장기간의 고도화된 수련이 필요한 투사검사(로르샤하, TAT 등)를 실시해야 할 경우는 임상심리사에게 심리검사를 의뢰하는 것이 바람직합니다.
임상심리사는 개인상담 및 집단상담을 하지 못하는 것일까요? 임상심리사의 경우 심리평가가 우선이지만, 현실적으로 보다 다양한 장면에서 심리치료를 하기 위해서 개인 및 집단상담에 관련된 수련을 거친 후 상담을 하기도 합니다. 결국 최근에는 임상심리와 상담심리 전공의 경계가 크게 구분되지 않고 있다고 보면 됩니다.

1.4 심리검사의 유형

1) 객관적 검사(objective test)

객관적 검사는 심리검사의 실시, 채점, 해석의 규준이 객관적으로 제시되어 있는 표준화된 검사이며, 신뢰도, 타당도의 조건이 갖추어진 검사로서 심리검사 실시 매뉴얼인 검사요강에 따른다. 따라서 심리검사자의 주관성이 자료의 수집과 평가, 해석과정에 개입될 여지가 최소화된다.

- **검사 종류**: 지능검사(K-WAIS, K-WISC, K-ABC, WWIPSI, 고대-비네검사), 적성검사(GATB), 벤더게슈탈트 검사(Bender Gestalt Test : BGT)

2) 투사적 검사(projective test)

투사검사는 모호하고 불분명한 시각적 자극을 제시하여 내담자의 욕구, 경험, 내적 상태,

소망, 사고과정 등 개인의 동기나 내면세계가 외부로 나타나도록 하는 것이다. 투사적 검사에 대한 내담자의 반응은 주로 문장완성, 연상, 이야기 반응 등의 다양한 형태로 나타난다.

이때 검사자는 주관성과 복잡성에 따라 반응을 분류하고, 개인의 특성과 관련된 인상이나 추론을 통해 해석과 채점을 이끌어낸다. 따라서 검사자의 주관이 많이 개입될 수 있으므로, 장기간의 전문적인 훈련과 많은 임상경험이 요구된다.

- **검사 종류**: 로르샤하검사(Rorschach Test), 주제통각 검사(TAT), 문장완성 검사(SCT), 인물화 검사(DAP)

멘티 어떤 내담자들에게 주로 투사검사를 실시하게 됩니까?

멘토 투사적 검사는 다양한 반응을 있는 그대로 이끌어낼 수 있으며, 방어가 불가능하여 내담자의 의식적인 수준을 넘어 심층적인 내면을 파악하는 데 도움이 됩니다. 따라서 사회적으로 바람직한 응답을 하는 경향이 있거나 지나치게 방어적인 내담자, 언어적 이해수준이 낮거나 지적수준이 낮아 자기보고식 검사에 적합하지 않는 내담자에게 보다 적합하다고 볼 수 있습니다.

3) 자기-보고형 검사(self-report test)

내담자가 검사지에 직접 기입하는 방식으로 이루어지며 내담자가 느끼는 어려움의 정도를 알아볼 수 있다.

- **검사 종류**: MMPI, 캘리포니아 성격 검사(CPI), MBTI, SCL-90-R

멘티 심리검사를 실시하기 위한 자격증이 별도로 있는지요?

멘토 상담심리사 수련과정에서 기본적인 심리검사를 실시할 수 있는 훈련이 있지만, 보다 전문적인 자격증을 요구하는 경우도 있답니다. 예를 들면, Strong 직업흥미 검사 전문가, MBTI 전문강사 같은 경우가 해당됩니다. MBTI 전문 자격과정은 MBTI 검사를 다루는 장에서 참고하기 바랍니다. (6장 3.2의 3)에서 '멘토' 참고)

그 밖에도 자격증 과정은 아니지만 보다 전문적인 수련과정을 거치지 않고는 실시와 해석이 어려운 경우들이 많습니다. 상담연구소 등에서 실시하는 심리검사 교육과정은 주로 다음과 같은 홈페이지를 활용하면 도움이 될 거예요.

- 한국임상심리학회(www.kcp.or.kr)
- 한국상담심리학회(www.krcpa.or.kr)
- 한국상담학회(www.counselor.or.kr)
- 카운피아(www.counpia.com)

2 지능검사

지능검사(intelligence test)란, 개인의 총체적이고 잠재적인 적응능력을 평가하기 위해 표준화된 절차를 거쳐 제작된 정신기능 측정검사다. 이러한 지능은 교육환경 및 직업경험, 현재의 정서적 상태 및 기질적·기능적 정신장애, 현재의 상황요인에 따른 상호작용의 결과로 나타난다고 볼 수 있다.

멘티 지능검사를 할 때 주의할 점은 무엇입니까?

멘토 능력을 측정하는 심리검사이므로 특별히 내담자가 자신의 능력을 최대한 발휘할 수 있는 편안한 분위기를 유도하는 것이 중요합니다. 불안과 저항을 예방하기 위해서 상담자는 지능검사를 왜 하는지 그 목적을 알려주고 이완시켜주도록 합니다. 특히, 시간제한이 없는 검사에서는 충분히 응답할 시간적 여유를 주도록 하며, 모호하거나 이상하게 응답되는 문항은 다시 질문하여 확인하고, 내담자의 반응에 대한 구체적인 내용, 반응 양식, 언어 표현, 심리검사에서 보이는 행동특성 등을 잘 관찰하도록 합니다.

2.1 스탠포드 지능검사

스탠포드 지능검사(Standford-Binet Intelligence Test)는 1916년에 표준화되었고, 다른 지능검사의 타당도를 확인하는 준거타당도로 많이 사용되어질 정도로 잘 알려진 지능검사다. 스탠포드 지능검사는 정신연령을 기준으로 한 비율 IQ 검사라는 점이 그 특징이다.

$$\frac{\text{정신연령}}{\text{생활연령}} \times 100 = \text{지능지수(IQ)}$$

예 정신연령이 11세이고, 생활연령이 10세인 내담자의 지능지수는 110이다.

하지만 이러한 지능지수 산출방식의 경우, 20세 이상은 자동적으로 100 이하의 IQ점수를 받게 되어, 10대에만 해당되는 한계점이 있다. 이러한 비율 IQ검사의 단점을 없애고자, 1937년 개정판에서는 편차 IQ로 바꾸어 각 연령별 평균 100, 표준편차 16인 표준점수로 개정하였다. 편차 IQ는 개인의 지적 수준을 그 연령 집단 평균치에서 이탈된 상대적 위치를 나타내어 비율 IQ의 단점을 보완한 것이다.

1984년 개정판 스탠포드-비네 지능검사에는 비언어적 특성에 대한 문항을 포함시킨 특징이 있으며, 4가지 인지영역(① 언어 추리, ② 추상적 · 시각적 추리, ③ 수량 추리, ④ 단기기억)을 포함하는 15개의 소검사로 구성되었다. 전체 검사시간은 약 1시간 15분이며, 모든 사람에게 15개의 소검사를 실시하는 것이 아니라 개인의 시작 수준에 따라 8~13개 검사로 구성된다.

2.2 고대-비네검사

4~15세 아동을 대상으로 하는 고대-비네검사는 스탠포드-비네검사(1937년 개정판)에 근거하여, 고려대학교 행동과학연구소의 전용신이 1970년에 한국판으로 표준화한 개인 지능검사다. 1971년 개정판에서 부족한 표집의 문제를 보완하고, 비율 IQ의 한계점을 편차 IQ로 변환하여 사용하고 있다.

2.3 웩슬러 지능검사

1) 검사에 대한 이해

K-WAIS는 미국뿐 아니라 국내의 임상장면에서 가장 많이 사용되는 지능검사다. 웩슬러 지능검사는 지적차원인 일반지능과 비 지적차원인 정신병리를 동시에 측정하기 위한 목적으로 개발되었다.

2) 검사의 구성

검사영역	소검사
언어성	기본지식 숫자 외우기 어휘 산수 이해 공통성
동작성	빠진 곳 찾기 차례 맞추기 토막 짜기 모양 맞추기 바꿔쓰기

3) 해석

– 단계적 해석과정

① 1단계: 개인 간 편차 분석(전체 IQ 해석)

<table>
<tr><th>IQ</th><th colspan="2">분 류</th></tr>
<tr><td>130 이상</td><td colspan="2">최우수 (very superior)</td></tr>
<tr><td>120~129</td><td colspan="2">우수 (superior)</td></tr>
<tr><td>110~119</td><td colspan="2">평균 상 (high average)</td></tr>
<tr><td>90~109</td><td colspan="2">평균 (average)</td></tr>
<tr><td>80~89</td><td colspan="2">평균 하 (low average)</td></tr>
<tr><td>70~79</td><td colspan="2">경계선 (borderline)</td></tr>
<tr><td rowspan="5">69 이하</td><td colspan="2">정신지체 (mental retardation)</td></tr>
<tr><td>경 도</td><td>50~55부터 69까지</td></tr>
<tr><td>중등도</td><td>35~40부터 50~55까지</td></tr>
<tr><td>중 증</td><td>20~25부터 35~40까지</td></tr>
<tr><td>극 심</td><td>20~25 이하</td></tr>
</table>

– 기타 : 병전 지능 추정(지능검사의 소검사 중 비교적 잘 변하지 않는 안정적 소검사인 어휘문제, 기본지식, 토막 짜기 파악)

② 2단계: 개인 내 편차 분석(언어성 IQ와 동작성 IQ 간 유의미한 차이 비교, 해석)
20점 이상 차이가 나는 경우, 유의미한 차이가 있다고 본다.

- 언어성 〉 동작성: 대체로 학력이 높고 교육적 요소에 의한 지적활동이 지배적이나 새로운 상황에 대한 대처능력은 부족할 수 있다.
- 언어성 〈 동작성: 교육수준은 대체로 낮은 편이나, 일상생활에서의 대처능력은 뛰어난 편이다.

③ 3단계: 개인 내 편차 분석(언어성 IQ 소검사와 동작성 IQ 소검사들 간의 분석)
평균에서의 이탈 정도와 어휘문제 점수를 기준으로 한 이탈 정도를 파악한다.

④ 4단계: 종합소견서 작성

멘티 웩슬러 지능검사에서 어느 정도로 점수가 나오면 정신지체로 진단할 수 있을까요?

멘토 69점 이하가 나오는 경우는 정신지체를 의심해볼 수 있습니다. 하지만 지능검사의 점수결과로만 내담자의 상황을 보지 말고, 쉬운 문항은 실패했으나 어려운 문항은 성공한 경우, 지나치게 구체적인 반응, '차례 맞추기'에서 카드의 순서는 올바르게 맞추지만 내용을 제대로 설명하지 못하는 경우 등의 세부적인 반응 특성에 대한 행동관찰을 토대로 종합적인 소견서를 작성하는 것이 바람직합니다.

4) K-WAIS의 특징

- 성인용 지능검사지만 중·고등학생뿐 아니라 대학생에게도 사용할 수 있다.
- 편차 IQ를 사용하였기 때문에, 연령집단 평균치에서 이탈된 상대적 위치로 정확하게 표현할 수 있다.
- 언어성 검사와 동작성 검사가 포함되어 있고, 언어성 검사에는 6개의 소검사로 동작성 검사에는 5개의 소검사로 구성되어 있어 인지기능 전반에 대한 평가가 가능하다. 언어성 IQ와 동작성 IQ를 통해 전체 IQ를 측정할 수 있다.
- 모든 문제를 구두나 동작으로 제시해주고 결과도 검사자가 직접 기록하므로 문맹자에게도 실시가 가능하다.
- 신뢰도와 타당도가 입증되어 있다.
- 단, 지능이 아주 높거나 아주 낮은 사람에게는 적절하지 못하다.

2.4 K-WISC-III

1) 검사에 대한 이해

웩슬러 지능검사의 하나이며, 6~16세 아동을 대상으로 한 지능검사로 2001년에도 제작되었다.

- 실시순서: 빠진 곳 찾기 → 상식 → 기호 쓰기 → 공통성 → 차례 맞추기 → 산수 → 토막 짜기 → 어휘 → 모양 맞추기 → 이해 → 동형 찾기 → 숫자 → 미로

2) 검사의 구성

검사영역	소검사	측 정 내 용
언어성 검사	상 식	일상적인 사건, 장소, 물건, 사물에 대한 지식을 알아보기 위한 것. 장기기억.
	공통성	두 가지 사물이나 개념 간의 적당한 관계를 파악하고 말로 나타내는 능력.
	산 수	수적인 지식과 관련된 정신적 집중과 주의능력/수적인 능력과 산수적으로 제시된 언어적 정보를 이해하고 통합하는 능력.
	어 휘	언어기능, 언어발달, 장기기억에 대한 정보 제공.
	이 해	경미한 언어손상이나 사고장애를 알아볼 수 있음/행동의 전통적인 규준에 대한 지식과 관련된 정보 제공/문화적 기회, 과거의 경험, 도덕관념에 의해 영향받음.
	(숫 자)	기계적 기억, 단기 청각기억, 주의집중에 대한 정보 제공.
동작성 검사	빠진 곳 찾기	중요부분을 구별하는 능력/유일하게 운동요소가 없는 동작성 소검사
	기호 쓰기	익숙하지 않은 과제를 학습하는 능력/눈-손의 협응력에 대한 정확성, 속도, 단기기억력, 집중력에 대한 주요 정보.
	차례 맞추기	여러 가지 색채의 그림들이 순서가 뒤섞인 채 제시/논리적인 이야기 순서로 재배열/계획능력, 예견, 시간 조직, 비언어적인 추론의 정도.
	토막 짜기	시공간적인 자료를 분석하고 통합하는 능력/시각-운동 협응력에 대한 정보 제공.
	모양 맞추기	부분들을 의미 있는 전체로 통합하는 능력과 시각운동 협응능력.
	(동형 찾기)	시각적 판단력/시각적 검사 능력/지각 판단력, 속도의 정확성, 주의집중력, 단기기억력에 대한 정보 제공.
	(미 로)	계획능력과 지각조직화 능력/예지, 시각-운동 협응력, 주의집중력.

멘티 비네검사와 WAIS 검사의 차이점은 무엇인가요?

멘토 비네검사는 전체 지능 총점을 가지고 지능을 판단하지만 WAIS 검사의 경우 일반 임상지능수준에 대한 평가뿐 아니라 영역별 검사에 대한 해석, 점수가 흩어진 정도나 프로파일 및 패턴 등의 해석을 통해 내담자들의 특성을 파악할 수 있습니다.

또한, 심리검사가 영역별 소검사로 묶여 있으면서 난이도별로 구성되어 있어 중학생~성인까지 모두 실시할 수 있습니다. WAIS 검사에서는 편차 IQ를 사용하기 때문에 지능검사 점수에 대한 상대적 수준을 파악할 수 있다는 장점이 있습니다.

3 성격검사

성격이란, '개인의 특징적인 행동과 사고를 결정하는 개인 내부의 정신-신체적인 체제의 역동적 조직(Allport, 1961)'으로, 성격검사(personality test)는 개인의 성격 특성을 측정 · 진단하기 위한 표준화검사다.

3.1 MMPI

MMPI(Minnesota Multiphasic Personality Inventory)는 환자집단의 반응에 의한 경험적 준거로, 정신병리의 측정 및 정신의학적인 진단분류를 목적으로 하는 진단용 성격검사다. 하지만 정상인을 대상으로 하는 성격검사로도 많이 사용되며, 사회적 상황에 대한 반응유형, 다른 사람과 관계하는 방식, 공격적인 경향, 긴장의 정도를 파악할 수 있다. MMPI는 처음 해서웨이(Hathaway)와 매킨리(McKinley)가 개발하여 총 566문항으로 구성하였는데, 검사를 실시하는 태도를 측정하는 4개의 타당도 척도와 개인적, 사회적 적응을 좌우하는 주요 임상적 특징을 객관적으로 측정하는 임상 척도 10개로 이루어져 있다.

1) 검사의 이해

〈MMPI 타당도 척도 및 임상 척도〉

척도 종류	척도명(약자)	기 호
타당도 척도	?, L, F, K 척도	
임상 척도	건강염려증 (Hypochondriasis : Hs)	1
	우울증 (Depression : D)	2
	히스테리 (Hysteria : Hy)	3
	반사회성 (Psychopathic Deviate : Pd)	4
	남성특성-여성특성 (Masculinity-Femininity : Mf)	5
	편집증 (Paranoia : Pa)	6
	강박증 (Psychasthenia : Pt)	7
	정신분열증 (Schizophrenia : Sc)	8
	경조증 (Hypomania : Ma)	9
	내향성 (Social introversion : Si)	0

① 타당도 척도

- ? 척도(무응답 척도) : 응답하지 않은 문항으로 내담자자의 방어성, 검사에 대한 불신, 부주의, 우울한 기분 등을 반영한다.
- L(Lie) 척도(거짓말 척도) : 실제보다 더 완벽하고 이상적인 모습, 즉 사회적으로 바람직한 모습(social desirability)으로 반응하였는지를 측정한다. 교육 및 사회경제적 수준이 낮은 사람이 점수가 더 높은 경향이 있다.
- F(Infrequency) 척도 : 주관적인 불편감과 정서적 혼란감을 반영하거나 실제보다 더 나쁘게 왜곡(faking bad)하여 보이려는 특성을 말한다.
- K(Defensiveness) 척도 : 세련되게 자신을 방어하고 긍정적인 면을 보이려는 특성으로, 중간 정도인 경우 자아강도가 높고, 현실적 적응이나 대처능력이 탁월하기도 하다.

② 타당도 척도의 4가지 형태

- ∧형(L, K ≤ 50T, F ≥ 60T) : 자신의 신체적 · 정서적 곤란감을 인정하고 도움을 적극적으로 요청하며(crying for help), 문제해결에 대한 자신이 없는 상태다. 상담 및 심리치료에 대한 자발적인 동기는 높은 편이다.
- ∨형(L, K ≥ 60T, F ≤ 50T) : 바람직하지 못한 감정이나 충동을 부인(denial)하고 회피하며, 타인에게 좋은 모습을 보이려고 하는 경향이 있다. 상담 및 심리치료에 대한 자발적인 동기는 낮은 편이다.
- / 정적 기울기(40T ≤ L ≤ F ≤ K ≤ 60T) : 적절한 문제해결 능력이 있고, 현재 심한 갈등이나 스트레스를 겪지 않는 전형적이고 정상인 프로파일로 대학교육을 받았거나 다른 폭넓은 경험을 한 사람일 가능성이 크다.
- \ 부적 기울기(40T ≤ K < F < L ≤ 60T) : 문제가 있지만 자신을 좋게 보이기 위해, 문제를 인정하지 않거나 문제해결을 원하지 않을 수 있다. 순진하고 교육수준이 낮으며 자신의 감정 및 욕구나 실생활에서 갈등이 있고 통제력이 부족하며, 심리적 개념들이 익숙하지 않아 통찰 중심의 상담은 부적절한 경향이 있다.

③ 임상 척도

척도 1. 건강염려증(Hs) : 자신의 신체적 기능 및 건강에 대하여 과도하게 병적인 관심을 갖고 있는 정도를 측정.

척도 2. 우울증(D) : 현재 자신의 상태에 대한 불만이나 우울과 불안을 측정.

척도 3. 히스테리(Hy) : 특정한 신체적 증상과 심리적, 정서적 문제에 대한 부정과 억압을 측정. 자기중심적인 특성이 있음.

척도 4. 반사회성(Pd) : 규범이나 규칙 준수에 어려움을 느끼며 비도덕적, 반사회적 성격 경향 정도를 측정.

척도 5. 남성특성-여성특성(Mf) : 성적 정체성, 직업 및 취미에 대한 관심, 심미적 및 종교적 취향 등을 측정. 남성이 높은 경우, 감수성이 예민하고 심미적 경향이 있으며 여성적 성역할을 선호. 여성이 높은 경우, 성취지향적이고 자기주장이 강하며 남성적 성역할을 선호하는 경향.

척도 6. 편집증(Pa) : 목표의식, 집착, 의심, 과민성, 피해의식의 정도와 증후를 측정.

척도 7. 강박증(Pt) : 과도한 공포와 불안을 측정(특히, 특성불안 관련을 측정).

척도 8. 정신분열증(Sc) : 현실적응 능력을 의미하며, 기괴한 사고방식이나 행동양식 측정. 점수가 높은 경우, 사회적 정서적으로 소외되어 있고, 인지적 및 동기적, 통제능력에 대한 자아통합 능력이 결여.

척도 9. 경조증(Ma) : 사고, 행동, 정서영역에서의 정신적 에너지를 측정. 부도덕성, 정신운동의 고양, 자만심이나 허풍으로 분류.

척도 0. 내향성(Si) : 자기비하, 사회적 회피, 소외감 정도를 측정.

멘티 사회적으로 물의를 일으키는 문제행동군의 경우 어떤 척도를 유심히 살펴보면 될까요?

멘토 신경증군의 경우는 Hs, D, Hy(Pt), 문제행동군의 경우는 Pd, Mf, Ma(Pa), 정신병군의 경우는 Pa, Sc(D, Ma)가 지표가 될 수 있습니다.

2) MMPI 해석

① MMPI의 일반적 해석 기준

일반적인 해석 기준은 다음 6단계로 구분할 수 있다.

1단계 : 타당도를 검토한다. 무응답 개수가 많거나 '모두 아니다' 혹은 '모두 그렇다'와 같은 불성실한 응답결과인지 확인한 다음, 타당도 척도의 형태분석을 한다(∧형, ∨형, 정적 기울기(╱), 부적 기울기(╲)).

2단계 : 개별 척도의 점수가 비정상범위(T>70 이상, MMPI-2는 T>65)에 속하는지를 검토해본다.

3단계: 척도별 연관성(혹은 인과성)에 대해서 분석한 후 코드 타입(code type)을 확인한다.

4단계: 개인 내적으로 비교해 보았을 때 점수가 조금 더 높거나 낮은 척도를 해석하고 가설을 만들어본다.

5단계: 낮은 임상 척도(T<30 이하)에 대해서 검토한다.

6단계: 타당도 및 임상 척도에 대한 형태적 분석을 시행한다.

7단계: 전체 프로파일에 대한 형태적 분석을 시행한다.

② 임상 척도 2개 척도 상승 쌍의 해석

- 1-2(Hs-D)/2-1(D-Hs): 주요 증상은 신체적 불편감과 통증, 건강에 대한 지나친 염려, 신체적 고통에 대한 호소다. 때로는 신체증상 호소를 통해 자신에게 주어진 책임이나 과제를 회피하고 타인을 조종하기 위한 이차적 이득이 깔려 있기도 하다.
- 1-3(Hs-Hy)/3-1(Hy-Hs): 주요 증상은 스트레스 발생 시 갑작스러운 신체증상으로 나타나는 전환증상이며, 주로 호소되는 신체증상은 두통, 흉통, 요통, 사지 떨림, 마비 등이다. 임상적 진단은 대부분 신체형 장애로 내려진다.
- 1-8(Hs-Sc)/8-1(Sc-Hs): 주요 증상은 신체장애에 대한 집착이며 때로는 이러한 집착이 너무 강하여 거의 망상적인 수준에 이른다. 여기에 동반되는 정서는 불행감, 우울감이며 때로는 정서가 메마르고 빈곤하다.
- 2-3(D-Hy)/3-2(Hy-D): 주요 증상은 피로감, 허약, 저하된 활동력, 신체적 증상이며, 여기에 현재 걱정이 많고 우울하며, 자신감이 부족하고 자기비하적인 면이 있고, 긴장, 불안, 초조 등의 우울과 불안의 정서가 동반된다.
- 2-4(D-Pd)/4-2(Pd-D): 현재 자신이 처한 상황에 대한 속박감을 느끼고, 이러한 상황을 해결하는 데 별다른 방법이 없다고 보아 불만감과 우울감을 느끼고 있는 상태다. 주요 증상은 충동적인 행동화로 충동성을 상황에 따라 적절하게 지연시키지 못함으로써 법률적인 문제를 일으키는 경우가 많다. 임상적 진단은 반사회적 인격장애가 많고 약물남용이나 범죄행위, 우울장애가 동반된다.
- 2-7(D-Pt)/7-2(Pt-D): 주요 증상은 불안, 긴장, 과민성, 우울정서, 신체적 증상이다. 이들은 신체적 혹은 상상된 위협에 대한 걱정이 심하며 정서적으로 쉽게 불안정해진다.
- 2-8(D-Sc)/8-2(Sc-D): 주요 증상으로는 불안, 초조, 긴장, 신경질적인 반응이 있으며 이와 동시에 혼란된 사고, 집중력 장애, 기억력 장애 등 지각적·인지적 장애가 동반

된다. 거의 만성적으로 적응능력이 떨어지며 상담 및 심리치료에 대한 예후는 밝지 못하다.

- 2–9(D–Ma)/9–2(Ma–D) : 주요 증상으로 긴장과 불안, 신체적 호소 등이 있으며 우울장애와 이러한 우울감을 방어하려는 과잉활동이 번갈아 나타난다. 흔한 임상진단은 양극성 장애다.
- 3–4(Hy–Pd)/4–3(Pd–Hy) : 주요 증상은 만성적이고 강한 분노감으로 적대적이고 공격적인 충동을 마음에 품고 있으나 이러한 감정을 적절하게 표현하지 못한다. 임상진단은 인격장애 특히 수동-공격적 인격장애가 흔히 내려진다.
- 4–6(Pd–Pa)/6–4(Pa–Pd) : 주요 증상은 억제된 분노와 적개심이라고 볼 수 있다. 이에 따라 나타나는 정서적, 신체적 증상은 모호하게 표현된다. 임상진단은 수동적-의존적 인격장애, 정신분열장애 망상형 진단이다.
- 4–8(Pd–Sc)/8–4(Sc–Pd) : 주요 증상은 충동 통제력 상실, 행동화, 정서불안정, 부적절한 행동이라고 볼 수 있다. 임상진단은 정신분열증장애 망상형이 흔하고 성격장애 진단도 흔하다.
- 4–9(Pd–Ma)/9–4(Ma–Pd) : 주요 증상은 사회규범과 가치관, 제도에 대해 무관심하거나 무시하며 반사회적 행위, 권위와 관련된 문제가 흔히 나타난다. 임상적 진단은 반사회적 성격장애가 흔하고 비행청소년들에게 많이 나타나는 유형이다.
- 6–8(Pa–Sc)/8–6(Sc–Pa) : 주요 증상은 명백한 정신증적 증상으로 사고연상 과정은 자폐적이고 산만하고 우회적이며 단편적이고 사고내용은 기괴하다. 집중력과 주의력 장애, 기억력 장애, 판단력 장애가 흔히 있다.
- 6–9(Pa–Ma)/9–6(Ma–Pa) : 쉽게 흥분하거나 화를 잘 내며 말이 많고 공격적일 가능성이 높다. 자신의 감정을 조절하여 표현하는 데 어려움을 겪을 수 있는데 과잉통제와 정서폭발을 번갈아 나타낼 수 있다.
- 7–8(Pt–Sc)/8–7(Sc–Pt) : 주요 증상은 극심한 정서적 혼란이다. 우울과 긴장, 정서적 불안이 호소되고 처음 상담상황에 노출될 때 극도의 공황상태인 경우가 많다.
- 8–9(Sc–Ma)/9–8(Ma–Sc) : 주요 증상은 심한 사고장애, 전반적인 정신증적 증상이다. 임상진단은 정신분열증 장애가 가장 흔하다.

3) MMPI-2

• 검사에 대한 이해

MMPI 개정판인 MMPI-2(Butcher, Dahlstrom, Graham, Tellegen, & Kaemmer, 1989)는 초등학교 6학년 수준 이상의 읽기능력을 가진 18세 이상의 내담자에게 사용이 가능하며, 청소년용은 MMPI-A로 14~18세 청소년에게 별도로 적용할 수 있다.

MMPI-2는 MMPI 566문항 중 16개의 중복문항을 삭제, 약물남용, 자살, Type A, 부부불화, 치료 순응 등을 포함시켜 총 567문항으로 구성되어 있다. 기존의 MMPI가 환자집단을 대상으로 표집한 것의 한계점을 극복하기 위해 정상인 표집으로 구성하였으며, 이러한 새로운 규준과 함께 심리적 문제를 진단하는 cut-off 점수는 65점으로 MMPI T점수 70점에 비해 낮게 나타났다.

<table>
<tr><th>척도 종류</th><th>척도명(약자)</th><th colspan="3">측정내용</th></tr>
<tr><td rowspan="3">타당도 척도</td><td>성실성</td><td colspan="2">? (무응답)
VRIN (무선 반응 비일관성)
TRIN (고정 반응 비일관성)</td><td>빠짐없이 문항에 응답했는지, 문항을 잘 읽고 응답하는지에 대한 정보</td></tr>
<tr><td>비전형성</td><td colspan="2">F (비전형)
F(B) (비전형-후반부)
F(P) (비전형-정신병리)</td><td>비일반적으로 반응했는지에 대한 정보</td></tr>
<tr><td>방어성</td><td colspan="2">L (부인)
K (교정)
S (과장된 자기제시)</td><td>자기모습을 과도하게 긍정적으로 제시하고자 했는지에 대한 정보</td></tr>
<tr><td rowspan="4">임상 척도</td><td colspan="2">임상 척도(10개)</td><td colspan="2">소척도(31개)</td></tr>
<tr><td colspan="2">건강염려증(Hs)</td><td colspan="2"></td></tr>
<tr><td colspan="2">우울증(D)</td><td colspan="2">D1 주관적 우울감
D2 정신운동 지체
D3 신체적 기능장애
D4 둔감성
D5 깊은 근심</td></tr>
<tr><td colspan="2">히스테리(Hy)</td><td colspan="2">Hy1 사회적 불안의 부인
Hy2 애정 욕구
Hy3 권태-무기력
Hy4 신체증상 호소
Hy5 공격성의 억제</td></tr>
</table>

임상 척도	반사회성 (Pd)	Pd1 가정불화 Pd2 권위불화 Pd3 사회적 침착성 Pd4 사회적 소외 Pd5 내적 소외
	남성특성-여성특성 (Mf)	
	편집증 (Pa)	Pa1 피해의식 Pa2 예민성 Pa3 순진성
	강박증 (Pt)	
	정신분열증 (Sc)	Sc1 사회적 소외 Sc2 정서적 소외 Sc3 자아통합 결여-인지적 Sc4 자아통합 결여-동기적 Sc5 자아통합 결여-억제부진 Sc6 기이한 감각경험
	경조증 (Ma)	Ma1 비도덕성 Ma2 심신운동 항진 Ma3 냉정함 Ma4 자아팽창
	내향성 (Si)	Si1 수줍음/자의식 Si2 사회적 회피 Si3 내적/외적 소외

• 검사에 대한 해석

임상 척도는 MMPI와 동일하며 상승된 임상 척도(T > 65)가 있으면 해당 소척도를 살펴보고 어떤 요인이 임상 척도 상승에 기여했는지 검토해본다. 내용 척도, 내용 소척도, 보충 척도 점수를 살펴보고 내담자가 나타내는 증상 및 문제, 성격특성과 일관된 내용을 보충하여 해석한다.

멘티 예를 들어, 교통사고 환자가 병원에서 보험료를 많이 받기 위해 꾀병을 부리는 상황도 MMPI로 파악이 가능가요?

멘토 꾀병인 사람의 경우, MMPI-2에서는 다음과 같은 타당도 지표를 참고할 수 있습니다.

- F>109 & VRIN≤79
- F(B)>109 & VRIN≤79
- TRIN<79 & VRIN≤79
- F(P)>100 & VRIN≤79의 경우는 꾀병일 가능성이 높음에 주의해야 합니다.

3.2 MBTI 성격유형검사

1) 검사에 대한 이해

MBTI(The Myers-Briggs Type Indicator)는 매우 보편적으로 사용되는 성격유형 검사다. 융(Jung)의 외향성 및 내향성에 따른 8가지 성격유형론을 바탕으로 개발되었으며, 마이어스(Myers, 1962)에 의해 인간의 성격특성을 16가지로 구분한다. 국내는 김정택, 심혜숙에 의해 1990년대 이후 한국에서 표준화되었다.

2) 검사의 구성

MBTI는 4가지 분리된 선호경향으로 구성되어 있다. 선호경향이란, 융의 심리유형론에 따른 것으로, 교육이나 환경의 영향을 받기 이전에 이미 인간에게 잠재되어 있는 선천적 심리경향을 말한다. 즉, 세상에 대한 태도(E-I), 정보수집 및 처리 방식(S-N), 사고 및 판단 과정(T-F), 생활양식(J-P)의 양극 차원에 따라 4가지 차원의 성격유형 조합으로 16가지 유형으로 분류한다.

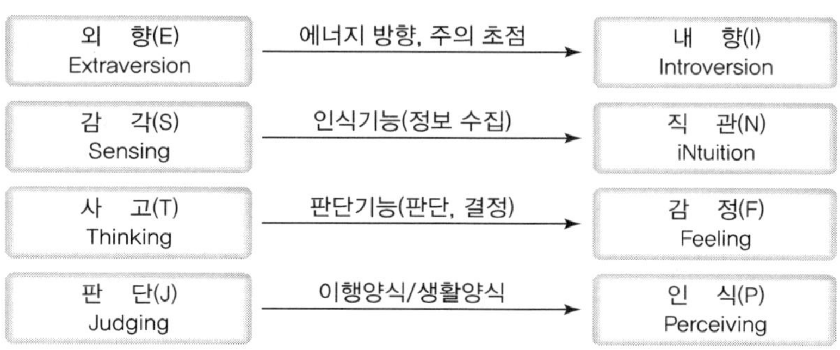

멘티 MBTI 검사로 정상인지 아닌지를 구분할 수 있나요?

멘토 MBTI 검사는 성격에 대한 유형검사이지 정신의학적 소견을 나타낼 수 있는 진단검사나 능력검사가 아닙니다. 따라서 MBTI 검사결과를 통해 정상과 비정상을 구분할 수 없어요. 그렇기 때문에 MBTI 검사는 일반인을 대상으로 많이 활용되며, 병원 장면에서는 잘 쓰지 않는 검사입니다.

예 진단검사의 종류: MMPI, 로르샤하, TAT, 표준화 성격 진단검사

① 외향(E : Extraversion)–내향(I : Introversion) : 에너지 방향, 주의 초점

에너지의 방향과 주의 초점이 외부에 있는가, 내부에 있는가에 따라 외향형인가, 내향형인가를 나타내는 지표다.

선호지표	외향형 (Extraversion)	내향형 (Introversion)
설 명	에너지의 방향과 주의 초점이 외부로 향함 폭넓은 대인관계를 유지 사교적이며 정열적이고 활동적	에너지의 방향과 주의 초점이 내부로 향함 깊이 있는 대인관계를 유지 조용하고 신중하며 이해한 다음에 경험
대표적 표현	자기 외부에 주의집중 외부활동과 적극성 정열적, 활동적 말로 표현 경험한 다음에 이해 쉽게 알려짐	자기 내부에 주의집중 내부활동과 집중력 조용하고 신중 글로 표현 이해한 다음에 경험 서서히 알려짐

② 감각(Sensing)–직관(N : iNtuition) : 정보수집(인식) 기능

정보수집 기능을 주로 오감에 의하느냐, 직관에 의하느냐에 따라 감각형인가, 직관형인가를 나타내는 지표다.

선호지표	감각형 (Sensing)	직관형 (iNtuition)
설 명	정보수집을 주로 오감에 의존 실제의 경험을 중시하며 지금, 현재에 초점을 맞추고 정확, 철저히 일처리	정보수집을 주로 육감 내지 영감에 의존 미래지향적이고 가능성과 의미를 추구하며 신속, 비약적으로 일처리

대표적 표현	지금, 현재에 초점 실제의 경험 정확, 철저한 일처리 사실적 사건 묘사 나무를 보려는 경향 가꾸고 추수함	미래 가능성에 초점 신속 비약적인 일처리 비유적, 암시적 묘사 숲을 보려는 경향 씨 뿌림

③ 사고(T : Thinking)-감정(F : Feeling) : 의사 결정(판단) 기능

인식과정을 통해 얻은 정보를 가지고 판단, 결정, 선택을 할 때 개인이 선호하는 방법이 논리적이고 객관적인 판단기준에 근거하여 의사 결정을 내리는지, 사람과의 관계 중심의 가치에 기초를 둔 결정을 내리는지에 따라 사고형인가, 감정형인가를 나타내는 지표다.

선호지표	사고형 (Thinking)	감정형 (Feeling)
설 명	진실과 사실에 주 관심을 갖고 논리적이고 분석적이며 객관적으로 판단(결정)	사람과 관계에 주 관심을 갖고 상황적이며 정황을 참작한 판단(결정)
대표적 표현	진실, 사실에 주 관심 원리와 원칙 분석적 맞다, 틀리다 규범, 기준 중시 지적 논평	사람, 관계에 주 관심 의미와 영향 상황적, 포괄적 좋다, 나쁘다 나에게 주는 의미 중시 우호적 협조

④ 판단(J : Judging)-인식(P : Perceiving) : 외부세계에 대한 태도

외부세계를 다루는 태도가 우선적으로 계획되어 있고 삶을 통제하려 하느냐, 상황에 맞추어 자율적으로 대처하고자 하느냐에 따라 판단형과 인식형을 나타내는 지표다.

선호지표	판단형 (Judging)	인식형 (Perceiving)
설 명	분명한 목적과 방향이 있으며 기한을 엄수하고 철저히 사전계획하고 체계적임.	목적과 방향은 변화 가능하고 상황에 따라 일정이 달라지며 자율적이고 융통성이 있음.
대표적 표현	정리정돈과 계획 의지적 추진 신속한 결론 통제와 조정 분명한 목적의식과 방향감각 뚜렷한 기준과 자기의사	상황에 맞추는 개방성 이해로 수용 유유자적한 과정 융통과 적응 목적과 방향은 변화할 수 있다는 개방성 재량에 따라 처리될 수 있는 포용성

3) 16가지 성격유형

ISTJ 세상의 소금형	ISFJ 임금 뒤편의 권력형	INFJ 예언자형	INTJ 과학자형
ISTP 백과사전형	ISFP 성인군자형	INFP 잔다르크형	INTP 아이디어 뱅크형
ESTP 수완 좋은 활동가형	ESFP 사교적인 유형	ENFP 스파크형	ENTP 발명가형
ESTJ 사업가형	ESFJ 친선도모형	ENFJ 언변능숙형	ENTJ 지도자형

멘티 MBTI 검사를 실시하려면 어떠한 전문자격 과정이 필요한가요?

멘토 MBTI 검사의 시행 및 해석은 한국심리상담연구소 MBTI 강사자격 교육 이수 후 가능합니다. 교육과정은 초급 교육-보수 교육-중급 교육-어린이 및 청소년용(MMTIC) 교육-적용프로그램 교육이며, 교육 후 일반강사 교육 자격이 주어집니다.

4 적성 및 흥미검사

적성(aptitude)이란, 어떤 과제나 임무를 수행할 때 개인에게 요구되는 특수한 능력이나 잠재능력을 의미한다. 적성검사란, 학업적성, 사무적성, 기계적성, 음악적성, 미술적성 등 특수한 능력을 측정하는 표준화검사다.

가장 일반적인 표준화적성검사에는 학업적성검사(SAT)와 직업적성검사(GATB)가 있고, 미술·음악·기계 등에 관한 재능을 독립적으로 측정하는 특수적성검사가 있다.

4.1 GATB 직업적성검사

한 개인이 특정 분야에 적성을 가지고 있는지를 파악하여 직업상담이나 진로지도에 가장 많이 활용되는 검사다.

1) GATB 적성검사에 대한 이해

미국에서 개발한 GATB 직업적성검사는 지필검사(11개)와 수행검사(4개)로 구성된 15개의 하위 검사가 있는데, 이를 통하여 9개 분야의 적성(형태지각, 사무지각, 운동반응, 공간적성, 지능, 언어능력, 수리능력, 손의 재치, 손가락의 재치)을 측정할 수 있도록 제작되었다.

2) GATB 적성검사의 구성

<table>
<tr><th>적성요인(9개)</th><th>측정내용</th><th>하위 검사명(15개)</th><th>측정방법</th></tr>
<tr><td rowspan="2">형태지각</td><td rowspan="2">실물이나 도해 또는 표에 나타나는 것을 세부까지 바르게 지각하는 능력, 시각으로 비교 판별하는 능력, 도형의 형태나 음영, 근소한 선의 길이나 넓이 차이를 지각하는 능력</td><td>기구대조 검사</td><td rowspan="9">지필
검사</td></tr>
<tr><td>형태대조 검사</td></tr>
<tr><td>사무지각</td><td>문자나 인쇄물, 전표 등의 세부를 식별하는 능력, 잘못된 문자나 숫자를 찾아 고정하고 대조하는 능력, 직관적인 인지능력의 정확도나 비교 판별하는 능력</td><td>명칭비교 검사</td></tr>
<tr><td rowspan="3">운동반응</td><td rowspan="3">눈과 손 또는 눈과 손가락을 함께 사용해서 빠르고 정확한 운동을 할 수 있는 능력, 눈으로 겨누면서 정확하게 손이나 손가락의 운동을 조절하는 능력</td><td>타점속도 검사</td></tr>
<tr><td>표식 검사</td></tr>
<tr><td>종선기압 검사</td></tr>
<tr><td rowspan="2">공간적성,
지능</td><td rowspan="2">공간 상의 형태를 이해하고 평면과 물체의 관계를 이해하는 능력, 기하학적 문제해결력, 3차원의 형태를 시각으로 이해하는 능력
일반적인 학습능력, 설명이나 지도 내용과 원리를 이해하는 능력, 추리하는 능력, 새로운 환경에 빨리 순응하는 능력</td><td>평면도판단 검사</td></tr>
<tr><td>입체공간 검사</td></tr>
<tr><td>언어능력,
지능</td><td>언어의 뜻과 그에 관련된 개념을 이해하는 능력, 언어 상호 간의 관계와 문장의 뜻을 이해하는 능력, 보고 들은 것이나 자신의 생각을 발표하는 능력
일반적인 학습능력, 설명이나 지도 내용과 원리를 이해하는 능력, 추리하는 능력, 새로운 환경에 빨리 순응하는 능력</td><td>어휘 검사</td></tr>
</table>

<table>
<tr><td rowspan="2">수리능력, 지능</td><td>빠르고 정확히 계산하는 능력</td><td>산수추리 검사</td><td rowspan="2">지필 검사</td></tr>
<tr><td>일반적인 학습능력, 설명이나 지도 내용과 원리를 이해하는 능력, 추리하는 능력, 새로운 환경에 빨리 순응하는 능력</td><td>계수 검사</td></tr>
<tr><td rowspan="2">손의 재치</td><td rowspan="2">손을 마음대로 정교하게 조절하는 능력, 물건을 집어 놓고 뒤집을 때 손과 손목을 정교하게 자유롭게 운동할 수 있는 능력</td><td>환치 검사</td><td rowspan="4">동작 검사</td></tr>
<tr><td>회전 검사</td></tr>
<tr><td rowspan="2">손가락의 재치</td><td rowspan="2">손가락을 정교하고 신속하게 움직이는 능력, 작은 물건을 정확·신속히 다루는 능력</td><td>조립 검사</td></tr>
<tr><td>분해 검사</td></tr>
</table>

멘티 적성검사의 문항에는 어떤 것들이 있는지 구체적인 예를 들어주세요.

멘토 다음은 성인용 직업적성 진단검사(한국심리적성연구소)의 문항 예시입니다. 참고해 보시기 바랍니다.

1. 다음 단어와 연결관계를 찾으시오.
   양복-양모의 관계는 노트-?의 관계와 같은가?
   ① 책 ② 연필 ③ 페이지 ④ 종이 ⑤ 책받침

   예 이상-현실의 관계는 형식-?의 관계와 같은가?
   ① 형태 ② 수식 ③ 내용 ④ 조형 ⑤ 공식

2. 각 수열의 숫자가 어떠한 순서로 놓여 있는가를 알아내어 끝 숫자 다음 ( ) 안에 올 숫자를 찾아내는 문제입니다. 아래 5개의 답 중에서 ( )에 해당되는 수를 찾아 답안지에 표기하시오.

   3 6 9 12 15 ( )

   ① 17 ② 18 ③ 19 ④ 20 ⑤ 21

3. 다음 각 문제에 있는 보기의 물체를 위에서 내려다 볼 때의 모양을 우측 4개의 모양에서 골라 그 번호를 답안지에 표기하시오.

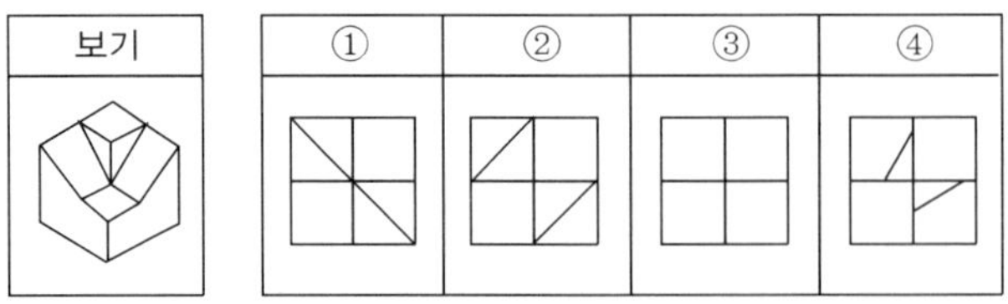

4.2 흥미검사

흥미검사(interest test)란, 일정 사물이나 활동에 대하여 개인이 느끼고 있는 주관적이고 지속적인 쾌감의 정도와 관련지어 그 사물 또는 활동을 좋아하거나 싫어하는 정도를 측정하기 위해 만들어진 표준화검사다.

1) 홀랜드 흥미검사에 대한 이해

사람들의 성격과 직업생활의 유형을 분석하여 6개의 유형(RIASEC)으로 분류한 홀랜드(Holland)의 직업적 성격유형론에 기초한다.

예 홀랜드 이론에 의한 흥미검사의 종류 : 노동부 직업선호도 검사 및 진로탐색 검사(Self-Directed Search : SDS), 홀랜드 진로탐색 검사, 스트롱 진로탐색 검사, 스트롱의 직업흥미검사

① 기본가정

홀랜드는 직업적 흥미란, 일반적으로 성격이라고 불리는 것의 일부분이기 때문에 개인의 직업적 흥미에 대한 설명은 곧 개인의 성격에 대한 설명이라고 가정한다.

대부분의 사람들은 6가지 유형 중의 하나로 분류될 수 있다. 실재적(Realistic), 탐구적(Investigative), 예술적(Artistic), 사회적(Social), 기업적(Enterprising), 관습적(Conventional), 머릿글자를 따서 RIASEC 모형이라고도 한다.

② 6가지 유형

홀랜드의 프로파일은 3개 코드라 하는데 개인에게 아주 우세하게 지배하는 유형 3개가 있다고 본다.

R : **실재적 유형**은 기술자, 엔지니어, 정비사, 전기기사, 농부, 기술공 등과 같은 직업을 선호. 기계적 능력은 뛰어나지만 사회적 기술은 부족.

사교적	정직한	실제적
순응하는	실리적인	자기 효능성
솔직한	자연적인	검소한
순수한	정상적인	통찰력이 없는
사무적인	끈기 있는	간단한

I : **탐구적 유형**은 생물학자, 화학자, 물리학자, 인류학자, 지질학자, 의료기술자 등과 같은 직업을 선호. 수학적, 과학적 능력은 있지만 리더십은 부족.

분석적	독립적	합리적
조심하는	지능적인	말이 없는
복잡한	내성적인	소극적인
비판적	비관적인	나서지 않는
호기심 있는	정밀한	인기가 없는

A : **예술적 유형**은 작곡가, 음악가, 무대 감독, 작가, 배우 등과 같은 직업을 선호. 예술적 능력은 있지만 사무적 기술은 부족.

복잡한	상상력 있는	직관적인
무질서한	비실제적인	순응하지 않는
정서적인	충동적인	개방적인
감정이 풍부한	독립적인	독창적인
관념적인	내성적인	민감한

S : **사회적 유형**은 교사, 종교인, 상담심리사, 임상심리사, 언어치료사 등과 같은 직업을 선호. 사회적 기술과 재능은 있지만 기계적, 과학적 능력은 부족.

지배력이 있는	도움이 되는	책임이 있는
협조적인	관념적인	사교적인
단호한	친절한	재치 있는
우호적인	인내심 있는	이해하는
관대한	설득력 있는	따뜻한

E : **기업적 유형**은 판매인, 관리자, 사업가, 연출가, 바이어 등과 같은 직업을 선호. 리더십과 언어구사력은 있지만 과학적 능력은 부족.

취득적인	활기찬	바람기 있는
모험적인	자극적인	낙관적인
동의하는		자신감 있는
야심 있는	과시하는	사교적인
지배력 있는	외향적인	말을 잘하는

C : **관습적 유형**은 사무직, 경제분석가, 은행원, 세금전문가 등과 같은 직업을 선호. 사무적이고 산술적인 능력은 있지만 예술적 능력은 부족.

주의 깊은	경직된	완고한
순응하는	금지된	실제적인
양심적인	방법적인	고상한
방어적인	유순한	검소한
효율적인	질서정연한	상상력이 없는

③ 육각형 모형

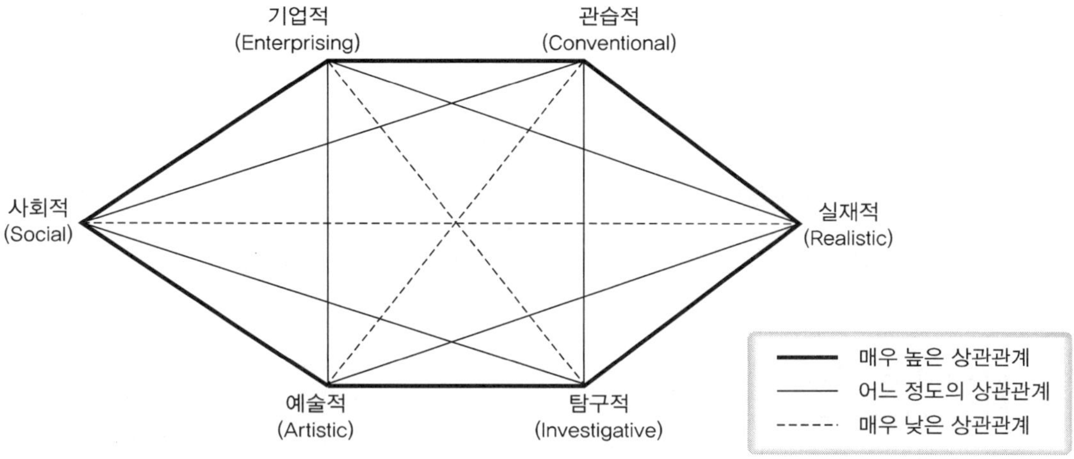

2) 홀랜드 흥미검사의 해석

- **일관성**: 인접하는 3개의 코드를 말한다. 일관성이 낮은 경우 적합한 환경을 찾기 힘들고, 2개 유형 중에서 하나를 포기할 경우가 많다.

  예 SAI 유형보다는 SRC 유형이 적합한 작업환경을 찾기 힘들다.
- **차별성**: 6개의 점수 중 두드러지게 높거나 낮은 경우 차별화가 잘 되었다고 한다. 즉, 육각형의 모형이 한 곳으로 찌그러진 경우는 차별화가 잘 되었다고 볼 수 있으며, 육각형에 가까운 경우는 직업흥미에 대한 분화가 일어나지 않거나 모든 분야에 호기심이 너무 많아 직업을 결정하기가 어렵고 직장 이동도 잦을 수 있다.
- **정체성**: 점수가 높은 사람은 각 하위 유형에 대한 직업적 정체성이 높다.
- **일치성**: 흥미 유형에 따라 자신에게 맞는 환경을 찾으려고 한다.

  예 사회적 유형은 사회적 환경을 원한다.
- **계측성**: 흥미 유형 간의 거리가 가까울수록 유사하다.

  예 예술적 유형은 사회적 유형, 탐구적 유형과 유사하나, 관습적 유형, 실재적 유형과는 다를 수 있다.

멘티 우울증이 심한 내담자의 흥미검사 결과는 어떻게 바라보아야 할까요?

멘토 우울증이 심할 때는 의욕상실, 흥미저하 상태이기 때문에 흥미검사 결과도 매우 낮은 것으로 나타날 수 있습니다. 이러한 사항을 감안하지 않고 흥미검사 결과만으로 내담자의 직업 정체성이 낮다고 판단하면 곤란합니다.

〈Strong 직업흥미검사의 반응태세 해석 예시〉

	긍정 응답률이 높은 경우	모호 응답율이 높은 경우	부정 응답율이 높은 경우
해 석	• '싫어한다'를 부정적인 것으로 간주 • 취할 수 있는 선택안을 모두 남겨두려는 욕구 • 속박되는 것에 저항 • 다양한 흥미를 지님 • 복합적으로 잠재하는 흥미와 능력을 지님	• 미결정 상태	• 흥미가 한정되거나 잘 밝혀지지 않음 • 직업세계에 대한 지식 부족 • 결정력이 부족하거나 이행할 의사가 없음 • 직업 정체성 부족 • 역할 갈등, 가족이나 동료의 강요

※ 출처: 스트롱(Strong) 심리검사 초급연수 과정

5 투사검사

멘티 투사검사를 사용하면 어떤 장단점이 있나요?

멘토 투사검사는 전문가 훈련과 경험에 따라 달리 해석되어질 수 있으므로 오랜 기간의 검사자 수련과정이 필요하며, 내담자의 경우도 검사 시간이 오래 소요되는 단점이 있지요. 또한, 특히 검사-재검사 신뢰도가 낮고, 타당도 검증 또한 빈약하며, 성, 인종, 편견 등에 따라 반응에 대한 여러 상황적 요인이 영향을 끼칠 수 있음에 주의해야 합니다.

그럼에도 불구하고 투사검사가 많이 활용되는 이유는 투사검사에서는 자신의 의도에 맞추어 방어적으로 반응하기 어렵고, 면담이나 행동관찰에서 볼 수 없는 풍부하고 독특한 반응을 통해 심층적인 이해를 할 수 있기 때문입니다. 투사검사에서는 평소 의식화되지 않던 사고나 감정이 자극됨으로써 전의식적이거나 무의식적인 심리적 특성을 파악해볼 수 있는 장점이 있습니다.

5.1 로르샤하

1) 기본가정

1921년 로르샤하(Rorschach)는 잉크반점에 대한 정신분열증 환자의 반응이 정상인의 반응과 차이가 있다는 점을 발견하고, 잉크반점검사가 정신분열증의 변별에 유효한지를 검증하는 데서 출발하였다. 개인이 자신의 지각을 형성함에 있어 잉크반점을 조직화(구조화)하는 방법은 자기의 심리적 기능의 근본적 측면을 반영한다.

잉크반점(ink blot)은 비교적 애매하고 비구성적이므로 자극자료로 적합하다. '무엇처럼 보이는지' 반응하는 것은 검사자극에 의해 유발된 감각과 기억을 통합하는 연상과정을 거친다. 이 카드들의 특징은 체계화가 되어 있지 않고 불분명하며 뚜렷한 의미가 없기 때문에 내담자가 다양한 반응을 투사할 수 있다.

2) 검사의 구성

10장의 거의 대칭적인 잉크 블롯 카드(카드에 새겨진 순서와 위치에 따라 제시)로 구성된다. 무채색 카드 5장(Ⅰ, Ⅳ, Ⅴ, Ⅵ, Ⅶ), 색깔 있는 카드 5장(Ⅱ, Ⅲ은 검정색과 붉은 색채, Ⅷ, Ⅸ, Ⅹ은 여러 가지 색채가 혼합)이다.

3) 검사의 실시방법

검사자가 찾기 쉬운 곳에 여분의 기록지와 필기도구를 준비해서 반응을 빠짐없이 기록한다. 검사 실시자는 카드를 차례대로 수검자에게 제시하여 카드의 잉크반점을 무엇으로 보는지 자유롭게 반응하도록 한다.

예 심리검사 지시문

"이제 몇 장의 잉크 카드를 차례로 당신에게 보여주겠습니다. 이 잉크 카드가 당신에게 무엇처럼 보이는지 이야기해주시기를 바랍니다."

4) 반응 채점과 해석

검사의 전체 반응 수와 카드당 반응 수: 로르샤하검사의 전체 반응 수가 14개 이하인 자료는 타당하지 않은 것으로 간주한다. 끊임없이 반응하면 카드 Ⅰ에서 6개 반응부터는 카드를 회수, 카드 Ⅱ에서도 마찬가지다.

반응 채점은 로르샤하검사에 대한 반응을 로르샤하 부호로 바꾸는 과정이다. 피검사자의 반응위치, 결정요인, 형태질, 평범 및 특이반응 정도에 따라 기호화한 다음, 각 부호의 빈도,

백분율, 비율, 특수점수 산출 결과에 따라 수치화하여 채점한다.

예 카드의 위치를 돌려보다가 180도 회전해서 반응하면 ∨, 90도 회전을 하면 <, >로 표시(뾰족한 부분이 카드의 상단 표시)

① 반응영역: 피검자가 블롯의 어느 부분에 반응했는가?

영역을 나타내는 W(whole response), D(common detail response), Dd(unusual detail response)와 이러한 기호와 같이 사용되는 S(space response)를 사용한다.

예 전체를 보고 반응했다면 W, 부분을 보고 반응했다면 D(자주 사용하는 경우) 혹은 Dd(자주 사용하지 않는 경우), 공간을 함께 보고 반응하면 S

② 발달질(반응질): 위치 반응은 어떤 발달수준을 나타내는가?

영역채점과 발달질 채점은 함께 기입한다. (예 W+, Dso)

발달질(DQ)을 나타내는 +(synthesized response), o(ordinary response), v/+(synthesized response), v(vague) 사용한다.

예 처음에 분리되었다 하나의 반응으로 다시 통합하는 통합반응이면 +, 단일한 사물을 가리키고 있는 상태로 묘사하는 보통반응이면 o, 모호한 반응이면 v, 모호-통합은 v/+

반응사례: 여자의 주변에 춤추는 두 마녀가 있다. W+

반응사례: 물고기 한 마리, 한국지도. Do

반응사례: 해부된 동물의 단면. v

③ 반응 결정인: 반응을 결정하는 데 영향을 준 블롯의 특징은 무엇인가?

검사를 제대로 실시하기 위해서는 결정인 준거를 정확하게 숙달하는 것이 매우 중요하다. 결정인을 정확하게 기호화하면 검사에서 수집한 자료의 해석적 가치가 더 풍부해진다(형태, 움직임, 색채, 무채색, 음영, 형태차원, 쌍반응과 반사반응, 혼합반응).

④ 형태질: 반응된 내용이 자극의 특징에 적절한가?

형태질은 매우 중요하다. 왜냐하면 흔히 스트레스나 심각한 정신병리가 있는 사람들은 현실접촉을 적절히 유지하지 못하기 때문이다. 형태질은 형태의 적합성 수준을 나타내는 4가지 기호 +(superior-overelaborated), o(ordinary), u(unusual), -(minus)를 사용해서 채점한다.

⑤ Z점수

"조직화 활동은 자극을 조직화하여 응답했는가?"로, 조직화 활동은 반응에 나타나는 또 다른 중요한 특징이다. 자극의 조직화와 복잡성에 대하여 Z점수를 부여한다.

지능과 연관성이 있다고 보며, 형태를 포함하여 전체 위치 반응 W의 발달수준이 +, v/+, o일 때, 2개 이상의 근접한 부분이 서로 의미 있는 관계 속에 있을 때, 서로 근접하지 않은 부분들이 의미 있는 관계를 이루고 있을 때, 공백반응이 다른 부분반응과 의미 있게 통합되고 있을 때 채점하게 된다. 한 반응이 2개 이상의 Z점수를 동시에 받을 수 있는 경우라면 그중 가장 높은 Z점수를 준다.

⑥ 특수점수 : 특이한 반응이 일어나고 있는가?

다른 로르샤하 기호들과 마찬가지로 특수점수는 양적인 점수가 아니라 특이한 반응특징을 나타내는 기호다. 특수점수를 사용하면 과거에 질적으로 해석하던 여러 가지 반응특징들을 수량화할 수 있다. 로르샤하 종합체계에는 흔히 사용하는 14가지 특수점수가 있다. (6가지 특이한 언어반응, 반응반복, 통합실패, 4가지 특수내용, 개인적 반응, 특수 채색현상)

멘티 종합심리검사(Full Battery)란 무엇을 말합니까?

멘토 종합심리검사는 내담자의 인지 기능, 정서 상태, 성격 특징, 핵심 갈등 영역, 대인 관계, 심리적 자원 등을 종합적으로 탐색 · 평가하는 것을 말합니다. 어떤 검사이든 한 가지 검사만으로 인간의 인지, 정서, 행동의 모든 영역을 측정할 수는 없기 때문에 종합심리검사는 검사결과의 오류를 최소화하고 정확성을 극대화시킬 수 있습니다.
보통 지능검사, 성격검사, 흥미검사, 투사검사, 신경심리검사 등으로 구성하며, 각 검사 간에 중복되고 일치시켜 검증된 내담자의 심리적 구조로 종합적인 심리평가를 하는 경우입니다. K-WAIS(중학교-성인지능검사), MMPI(다면적인성검사), SCT(문장완성검사), 로르샤하, BGT, HTP(집-나무-그림검사)/KFD(가족동적화), MBTI성격유형검사 등으로 구성됩니다

5.2 주제통각검사 (TAT)

주제통각검사(Thematic Apperception Test : TAT)는 로르샤하검사와 더불어 가장 보편적으로 사용되는 투사검사다.

1) 기본가정

머레이(Murray)의 욕구와 동기이론에서 출발, "한 사람이 모호한 사회적 상황을 해석할 때는 그가 주목하고 있는 현상만큼이나 그 자신의 성격을 노출시키게 된다."는 투사가설

(projective hypothesis)"에서 출발하였다. 자극상황(성별, 나이, 표정, 관계, 배경 등)이 충분히 모호하기 때문에 그것을 해석(통각)할 때 자기욕구와 소원들이 들어가게 되는 것이다.

TAT의 재료는 사람이 나오는 장면들의 그림들이다. 인물들은 성별, 나이가 분명치 않으며, 표정도 보는 사람에 따라 여러 의미로 해석될 수 있다. 배경도 충분히 모호하여 매우 다양하게 지각, 해석된다. 피험자는 각 카드에 그려진 장면에 대해 이야기를 만든다. 그림에서 무슨 일이 일어나고 있으며, 인물들은 무슨 생각을 하며, 어떻게 해서 이 장면이 오게 되었고, 앞으로 어떻게 될지를 이야기하는 것이다.

- TAT 도구의 구성 : 31개의 카드(이중 1개의 백지카드 포함)로 구성된다.

① 30개의 카드는 흰색과 검은색의 그림으로, 1개는 백지카드로, 총 31개로 구성됨.

② 카드 뒤에는 남자와 여자, 소년과 소녀의 성별, 연령구별이 되어 있음.

'B'-'Boy'의 약자(대상자는 소년 #13B)

'G'-'Girl'의 약자(대상자는 소녀 #13G)

'M'-'Man'의 약자(대상자는 성인 남성 #12M)

'F'-'Female'의 약자(대상자는 성인 여성 #12F)

'숫자만 있는 카드'-모든 사람 대상(#1, #2, #4 등)

③ 20개의 카드를 성별, 연령에 따라 구별함.

- 도판의 예시(도판 1 : 한 소년이 바이올린 앞에서 무엇인가 골똘히 생각하고 있다.)

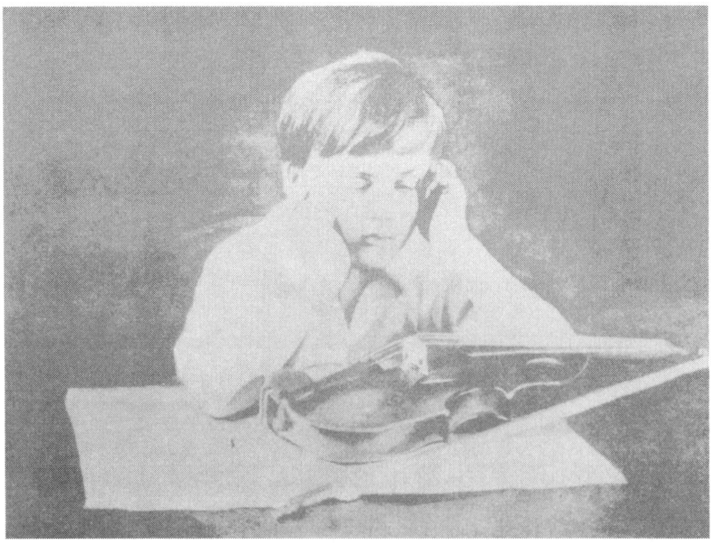

① 피검사자는 소년과 동일시하는 경향이 많고 어린 소년이 부모에 의해 바이올린 공부를 하거나 연주하도록 강요받고 있다는 이야기가 흔히 나타난다.
② 부모의 태도(강압/위협, 수용/이해)를 알 수 있다. 부모의 요구에 대한 주인공의 반응(수동적 태도, 순종, 반항, 공격적 행동, 공상으로의 도피)
③ 권위에 대한 복종과 자립에 대한 갈등, 자립에 대한 죄책감 등을 파악할 수 있다. 야망, 희망, 성취동기 등이 잘 나타난다. 이야기의 진행과정이나 결말부분에서 자신의 능력이나 미래를 대하는 피검사자의 태도가 나타나기도 한다.

2) 실시방법

지능검사나 로르샤하검사를 먼저 시행하는 것이 피검사자의 자유로운 반응을 이끌어내는데 도움이 된다. 또한, 검사자와 피검사자 사이의 관계 형성이 최대로 이루어져야 검사 실시 동안 피검사자가 자유롭게 상상하고 이러한 공상을 언어로 표현할 수 있다.

검사 실시는 성, 연령을 고려하여 선정된 20개 카드를 2회에 걸쳐 1회에 10개, 2회에 10개 카드를 실시한다. 1회 시행시간은 대략 1시간이 소요되며, 검사 지시는 1회와 2회 내용이 차이가 있으며, 피검사자의 연령과 지능수준에 따라서도 다소 차이가 있다.

3) 반응 채점

① 이야기 내용의 기록

피검사자의 공상의 내용, 즉 그림에 대한 이야기 내용은 곧 분석과 해석의 기본 단위가 되는 것이므로 말한 이야기 내용을 빠짐없이 그대로 말의 의미나 느낌을 살려서 생생하게 기록해야 한다.

② 반응시간의 기록

반응시간을 기록할 때 실시자는 각 그림을 제시하고서부터 피검사자가 처음 이야기를 꺼낼 때까지의 시간, 즉 초반 반응시간, 이야기를 끝낼 때까지의 전체 반응시간 및 이야기 도중의 휴식시간 등을 기록한다.

③ 행동 관찰 기록

- 검사에 대한 태도: 피검사자가 열심히 흥미를 갖고 검사에 임하고 있는지, 기분이 상해 흥미 없이 아무렇게나 검사를 받고 있는지, 자신감을 갖고 이야기하고 있는지, 아니면

주저하면서 불안하고 부끄러워하고 있는지의 여부를 관찰한다.

- 검사 중의 표정: 검사를 실시하는 과정에서 피검사자가 웃는다던가, 수치심에 차 있다거나, 혐오감을 느끼고 있는지의 여부를 주의한다.
- 수반행동: 손으로 무엇을 만지작거리거나 발을 비벼대는 행위 등을 관찰한다.
- 이야기하는 방식: 긴장, 초조, 불안하다거나, 이야기 도중에 중단이 심하거나 침묵 등이 있는지를 관찰한다.
- 검사에 기인한 결과: 검사를 받음으로써 권태나 피로를 느끼는지의 여부 등을 관찰한다.

4) 해석

① 표준화법

수검자의 반응을 항목별로 분류하여 수량적으로 표준화된 자료와 비교하여 분석한다.

② 욕구-압력분석법

피검사자의 욕구(α 욕구)와 환경적인 압력(β 욕구)의 상호작용을 분석한다.

- 제시된 그림 속의 주인공을 찾음.
- 환경적 압력을 분석.
- 주인공이 반응하는 양상에서 욕구를 찾음.
- 주인공이 애착을 보이는 대상을 찾음.
- 주인공의 내적인 상태, 주인공의 표현방식, 그림 속 상황의 결말을 분석.

③ 직관적 해석법

해석자의 통찰력을 바탕으로 피검사자의 반응기저에 나타나는 무의식적 내용을 해석한다.

④ 대인관계법

그림에 등장하는 인물들 간의 상태를 분석하는 방법으로, 공격적인지 우호적인지 도피적인 감정적인지를 파악할 수 있다.

멘티 로르샤하검사와 TAT(주제통각검사)는 어떠한 차이가 있나요?

멘토 로르샤하검사가 지각적 접근임에 반하여 TAT는 개인의 상상에서 얻은 자료를 기초로 하는 상상적 접근이라고 볼 수 있습니다. 모호한 잉크반점을 통하여 원초적인 욕구를 드러낸다고 가정하는 로르샤하검사와는 달리, TAT에서는 조금 더 구체적인 인물그림을 통해 대인관계 역동을 파악하기가 용이하지요. 또한, 로르샤하검사가 인성의 구조를 드러내려 하는 반면, TAT는 인성의 내용, 즉 충동, 욕구, 감정, 갈등, 상상 등을 드러내려고 합니다.

• 참고자료

– 김계현, 황매향, 선혜연, 김영빈(2004), ≪상담과 심리검사≫, 학지사.

핵심 Summary

1. 심리검사의 요건

심리검사에 대한 실시와 채점, 해석에서 객관성이 확보된 표준화 검사, 신뢰도와 타당도가 확보되면서 사용하기 편리하게 되었다.

2. 심리검사의 분류

누가 검사하는가?	• 자기보고, 타인보고
무엇을 검사하는가? (심리검사의 내용)	• 성능검사(지능검사, 성취도검사, 적성검사) • 성향검사(성격검사, 흥미검사, 태도 및 가치관 검사)
왜 검사하는가? (심리검사의 목적)	• 상담, 선별, 배치, 평가
어떻게 검사하는가? (심리검사의 형태)	• 표준화 검사/비 표준화 검사 • 개인검사/집단검사 • 지필검사/도구검사 • 속도검사/역량검사
어떤 종류가 있나? (심리검사의 유형)	• 객관적 검사/자기보고 검사/투사검사 • 기타(행동관찰/생리학적 측정)

3. 지능검사

총체적이고, 잠재적인 적응능력을 평가하기 위해 표준화된 절차를 거쳐 제작된 정신기능 측정검사. 예 스탠포드-비네검사, 고대-비네검사, K-WAIS, K-WISC-Ⅲ

4. 성격검사

개인의 성격 특성을 측정 · 진단하기 위한 표준화검사. 예 MMPI, MBTI

5. 흥미검사

일정 사물이나 활동에 대하여 개인이 느끼고 있는 주관적이고 지속적인 쾌감의 정도와 관련지어, 사물 또는 활동을 선택적으로 좋아하거나 싫어하는 정도를 측정하기 위해 만들어진 표준화검사. 예 홀랜드 흥미검사

6. 적성검사

어떤 과제나 임무를 수행하는 데 있어서 개인에게 요구되는 특수한 능력이나 잠재능력을 측정하는 표준화검사. 예 GATB

7. 투사검사

모호하고 불분명한 시각적 자극을 제시하여 내담자의 무의식적 욕구, 경험, 내적 상태, 소망, 사고과정 등 개인의 동기나 내면세계를 측정하는 검사. 예 로르샤하, TAT, SCT

기출문제 및 예상문제 풀이

◎ 기출문제

1. 심리검사의 신뢰도와 타당도에 대해 논의하시오. (가톨릭대학교, 서강대학교, 고려대)

좋은 심리검사의 조건은 표준화된 검사, 신뢰도, 타당도, 채점의 객관성, 실용도를 갖춘 검사를 말한다. 상담에서는 신뢰도와 타당도를 갖춘 심리검사를 선정하는 것이 중요하다. 이때 심리검사에 대한 신뢰도가 높다고 해서 타당도가 높은 것은 아니며, 타당도가 높으면 신뢰도가 높은 경향이 있다.

1) **신뢰도**: 신뢰도는 '얼마나 정확하게', '얼마나 오차 없이' 측정하고 있느냐의 개념이며, 측정하고 있는 정도의 일관성(consistency)이 있느냐의 문제에 관계한다. 즉, 신뢰도는 측정의 오차가 얼마나 작은가 하는 문제에 관련된다. 신뢰도를 측정하는 방법에는 ① 검사-재검사 신뢰도, ② 동형검사 신뢰도, ③ 내적 합치도가 있다. 우선 검사-재검사 신뢰도라는 것은 동일 내담자에게 동일한 검사를 2번 실시하여 나온 점수의 상관계수를 구하여 신뢰도 추정치로 삼는 것으로, 최소한 3주 간격이 필요하다. 동형검사 신뢰도는 짧은 시간간격 내에 내용과 난이도가 같은 동형검사를 실시하여, 두 점수의 상관계수를 구하여 신뢰도 추정치로 삼는다(예 운전면허 A, B형 시험문제). 내적 합치도(internal consistency reliability)라는 것은 심리검사를 단 한 번 실시하는 경우에 적합하며, 심리검사의 문항들의 상관계수를 근간으로 하는데, 반분 신뢰도(split-half reliability, 홀짝 혹은 전후로 나누어 신뢰도 측정)나 Cronbach's α가 이에 해당한다.
2) **타당도**: 타당도는 '무엇을 재고 있느냐'의 개념으로, 평가도구가 측정하려고 하는 것을 얼마나 충실하게 재고 있느냐의 문제다. 타당도를 측정하는 방법에는 ① 내용 타당도, ② 준거 관련 타당도, ③ 구성 타당도가 있다.
   먼저, 내용 타당도(content validity)는 측정도구가 측정하려고 하는 내용이나 개념을 어느 정도로 충실히 측정하고 있는가 하는 것으로, 통계에 의존하기보다는 검사내용에 대한 개인의 합리적 분석의 주관적 판단에 입각한다. 안면 타당도(face validity)가 대표적이고 주로 전문가 집단에 의해 이루어지며, 검사를 검토하고 그 검사가 적절한 특성을 측정한다고 결론을 내림으로써 결정되는 것이다.
   준거 관련 타당도(criterion-related validity)는 예측되는 준거와 검사점수 간의 상관계수를 구하여 추정하는 방법이다. 준거 관련 타당도는 예언 타당도(predictive validity)와 공인 타당도(concurrent validity)로 분류된다. 예언 타당도는 측정도구가 내담자의 미래의 행동이나 특성을 어느 정도로 정확하게 또한 완전하게 예언하느냐의 정도를 말한다(예 입사 때 적성검사 → 배치 후 업무평가). 공인 타당도는 검사점수와 이미 타당도가 확보된 준거점수를 동시에 수집하여 낸 두 점수 사이의 상관계수를 말한다(예 우울검사의 공인 타당도로서 동시에 BDI 척도를 사용하여 상관계수를 측정).

구성 타당도(construct validity)는 검사가 측정하려고 하는 구성개념에 대한 이론적 체계에 얼마나 적합한가를 측정한 정도다. 구성 타당도와 관련한 타당도에는 수렴 타당도(convergent validity)와 변별 타당도(discriminant validity)가 있다. 수렴 타당도는 검사에서 측정하는 것과 이론적으로 관련이 되는 구성개념이 경험적으로 상관이 있는지 측정하는 것이며(예 우울검사 & 무기력감척도), 변별 타당도는 검사점수가 그 검사에서 측정하는 것과 이론적으로 관련이 없는 구성개념들을 재는 다른 측정도구들상의 점수들과 상관이 없다고 발견되는 정도를 말한다(예 우울검사 & 희망척도). 내용 타당도를 제외한 준거 관련 타당도와 구성 타당도 모두 통계적 추론에 의한다.

2. 심리검사가 상담에 미치는 효과에 대해 설명하시오. (가톨릭대학교, 경북대학교, 서강대학교)

1) **심리검사가 상담에 미치는 효과**: 심리검사(psychological test)란, 개인의 지능, 성격, 흥미, 적성과 같은 심리적 구성개념을 수량화할 수 있도록 만들어놓은 표준화된 측정도구를 말한다. 심리검사는 상담자와 내담자 모두에게 도움을 줄 수 있다. 상담자의 경우, 심리검사 결과에서 나타난 정보를 통해 내담자의 문제를 보다 구체적이고 심층적으로 이해하고 그들에게 적합한 도움을 주기 위한 상담목표 설정 및 적합한 상담개입 전략을 세우는 데 활용할 수 있다. 더 나아가서 상담효과를 평가하는 데 도움을 준다. 내담자의 경우, 자신의 문제를 인식하고 수용할 수 있도록 도와주기도 하고 다양한 상담개입 방법에 대한 해결책이나 의사결정에도 도움을 준다. 따라서 상담자는 심리검사에 대한 전문적 훈련을 통해 내담자가 자기이해와 자기결정을 하는 데 도움을 주기 위해서 상담과 심리검사를 종합할 수 있는 능력을 갖추는 것이 중요하다.
2) **심리검사 활용 시 유의점**: 심리검사는 내담자의 심리적 특성을 파악하는 데 중요한 자료로 활용될 수 있다. 그러나 이는 내담자를 이해하는 보조자료로 활용할 수 있는 것으로, 심리검사 결과만으로 내담자를 판단하거나 심리검사 결과만을 절대적으로 신뢰해서는 안 된다. 심리검사 선정 시에는 표준화된 검사, 신뢰도, 타당도, (채점의) 객관도, 실용도 등을 검토하여 적합한 검사를 선정하도록 한다. 심리검사 결과뿐 아니라 내담자의 행동관찰, 내담자의 주관적인 호소 문제, 상담신청서, 실제생활에서 나타나는 심리적 특성에 대해 부모

나 친구, 교사나 기타 주위 인물들에게 보고되어지는 내용 등을 종합적으로 검토하여 심리평가를 하는 것이 바람직하다.

3) **심리검사 해석 시 유의점**: 심리검사 결과를 해석할 때 백분위나 표준화 점수에 대한 해석에 포함되어져야 하고, 내담자가 받은 검사의 목적과 제한점, 장점 등을 검토해보아야 한다. 또한, 상담에서 심리검사결과는 내담자를 이해하기 위한 수단이지 결정짓는 판결이 아니라는 점에 유의해야 한다. 특히, 자기보고형 검사의 경우 자신의 상태를 축소 혹은 과잉 보고할 가능성이 있으므로, 다른 검사 결과나 행동 관찰, 면접 등을 참고로 해석하는 것이 좋다.

3. 구조화된 성격검사와 비 구조화된 성격검사 간의 주요 차이점들을 비교해보시오.

(가톨릭대학교, 고려대학교)

사람들은 저마다 각기 다른 행동특성을 가지고 있기 때문에 개인차가 나타나며 이러한 차이를 나타나게 하는 속성을 성격특성이라고 한다. 성격검사는 이러한 성격특성을 측정함으로써 그 사람의 향후 행동을 예측할 수 있게 한다. 성격의 차이를 측정하는 방법들은 크게 구조화된 검사와 비 구조화된 검사로 나누어진다. 구조화된 검사는 심리검사의 실시, 채점, 해석의 규준이 객관적으로 제시되어 있는 표준화된 검사이며, 신뢰도, 타당도의 조건이 갖추어져 있고 심리검사 실시 매뉴얼인 검사요강에 따른다. 따라서 심리검사자의 주관성에 따른 자료의 수집과 평가, 해석과정에 개입될 여지가 최소화된다. 반면 비 구조화된 검사는 투사적 검사(projective test)라고도 하며, 모호하고 불분명한 시각적 자극을 제시하여 내담자의 욕구, 경험, 내적 상태, 소망, 사고과정 등 개인의 동기나 내면세계를 파악한다. 주관성과 복잡성에 따라 반응을 분류하여 개인의 특성과 관련된 인상이나 추론을 통해 해석과 채점을 이끌어낸다. 검사자의 주관이 많이 개입될 수 있으므로 장기훈련과 경험이 요구된다. 구조화된 검사에는 대표적으로 MMPI와 CPI가 있고, 비 구조화된 검사는 대표적으로 로르샤하검사와 TAT가 있다.

1) **구조화된 검사**: MMPI는 임상장면에서 많이 사용되고 있는 자기보고식 성격검사로, 각기 다양한 증상집단을 변별하기 위하여, 여러 정신과적 증상을 동시에 측정할 수 있는 진단검사다. 검사의 구성은 10개의 임상척도(건강염려증: Hs, 우울증(D), 히스테리(Hy), 반사회성(Pd), 남성특성-여성특성(Mf), 편집증(Pa), 강박증(Pt), 정신분열증(Sc), 경조증(Ma), 내향성(Si)와 4개의 타당도 척도(?, L, F, K 척도)로 분류되어 채점된다. MMPI 결과 해석은 T-점수 결과(T>70, MMPI-2의 경우 T>65)를 통한 각 척도별 정상과 이상 수준 변별과 코드 양상 분석, 개인내적 변인 등을 감안하여 종합적으로 분석하게 된다. 이 검사의 장점은 다른 질문지형 검사들과는 달리 피검사자들이 반응에 대한 보고형태가 얼마나 솔직하게 보고했는지를 점검할 수 있는 타당도 척도를 갖추고 있다는 점이다. 최근 MMPI-2에

서는 기존의 MMPI의 준거집단이 정신과 환자이므로 이것으로 정상인의 성격을 측정하는 데 제한점이 있다는 한계를 보완하여 정상인을 집단으로 한 개정판이 실시되고 있다.

2) **비 구조화된 검사**: 로르샤하검사는 좌우대칭 10개의 모호한 잉크반점에 대한 지각을 통해 피검사자의 성격특성을 파악하는 대표적인 투사검사다. 이 검사를 실시하는 방법은 카드를 1장씩 제시하고, 피검사자가 지각하는 대로 자유롭게 반응하게 하는 식으로, 10개를 모두 반응케 하여 그 반응들을 일일이 기록한다. 그 다음 검사카드를 처음부터 다시 보이면서 어느 부분 때문에 그러한 반응을 하게 되었는지를 물어보고 그것을 반응용지에 기록한다. 해석은 주로 반응을 하게 한 로르샤하검사에 대한 반응을 로르샤하 부호로 바꾸는 과정으로, 피검사자의 반응위치, 결정요인, 형태질, 평범 및 특이반응 정도에 따라 기호화한 다음, 각 부호의 빈도, 백분율, 비율, 특수 점수 산출 결과에 따라 수치화하여 채점한다. 머래이와 그의 동료들에 의해 발전된 TAT는 피검사자의 주된 동기와 선입관, 방어기제, 갈등내용들을 알아내어 기본심리 상태를 파악하는 데 목적이 있다. TAT는 어떤 주제가 들어있는 30장의 그림카드로 구성되어 있으며, 연령과 성에 따라 20장만 실시한다. 피검사자는 각각의 그림이 어떤 상황을 묘사하고 있으며, 어떻게 그런 상황이 되었고, 결과는 어떻게 될 것인지를 이야기를 꾸며 반응하게 한다. 해석은 전체 20장의 카드를 통해 일관성 있게 나타나는 주된 이야기를 중심으로 피검사자의 동기, 갈등, 방어기제 등을 밝혀내게 된다.

◎ 예상문제

1. 웩슬러 지능검사 결과에서 언어성 지능에 비해 동작성 지능이 의미 있게 높을 때 해석방식은 무엇인가?

※ 6장 2.3의 '3) 해석' 참고.

2. 투사검사의 장단점을 쓰시오.

※ 6장 5. 투사검사의 '멘토' 참고.

사례적용 연습

1. MBTI를 활용한 상담사례를 살펴볼까요?

민주훈(가명, 12세, 남, ENTP형)

활발하고 행동반경이 크며 급한 편인 주훈이는 자신이 좋아하는 것, 먹고 싶은 것이 있으면 정신없이 달려드는데, 곧 그만 먹거나 다른 데로 관심을 옮기는 특징이 있다. 자신이 원하는 것을 요구할 때 그것이 이루어질 때까지 떼를 쓰는 편이고, 어떤 일을 오래 신중하게 하지 못하여 공부 이외의 것에 관심이 많다. 학교에서도 항상 대장 노릇을 하려고 하고 지는 것을 싫어하여 친구가 별로 없는 편이다. 이러한 주훈이를 엄마(ISTJ)는 감당하기 어려워하고 종종 큰소리를 내어 혼내게 된다고 한다.

상담자는 주훈이의 MMTIC 결과를 통해 주훈이를 제외한 모든 가족이 S 유형이었다는 점에 착안하여 S인 어른들이 보기에 N 유형인 주훈이가 문제아이로만 보일 수 있다는 점을 공감해 주었다. 주훈이와 가족들에게 주훈이의 특성을 설명해주고 그 아이의 기본 특성을 각자의 틀에 맞추어 넣으려 하지 말고 있는 그대로 이해하고, 서로 다르다는 것을 이해하고 인정할 것을 설명하였다. 이로 인해 앞으로는 '모범생처럼' 주훈이를 고치려는 것이 아니라 그 아이의 'N'적 기질이 발휘될 수 있도록 도와주어야 한다는 것을 식구들 모두 알게 되었다. 그리고 아이에게도 마무리가 약한 점(P 성향)을 좀 더 보완하도록 돕는 데 앞으로 노력이 필요할 것이다.

(김계현 외, 2004, p.250)

2. 다음은 31세 여성의 MMPI-2 결과다. 이 내담자에 대한 결과를 해석해보시오.

VRIN	TRIN	F	F(B)	F(P)	L	K	S	Hs	D	Hy	Pd	Mf	Pa	Pt	Sc	Ma	Si
40	50	41	45	39	56	51	62	50	69	70	50	60	42	64	46	29	67

※ 과장된 자기제시, 1-3코드, 6번, 9번 척도 하강, 심한 우울증 경향, 기타 MMPI 해석 참고

3. 영수는 중학교 3학년 학생으로, 얼마 전에 부모님이 갑자기 이혼을 하고 아버지와 떨어져서 어머니와 함께 지방으로 전학을 하였다. 이후 인터넷을 하는 것 이외에는 아무것도 하지 않으려고 한다. 한편, 수업시간에는 안절부절 하지 못하고 주의가 산만하며 갑자기 소리를 지르기도 하고 짜증이 잦고 친구들과 자주 싸우고 있다.

※ K-WAIS 검사결과

소검사의 특징: 언어성 검사 중 숫자 외우기: 9, 산수: 9, 차례 맞추기: 14

환산점수 IQ: 언어성 검사 110, 동작성 검사 130, 전체 IQ 120

- 전체 IQ 해석(120~129 : 우수), 개인 내 편차 분석(동작성과 언어성 지능점수 간의 차이가 나는 경우, 동작성이 높은 경우 교육수준이 대체로 낮은 편이지만, 일상생활에서의 대응능력은 높은 경향), 주의 산만과 숫자 외우기, 산수의 낮은 득점 간의 상관관계, 높은 차례 맞추기 득점과 인터넷 사용과의 관련, 언어성 지능이 낮은 내담자에게 적합한 매체치료

생각할 거리

1. 만약에 여러분이 대학교 학생생활상담소에서 근무하게 된다면 어떤 검사를 구비하고 있을 것이며, 그렇게 검사를 선정한 이유는 무엇인지 설명해보시오.

※ 신뢰도와 타당도, 표준화검사, 성격검사, 지능검사, 적성검사, 흥미검사, 투사검사, Full-battery

2. 다음의 상담사례에서 적용해볼 수 있는 직업심리검사를 선정하고, 그 이유를 설명해보시오.

"현수는 고등학교 2학년 남학생이다. 부모님은 시장에서 과일 행상을 하고 있으며, 최근 경기가 좋지 않아 생활형편이 매우 어려운 편이다. 부모님은 어서 빨리 공고를 졸업하고 취업을 하여 가정에 보탬이 되어주기를 기대한다. 현수는 평소에 만화 그리기를 좋아하고 만화가가 되는 것이 꿈이지만, 직업적성검사 결과에는 예능계통의 소질보다는 기계적성이 높은 것으로 나왔다. 하고 싶은 일을 해야 할지, 가정환경을 따라가야 할지, 적성에 맞는 진로를 선택해야 할지 방향을 잡지 못하고 있는 상태다."

※ 직업흥미검사, 진로 의사 결정, 진로 성숙도, 적성과 흥미의 불일치 원인 탐색

나만의 Summary

상담심리 가이드북

Chapter 7

상담의 응용 : 집단상담

집단상담은 한국의 상담심리학에서 가장 많이 응용되고 있는 분야라고 해도 과언이 아닐 정도로 보편화되어 있다. 이는 한국문화가 집단문화이며 집단 내의 대인관계를 어떻게 성장시키느냐가 중요한 이슈이기 때문일 것이다. 그 밖에도 상담의 경제성을 고려할 때 학교, 기업체, 기타 교육기관에서 집단형태를 많이 필요로 한다. 또한, 인간이 존재하는 기본조건(가정, 학교, 직장, 각종 사회단체의)은 집단생활이기 때문이라고 볼 수 있다. 본 장에서는 집단상담의 본질과 집단상담에 적용될 수 있는 상담이론, 집단상담자로서 숙지해야 할 집단 역동의 이해, 집단상담기법, 집단상담에서 지켜야 할 윤리, 집단상담평가를 알아본다. 또한 집단상담자의 개입반응 실제와 집단상담 프로그램 예시도 함께 소개한다.

Zoom up

집단상담

집단상담의 본질
- 집단 정의
- 집단상담과 유사개념
- 집단상담의 장단점

집단이론
- 정신분석
- T-group
- 참만남
- 형태주의
- 인지행동
- 교류분석
- 현실치료
- 행동주의

집단의 역동과 과정
- 집단역동
- 집단의 발달단계
- 집단상담 지도형태
- 집단상담자 역할
- 집단상담의 기술

집단상담 평가
- 평가시기
- 평가방법
- 평가내용

단원소개

학습내용 분석	참고사항
1. 집단상담의 본질 1.1 집단이란 1.2 집단상담의 정의	 *집단상담의 특징 및 효과
2. 집단상담의 이론 2.1 정신분석적 모형 2.2 T-집단 혹은 실험실적 접근모형 2.3 참만남 집단모형 2.4 게슈탈트적 접근모형 2.5 인지행동적 접근모형 2.6 교류분석적 접근모형 2.7 현실치료적 접근모형 2.8 행동주의적 접근모형	
3. 집단의 역동과 과정 3.1 집단의 역동* 3.2 집단의 발달단계*	 *집단의 역동 *집단의 발달단계
4. 집단의 지도성 4.1 지도성의 형태와 관련 요인 4.2 집단상담자의 역할*	 *집단상담자의 역할
5. 집단상담의 기법	
6. 집단상담의 실제 6.1 집단상담의 계획 6.2 집단상담의 출발을 위한 준비 6.3 집단상담 윤리의 고려 6.4 집단상담의 평가 6.5 집단상담자의 개입반응(언급) 실제 6.6 집단 활용 프로그램	

*표기는 기출문제 빈도가 높은 내용의 핵심용어.

1 집단상담의 본질

1.1 집단이란

집단은 집단구성원들 간의 긴밀한 관계가 형성되어 있는, 그 자체로서 하나의 구성체를 이루고 있는 무리다. 따라서 상호작용이 없이 일시적으로 모여 있는 집합체와는 다른 것이다. 집단상담에서 말하는 '집단'(group)은 단순한 '집합(congregate)'의 개념과는 구별된다.

> **멘티** 집단상담에서 말하는 집단은 여러 사람이 함께 모인 것과 어떠한 차이가 있나요?
>
> **멘토** 집단상담에서의 '집단'은 다수의 사람들이 일정 기간 계속 만나는 것, 구성원들 간의 상호작용이 일어남, 공통적 목표로 일정 장소에서 만나고 있음을 말합니다. 따라서 영화관 관객들처럼 상호작용이나 상호의존성이 없으면 '집단'이라고 볼 수 없습니다.

상담 '집단'이 되기 위해서는 최소한 ① 공동목표, ② 집단원들의 참여의욕, ③ 집단 내 역동적 상호작용, ④ 집단 규범 등의 속성들을 갖추어야 한다.

1.2 집단상담의 정의

집단상담은 소수(5, 6명~12, 13명)의 비교적 정상인들이 한 두 사람의 전문가 지도아래 집단원 상호작용의 역동을 토대로 신뢰롭고 수용적인 분위기에서 개인의 태도 및 행동의 변화 혹은 보다 높은 수준의 성장발달을 촉진시키는 대인관계적 학습과정이다. 달리 요약하면, 소집단 내의 대인관계 경험에 의한 자기학습 과정이라고 말할 수 있다. 우리나라 집단상담 전문가가 제시한 집단상담의 정의는 다음과 같다.

"생활과정의 문제해결과 바람직한 성장발달을 위하여 전문적으로 훈련된 상담자의 지도와 집단원들과의 상호작용을 통해 각자의 감정, 태도 및 행동양식을 탐색, 검토하고, 보다 성숙된 수준으로 향상시키는 경험적 학습과정이다." (윤관현, 이장호, 최송미, 2006, p.6)

정의가 이러할 때 집단상담 과정에 포함되는 요소들은 다음과 같다.

- 집단상담의 대상은 비교적 정상범위의 적응 수준에 속하는 사람들이다.
- 상담자는 훈련받은 전문가다.
- 상담집단의 분위기는 신뢰롭고 수용적이어야 한다.

• 집단상담은 역동적인 대인관계의 학습과정이다.

멘티 3, 4명이 모여서 상담을 해도 집단상담이라 할 수 있는지요? 또한, 집단상담의 인원은 어느 정도 가 적합한지요?

멘토 3, 4명으로 구성된 사람들이 모여서 하는 상담을 집단상담이라 보기는 힘듭니다. 집단상담의 크기는 대개 7, 8명 내외의 소집단이 이상적이며 5~15명 정도의 범위에서 인원을 구성하게 됩니다. 집단원들의 대인능력을 향상시킨다는 점에서 집단상담은 치료적 기능도 포함하고 있습니다.

1) 상담집단과 일반 토의집단의 차이

① **내용 대 과정**: 토의집단은 해결해야 할 과제, 즉 분명한 주제를 가지고 과제해결을 목적으로 토의내용을 중시한다. 반면, 상담집단은 가족집단과 같은 일차적, 비형식적, 정서적 집단의 성격을 띠고, 집단 내 대화과정을 중시한다.

② **양극성 대 통일성**: 토의집단은 승패나 시비를 가리게 되지만 상담집단에서는 상반된 의견들이 허용, 장려된다.

③ **형식성 대 자발성**: 토의집단에서는 규칙과 질서가 필요하므로 형식적이기 쉬우나, 상담집단에서는 결의나 승패가 없으므로 형식이 필요 없고 자발적인 참여가 강조된다.

④ **객관성 대 주관성**: 토의집단에서는 사실을 취급하며 객관적인 반면, 상담집단에서는 감정과 정서, 창의성과 상상력, 인간이해와 인간관계 등과 관련되는 주관적 측면을 강조한다.

⑤ **제한성 대 솔직성**: 토의집단은 목적이 정해져 있으므로 언행에 제약을 받지만, 상담집단에서는 감정과 생각을 자유롭게 언어로 표현하도록 격려된다.

⑥ **지도성**: 토의집단에서는 형식에 따른 지도자 역할이 있고 목적달성을 위해 토의를 인도하고 집단을 통제하지만, 상담집단 지도자의 역할은 자신의 언행을 통해 집단분위기를 자연스럽게 끌어가는 것이 중요하다.

2) 집단지도, 집단상담, 집단치료의 비교

① **집단지도**: 주목적이 정보제공이므로 지도의 내용과 책임이 교사나 지도자에게 있다.

② **집단상담**: 개인의 발달적 문제나 태도와 행동의 변화가 주된 관심사이자 강조점이다.

③ 집단치료: 무의식적 동기에 관심을 기울여 정서적 장애를 치료하는 것이 주목적이므로 장기간이 소요되며 주로 임상심리학 및 정신의학적 접근이 강조된다.

> **멘티** 집단상담은 어떤 분에 의해서 시작되었는지요?
>
> **멘토** 모레노(J. Moreno)가 시작한 심리극(Psychodrama)이 집단상담 및 집단치료의 효시로 볼 수 있습니다.

3) 집단상담의 이점과 제한점

[집단상담의 이점]

① 집단상담은 개인상담보다 여러 가지 문제를 더욱 용이하게 취급할 수 있게 한다.
② 집단상담 장면은 비난이나 두려움 없이 새로운 행동에 대한 현실검증의 기회가 있다.
③ 집단상담에서는 소속감과 동료의식을 발전시킬 수 있다.
④ 집단상담은 다양한 성격의 소유자들과 접할 수 있는 기회가 된다.

[집단상담의 제한점]

① 집단상담은 행동변화를 위한 만병통치약이 아니다.
② 집단상담 경험에 홀려서 집단경험 그 자체를 목적으로 삼는 경우가 있다.
③ 모든 사람이 집단상담에 적합하지는 않다.
④ 집단상담에 대한 관심도의 증가에 따라 부적절한 지도성 문제가 생긴다.

> **멘티** 집단상담에 적합하지 않은 대상에는 어떠한 사람들이 있을까요?
>
> **멘토** 정신질병을 앓고 있는 경우, 의사소통이 불가능한 경우, 집단에 참여하고자 하는 동기가 낮고 비자발적인 경우는 집단상담보다는 개인 심리치료 및 다른 활동을 하는 것이 더 도움이 된다고 볼 수 있습니다. 즉, 지나치게 부적응적인 집단원들은 개인상담이 더 적절하다고 말할 수 있습니다.

2 집단상담의 이론

2.1 정신분석적 모형

이 모형의 근본목적은 집단과정을 통하여 구성원 개개인의 건전한 자아발달을 촉진시키는 것이다. 집단과정에서 나타나는 전이, 정화, 해석 및 현실검증을 통해 자아의 강화 혹은 초자아의 조정이 이뤄진다. 또한, 청소년기 주요 사건의 심리적 재 경험, 무의식적 갈등의 의식화 및 조정이 이루어지도록 한다.

집단상담자의 역할은 전이(과거의 갈등을 현재 인간관계에서 무의식적으로 재현)와 저항(무의식적 자료에의 직면을 회피하기)에 주의를 기울이고, 적절한 해석 등에 의해 집단구성원의 언어화 및 통찰과정을 촉진하는 것이다. 이를 위한 주요 기법은 자유연상, 해석 등이다.

2.2 T-집단 혹은 실험실적 접근모형

비교적 비조직적인 소집단에서 집단원 모두가 스스로의 목표를 설정하고, 상호 간 피드백에 의한 직접적 경험을 통해 대인관계의 이해능력과 집단과정을 학습한다.

T-집단(T-group)의 학습목표는 ① 학습하는 방법에 대한 학습, ② 자기 이해력의 증진, ③ 집단기능에 대한 통찰력의 증진과 효과적인 집단원의 역할에 대한 학습, ④ 구체적인 커뮤니케이션 및 피드백의 기술이다.

학습의 본질적 요소는 모호성 혹은 사회적 공백상태, 새로운 행동의 실험, 허용적 분위기와 심리적 안전감, 여기-지금(here and now) 중심의 활동, 자기투입과 참여, 피드백 주고받기, 집단규범의 발달 등이다. 그리고 집단상담자의 역할은 학습에 적합한 장면의 구성, 언행의 시범, 집단규범의 발전 유지, 의사소통의 통로를 열어주기, 조력자적 · 집단원으로서 집단과정에 참여하기 등이다.

2.3 참만남 집단모형

T-집단의 집단상담자들이 기존의 인간관계 훈련집단 모형의 한계를 보완하기 위해 실존적이고 인도주의적 사상을 기초로 발전시킨 모형이다. 집중적인 친교적 집단경험을 통한 태도, 가치관, 생활양식의 변화 등이 개인적 목표다. 소집단 활동이 주이며, '여기-지금'의 상황에 초점을 두고 개방성과 솔직성, 대인적 직면(맞닥뜨림), 자기노출, 직접적인 정서적

표현을 격려한다.

이 모형은 로저스의 내담자중심 이론을 집단과정에 적용하여 발전시킨 것으로, 집단 내에 어느 정도 촉진적인 분위기만 조성되면 집단은 그 자체의 잠재적인 가능성과 구성원의 잠재적 가능성을 계발시킬 수 있다는 인간중심적 접근이다. 따라서 집단목적이나 진행계획 없이 진행되며, 집단상담자의 주요 역할은 집단 자체의 자연스러운 활동과정을 촉진하는 것이다.

2.4 게슈탈트적 접근모형

펄스를 중심으로 개발된 이 모형에서 정신적으로 건강한 사람이란, 지각형태(gestalt)의 생성-소멸의 과정이 순조롭게 진행되는 사람을 말한다. 이 생성-소멸과정의 방해요인은 외적 세계 및 자기 자체에 대한 자각(awareness)이 명확히 이뤄지지 않는 경우와 스스로 욕구와 행동을 억압하여 좋은 형태의 형성을 방해하는 경우다. 목표는 집단원이 순간순간의 경험을 알아차리도록 도와 자신의 행동과 감정에 대해 통찰, 자각을 얻고 스스로 책임지게 하는 것이다.

집단상담자는 집단원들이 자신을 자각하게 하기 위해 여러 가지 기술, 게임, 활동 등을 책임지고 계획하고 지도한다. 집단 내 상담자의 개입활동은 집단 전체보다 개개 집단원 상대의 접근이라는 면에서, 이 접근모형은 '집단장면에서의 개인상담・치료'라고도 말할 수 있다. 집단기술로는 뜨거운 자리, 차례로 돌아가기, 빈 의자 기법, 신체언어, 질문형을 진술형으로 고치기 등이 있다.

2.5 인지행동적 접근모형

엘리스가 발전시킨 모형으로 정서적인 문제는 비논리적 신념체제 또는 비합리적 가치관에 기인하므로 그 비합리적인 관점을 합리적인 것으로 대치할 때 정서적 문제가 해소된다는 기본원리에 입각한다. 집단상담자는 집단원의 바람직하지 못한 행동의 근거가 되는 기본적이고 비합리적인 생각을 찾아내어 그것이 비논리적임을 밝혀주고, 합리적으로 생각하는 방법을 가르쳐준다. 이 과정에서 집단상담자는 능동적이고, 지시적이고, 설득적이며, 철학적인 설득방법 등을 사용한다.

2.6 교류분석적 접근모형

에릭 번에 의해 발전된 이 모형은 삶의 자세를 자기긍정-타인긍정, 자기긍정-타인부정, 자기부정-타인긍정, 자기부정-타인부정으로 구분한다. 그리고 성격구조는 어버이 자아(parent ego state : P), 어른 자아(adult ego state : A), 어린이 자아(child ego state : C)로 이뤄져 있고, 이들 중 한 자아가 사람들 간의 의사소통이나 인간관계 상황에서 개인행동의 동력으로 작용한다고 본다. 이 모형의 목적은 개인의 3가지 자아들이 자유롭게 기능, 작용하도록 도와 궁극적으로 자기긍정-타인긍정의 자세로 변화시키는 것이다.

집단활동이 시작되기 전에 집단활동의 목적과 시간, 집단원의 성취목표 등의 내용을 계약서에 기술하도록 한다. 집단상담자의 역할은 의사거래 분석의 주요 개념을 설명하고, 생애 초기부터 형성된 개인적 생활각본(life script)과 인간관계 수립방략을 집단원들이 재검토하도록 한다. 집단활동의 구체적 목표에는 각 개인의 증상 완화와 자아상태의 효과적 관리법 습득이 포함되는데, 이러한 목표달성을 위한 접근방법에는 구조적 분석, 의사거래 분석, 게임분석, 생활각본 분석 등이 있다.

2.7 현실치료적 접근모형

윌리엄 글라써가 개발한 접근모형으로 인간은 특정 욕구들의 충족을 위해 환경을 통제할 수 있다고 가정한다. 통제는 선택을 통해 이뤄지며 선택 책임의 중요성을 강조한다. 또 모든 문제가 존재하고 통제할 수 있는 시기는 현재이므로 과거에는 관심을 두지 않는다. 인간의 기본적 욕구를 생존, 소속, 힘(영향력), 자유, 재미(즐거움)로 보고 활동하기, 생각하기, 느끼기, 생리작용의 4요소로 이뤄진 전 행동(total behavior)을 강조한다. 그리고 개인의 행동과 느낌과 환경을 통제, 선택하는 것은 자기 자신이라는 선택이론을 강조한다.

집단상담자는 집단원이 현실에 직면하고, 자신이 선택한 행동의 책임을 알고 받아들이며, 현명한 선택을 통해 삶을 효과적으로 통제할 수 있다는 점을 알도록 한다. 상담집단의 진행과정은 WDEP(Want : 바람, Direction and doing : 행동 탐색, self-Evaluation : 자기평가, Planning : 계획)의 단계별로 주로 질문이 상담기술로 활용되며, 토의, 논박, 직면, 유머 등이 활용된다.

2.8 행동주의적 접근모형

스키너 등의 학습이론을 근거로 발전된 이 모형에서는 내담자의 문제를 학습과정을 통해 습득된 부적응행동으로 보고, 그것을 제거하고 보다 적절한 새로운 행동을 학습하도록 돕는 과정이 상담이다. 행동은 자극에 대한 반응이며, 유기체의 조건과 뒤따르는 강화조건이 인간반응에 큰 영향을 미친다고 본다. 따라서 적절한 강화를 함으로써 특정 자극에 대한 바람직한 반응을 습득하도록 하는 행동수정 원리가 이 모형의 근간이다. 또한 직접적 강화 없이 모델행동의 관찰로써 학습되는 사회학습도 있다.

행동수정의 절차는 ① 문제행동이 구체적으로 정의되고, ② 발달적·사회적 생육사를 조사하고, ③ 행동수정을 위한 구체적 목표를 세우고, ④ 행동수정 방법을 찾고 실제로 적용하는 것이다.

집단상담자는 질문, 강의, 집단토의, 역할놀이, 역할연습, 심리극, 시범 보이기 등의 기술을 활용하여 집단원이 스스로 선택한 목표로 나아가도록 하고, 칭찬, 인정, 높은 평점 등의 강화를 한다. 집단기술은 행동계약, 자기주장 훈련, 시범 보이기 등의 행동강화 기술과 소거, 단계적 둔화(systematic desensitization) 등이 포함된다.

3 집단의 역동과 과정

집단활동에는 내용과 과정의 2가지 주요 측면이 있고, 집단과정에는 집단의 역동과 발달단계의 두 측면을 고찰할 필요가 있다.

3.1 집단의 역동

집단의 성격과 방향에 영향을 미치는 복합적인 힘을 집단의 역동이라 한다. 집단 역동은 집단의 발달에 긍정적으로 작용할 수도 있지만 참여자들에게 부담과 해를 끼칠 가능성도 있으므로 집단상담자는 집단에서 일어나고 있는 중요한 역동들을 감지하고 생산적인 방향으로 활용할 수 있어야 한다.

집단 역동에 관계되는 요인들은 다음과 같다.

1) 집단의 배경

새로운 집단인가, 아니면 계속 모여 상호 간 잘 알고 있는 집단인가와 같은 집단의 역사적 배경과 집단원들의 특징(어떤 종류의 사람들로 구성되어 있는가, 집단에 대한 사전경험이 있는가, 어떤 기대와 요구를 가지고 있는가 등)에 따라 집단의 역동이 달라질 수 있다.

2) 집단의 참여형태

표면적으로 나타난 전체집단의 상황에서 본다면 상담자가 집단원들에게 일방적으로 말하는 경우, 상담자가 말하면 집단원들이 반응하는 경우, 모든 집단원들이 서로 말하거나 한 개인이 전체집단과 말하는 형태가 있다. 더 자세히 관찰하면 한 개인이나 하위집단이 전체집단의 역동에 영향을 미치거나 계속 침묵함으로써 집단 분위기를 압도하는 형태도 있다. 집단원들의 참여가 광범위하게 이뤄져서 집단에의 흥미와 관여가 활발한 형태가 바람직하다.

> **멘티** 실직자들을 대상으로 집단상담을 실시하고 있는데, 집단원들끼리 따로 술을 마시는 모임을 자주 하곤 합니다. 이것은 어떤 현상이라고 볼 수 있나요?
>
> **멘토** 집단의 목적을 달성하기 전에 집단리더 혹은 집단에 대한 저항의 한 형태로 하위집단이 형성된 것으로 볼 수 있습니다. 이런 경우 집단 밖에서 어떤 대화를 주로 나누었는지에 대해 집단지도자가 물어보고 집단상담에서 다루어주는 것이 좋습니다.

3) 의사소통의 형태

집단원들이 서로를 어떻게 잘 이해하고 있는가, 사상 · 가치관 · 감정을 어떻게 분명하게 서로 전달하고 있는가와 관련된다. 바람직한 의사소통의 형태가 행동변화에 필수적인 요소이므로 의사소통의 양상이나 내용은 집단 역동에 결정적인 영향을 미친다.

4) 집단의 응집성

집단원들이 하나의 통합된 전체로 묶여져 있는 유대관계의 정도를 말한다. 즉, 집단의 사기, 집단 정신, 각 집단원들이 집단에 대해 갖는 매력 정도를 말하며, 집단원들이 참여하고 있는 집단활동에 대한 관심도 등을 나타낸다.

5) 집단의 분위기 및 집단 규범

분위기는 집단원들의 집단에 관한 느낌과 집단에의 자발적인 참여의식에 영향을 미치므로 집단목표의 성취에 중요한 요인이다. 집단상담자는 분위기에 민감해야 하고, 자유롭고 허용적인 분위기 조성에 주의를 기울여야 한다.

집단 규범은 집단활동의 과정에서 적용하는 활동규약인 동시에 집단이 자체의 활동을 수행해 나가는 방법에 대한 책임감수의 약속이다.

6) 집단원들의 사회적 관계유형

우정과 반감의 미묘한 관계성, 즉 집단원들 간의 사회적 관계유형은 그 집단의 집단활동과 역동관계 형성에 중요한 영향을 미친다. 명성이나 영향력, 권력, 능력 혹은 설득력 등에 따라 형성되는 불가시적이고 비형식적인 하위집단은 집단활동에 부정적인 영향을 끼칠 수 있으므로 유의해야 한다.

7) 주제의 회피 및 지도성(영향력) 경쟁

난처한 문제나 갈등을 무조건 회피하는 경우 그 문제나 갈등을 해소할 수 없기 때문에 집단원과 전체 집단의 발달에 도움을 얻기 위해서는 회피되는 주제를 가능한 한 충분하게 다루어야 한다. 경쟁은 상황에 따라 바람직한 현상일 수 있으나 중요한 과업 수행에 방해가 되거나 집단의 부정적인 특징이 되면 문제다. 경쟁상태를 관찰함으로써 집단의 문제해결에 도움이 되는 자료를 얻고, 자신의 지배의도를 버리고 타인의 지도성을 인정·수용하는 아량을 가지면 상담자에게 조력하게 된다.

8) 숨겨진 안건 및 제안의 묵살

숨겨진 안건(미공개 의도 및 화제) 때문에 집단활동이 제대로 안 될 정도로 심각한 경우, 집단상담자나 집단원 중 누구든지 이를 표면화시켜 다룰 필요가 있다.

적절한 내용의 제안을 적절한 시기에 할 수 있는 능력을 기르는 것이 필요한데, 한 집단원의 제안이 여러 번 계속 묵살되는 경우 집단상담자든 집단원이든 묵살당한 본인이 집단 앞에 솔직하게 자기 제안을 질문해보는 것이 도움이 된다.

3.2 집단의 발달단계

집단의 발달과정은 두 사람 혹은 그 이상의 사람들이 상호 간에 영향을 미치면서 공동목표를 향해 함께 움직여 나가는 변화 혹은 집단발달의 과정을 말한다.

도입-준비-작업-종결의 4단계로 나누어 고찰될 수 있다.

1) 도입단계

집단상담의 목적과 성격에 관한 오리엔테이션을 함으로써 참여자가 집단경험을 자신의 성장을 위해 최대한 활용할 수 있도록 돕는 것이 이 단계의 주된 목표다.

① 참여자 소개와 예기불안의 취급

집단상담자는 간략한 인사말을 하고 참여자들이 서로 인사·소개하는 시간이 필요하다. 상담자는 환영의 말, 자기의 자질, 경력 및 집단에 대한 열의와 기대 등을 말한 후 매번 새로운 집단을 만날 때 예기불안을 경험한다는 사실을 진솔하게 노출함으로써 시범을 보인다. 참여자들이 불안과 두려움을 말하도록 도움으로써 안정된 분위기를 조성할 필요가 있다.

② 집단의 구조화

집단의 구조화는 집단발달의 전 과정을 통하여 이루어져야 하지만 참여자들이 불안해하는 집단 초기에는 더욱 필요하다. ① 집단의 성격과 목적, ② 집단상담자의 역할, ③ 집단의 기본 규범과 기타 유의사항에 대해 말하며, 적절하게 구조화를 할 때 응집성을 높이고 자기노출, 피드백, 직면을 촉진하는 데 도움이 된다.

③ 행동목표의 설정

구체적인 목표의 설정은 집단상담의 효과와 이에 대한 평가를 위해 필수적이다. 목표에는 집단과정의 발달을 도와주는 목표인 과정적 목표와 집단원 각자의 목표에 해당하는 개인적 목표가 있다. 행동목표는 변화되어야 할 행동, 변화가 일어날 상황, 변화에 필요한 예상기간과 자신이나 타인이 목표성취를 확인할 수 있는 기준 등을 포함해야 한다.

2) 준비단계

안정되고 신뢰로운 집단분위기를 조성함으로써 다음의 작업단계를 준비한다. 이 단계에서 집단상담자는 집단의 분위기 조성과 집단원의 성장에 크게 손상을 주지 않는 한 집단원의 말과 행동을 신뢰하고 수용하고 격려해주는 태도와 반응을 보여야 한다.

① 의존성

집단상담자에게 의존성을 보이는 집단원의 경우 그 욕구에 공감해준 다음 반영을 통해 그가 집단원들보다 집단상담자의 관심과 반응을 더욱 가치있게 여기고 있음을 깨닫게 한다. 이로써 집단원들에게 지도성의 책임을 나눠 갖도록 학습시킬 수 있다.

② 저항

상호작용의 초점이 개인적인 이야기로 옮겨지므로 집단원들은 부담감과 불안감을 경험하게 되며 집단참여에 조심하고 주저하게 되어 저항적 반응을 나타낸다. 저항을 처리하는 효과적인 방법은 저항을 집단과정의 필수적인 요소로 인정하고 함께 취급하는 것이다.

③ 갈등

갈등기에는 지배할 것인가, 지배당할 것인가에 주된 관심을 두고 집단원 상호 간 또는 집단상담자와의 사이에서 경쟁적, 갈등적 모습을 보인다. 갈등은 필연적인 것이며 잘 관리할 경우 신뢰성을 강화하는 계기가 된다는 사실을 인정하게 하고 성공적으로 취급하게 돕는다.

④ 응집성

응집성은 집단원들이 경험하는 집단에의 매력, 소속감, 결속감, 일치감을 내포한다. 집단상담자는 집단의 응집성을 높이기 위하여 스스로 모범을 보이는 동시에 신뢰성과 응집성을 높이는 데 도움을 주는 집단원의 반응과 행동들을 강화한다.

3) 작업단계

작업단계의 주된 과업은 집단원 상호 간에 도움을 주고받음으로써 행동변화를 촉진시키는 일이다. 집단상담자는 참여자들이 각자의 문제를 노출하고 탐색하며 이해하고 수용하는 과정을 통해 바람직하지 못한 행동패턴을 버리고 생산적인 대안행동을 학습하도록 돕는다.

① 자기노출과 감정 정화

집단원이 사적으로 의미 있는 문제를 드러내면 집단이 공감과 자기노출을 통해 그 감정의 응어리를 토로하게 돕는 동시에 그로 하여금 집단에서 충분히 이해받고 수용된 경험을 하도록 돕는다. 부정적 감정의 응어리를 정화하는 것은 그 자체로서도 치료적이다.

② 비효과적 행동의 취급

문제상황에 연루되고 헤어나지 못하게 만드는 자신의 비효과적인 행동패턴을 탐색·이해・수용하도록 돕는 작업을 한다. 집단상담자는 저항에 부딪히지 않도록 집단원이 자신의 문제를 취급하려 하는지 확인하여 동의를 얻을 필요가 있고, 피드백과 직면반응은 여기-지금의 문제로 전환하는 것이 효과적이다.

③ 바람직한 대안행동의 취급

대안행동은 집단원들이 자유롭게 탐색하여 제시하고 다각적인 측면에서 논의한 후 선정한다. 그리고 집단의 지지아래 실습하도록 돕는다. 대안행동의 학습에는 역할놀이의 도입이 효과적이며 실행 여부와 그 결과를 집단에 보고하게 함으로써 실천가능성을 높인다.

4) 종결단계

종결단계를 적절히 다루지 못하면, 집단원들은 학습한 것을 활용하는 데 지장을 받게 되고 집단상담 자체에 대한 부정적 감정을 지니고 떠날 가능성이 크므로 이 단계는 중요하다.

① 집단경험의 회고, 요약

전체 집단과정에서 자신에게 특별히 의미가 있었거나 도움이 되었던 경험을 상호 간에 나누어 가지도록 돕는다.

② 집단원의 성장 및 변화에 대한 평가

집단원의 진보에 대해 집단의 시작시점과 종결시점(현재)을 비교하여 살펴보고, 그것의 적용가능성도 알아보도록 돕는다.

③ 이별감정 및 미결과제의 취급

느낌(종결 소감)을 표출할 시간적 여유를 주어 상호 간에 아쉬움을 공유하도록 하고, 집단의 종결이 집단 밖에서는 새로운 시작임을 인식하게 한다. 미결과제에 관해서는 효과적인 대처요령을 설명해줌으로써 집단원들이 편안한 마음으로 떠나도록 돕는다.

④ 피드백 주고받기

종결단계에서의 피드백은 이때까지 관찰해 온 집단원의 행동변화를 최종적으로, 종합적으로 평하는 것이 특징이며 구체적인 행동용어로 긍정적인 면에 초점을 두는 것이 효과적이다.

⑤ 최종 마무리와 작별인사

집단과 개인이 이룩한 성과에 대해 치하하고, 학습한 행동의 정착을 위해 지속적인 노력이 필요하다는 사실과 학습한 행동의 실현을 서서히 지혜롭게 하지 않으면 오해나 배척을 받을 수 있다는 사실도 언급한다. 집단상담자를 필두로 전 집단원이 차례로 상호 간에 언어와 비언어 반응을 교환하면서 작별인사를 나누고 집단의 전 과정을 마감한다.

4 집단의 지도성

지도성이란, 조직 또는 집단의 공통목표를 달성하기 위해 집단구성원들이 목표지향적인 행동을 할 수 있도록 하는 지도자의 행동영향력으로 정의될 수 있다. 집단이 상담효과를 달성할 수 있느냐는 크게 ① 상담자 변인(집단의 활동을 촉진시키는 집단상담자의 지도성), ② 집단원 변인(집단을 형성하는 구성원의 성질, 참여자 개개인의 변화에 대한 욕구, 참여의지, 자발성), ③ 환경적 변인(집단이 처하게 되는 특수한 상황)에 달려 있다. 여러 변인들 중에서 가장 중요한 상담자 변인(집단상담자의 지도성)을 고찰해보고자 한다.

4.1 지도성의 형태와 관련 요인

1) 지도성의 형태

① 의사결정권에 따라

- 전제형(의사결정권이 전적으로 지도자에게만 부여됨)
  단기간 내에 많은 양의 과업을 성취했으나 보다 적대적, 경쟁적, 공격적인 분위기가 형성되었다. 특히 책임 전가, 불화, 의존성, 창의성 결여 등의 행동경향이 나타났다.
- 민주형(의사결정권이 전적으로 집단에게 부여됨)
  과업성취를 위해 긴 시간을 소요했으나 동기가 강하게 유발되고 시간과 학습량 증가에 따라 생산성이 증가했다. 또한, 우정과 협동정신이 발전하고 상호 칭찬하며 큰 만족감을 표시했다.
- 방임형(의사결정권이 개개인에게 부여됨)
  과업완수의 양과 질에서 떨어졌다. 많은 시간을 비생산적인 활동에 소비하고 실제 일의 성취보다 탁상공론에 그치는 경향을 나타냈다. 공격적인 행동이 민주집단보다 많으나 전제집단보다는 적었다(Lewin 등 연구).

② 지도자의 지향에 따라

- 개인내적 지향
  집단의 역동이나 참가자 간 상호과정의 과정보다 개인에게 더 흥미를 갖고 일대일 방식으로 대하는 것을 선호한다. 개인내적 갈등, 역동, 내면적 관심에 주안점을 둔다.
- 대인관계적 지향
  현상태에 관심을 두고 참가자들 간의 상호작용과 전체적인 집단관계를 중시하며 집단 역동과 집단성과의 저해요인을 유의한다.

요컨대, 유능한 집단상담자는 자신의 개성에 맞는 상담방식을 지니고 특정 개인이나 집단에 2가지 지향을 적절히 안배할 수 있어야 한다(Shapiro).

지도성의 유형을 의사결정 과정에서의 상담자의 권한 영역과 집단원의 자유재량 영역의 정도에 따라 '상담자 중심적' 지도자와 '집단원 중심적' 지도자로 유형화할 수 있을 것이다. 상담자 중심적일수록 상담자는 전문적인 기술을 동원하여 지시적, 적극적으로 집단을 이끌며 집단의 방향-결과 혹은 성공-실패에 대한 전적인 책임을 진다. 집단 중심적일수록 상담자는 집단의 방향 결정과 책임을 집단에게 이양하고 상담자 자신도 한 사람의 집단원으로 집단활동에 참여한다.

2) 지도형태의 선택과 관련 요인

집단지도의 형태를 선택할 때는 ① 집단상담자 자신, ② 집단원들, ③ 그때의 상황이라는 3가지 측면과 여러 관련 요인들의 고려가 필요할 것이다.

① 집단상담자와 관계되는 요인

- 집단상담자의 가치관: 의사결정권의 행사를 어느 정도 해야 한다고 생각하는지, 집단효율성과 개인적 성장과 집단이익에 어느 정도로 가치를 부여하는지 등에 따라 다르다.
- 집단원에 대한 집단상담자의 신뢰도: 집단원들이 자력으로 문제를 해결할 수 있다고 볼 때 자유를 좀 더 부여하는 형태를 취할 것이다.
- 집단상담자의 지도성향: 상담자에 따라 자신에게 자연스럽고 익숙하다고 여기는 입장에서 지시적 또는 민주적 형태를 띤다.

• **모호성에 대한 인내심**: 상담자에 따라 구체적이고 분명한 것을 좋아하여 관찰 가능한 결과를 선호할 수 있고, 모호성 및 추상성에 대한 인내심과 대처방식도 다를 것이다.

② 집단원들과 관계되는 요인

다음의 조건들이 갖춰졌을 때 집단 중심적 형태를 취할 수 있고 그렇지 않을 때 지시적 형태를 취할 것이다.

• 집단원들 독립성에 대한 요구수준이 비교적 높을 때
• 자신의 변화에 대한 의지가 높을 때
• 참여의 자발성이 높을 때
• 의사결정의 책임을 감당할 준비가 되어 있을 때
• 취급해야 할 문제의 중요성을 인식하고 관심을 가지고 있을 때
• 집단의 목적, 목표를 알고 있을 때
• 문제해결에 필요한 지식과 경험을 가지고 있을 때
• 의사결정 과정에 참여할 준비가 되어 있을 때

③ 상황에 관계되는 요인

• **집단의 크기**: 집단이 클수록 상담자의 강한 통제가 필요할 것이다.
• **시간적 압력**: 신속히 처리해야 할 문제가 있는 집단에서는 통제가 필요할 것이다.
• **모임의 빈도**: 처음에는 상담자 중심일 수밖에 없더라도 모임횟수가 거듭될수록 집단 중심적 형태로 전향할 수 있을 것이다.
• **책임의 한계**: 상담자가 법적으로 책임을 져야 할 경우에는 보다 지시적이어야 하고 책임의 자유가 허용되는 상황에서는 집단 중심적 형태를 취할 수 있다.

※ 요컨대, 바람직한 상담자는 어느 특정한 지도형태에 고착되지 않고 여러 형태에 대한 폭넓은 이해와 경험을 바탕으로 여러 가지 접근형태를 적절히 활용할 수 있다.

4.2 집단상담자의 역할

집단상담의 성과를 어느 정도로 성취하느냐는 주로 상담자가 어느 정도로 자기역할을 효과적으로 수행하느냐에 달려 있다. 다음은 집단상담자의 주요 역할을 요약한 것이다.

① 집단활동의 시작을 돕는다

상담집단이 처음 시작될 때 집단원들이 상호작용을 시작하도록 이끌어주어야 하는데, 상담자가 솔선하여 자신의 느낌(내면감정)을 공개함으로써 집단원들도 불안, 긴장, 수줍음, 갈등 등을 보다 쉽게 말할 수 있다. 그리고 집단원들은 집단 내 상호작용적 대화를 통해 자기통찰을 얻게 되므로, 각 모임은 항상 '지금-여기'의 상태에서 시작하도록 상담자가 촉진하는 것이 바람직하다.

② 집단의 방향을 제시하고 집단 규범의 발달을 돕는다

집단 초기에 집단상담의 일반적인 목표와 과정에 관한 간략한 설명 등을 통해 집단상담의 방향 및 집단 규범의 윤곽을 제시할 필요가 있다. 이렇게 하여 집단원들로 하여금 그 집단에서 느끼고 행동해야 할 표준인 집단 규범을 익히도록 한다. 집단 규범은 집단의 목표 달성에 기여할 뿐만 아니라 집단 자체의 유지 및 발전에 바탕이 된다.

③ 집단의 분위기 조성을 돕는다

안전하고 신뢰감 있는 분위기에서 집단원들의 자기탐색과 새로운 행동의 시도가 가능할 수 있으므로, 집단상담자는 권위주의적 태도를 버리고 집단원들의 느낌과 생각을 이해하고 의견을 존중하며 사실에 초점을 둔 집단과정이 진행되도록 지도하고 격려한다. 이로써 집단의 주목적인 '스스로의 문제해결을 통한 자기성장'이 가능해질 것이다.

④ 행동에 모범을 보인다

집단원에게 기대하는 행동유형을 집단상담자 자신이 먼저 시범을 보여 집단원도 그렇게 하도록 돕는다. 예를 들어, 원활한 의사소통을 위해 집단상담자가 스스로 진솔하고 적절한 자기노출을 하면 집단원들도 자기를 공개할 수 있게 된다. 경우에 따라 녹음, 녹화된 모델, 동료모델을 활용할 수도 있다.

⑤ 의사소통 및 상호작용을 촉진시킨다

적절하고 효과적인 의사소통 체제의 확립을 위해 집단상담자는 집단의 의사소통을 방해하는 요인을 극복하고 원활한 상호관계를 발달시키도록 도와준다. 이를 위해 집단원의 비언어적 메시지와 발언의 참뜻을 밝혀주기도 한다.

⑥ 집단원을 보호한다

집단상담자는 집단원이 어떤 활동에 대한 참여나 개인적 문제 공개를 꺼리는 경우 '거절의 권리'를 인정해주고, 타 집단원에게서 부당한 압박을 받을 경우 보호해주며, 신체적인 활동에서 부상을 당하지 않도록 하는 등 집단원을 심신의 위험으로부터 보호하는 보호자의 역할을 수행하기도 한다.

⑦ 집단활동의 종결을 돕는다

집단상담은 약정된 시간에 시작, 종결하고 모임의 횟수 및 절차도 예정대로 진행해야 한다. 한 모임이나 전체 과정의 종결 때는 다음과 같은 준비와 고려사항이 있다.

- 집단에서 학습한 것들의 실제생활 장면에서의 적용방법 소개하기
- 종결 후에도 계속 노력하겠다는 '실천계약서'에 서명하기
- 집단을 떠난 뒤 부딪히게 될 문제들에 대한 대비책 요약하기
- 추후지도를 위한 집단모임 계획하기
- 추가적인 집단상담을 받을 수 있는 기회와 방법 알려주기
- 필요 시 종결 후의 개인상담 가능성 안내하기

멘티 집단상담의 목표는 어떤 것이 우선되어야 할까요?

멘토 집단상담의 목표 및 결과를 가장 적절하게 요약하면, '자기이해와 대인관계 능력의 향상'이라고 할 수 있습니다. 기타(존중감, 협동심 등의 향상)는 부차적인 것이라고 볼 수 있습니다.

5 집단상담의 기법

1) 관심 기울이기

집단상담은 의사소통의 집단과정이라 할 수 있고 효과적인 집단 내 의사소통을 위해서는 우선 '집단상담자의 관심 기울이기'가 요구된다. 집단원들이 입으로 표현하는 말의 내용뿐 아니라 전반적인 반응을 상담자가 주목하는 것이 필요하다. 관심 기울이기 행동의 중심적 요소는 ① 말할 때 서로 시선을 부드럽게 마주치는 것, ② 부드러운 몸짓과 상냥한 얼굴 표정, ③ 간단한 말이나 동작으로 즉각적인 반응을 보이는 것이다. 또 집단상담자는 특정 집

단원뿐만 아니라 집단 전체에 대해 골고루 관심을 기울여야 한다.

2) 공감적 반응하기

집단원의 주관적인 내면세계를 감지하고 이를 효과적으로 말(확인)해주는 반응이다. 효과적인 공감을 하려면 ① 자신을 집단원의 위치에 놓고 그의 입장에서 생각하고 느껴본다, ② 집단원의 생각과 느낌을 가장 잘 나타내는 단어를 찾아야 한다, ③ 집단원의 심정과 입장을 이해하고 있음을 구체적 단어로 말해준다. 이때 집단원이 맞다는 반응을 보여야 공감적 반응이 이루어진 것이다.

3) 자기노출의 시범

집단상담자의 자기노출은 유사성과 친근감을 전달할 수 있고, 깊은 이해를 발달시킬 수 있으며, 깊이 있는 자기탐색의 모범이 된다. 자기노출에는 ① 집단원과 대화하는 동안 경험하게 되는 생각이나 느낌을 말하는 것과, ② 과거에 있었던 내 경험과 느낌이 현재 집단원의 경험하고 유사할 때 말하는 것의 2가지가 있다.

4) 피드백 모델

타인의 행동에 대한 자신의 상호적 반응을 솔직히 말해주는 과정이 피드백이다. 바람직한 상담자의 피드백은 집단원의 특정행동 변화에 도움이 되고, 피드백을 주고받는 방법에 대한 모델 역할도 한다. 피드백을 주고받을 때는 다음을 주의한다.

- 사실적인 진술을 하되 가치판단을 하거나 변화를 강요하지 않는다.
- 구체적으로 관찰 가능한 행동에 대해 그 행동이 일어난 직후에 하는 것이 효과적이다.
- 피드백을 주는 이와 받는 이가 이를 생산적으로 활용할 준비가 되었는지 고려한 후에 한다.
- 변화 가능한 행동에 대해서 하며 가능하면 대안까지 마련해주는 것이 좋다.
- 한 사람에게서보다는 집단의 여러 사람에게서 온 피드백이 더욱 의미가 있다.
- 피드백을 받을 때는 겸허해야 한다.

5) 직면하기

집단원의 불일치나 모순을 지적해줌으로써 자기이해를 돕고 문제의 원인을 찾을 수 있도록 하는 상담접근이다. 직면하기가 필요한 시점은 다음과 같다.

- 이전에 한 말과 지금 하는 말이 불일치할 때
- 말과 행동이 불일치할 때
- 집단원 자신에 대해 인식하는 것과 다른 사람이 인식하는 것이 불일치할 때
- 말과 정서적 반응에 차이가 있을 때
- 집단원의 말 내용과 집단상담자가 그에 대해 느끼는 느낌이 다를 때

그리고 직면하기에서 유의할 점은 ① 평가나 판단을 하지 말고 사실을 있는 그대로 진술하고 보고하며, ② 변화를 강요해서는 안 되고, ③ 적시성이 중요하다.

6) 경청하기

경청은 말의 내용과 몸짓, 표정, 음성에서의 섬세한 변화, 저변의 메시지, 말 못한 내용 등을 내포한다. 또 말을 하고 있는 집단원에게 잘 듣고 있다는 사실을 의사소통할 수 있어야 한다. 효과적인 경청 습관을 기르기 위해 ① 평가하지 말고 들을 것, ② 타인의 말을 선불리 짐작하여 듣지 말 것, ③ 타인이 말하는 동안 지나치게 메모하는 모습을 보이지 말 것, ④ 경청하는 체하지 말고 진지하게 경청할 것, ⑤ 때때로 타인의 말의 내용과 함께 감정에도 관심을 보일 것 등에 유의해야 한다. 그리고 경청의 저해요인으로는 ① 타인의 말을 진정으로 경청할 의사가 없는 것, ② 자기가 다음에 하고 싶은 말을 생각하고 있는 것, ③ 자신의 역할이나 자기가 상대에게 어떻게 보이느냐에 지나치게 신경을 쓰는 것, ④ 공감하지 않고 상대를 판단하고 평가하는 것 등이 있다.

7) 반영하기

집단원이 표현(전달)하고자 하는 생각 및 감정의 내용(본질)을 스스로 알 수 있게끔 상담자가 반사 혹은 반영해주는 기술이다. 효과적인 반영은 말의 내용 뒤에 숨은 느낌을 함께 이해하고 있다는 사실을 알려주는 것이다. 반영의 목적은 ① 집단원이 자신이 하고 있는 말을 좀 더 인식하게 돕는 것, ② 집단원이 느끼고 있는 느낌을 집단상담자가 알고 있음을 전달해주는 것이다.

8) 명료화하기

중요한 문제의 밑바닥에 깔려 있는 혼동되고 갈등적인 느낌을 가려내어 분명히 해주는 기술이다. 명료화를 위한 기법으로는 질문, 재진술, 다른 집단원들의 반응을 활용하기 등이 있다.

9) 요약하기

여러 가지 복잡한 주제가 오가거나 한 집단원이 너무 길게 말할 경우, 요약을 통해 주제를 분명히 하고 전체적 흐름이 궤도를 벗어나지 않도록 돕는다. 또한, 한 주제가 끝나고 다른 주제로 넘어가기 전에 앞의 주제를 요약하면, 주제의 연결이 원활하고 집단원의 이해도를 높이고 새 주제에 대한 주의를 환기시킬 수 있다. 한 회기의 집단상담을 끝낼 때 그날의 활동내용이나 진행과정을 요약할 수도 있다. 이때 집단상담자가 직접 요약하거나 집단원들이 요약하게 하는 형태가 있다.

10) 해석하기

집단원이 표면적으로 표현하거나 인식한 내용 저변의 감정 및 무의식적 동기와 의미 등에 대해 상담자가 새롭게 설명하는 것이 해석이다. 해석은 가능하면 집단원 스스로 하게끔 하고, 집단상담자는 되도록 추측이나 가정의 형식으로 진술할 필요가 있다. 해석을 하는 목적은 ① 통찰을 촉진하고, ② 내담자의 감정을 확인하고 경험하게 하며, ③ 자기통제력을 향상시킴으로써 내담자가 자신의 행위에 대한 책임을 지도록 하기 위해서다.

11) 생산적 집단풍토(규범)를 촉진하기

상담자는 집단이 보다 활성화되고 집단원들이 적극적으로 참여하여 개인적, 집단적 목표를 달성하도록 도와야 할 것이다. 집단과정의 촉진을 위해 상담자가 유의해야 할 것들은 다음과 같다.

- 집단원들이 느낌을 솔직하게 말하도록 돕는다.
- 안전하고 수용적이며 신뢰로운 분위기를 조성하는 데 힘쓴다.
- 개인적인 문제를 탐색하거나 새로운 행동을 실험하려고 할 때 격려, 지지한다.
- 초청 혹은 도전을 통해 가능한 많은 집단원을 참여시킨다.
- 집단상담자에게 의존하는 경향을 줄인다.
- 갈등이나 의견의 불일치를 공공연히 표현하도록 장려하고 의사소통의 장벽을 극복하도록 돕는다.

12) 저항, 전이현상의 처리

저항은 집단과정을 방해하는 요소로 쉽게 움츠러들고, 참여를 꺼리고, 드러내기를 주저하고, 과거의 일이나 제삼자에 관한 이야기를 하는 것 등이 해당된다. 저항의 처리과정에서는 저항현상에 대한 책임을 특정 집단원이나 집단 전체가 아닌 자신이 스스로 지려는 태도가 강조된다. 저항적인 집단원에 대한 대처방식에는 집단원 자신이 자기감정을 말하도록 하는 것과 모임이 끝난 후 일대일로 저항문제를 해결하도록 돕는 것이 있다.

집단과정에서는 집단상담자와 집단원, 또 집단원들 간에 그릇된 지각이나 오해적 행동이 초래되는 전이현상이 생기기도 한다. 이런 경우, 상담자는 과거가 현재의 행동에 미치는 영향을 성찰하도록 조력하고, 해석 등을 활용하여 전이적 행동이 극복되도록 조력한다.

또한, 집단상담자는 (사실일 경우) 자기노출을 통해 자신의 역전이 정서를 공개하는 것이 바람직하다. 이로써 집단상담자는 집단원들에게 인간적으로 받아들여지고, 집단원들이 전이현상을 효과적으로 처리하는 방법적 모델을 집단원들에게 제시하게 된다.

6 집단상담의 실제

6.1 집단상담의 계획

1) 집단상담의 장소와 집단 규모 등

집단상담실의 위치, 크기, 분위기는 집단원의 인원 수, 연령, 주된 활동 프로그램에 따라 다를 것이다. 심리적 안정감을 주고 아늑하여 집단과정의 몰입에 방해가 안 될 정도로 정돈된 분위기가 바람직하고, 집단상담실의 크기는 7～8명 이상이 자유롭게 신체활동도 할 정도의 공간이 적절하다.

집단(원)의 규모는 구성원의 성숙도, 집단상담자의 경험, 집단의 유형, 탐색할 문제나 관심의 범위, 타인에 대해 알고자 하는 집단원의 요구 등에 따라 다를 수 있다. 모든 집단원이 원만한 상호작용을 할 정도로 커야 하고 동시에 모든 집단원이 정서적으로 집단활동에 관여해서 집단감정을 느낄 정도로 작아야 한다. 보통 5~15명 범위에서 7~8명이 이상적이다.

2) 집단의 구성

집단의 동질적 vs 이질적 구성의 문제는 사회적 성숙도, 성, 지적 능력, 교육수준, 성격차이, 문제영역, 사회경제적 수준 등의 요인과 관련된다. 동질집단인 경우는 출석률이 좋고,

공감하기 쉽고, 즉각적으로 지지하고, 갈등이 적고, 응집성이 빨리 발달하고, 집단소속감 발달이 쉬운 반면, 피상적 관계에 머물며 영속적인 행동변화의 가능성이 낮다. 이질집단인 경우는 의미 있는 자극을 주고받고, 차이점을 발견·이해하고, 현실검증의 기회가 풍부하다.

멘티 여러 명의 내담자를 동시에 상담하는 집단상담에서는 같은 목적을 가진 사람들을 주로 묶어서 하나요? 아니면, 목적이 서로 다른 사람들끼리 하나요?

멘토 집단상담은 같은 목적 혹은 비슷한 배경의 집단원들끼리의 동질집단이 있고 집단구성원이 서로 다른 이질집단이 있을 수 있습니다. 우울증, 암환자, 장애인 부모 등의 공통 목적을 지닌 사람들을 동질집단으로 구성하여 치료목적을 극대화시킬 수 있고요. 인격적인 성장을 목적으로 하는 경우는 다양한 구성원끼리의 이질집단이 더 도움이 된다고 볼 수 있습니다.

개방적 vs 폐쇄적 집단을 살펴보자. 개방적 집단인 경우는 기존 집단원이 새로운 상호작용을 하고 다른 관점의 피드백을 받으며, 새 집단원이 모방을 통해 집단의 과정과 집단기술을 배울 수 있는 장점이 있다. 반면, 집단분위기가 흐트러지기 쉽고, 새 집단원은 집단과정에의 관여 수준과 발달단계의 차이 때문에 갈등을 경험하기 쉽다. 폐쇄적 집단인 경우는 집단분위기가 안정적일 수는 있으나 다양한 상호작용 및 새로운 관점을 통한 학습의 기회가 적을 수 있다.

멘티 집단상담을 실시하는 기관의 특성상 집단상담의 구성원이 개방형으로 진행될 경우, 집단리더로서 어떻게 하는 것이 좋을까요?

멘토 집단상담이 시작되기 전에 기관의 특성이 어떠한지 미리 의논을 해보는 것이 좋습니다. 가능하다면 집단상담이 진행되기 전에 사전 면접을 통해서 집단상담에 적합한 대상인지, 집단상담에 대한 동기와 도움을 받고자 하는 문제를 살펴본 다음, 집단상담에 참여하는 것이 도움이 되지 않는다고 판단될 경우 다른 활동을 하게 하거나 개인상담을 별도로 진행하는 것이 적합하다고 볼 수 있어요. 이러한 사람들은 집단상담의 흐름에 방해가 되는 경우들이 많거든요. 또 하나 추천해주고 싶은 방식은, 만약에 개방형태로 집단이 계속 진행된다면 새로운 구성원이 들어올 때마다 어떻게 집단을 진행할지에 대해 미리 규칙을 정하고 집단상담을 실시하는 것도 괜찮을 듯합니다.

3) 집단의 기간

집단의 한 회기에 소요되는 시간은 보통 90~120분 정도가 적당하다. 모임의 길이(집단과정의 지속기간)는 집단의 목적과 성숙도, 외적 요건에 따라 5, 6회~20회의 범위 안에서 조정된다. 집단원들이 제각기 참여기회를 가져서 정서적으로 자신을 투입할 수 있고 원만한 집단활동이 전개될 수 있을 정도의 시간여유는 가져야 하지만, 너무 지루하거나 피로를 느낄 정도의 긴 시간이 되지 않도록 한다. 집단상담을 시작할 때 그 기간과 종결시일을 정하고, 매회 제시간에 시작하고 종료하도록 한다.

4) 협동상담자(혹은 코 리더)

협동상담자(co-counselor)가 있으면 집단원의 수가 많을 때 집단원 모두를 관찰하고 비언어적 의사소통 메시지까지 파악하는 것이 용이하고, 두 상담자의 상호작용적 언행이 집단원들에게 시범 또는 모델이 될 수 있다. 상담자들은 이론적 배경이 같아야 하고 상보적일수록 좋다. 그러나 두 사람이 경쟁관계일 때는 집단의 유지와 발전에 지장을 초래하기 쉽다.

5) 의도적 활동 혹은 게임의 활용 등

의도적 활동이나 게임을 하는 이유는 집단의 발달과정을 촉진시키고, 집단원 간의 '여기-지금'의 느낌과 생각의 상호작용을 촉진시키기 때문이다. 이는 지도성 및 집단성과 촉진의 한 수단이므로 적절한 활동의 선정과 활용범위 등에 유의하는 것이 중요하다.

6.2 집단상담의 출발을 위한 준비

1) 집단상담에 관한 오리엔테이션

집단상담에 관심있는 사람들을 대상으로 집단상담은 무엇이며 어떤 도움을 받을 수 있는지 등에 관한 사전 홍보 및 오리엔테이션이 필요하다. 이로써 집단상담에 대한 일반적인 오해와 비현실적 기대를 해소하거나 줄일 수 있다.

2) 집단원의 선정

집단원 선정을 위한 예비(접수)면접의 주 목적은 특정 후보자가 집단상담을 통해 도움을 받을 수 있는지를 결정하기 위해서다. 후보자의 가정배경, 아동기, 청년기의 특징적 배경, 집단상담의 참여동기와 특별히 도움을 받고자 하는 문제에 대해 살펴보아야 한다.

3) 개인목표 및 집단방향의 설정

집단참여의 개인적 목적과 목표가 분명할 때 집단 내 행동이 구체적으로 검토될 수 있고, 어느 정도의 성장이나 변화를 가져왔는지에 대한 결과평가도 할 수 있다. 목표는 상담 기간 안에 달성될 수 있고 가시적, 구체적, 조작적으로 진술되어야 한다. 또, 면접 시 설정된 목표는 전 집단과정을 통해 주기적으로 재고, 평가, 조정될 필요가 있다.

집단상담자는 집단원들의 목표나 특성, 집단과정에 대한 관점, 자신의 특성 등을 고려하여 집단의 진행방향을 미리 설정해야 한다. 특히, 구조화적 상담집단의 경우는 집단목표를 구체화함으로써 상담 진행을 위한 과정계획을 수립하고 회기목표의 설정과 준비 등을 구체적으로 실행할 수 있다.

4) 전체 회기에 대한 계획

구조화집단의 상담자는 집단과정에 대한 총체적인 틀을 준비하고 있어야 한다. 거기에는 전체 목표, 회기별 목표, 회기별 준비물, 회기별 내용 등이 포함된다. 그러나 유의할 것은 전체 회기에 대한 계획은 구체적으로 가지되, 집단원들의 역동과 변화에 따라서 상황에 적절한 진행과 조정이 가능해야 할 것이다.

6.3 집단상담 윤리의 고려

인간의 심리적 문제를 조력하는 분야에는 전문적 활동의 실제에서 발생할 수 있는 부작용을 방지하고, 효과적인 전문적 활동 수행에 기여하는 상담자 윤리규준을 고려할 책임이 있다. 집단상담 전문가의 윤리규준과 자기규율의 원칙은 ① 서비스 수혜자의 보호, ② 전문가 자신의 보호, ③ 전문가의 자율성 확보라는 3가지 이유로 필요하다.

1) 집단상담에서의 윤리적 문제

① 상담전문가 윤리규준의 기본원칙은 다음과 같다.

- 높은 윤리의식의 유지
- 미세한 오류에 대한 관심
- 내담자의 존엄성 존중과 복지 증진
- 독립적 존재의 인정과 협조관계의 형성
- 내담자 권리 및 다양성의 존중

② 집단상담전문가 윤리규준의 구체적 쟁점들은 다음과 같다.

- 집단참여에 관련된 쟁점 : 사전정보에 따른 동의, 비자발적인 참여의 문제 등

- 비밀보장과 관련된 쟁점
- 상담관계와 관련된 쟁점
- 상담자의 능력과 관련된 쟁점
- 집단상담에서 경험되는 심리적 위험 관련의 쟁점 : 집단 압력, 급작스러운 심리적 혼란, 무분별한 결정, 상담자의 조종 행위, 비밀 유출의 위험 등

2) 윤리적 문제해결의 기본절차

윤리적이면서 적법한 집단상담을 보장하기 위한 3원칙은 다음과 같다.

① 윤리규범에 관한 정보지식을 확인한다.

② 집단 내 윤리적 문제상황에 관해 객관적 관찰 후 집단상담의 전문적 기준에 따른 사려 깊은 결정을 내린다.

③ 개인지도와 개선노력을 통해서 '윤리적인 집단상담'에 지속적 관심을 유지한다.

6.4 집단상담의 평가

집단상담의 평가란, 집단활동을 통하여 어느 정도의 목표가 달성되었으며 얼마만큼의 진전이 이루어졌는가에 대해 알아보는 과정이다. 평가를 집단활동의 일부분으로 취급할 때, 집단기술의 발달이나 개인행동의 변화에 도움이 되며 이를 통해 집단 분위기를 살리고 응집성을 높일 수 있다.

1) 집단평가의 기회

① 매 회기(모임)의 끝날 무렵

모임이 끝나기 전 몇 분을 할애하여 모임에서 일어난 일들, 그 일들의 원인, 변화 혹은 개선의 방안 등에 대해 말하게 한다. 평가는 주로 집단과정에 대한 것이겠으나 특정개인들의 행동에 관한 것도 무방하다.

② 집단기간의 중간과 마지막

전체 집단과정의 중간에 완전히 한 번의 모임을 떼어서 평가에 활용할 수 있는데, 주로 집단원의 개인적 행동 면에 치중하는 것이 바람직하다. 사전에 평가의 시기를 정하고 미리 준비하도록 한다. 그리고 집단상담 전 과정이 끝날 무렵 1~2번의 모임을 할애하여 집단상담 전체 경험에 관해 평가하는데, 집단 경험 전반에 대한 집단원의 반응을 다루는 것과 개

개 집단원의 행동목표 달성 정도에 관해 평가하는 2가지 부분이 포함된다.

③ 추후 평가

전 과정의 집단상담이 끝나고 2~3개월 지난 후 추후평가 모임을 갖는 것이 의미 있다. 이때는 집단경험이 일상생활에 어떤 결과를 가져왔는지, 그때의 변화가 어느 정도 계속되고 있는지, 집단상담의 효과가 어느 정도인지 등을 평가하고 부작용이나 문제점에 대한 해결책도 모색할 수 있다.

2) 집단평가의 방법

- 공개토의 방식
- 단어 연상법
- 관찰자 혹은 기록자를 이용하는 방법
- 녹음이나 녹화장치를 이용하는 방법
- 측정도구를 이용하는 방법

3) 집단평가의 내용

① 집단 자체에 관한 평가내용

평가내용은 집단의 발달단계, 목적, 이론적 배경, 취급되는 현저한 문제와 관심의 초점 등에 따라 달라지겠으나 대개는 집단의 분위기, 응집성, 집단상담자의 행동, 집단원의 역할, 집단과정에서 적용된 방법절차 및 의사소통이나 인간관계의 형태 등을 평가한다.

② 집단원의 행동변화에 관한 평가

집단원 개인의 행동변화를 평가하는 데는 집단과업 성취를 돕는 역할행동, 집단의 유지·발전을 돕는 역할행동과 같은 집단원의 역할행동에 관한 내용과, 각 개인이 작성한 행동목표에 포함된 내용 등 2가지 범주의 내용이 포함된다.

6.5 집단상담자의 개입반응(언급) 실제

다음의 상담자 언급 및 질문들은 상담자가 집단회기를 개시하고 마감할 때 흔히 발언되는 실례들의 일부다. 이러한 개입반응(발언)들은 상담과정에서 언급되는 대상 및 시기에 따라 적절히 표현이 변형되게 마련이다.

1) 집단회기 도입부(초기)의 상담자 개입반응 예

- ○○○씨가 이번 회기에서 가장 원하는 관심사는 무엇인가요?
- 지난주 우리는 ○○○의 이야기를 끝내지 못했지요. 지난 모임 후 어떤 생각들이 들었나요?
- 지난 회기의 중요했던 내용으로 기억되는 것이 무엇인지 듣고 싶군요.
- 나는 이번 시간에 ○○○을 기대하고 싶습니다만.
- 순서대로(돌아가면서) "지금 나의 느낌(생각)이 무엇인지"에 대한 말씀을 듣고 싶군요.
- 오늘 이 자리에 있다는 것이 당신에게 어떻게 느껴지나요?
- 오늘부터의 이 집단상담 과정에서 당신이 변화되고(노력하고) 싶은 것이 무엇인지 말씀해주시면 고맙겠어요.
- 당신은 앞으로 어떻게 달라지고 싶은가요?

2) 집단회기 마감의 상담자 개입반응 예

- 오늘 끝내기 전에 이 자리에서 무언가 말하고 싶은 분이 있는지 궁금합니다.
- 오늘 회기에서 얻은 수확이 있다면 무엇인지 알려주기 바랍니다.
- 오늘 회기를 마감하면서 아쉬운 점은 무엇인지요?
- ○○○씨가 오늘 모임에서 의미 있게 느낀 점이 무엇인지 말해주시겠어요?
- 오늘 우리가 주로 다루었던 핵심 주제를 ○○○씨가 요약해주면 좋겠군요.
- 다음 회기에 특별히(꼭) 다루고 싶은 (집단 혹은 개인) 관심사를 누가 말씀해주시죠.
- ○○○씨가 특히 유의해주기를 바라는 바는 △△△입니다.
- 나머지 한 10분 동안 다음 1주일 동안의 주요 관심사들이 무엇인지 이야기해볼까요.
- ○○○씨는 오늘의 회기(모임)에서 유익했던 경험이 어떤 것인지 말씀해주세요.
- ○○○씨는 지금까지의 집단경험을 어떻게 느꼈는지 궁금하군요.
- 끝내기 전에 오늘 경험의 개인적 의미를 말해볼까요.

6.6 집단 활용 프로그램

앞에서 학습한 바와 같이 집단상담은 비구조화 집단상담과 구조화 집단상담의 2가지 유형이 있다. 구조화집단은 5~6회 이상 10여 진행회기마다 주제가 미리 기획되어 있고 상담지도자의 주도적 지도로 진행되는 것이 특징이었다. 오늘날은 여러 가지 이유로 이러한 구조화 집단상담이 각급 학교 학생들과 주부 및 직장인 대상으로 많이 시행되고 있는 추세다.

비구조화와 구조화의 중간형 또는 혼합형인 감수성훈련 집단이 그 다음으로 많이 운영되고 있기도 하다.

다음에 집단상담에 활용될 '집단활동 및 연습'과 시행절차가 비교적 상세히 제시된 6개의 구조화 집단 프로그램들을 소개(저자 및 대상별 프로그램 명칭)한다.

예 이장호의 '중등학생과 근로청소년을 위한 심성프로그램'
모의희의 '부부적응 집단상담 프로그램'
이형득의 '본성실현 집단상담 프로그램'
조현춘의 '행복훈련 집단프로그램'
방기연의 '관심수련 프로그램'
이장호, 김영경의 '노인집단상담 프로그램'

- 자료출처
  - 윤관현, 이장호, 최송미(2006), ≪집단상담: 원리와 실제≫ 2판 부록, pp.453~616, 법문사.
  - 이장호, 김영경(2006), ≪노인상담: 경험적 접근≫, pp.203~353, 시그마프레스.

- 참고자료

  - 윤관현, 이장호, 최송미(2006), ≪집단상담 원리와 실제≫ 2판, 법문사.
  - 이장호, 김영경(2006), ≪노인상담: 경험적 접근≫, 시그마프레스.
  - 이장호, 정남운, 조성호(2005), ≪상담심리학의 기초≫ 2판, 학지사.
  - 이장호(2005), ≪상담심리학≫ 4판, 박영사.
  - 조현춘 외 3인 역(1999), ≪집단심리상담의 이론과 실제(G.Corey)≫, 시그마프레스.
  - 최해림, 장성숙 역(2001), ≪최신 집단정신치료의 이론과 실제(Yalom)≫, 하나의학사.

핵심 Summary

1. 인간은 집단사회적 존재다. 그러므로 집단상담(대인관계적 훈련 경험)으로 많은 인간문제가 접근되고 이해되며 개선될 수도 있다. 집단상담은 5~13명 규모의 소집단으로 구성되며, 훈련된 상담전문가의 안내, 촉진에 따라 집단구성원들이 각자의 '관심사(생활과정의 대처방법 및 인간성장의 문제 등)를 검토, 개선하는 경험적 학습과정'으로 정의된다. 집단상담은 대체로 총 10회기 이상의 과정(회기당 약 1시간 반~2시간)으로 진행된다.

2. **정신분석적 모형**
   1) **분석집단의 특성**: 초기 갈등, 기억의 탐색, 꿈과 환상의 해석, 의식수준의 확대(자아 강화) 진행요점은, 무의식적 원망 vs 사회적 평가 간 갈등(부적응)의 경험을 표현시킨 후 갈등(인과관계, 동기)을 인식(자각, 통찰)하게 하고 억압되었던 충동, 정서와 관련된 자아통제력을 회복시킨다.
   2) **목표**: 자유연상. 전이 해석에 의한 내면세계의 통찰
   3) **상담자 역할**: 개인분석 경우보다 덜 권위적이고, 지적-환기-연결-해석 안내자 역할(상담자의 투명성・솔직성이 중요)
   4) **집단원 경험**: 사회적 자아의 성숙화 경험(개인적 통찰 외)
   5) **주요 기법**: 자유연상, 꿈・환상의 분석, 훈습(전이・왜곡을 반복적으로 현실 대안화)

3. **인간중심적 모형**
   1) **특성**: 집단원의 자유로운 정서 표현, 자아개념의 일치성, 자기실현동기의 발휘를 중시.
   2) **상담자 역할**: 집단과정 수용자, 공감적 반응자, 이해적 피드백 중심, 해석-연습은 회피.
   3) **진행과정 경험의 요점**: 자기감정 탐색・표현, 대인감정 표현・수용, 피드백/직면경험 → 참만남(encounter) → 인식, 행동변화.

4. **인지행동적 모형**
   1) **특성**: 생산적 행동의 연습・강화, 대인행동의 재학습, 구체적 절차, 모델의 활용을 강조.
   2) **상담자 역할**: 교육과 훈련자 역할, 개별/집단 행동계획의 수립-결과의 점검자 역할.
   3) **주요 기법**: 모델링, 강화(보상), 역할 연습(role playing), 행동과제 수행지도 등.

5. 집단의 역동은 집단의 배경, 참여형태, 의사소통의 형태, 집단의 응집성 등에 따라 달라질 수 있다. 집단의 발달단계는 도입-준비-작업-종결 4단계로 나누어 집단원 간에 상호영향을 끼친다.

6. 집단상담에 가장 영향을 끼치는 요인은 집단상담자의 지도성이며, 집단상담자는 집단활동의 시작과 종결을 돕고 집단의 방향을 제시하며, 집단의 분위기 조성을 돕거나 행동의 모범을 보이며 의사소통 및 상호작용을 촉진시키고 집단원을 보호하는 역할을 한다.

기출문제 및 예상문제 풀이

◎ 기출문제

1. 개인상담에 비해 집단상담의 장단점을 쓰시오. (고려대, 경북대, 가톨릭대)

개인상담과 집단상담이 서로 상반되는 것이라고 생각하는 경우도 있지만, 실제로는 그렇지 않다. 개인상담이든 집단상담이든 효과적인 상담이 되려면 상담자는 '촉진적' 조건을 조성해야 한다. 개인상담과 집단상담에서 공통적으로 갖추어야 할 기본적 조건들은 다음과 같다.

① 가치 있는 개인으로 수용되는 것, ② 자신의 행동에 대한 책임감을 갖는 것, ③ 인간행동에 대한 이해를 심화시키는 것, ④ 개인의 정서적 생활의 다양성을 탐색하고, 충동적 정서를 통제하는 데 있어서 전보다 더 자신을 얻는 것, ⑤ 자신의 관심과 가치를 검증하고, 그 결과를 실제 생활과정과 행동계획에 통합시키는 것이다.

그러나 실제적인 면에서는 개인상담과 집단상담에 차이점이 있다. 내담자에 따라서는 집단상담보다는 개인상담이 더 잘 적용되는 경우가 있으며, 그 반대의 경우도 있을 수 있다. 예를 들면, 내담자가 매우 복잡한 위기의 문제를 가졌거나 전반적으로 대인관계의 '실패자'일 때는 오히려 개인상담을 하는 것이 좋다. 또한, 집단 앞에서 이야기하는 데 대한 두려움이 너무 커서 집단상담에 참여할 수 없거나 타인의 인정과 주목에 대한 욕구가 너무 강하기 때문에 집단상황에 맞지 않는 경우도 있다. 집단상담에서 이런 내담자들을 절대로 포함할 수 없다는 것은 아니지만, 특히 초심자들의 경우에 어떤 내담자가 집단상담에 보다 적합할 것인가를 고려해야 할 것이다.

[집단상담의 특징]

① 개인상담에 비해 집단상담은 남을 대하는 바람직한 태도나 행동반응을 즉각적으로 시도해 보고 확인할 수 있으며 다른 사람과의 친밀감에 관한 경험을 가질 수 있는 좋은 방법이다.

② 집단상담에서는 개인상담과는 달리 참여자들이 다른 사람들로부터 도움을 받을 수 있고 참여자 자신이 다른 사람을 도와주는 경험을 가질 수 있다.

③ 집단상담의 상담자는 개인상담에서 더욱 복잡한 과제를 짊어진다고 볼 수 있다. 집단상담의 상담자는 내담자의 감정을 이해하고 내담자 스스로 자신을 지각할 수 있도록 유도해야 할 뿐만 아니라, 내담자의 발언이 다른 내담자와 상담집단 전체에 어떤 영향을 주고 있는가를 유의하여 관찰해야 한다. 즉, 참여자들 간의 상호관계의 역동에 민감해야 하는 것이 집단상담자의 주요한 과제다.

[효과]

① 상담자가 집단상담을 통해 보다 많은 내담자들과 접촉할 수 있다.

② 내담자들은 개인상담보다는 집단상담을 더 쉽게 받아들인다. 특별히 자기만이 다르거나 이상하다고 생각하는 경향이 적어지기 때문이다.

③ 특히 청소년들에게 있어서는, 집단상담에 참여함으로써 타인과의 상호교류를 할 수 있는 능력이 개발된다. 집단상담을 통하여 청소년들은 일반생활에서 요구되는 다른 사람들과의 인간적이고 생산적인 관계를 경험할 뿐만 아니라 자기의 위치, 안정감 및 바람직한 정서적 표현의 욕구가 성취된다.

④ 집단상담은 시간, 에너지 및 경제적인 면에서도 효과적이다. 도움을 주는 상담자 쪽에서는 한꺼번에 도움이 필요한 여러 내담자들을 상대하는 데서 오는 경제성은 당연하며, 내담자 쪽에서도 개인상담보다 더 다양한 정보수집과 접촉경험을 가질 수 있으며, 유료상담의 경우 상담료도 비교적 저렴한 이점이 있다.

⑤ 집단상담의 참여자들은 같은 내용이라도 개인적인 조언은 거부하거나 저항하지만, 동료들의 집단적인 공통의견은 잘 받아들이는 경향이 있다.

⑥ 집단상담은 현실적이고 실제생활에 근접한 사회장면을 제공한다. 이러한 현실적 사회관계는 참여자들의 개인적 습관, 태도 및 사고방식 등을 사실적으로 평가 또는 수정하는 데 유용하다.

⑦ 집단상담은 문제해결적 행동을 보다 구체적으로 실천할 수 있게 한다. 이것은 상담집단이 실제생활에 근접한 사회장면을 제공한다는 점에서 그렇다.

⑧ 집단상담에서는 상담자의 지시나 조언 없이도 참여자들이 상호 간의 깊은 사회적 교류경험을 가질 수 있다.

2. 집단상담의 발달단계를 설명하시오. (경북대)

집단의 과정이란, 두 사람 혹은 그 이상의 사람들이 상호 간에 영향을 미치면서 어떤 공동목표를 향하여 함께 움직여나가고 있는 변화나 발달의 현상을 일컫는 것이라고 할 수 있다. 집단과정의 발달단계 구분은 학자나 집단 성격에 따라서 다양하지만 여러 학자들의 주장을 종합하여 다음의 5단계로 구분할 수 있다.

1) 집단의 시작

집단활동이 첫 출발을 하는 시기로 조심스럽게 상호 간에 눈치를 보며 탐색한다. 행동에 대한 불안감과 집단구조에 대한 불확실성, 그리고 집단상담자에 대하여 보다 의존적인 경향을 띠게 되는 것이 이 단계의 특징이다. 집단원들은 집단의 기본규칙을 알려고 애쓰며, 집단에서의 자신의 역할과 기능을 파악하고, 동시에 우선은 불안한 상태로부터 피하려는 의도에서 집단상담자에게 의존하는 경향을 나타내어 할 일을 지시해주는 강력한 상담자를 원하기도 한다.

2) 갈등의 단계

이 단계는 집단원들이 집단 장면과 다른 집단원에 대하여 부정적인 정서 반응을 나타내는 특징이 있으며, 집단상담자로서는 필연적인 과정이다. 이때쯤 집단원들은 집단의 작용에 대하여 불만을 표시하게 되며 일이 기대했던 대로 되지 않았을 때, 욕구불만에 사로잡혀 집단상담자를 공격하고 나중에는 집단원 상호 간에도 갈등상태에 놓이게 된다. 일반적으로 사람들은 집단상담자가 집단을 조직적으로 지도하리라는 기대를 가지고 집단에 참여한다. 그러나 상담자가 책임을 지지 않고 모든 것이 집단 자체에 맡겨졌을 때 그들은 당황하게 되고 주어진 자유에 대하여 불안을 느끼게 된다. 불안을 해소하려는 방법으로 처음에는 상담자를 원망하고 저항하며 공격하게 된다. 그럼에도 불구하고 상담자가 지도의 책임을 계속 지지 않을 때, 집단은 스스로 문제를 해결할 수밖에 없다.

3) 응집성의 발달단계

갈등의 단계를 넘어서 집단은 점차로 응집성을 발달시키게 된다. 이제는 부정적인 감정이 극복되고 조화적이고 협력적인 집단분위기로 발전된다. 집단원들은 집단에 대하여 좋은 느낌, 즉 적극적인 관심과 애착을 갖게 되고 집단상담자와 집단과 자신을 동일시하게 된다. 그 결과 상호 간에 신뢰도가 증가되고 집단의 사기가 높아진다. 집단원들은 집단과정에 보다 깊이 관여할 수 있게 되며 한층 깊은 수준에서의 자기노출을 하게 된다. 그 결과 상호 간에 신뢰도가 증가되고 집단의 사기는 높아진다. 의사소통, 하위집단 및 역할 수행 등 고유한 집단유형의 발달이 이루어지고 상호 간에 수용이 가능하게 된다. 그러나 이 단계에서 발달된 응집성은 자기만족과 다른 사람에게 호감을 사려는 경향에서 초래된 것이기 때문에 아직은 생산적이지 못하다. 집단상담자나 집단원들은 좀처럼 이 단계를 넘어서기 힘들다. 그러나 이 단계에 머무르는 이상, 기분은 좋을지 몰라도 무엇도 생산하지 못할 것이다.

4) 생산적인 단계

이제 집단원들은 갈등에 직면하면서도 그것을 취급하는 방법을 학습하여 능동적으로 처리할 수 있게 되었고, 행동에 대한 책임을 질 수 있으며, 집단문제 해결의 활동에 참여할 수 있게 되었다. 그들은 다른 사람의 가치관과 행동에 대하여 보다 큰 관용의 태도로 수용할 수도 있게 되었다. 개인은 대인 간의 상호작용을 통하여 자신에 대한 깊은 통찰을 얻게 되고, 그 결과 그의 행동을 변화시킬 수 있는 준비도 이루어졌다. 이제 집단원 상호 간의 유대관계가 강해졌으므로 상호 간의 피드백이나 맞닥뜨림을 할 수 있는 모험을 하게 되고 상호 간에 깊은 교정적, 정서적 경험을 하게 된다. 이를 통하여 개인은 진정한 자기이해를 얻게 되고 행동의 변화를 가져오게 된다. 새로운 가치관과 새로운 행동유형을 학습하게 되려면 개인은 그의 느낌과 행동을 조사분석하고 그중에서 왜곡되고 자기 기만적인 부분을 솔직히 인정하는 대가를 치뤄야 할 것이다.

5) 종결단계

집단원들이 집단에서 바람직하지 못한 행동을 버리고 새로운 행동유형을 학습하므로 소기의 목적을 달성했을 때, 그 집단은 종결의 단계에 이른다. 이 단계에 도달하면 집단원 각자는 자신의 문제를 해결하게 되어 자기노출이 감소되는 경향을 나타내며, 한편으로는 이제까지 맺어 온 깊은 유대관계에서 분리되어야 하는 아쉬움으로 착잡한 느낌을 경험하게 된다. 이때는 또한 집단상담자가 집단원들과 함께 진행되어 온 집단과정을 반성해보는 한편, 실생활 장면에서의 적용에 대해서도 토의하면서 집단의 전 과정을 마무리하게 된다.

◎ 예상문제

1. 집단 역동(group dynamics)이란 무엇인가?

집단원의 상호작용에 의한 힘과 영향력을 의미한다. 즉, 개인차원에서는 없던 집단적 특성(예 소속감에 따른 단결된 집단행동, 활발하고 공개적인 자기주장 및 목표지향 행동의 시도 등)들이 나타나는 이유는 (집단 역동×집단 리더십)의 결과로 해석될 수 있다. 집단상담에서는 집단 역동과 집단 발달 과정이 밀접한 관계가 있게 마련이다.

2. 집단원들이 경험하는 집단 내 발달단계가 있다면 어떤 것들인가?

1단계 : 집단참여 목적, 집단 내 자기위상에 대한 회의 및 의문
2단계 : 다른 집단원들과의 관계 및 상호작용에 대한 방황 및 갈등
3단계 : 다른 집단원들을 이해하고 의사소통적 관계가 형성
4단계 : 집단 내 의사소통 및 상호작용을 근거로 타인이해와 자기탐색이 시도됨
5단계 : 집단 내 피드백×자기성찰 토대로 자기행동 양식, 대인 간 태도의 개선을 시도

3. 집단상담자의 역할을 요약해서 쉽게 이해한다면?

1) 집단구성의 준비 및 안내 (집단의 '산파 역할')
2) 집단 내 의사소통을 포함한 집단규범을 시범・촉진 ('교통정리원 역할')
3) 집단원 개개인 목표지향적 언행을 안내・지도 ('행동지도사 역할')

사례적용 연습

1. 여러분이 처음으로 비행청소년들을 대상으로 한 집단상담의 자원봉사 리더로서 파견되었다고 생각해봅시다. 첫날 여러분은 성심성의껏 프로그램을 진행하는데, 청소년들은 다리를 꼬고 앉아서 아무런 반응 없이 침묵 속에서 1시간째 껌만 씹고 있다고 상상해봅시다. 집단의 리더로서 당신의 느낌은 어떠하며, 어떻게 집단을 이끌면 좋을까요?

※ 집단의 지도성, 침묵, 오리엔테이션, 집단의 규범, 여기-지금.

집단리더로서 첫날 침묵하는 집단원들을 대하기는 쉽지 않습니다. 일단 첫 번째 회기에는 오리엔테이션을 주의깊게 실시하여, 집단원들로 하여금 이 집단상담이 학교에서의 수업시간처럼 리더의 일방적인 진행이 아니라 집단원들 간의 소통이 중요함을 알려주는 것이 좋을 듯합니다. 또한, 집단리더로서 침묵을 빨리 해결하려고 서두르기보다 머무르고 기다려주면서 침묵하는 동안 집단 내에 무엇이 일어나고 있는지 잘 관찰하며, 침묵 동안에 어떤 마음들이 스쳐지나가고 있는지 짧게라도 '여기-지금(here and now)'의 감정을 나눠보는 것도 한 방법입니다.

2. 예비상담자인 여성 L은 남자선배가 지도하는 집단에 협동상담자(co-counselor)로서 참가하게 되었다. 그런데 집단상담을 진행할 때 L은 그 선배와 집단지도 방식이 너무 달라서 사사건건 충돌하게 되었다. L은 당장 협동상담자를 그만두고 싶은데, 그러자니 집단원들에게 무책임한 인상을 줄까봐 염려되는 입장이다. 당신이라면 어떻게 하겠는가?

※ 집단상담자의 역할, 지단의 지도성, 모델링, 집단상담의 기법.

지도자와 협동상담자의 조화는 집단의 진행에 있어 중요한 영향을 미칩니다. 특히, 남녀 공동 지도자의 경우 아버지와 어머니에 대한 투사가 일어날 수 있고, 강력한 카리스마를 발휘하는 아버지 리더십과 공감형의 부드러운 어머니 리더십 모델을 집단 내에 보여줄 수 있어 치료적입니다. 그러나 사사건건 충돌하는 지도자 상은 집단 내에도 혼란을 줄 수 있고, 지도자 간의 갈등으로 인해 지도자들이 집단에 주의집중하기 어렵다는 문제점이 있습니다. 그러므로 집단 밖에서의 별도의 대화를 통해 주지도자와 보조지도자의 역할을 보다 명확히 규명하여, 집단 내의 중요한 결정에 대해서는 주지도자가 결정하도록 하는 것이 한 방법입니다. 또한, 의견이 다를 수 있지만 그 갈등을 풀어가는 과정과 방법 자체가 집단 내에서 학습적인 모델링이 될 수 있으므로, 중요한 사항들을 합의한 후 책임감 있게 갈등을 풀어가는 모습을 집단 내에서 진솔하게 보여주되 그러한 과정이 집단원들 각자의 과정보다 우선해서는 안 될 것입니다.

생각할 거리

1. 전문적 이론, 실습 훈련 외에 집단상담자에게 필요한 '인간적 자질'은 무엇인가?

※ 집단상담자의 역할, 자질, 집단의 지도성.

집단상담자가 직접 상담집단을 이끌어갈 때는 ① 집단원들의 가능성을 믿는 확신감, ② 집단원들을 있는 그대로 수용하는 사랑의 느낌, ③ 집단원의 행동과 집단과정을 여유롭게 받아들이는 허용적 태도, ④ 상담자의 역할 수행에 필요한 직관적 반응, ⑤ 최소한의 에너지를 활용하고도 최대한의 효과를 올리게 하는 조화적 행동 등이 요청될 것이다.

이 밖에 필요한 자질로는 모호성 · 양면성-탈관습적 경험 등에 대한 포용력, 자극자료에 대한 분별적 감수성 등이 있을 것이다.

2. 집단구성원 측의 바람직한(생산적) 행동과 바람직하지 못한 행동은 무엇인가?

※ 집단구성원, 역할행동, 집단의 목표.

집단목표를 달성하는 데 도움이 되는 집단원들의 역할행동들로는 ① 솔선해서 제안하기, ② 정보를 요구하고 제시하기, ③ 의견을 묻고 제공하기, ④ 상세히 설명하기, ⑤ 조정하기, ⑥ 방향을 제시하기, ⑦ 평가하기, ⑧ 활기를 띠게 하기, ⑨ 진행을 돕기 등이고, 집단원 간에 원만한 관계를 형성, 유지, 발전시키고 집단응집도를 높이는 데 기여하는 역할행동들로는 ① 격려하기, ② 조화시키기, ③ 타협하기, ④ 의사소통을 촉진하기, ⑤ 규범 정하기, ⑥ 집단을 관찰하기, ⑦ 따르기 등이 있다.

한편, 개인 중심적 역할행동은 집단원 개개인이 자신의 욕구충족을 위한 행동들이다. 대표적인 개인적 역할행동으로는 다음과 같은 것들이 있다.

① 참여하지 않기, ② 발언을 독점하기, ③ 충고하기, ④ 상처 싸매기, ⑤ 공격하기, ⑥ 도움을 구걸하기, ⑦ 문제없는 사람으로 자처하기, ⑧ 지성에만 호소하기, ⑨ 다른 사람들의 기분 맞추기, ⑩ 집단과 관계 없는 이야기하기 등이다.

3. 집단상담의 목적은 자기성장이며, 집단과정의 목표는 '자기개방-자기수용-타인이해'라는 설명(지론)에 대한 귀하의 논평은 무엇인가?

※ 집단과정, 집단상담의 목표, 자기성장.

집단상담의 궁극적 목적으로서 자기성찰과 대인관계 능력의 향상을 통한 '자기성장'을 말할 수 있을 것이다. 한편, 바람직한 집단상담의 목적은 자기성장뿐만 아니라 '사회공동체적 책임의 의식화 및 관련 행동의 실천'이 포함되어야 한다는 주장에 주목할 필요가 있다. 즉, '(사회공동체적) 얼과 밸은 빠진 채, 개인적 살만 찌운' 자기성장이 무슨 가치가 있겠는가라는 반문이 성립된다.

나만의 Summary

상담심리 가이드북

부 록

'부록'에서는 상담전문가가 되고자 하는 실제 대학원 준비생들을 대상으로 질문을 수집하여 그중에서 핵심적인 궁금증을 질문(Q)으로 선택하고, 이미 유사한 과정을 거쳐 현재 대학원에 재학 중이거나 상담현장에 있는 선배들의 답변(A)을 연결시켜 대학원 준비생들에게 실제로 도움이 되는 정보를 제시하고자 하였다.

또한, 대학원 입시 예상문제 및 대학원 진학 정보, 그에 더하여 상담심리사 자격 규정에 대한 세부정보를 함께 실어 참고할 수 있도록 하였다.

부록 1 Q&A

Q1 : 상담전문가가 되기 위해서 꼭 대학원에 진학해야 하나요? 각종 자격증제도가 있던데, 대학원을 가지 않고도 자격증만 취득하여 상담전문가가 되는 방법은 없나요?

A1 : 현재 상담심리와 관련된 많은 민간자격증들이 있고, 미술치료, 독서치료, 춤치료 등 매체치료 관련 자격증제도 또한 여러 학회에서 시행되고 있는 것이 사실입니다. 그러나 실제로 임상현장에서 인정받는 자격증을 취득하려면, 대학원을 진학하는 것이 빠른 길일 수 있습니다. 각종 상담기관의 취업 시 청소년상담사(여성가족부)나 상담심리사(한국상담심리학회) 2급 이상의 자격증을 요구하는 경우가 많은데, 이들 자격증은 현실적으로 상담심리 관련 대학원 석사 이상일 때 취득이 가능합니다. 또한 자격증 취득에 필요한 요건들, 즉 필수 이수과목 및 슈퍼비전, 사례발표, 심리검사 등도 대학원에서 효율적으로 수련이 가능합니다. 따라서, 일단 상담심리 관련 전공으로 대학원을 진학한 이후에 자격증 취득을 위한 수련을 시작하는 것이 효율적이라고 권유하고 싶습니다.

Q2 : 타 전공으로 학부를 마치고 대학원을 상담심리학 전공으로 진학하고자 합니다. 학부 전공과 관련 없이 진학할 수 있는지 여부 및 전공을 어떻게 준비해야 할지 조언을 좀 부탁드립니다.

A2 : 대학원 상담심리 전공의 경우 학부의 타 전공자가 진학하는 경우가 많습니다. 아직까지 학부에 상담심리 전공이 흔치 않기 때문이기도 하고, 일정 정도 삶의 경험을 쌓은 후에 상담심리에 매력을 느끼게 되는 분들이 많기 때문입니다. 진학은 가능하지만 미리 전공에 대한 준비를 해서 진학하는 것이 유리합니다. 예를 들어, 사이버캠퍼스 혹은 평생교육원을 통해 전공기초에 대한 지식을 쌓을 수 있습니다. 이러한 방법들은 학점까지 인정받을 수 있어 꽤 유용하지 않을까 싶습니다. 특히 요즘은 심리치료 관련학과가 미술치료, 놀이치료, 음악치료 등 다양한 영역으로 세분화되어 있어 이러한 부분에 대한 정보수집 및 사전지식 습득으로 보다 자신의 적성에 맞는 학과 선택이 가능하다고 생각합니다. 또한, 대학원 진학을 위해 상담심리학 전공도서를 함께 읽으면서 대학별 전공교수의 특성에 따라 별도의 상담심리학 스터디를 하는 곳도 있으니

참고하기 바랍니다.

Q3 : 대학원이 다양한데 어떤 기준으로 선택해야 할지 고민입니다. 또한, 일반대학원과 특수대학원의 차이가 무엇인지도 궁금합니다.

A3 : 대학원 선택 기준은 결국 자신의 관심, 가치관, 조건 등을 기준으로 할 수밖에 없습니다. 일반대학원의 경우에는 대개 심리학, 교육학과 내에 하나의 세부전공으로서 상담심리 전공이 있고 소수만을 전형합니다. 토플이나 토익 등의 영어 점수를 필수적으로 요구하는 곳이 많으며 같은 학교, 같은 전공 출신의 학생이나 풀타임으로 공부만 할 수 있는 입장의 학생이 좀 더 유리하게 진학할 수도 있습니다. 또한 미리 일정기간 전공주임 교수의 과목 등을 청강하는 것이 필요할 수도 있습니다. 교육대학원을 포함한 특수대학원의 경우에는 타 전공학부 출신의 학생으로서 직업을 가지고 있는 주경야독(?)의 학생이 많습니다. 직장생활을 하면서 주, 야간수업을 융통성 있게 수강할 수 있는 이점이 있고, 다양한 현장에 이미 활동하고 있는 학생들이 많아 현장의 정보도 용이하게 접할 수 있습니다. 또한, 만학도들도 흔히 볼 수 있습니다.

일반대학원이든, 특수대학원이든 상담심리학에도 최근의 유행과 동향이 있으니, 각 학교별 전임교수님들의 이론적 성향과 상담현장 경험을 중점으로 하여 검색해보고, 자신이 특히 관심 갖고 있는 상담의 대상이나 분야가 우세한 학교를 선택하는 것이 도움이 될 듯합니다. 특히, 상담심리학이라는 학문은 현장성이 중요하기 때문에 이론 및 상담현장 경험이 풍부한 교수진, 상담실습 및 슈퍼비전 정규 사례모임, 선후배 간의 네트워크 등을 감안하여 결정하는 것이 도움이 될 것입니다.

Q4 : 미술치료에 관심이 있어 개인적으로 배우고 있는 중입니다. 미술치료사가 되고자 하는데, 대학원을 미술치료 전공으로 가는 것이 좋을지 상담심리 전공으로 가는 것이 좋을지 고민입니다.

A4 : 꼭 미술치료는 아니더라도 매체치료를 하고자 하는 많은 분들이 비슷한 질문을 해주고 계십니다. 각각의 경우에 모두 장단점이 있을 수 있습니다. 우선 미술치료 전공으로 진학하게 되시면, 보다 뚜렷하게 좁혀진 전공, 즉 미술치료에 관해서 전문적으로 배우실 수 있고 미술치료사들과의 인맥형성 및 정보교류가 보다 원활할 수 있습니다. 그러나 한편으로는 많은 미술치료사들이 다시 상담심리 전공으로 석사나 박사과정을

진학하기도 합니다. 미술치료 또한 심리치료이므로, 상담심리의 이론과 실제가 탄탄할 때 임상에서는 보다 효과적인 치료를 행할 수 있다는 이점이 있기 때문입니다. 이러한 각각의 장단점을 고려하셔서 선택하기 바랍니다.

Q5 : 대학원 입시를 위한 공부는 어떻게 하는 것이 효율적일까요?

A5 : "공부할 때 각 과목마다 요약노트를 만들어서 정리하고 반복학습을 하면서 내용을 추가하여 적어나가는 방법을 사용하였는데 기억에 오래 남고 도움이 되었던 것 같습니다." (대학원 졸업자 A의 경우)

"저는 공부할 때 아주 고전적인 스타일로 공부를 했습니다. 책을 보면서 노트에 책 내용을 정리하는 것이었는데요. 내용이 낯설어서 거의 머리에 들어오지 않아 힘들었는데 이렇게 쓰기라도 하니까 좀 마음이 편하고 약간 집중도 되는 것 같더라구요. 또 처음 보는 용어가 많이 나오니까 용어정리를 하면서 공부가 많이 될 것 같아요. 입시는 상담공부의 시작일 뿐이고 들어가서 본격적으로 공부하게 되는 것 같아요." (대학원 졸업자 B의 경우)

Q6 : 대학원 진학 이후에 영어원서로 수업을 진행하나요? 미리 원서를 읽어둘 필요가 있는지요? 또한 원서공부가 입학전형 시의 영어시험에도 도움이 될까요?

A6 : 심리학개론이나 상담심리학개론 관련 원서를 잘 선택하여 스터디그룹을 만들어서 챕터별로 번역하며 함께 꾸준히 공부해나가는 것이 진학 이후의 공부에도 크게 도움이 됩니다. 또한, 원서 중 국내에서 잘 번역된 책을 골라 원서와 함께 읽어보는 것도 전공용어를 포함한 전공 이해에 도움이 될 것입니다. 학교에 따라서 전공 관련 원서를 발췌하여 독해시험을 보거나 구술시험을 보는 경우도 있으니 입시전형에도 도움이 될 수 있습니다. 대학원 진학 이후에도 원서를 보는 경우가 많아서, 특히 독해 등의 영어실력을 요구하는 경우가 많습니다.

또한, 토익 등의 공인 영어 점수를 미리 취득해 놓으면 유리한 경우가 많습니다(실제로 대학원 입학 후에 치러야 하는 '외국어 시험'이 공인 영어점수가 있으면 면제되기도 합니다).

Q7 : 대학원 입학전형에 '연구계획서'를 작성해서 내는 곳도 있던데, 연구계획서는 어떻게

준비해야 하나요?

A7 : 우선, 자신이 관심을 갖고 있는 상담의 이론, 분야, 대상 등을 구체화하고 명료화하는 작업을 하신 후, 선택하신 학교의 주된 연구 방향, 특색 등과 비교해보고, 그에 관한 정보와 논문을 검색하여 연구계획서를 작성해보면 좋습니다. 그러기 위해선 관심 있는 주제들의 논문을 많이 살펴보고 작성해야 할 텐데요. 학위논문이나 학술지에 등재된 논문을 볼 수 있는 사이트(www.riss4u.net), 최근 주제에 대한 심리학 내용을 볼 수 있는 사이트로 한국심리학회(www.koreanpsychology.or.kr), 한국상담심리학회(www.krcpa.or.kr), 한국상담학회(www.counselors.or.kr)에서 학회지 등을 검색해보면 됩니다.

Q8 : 상담심리 전공 대학원 입시 면접에서는 주로 어떤 질문을 받게 되며, 저희는 어떻게 준비를 해야 하나요?

A8 : 학교마다 다르고, 담당 교수님마다 질문이 달라질 수 있지만, 대체적으로 우선 이 전공에 관심을 갖게 된 이유, 대학원 진학 후의 공부계획, 실제 상담경험, 주로 관심이 가는 상담의 대상이나 문제 분야에 관해 질문을 받을 수 있습니다. 상담심리 전공 지식에 대해서도 어느 정도 준비하는 것이 좋습니다.

Q9 : 대학원 입학 전, 혹은 동시에 준비할 수 있는 상담 관련 자격증에 관해 소개해주세요.

A9 : 다음을 참고하세요.

1) 전문상담사 3급(한국상담학회)

- 응시자격 : 상담학회 준회원 이상인 자로서 다음 각 항에 해당하는 자.
  (1) 4년제 대학에 재학 중인 자로서 학부 과정에서 필수 영역인 상담학개론(상담 및 지도)과 선택 영역인 심리검사(평가), 집단상담, 학습과 발달, 성격과 정신건강, 가족상담, 진로상담 등 6개 영역 중 4개 영역 이상에서 각 1과목씩, 총 5과목 이상 12학점 이상을 이수한 자.
  (2) 전문학사 이상의 학력을 소지한 자로서, 본 학회가 인정하는 교육연수기관에서 300시간 이상 교육연수를 받은 자.
  (3) 본 학회가 인정하는 상담 관련 분야의 동급 자격증을 취득한 자(청소년상담사 3급, 전문상담교사 2급).

• **수련사항**: 상담 현장실습(교육연수기관에서 45시간 이상), 개인상담 또는 심리검사(수련감독자의 지도하에 4회기 이상의 상담면접 1사례 이상, 또는 개인상담 또는 심리검사와 관련된 연수회 참석 15시간 이상), 집단상담 참여(15시간 이상), 전국 연차대회 1회(15시간) 이상 참석, 상담사례 발표회 참석(5회 이상), 내담자 경험(개인상담 5회기 이상) 포함 100시간 이상 수련.

※ 상세내용은 한국상담학회의 홈페이지(www.counselors.or.kr)를 참고하세요.

2) 청소년상담사(3급)

• **응시자격 및 이수내용**: 고등학교 졸업 후 상담실무 5년 이상이거나 상담 관련 4년제 졸업 후 검정에 합격하고 연수 100시간을 이수한 자에게 여성가족부 장관이 부여하는 국가자격증.

청소년상담사의 경우는 ① 국가차원: 한국청소년상담원, 시도청소년상담지원센터, 복지기관, 경찰청, 법무부 등 ② 교육차원: 학교청소년상담사, 초・중・고・대학교 ③ 사회차원: 청소년수련관, 청소년쉼터 등에서 근무하게 되며, 전문상담교사의 경우는 학교상담실에서 근무하게 됩니다.

※ 상세내용은 청소년상담사자격검정 홈페이지(www.youthcounselor.or.kr)를 참고하세요.

3) 직업상담사

구 분	응시자격
1급	1) 2급자격 취득 후 해당 실무에 3년 이상 종사한 자 2) 해당 실무에 5년 이상 종사한 자 3) 대학졸업 후 해당 실무에 3년 이상 종사한 자 4) 전문대학졸업 후 해당 실무에 3년 이상 종사한 자
2급	제한없음

구 분		시험 유형 및 시간
1급	필기	객관식 4지 택일형(100문항), 150분 정도
	실기	작업형(전산능력), 필답형(자질평가), 3시간 전후
2급	필기	객관식 4지 택일형(100문항), 150분 정도
	실기	작업형(전산능력), 필답형(자질평가), 3시간 전후

구 분		시험과목
1급	1차	고급직업심리/상담학, 고급직업정보론(노동시장론 포함), 노동관계법규
	2차	직업상담 실무
2급	필기	직업상담·심리학, 직업정보론(노동시장론 포함), 노동관계법규 등
	실기	직업상담 실무

시험과목	주요 항목	세부항목
직업상담, 심리학	직업발달 적응	성인발달론, 직업선택, 진로발달, 직무스트레스
	심리검사	심리검사 이론, 직무능력 검사, 직무분석 이론
	직무평가	직무분석 이론, 직무분석 기법
	직업상담 이론	직업상담 고전이론, 직업상담 이론
	직업상담 기법	직업상담제 기법, 직업문제 진단
	직업지도 프로그램	진로 개발, 경력 개발, 직업적응 개발
직업 정보론	직업세계 정보	직업사전 이해, 직종에 대한 직무내용, 직업 분류체계
	고용정보	고용동향 분석, 직업안정 기능
	직업훈련 및 자격	직업훈련, 자격검정
	직업정보 관리	직업정보 수집제공, 고용안정 정보망, 직업알선코드 분류체제
	노동시장 이해	노동의 수요공급, 임금, 노동시장행동
	노동시장 제도	

구 분		합격기준
1급	1차	매 과목 40점 이상, 전 과목 평균 60점 이상
	2차	60점 이상
2급	필기	매 과목 40점 이상, 전 과목 평균 60점 이상
	실기	60점 이상

Q10 : 상담심리 전공 대학원 입학 전에 읽어두면 좋을 만한 전공서적과 교양서적을 추천해주세요.

A10 : 다음을 참고하세요.

1) 원서 및 번역서적

제럴드 코리(2010), ≪심리상담과 치료의 이론과 실제≫, 시그마프레스.

2) 전공서적

- 초보자도 쉽게 볼 수 있는 추천도서
  - 이장호, 정남운, 조성호(1999), ≪상담심리학의 기초≫, 학지사.
  - 강갑권(2004), ≪알기 쉬운 상담이론과 실제≫, 교육과학사.
  - 노안영(2002), ≪101가지 주제로 알아보는 상담심리≫, 학지사.
- 상담심리학 관련 기초지식에 도움이 되는 추천도서
  - 노안영 외(2003), ≪성격심리학≫, 학지사.
  - 권석만(2003), ≪현대 이상심리학≫, 학지사.
  - 김교헌 외(2005), ≪성격심리학≫, 학지사.
- 상담심리학 관련 심화학습에 도움이 되는 추천도서
  - 이형득 외(1984), ≪상담의 이론적 접근≫, 형설출판사.
  - 박성희(2001), ≪상담과 상담학 시리즈≫, 학지사.
  - 노안영(2005), ≪상담심리학의 이론과 실제≫, 학지사.
  - 강진령(2009), ≪상담과 심리치료≫, 양서원.
  - 이형득 외(2002), ≪집단상담≫, 중앙적성출판사.
- 심리학 관련 기본도서
  - 윤가현 외(2008), ≪심리학의 이해≫, 학지사.

그 밖에도 심리학개론, 이상심리학, 성격심리 관련 기본 개론서들이 있습니다.

Q11 : 끝으로, 상담심리를 전공하려는 후배에게 선배 전문가로서 전반적인 조언을 좀 부탁드립니다.

A11 : 상담전문가는 기본적으로 조력직입니다. 즉, 타인의 행복과 성장을 돕는 직업입니다. 적성이 맞고, 의미부여가 될 때는 아주 매력적인 직업이 될 수 있지만 늘 다른 사람의 고통스러운 사연과 감정을 다루게 되므로, 철저한 자기관리가 뒷받침되지 않을 때는 직업적 회의와 소진의 위험이 따르기도 합니다. 따라서 이러한 분야에 관한 진정한 관심이 있는지, 적성이 맞는지 여부에 관해 한 번 더 고민해보고 출발하는 것

이 필요합니다.

상담전문가가 되기 위해서는 끊임없는 이론 및 실제에서의 공부가 필요하며, 대학원 및 슈퍼비전, 집단상담, 워크숍 참여 등 공부과정에서의 시간과 비용도 꽤 많이 소요될 수 있습니다. 또한, 투자한 시간과 비용에 비해 경제적인 수입 면에서는 타 직업에 비해 아직까지는 만족감을 느끼지 못할 수도 있습니다.

그러나 타인을 돕기 위해 출발한 공부의 길에서 실제로는 자신의 깊은 치유가 이루어지는 경우가 많으며, 바로 그러한 점에 매료되어 상담심리 전공을 사랑하는 분들이 많습니다. 즉, 타인을 돕기보다는 우선 자신을 도울 수 있는 학문이자 직업입니다. 깊이 고민해보고, 직업적 전문가로서 뿐만 아니라 한 인간으로서도 계속해서 성장할 수 있는 상담전문가의 길에 도전해보세요.

부록 2 대학원 입시를 위한 예상문제

1. 상담구조화란 무엇인가?

※ 4장 상담의 과정 중 '상담의 초기과정' 및 '첫 면접' 참고.

2. 작업동맹에 대해 아는 바를 쓰시오.

※ 1장 상담의 개요 중 '상담관계' 참고.

3. 다음 상담자 반응의 문제점을 지적하고 대안을 제시해보시오.

"아버지에 대한 네 이야기는 진심이 아니잖아. 너도 아버지가 너를 사랑하고 있다는 것을 잘 알고 있지, 안 그래?"

※ 5장 상담의 기법 중 '1.6 해석' 기법상의 주의사항 참고.

4. 상담에서 내담자의 저항을 다루는 것이 중요한 이유는 무엇인가?

※ 2장 상담의 주요 이론 1, 4장 상담의 과정 중 '저항' 참고.

5. 프로이트가 최면-암시 요법을 포기하고 자유연상 기법을 선택한 이유는 무엇인가?

※ 2장 상담의 주요 이론 1 중 '정신분석적 상담' 참고.

6. 우울증에 대한 인지치료적 접근에서 자동적 사고, 중간 신념, 핵심 신념을 설명하고, 핵심 신념과 도식의 관계에 대해 설명하세요.

※ 2장 상담의 주요 이론 1 중 '인지행동적 상담의 기출문제 및 예상문제' 참고.

7. 상담심리 전공 예정자로서 갖추어야 할 심성은 무엇인가?

※ 1장 상담의 개요 중 '바람직한 상담자의 인성' 참고.

- 욕구 및 감정의 수용과 행동 수용의 분별
- 상담자의 의견보다 우선 내담자의 욕구 및 감정을 보살피기
- 내담자를 위한 올바르고 건설적인 판단을 할 수 있는 능력과 확신

8. 게슈탈트 상담과 현실치료의 공통점에 대해서 간략히 설명하시오.

※ 2장 상담의 주요 이론 1 중 '게슈탈트 상담', '현실치료' 참고.

- 타인이나 환경의 요구를 무시하지 않으면서도 자신의 욕구를 건강한 방식으로 충족하는 책임감을 중요시함. 과거의 사건에 대한 이해보다는 현재의 경험과 욕구에 초점을 둔 접근

9. 로저스가 무조건적 긍정적 존중(unconditional positive regards)을 중요하게 생각한 이유는?

※ 2장 상담의 주요 이론 1 중 '무조건적 긍정적 존중' 참고.

- 로저스는 정신적인 문제의 원인을 '조건화된 가치'에서 찾기 때문에, 상담장면에서 상담자가 내담자를 무조건적 긍정적 존중으로 대함으로써 새롭고 건강한 인간관계를 학습하여 궁극적으로 내담자가 자신이 진정 원하는 것을 실현하게 된다고 보았다.

10. 흔히 정신분석의 목표를 '무의식의 의식화'라고 하는데 무의식을 의식화하는 것이 중요한 이유는?

※ 2장 상담의 주요 이론 1 중 '정신분석적 상담의 상담목표' 참고.

- 어떤 욕구나 충동이 무의식에 자리잡고 있으면 알지 못하는 사이에 우리의 행동에 영향을 미치기 때문에 이를 의식화, 즉 통찰을 통해 인식함으로써 통제(control)할 수 있게 되고 건강한 방식으로 대처(coping)할 수도 있기 때문이다.

11. 인간중심적 상담에서 내담자의 성장을 촉진시키기 위한 조건(상담자의 태도)은 무엇인가?

※ 2장 상담의 주요 이론 1 중 '인간중심적 상담' 내 '상담자의 태도적 조건' 참고.

12. 가치의 조건화가 어떻게 심리적 문제 발생과 관련되는가?

※ 2장 상담의 주요 이론 1에서 '인간중심적 상담' 내 '가치의 조건화', 5장 상담의 기법 중 '인간중심적 상담' 참고

- **출제위원** (가나다 순)
  - 김 환(서울사이버대학교 상담심리학과 교수)
  - 문형춘(서울정신분석상담연구소 상담위원)
  - 신희천(아주대학교 심리학과 교수)
  - 이동귀(연세대학교 심리학과 교수)
  - 정남운(가톨릭대학 교육대학원장)
  - 최해연(한국상담대학원대학교 교수)

부록 3 상담심리 전공 대학원 진학정보

2010. 4. 기준

번호	지역	구분	대학원명	전공명
1	서울	주간	서울대학교 대학원	심리학과(임상 및 상담), 교육학과(교육상담)
2	서울	주간	연세대학교 대학원/ 연세대학교 교육대학원	심리학과, 교육학과(상담심리)/ 상담교육
3	서울	주간/ 야간/계절제	고려대학교 대학원 /고려대학교 교육대학원	심리학(임상 및 상담심리), 교육학(교육심리 · 상담 및 특수교육)/상담심리
4	서울	야간	숙명여자대학교 교육대학원	상담교육, 교육심리
5	서울	주간	광운대학교 상담복지대학원	심리치료
6	서울	야간	서강대학교 교육대학원	상담심리
7	서울	주간	한신대학교 대학원	교육상담
8	서울	야간	홍익대학교 교육대학원	상담심리
9	서울	주간	성신여자대학교 대학원	심리학과
10	서울	주간	성균관대학교 대학원	심리학과
11	서울	주간	그리스도대학교 대학원	상담심리
12	서울	주간	삼육대학교 대학원	상담교육학과
13	서울	야간	경희대학교 교육대학원	상담심리
14	서울	주간	경기대학교 대학원	범죄심리학과
15	서울	주간	숭실대학교 대학원	목회상담학
16	서울	주간	중앙대학교 대학원	심리학과
17	서울	주간/야간	명지대학교 대학원	아동가족심리치료
18	서울	주간	이화여자대학교 대학원	심리학과
19	서울	주간	국제신학대학원대학교	상담학
20	서울	주간	웨스트민스터신학대학원대학교	상담학
21	서울	야간	한양대학교 교육대학원	상담심리
22	서울	야간	한성대학교 교육대학원	상담심리
23	서울	야간	한국외국어대학교 교육대학원	상담심리
25	서울	야간	세종대학교 교육대학원	상담심리교육
26	서울	야간	서경대학교 사회과학대학원	상담심리
27	서울	야간	상명대학교 정치경영대학원	상담심리

번호	지역	구분	대학원명	전공명
28	서울	야간	상명대학교 교육대학원	상담심리
29	서울	주간/야간	덕성여자대학교 대학원 덕성여자대학교 교육대학원	심리학과(임상 및 상담) 상담심리
30	서울	야간/계절제	국민대학교 교육대학원	상담심리
31	서울	주간	건국대학교 대학원	상담심리교육
32	서울	주간	백석대학교 상담대학원 /백석대학교 교육대학원	기독교상담학, 아동상담학, 가족상담, 청소년상담학, 예술심리치료, 다문화상담학/상담심리
33	서울	주간	총신대학교 상담대학원	기독교상담학
34	서울	주간/야간	한영신학대학교 상담복지대학원	상담
35	서울	주간	숙명여자대학교 사회교육대학원/ 숙명여자대학교 음악치료대학원	놀이치료/ 임상음악치료, 치유음악목회
36	서울	야간/주간	광운대학교 교육대학원 /상담복지정책대학원	상담심리, 커리어상담 및 코칭/ 상담심리치료학
37	서울	주간	장로회신학대학교 대학원	목회상담학
38	서울	주간	서울여자대학교 특수치료전문대학원	심리치료학과, 표현예술치료학과
39	서울	야간	서울기독대학교 치유상담대학원	영성 · 상담, 상담 · 심리치료
40	서울	주간	서울불교대학원대학교	상담심리학, 심신통합치유학
41	서울	주간	한국상담대학원대학교	아동청소년상담, 부부가족상담, 산업조직상담, 고령자상담
42	서울	주간	용문심리상담대학원대학교	상담심리
43	서울	사이버	한양사이버대학교 휴먼서비스대학원	심리상담
44	서울	사이버	서울사이버대학교 상담심리대학원	상담심리
45	경기	주간	경원대학교 대학원	교육심리 및 상담
46	경기	주간	단국대학교 대학원	상담심리
47	경기	주간	대진대학교 대학원	상담심리
48	경기	주간/야간	평택대학교 상담대학원/ 평택대학교 교육대학원	가족상담, 기독교상담, 특수상담, 아동청소년상담학/교육상담학
49	경기	주간	강남대학교 대학원	목회상담, 교육상담
50	경기	주간	수원대학교 대학원	가족상담교육
51	경기	주간	아주대학교 대학원	상담심리
52	경기	주간	용인대학교 대학원	전문상담교육
53	경기	주간	성서침례대학교 대학원	기독교상담학
54	경기	주간	대한신학대학 대학원	상담학과

번호	지역	구분	대학원명	전공명
55	경기	주간	아세아연합신학대학교 상담대학원	기독교상담학, 가정상담
56	경기	야간	성결대학교 교육대학원	상담심리학과
57	경기	야간	안양대학교 교육대학원	상담심리
58	경기	주간	서울신학대학교 상담대학원	-
59	경기	야간	한세대학교 교육대학원	상담심리
60	경기	주간	가톨릭대학교 심리상담대학원	상담학과, 영성상담학과, 아동상담학과, 조직상담학과
61	경기	계절제	협성대학교 교육대학원	상담심리학과
62	부산	주간	부산대학교 대학원	심리학(상담심리)
63	부산	주간	동아대학교 대학원	교육심리, 교육상담
64	부산	주간	동서대학교 대학원	기독교상담심리학
65	부산	주간	부산교육대학교 대학원	초등상담교육
66	부산	야간	신라대학교 교육대학원	상담심리
67	부산	주간/야간	고신대학교 기독교상담대학원 고신대학교 교육대학원	기독교상담/ 상담심리
68	부산	야간	경성대학교 교육대학원	상담심리, 교육심리
69	부산	사이버	부산디지털대학교 휴먼서비스대학원	상담심리
70	인천	주간	경인교육대학교 대학원	초등학교상담
71	인천	주간	성산효대학원대학교	가족상담학(가족상담, 학교상담)
72	인천	야간	인천대학교 교육대학원	상담심리, 심리치료 상담
73	대구	야간	계명대학교 교육대학원	상담심리전공
74	대구	주간/야간	경북대학교 대학원/교육대학원	교육학과(교육심리 및 상담심리)/ 상담심리
75	대전	주간	복음신학대학교 대학원	상담심리학
76	대전	주간	침례신학대학교 상담대학원	-
77	대전	주간	한남대학교 대학원	상담교육
78	대전	주간	충남대학교 대학원	교육심리 및 교육과정, 상담교육, 심리학
79	대전	야간	대전대학교 교육대학원	상담심리
80	광주	주간	호남대학교	상담심리
81	광주	주간	남부대학교	상담심리
82	광주	주간	광주여자대학교 대학원	상담심리교육, 상담심리
83	광주	주간	호남신학대학교 기독교상담대학원	-
84	광주	야간	남부대학교 교육대학원	상담심리

번호	지역	구분	대학원명	전공명
85	광주	야간	호남대학교 교육대학원	상담심리
86	광주	주간	광주교육대학교 대학원	아동상담심리
87	광주	계절제	전남대학교 교육대학원	상담심리
88	울산	주간	울산대학교 대학원	상담교육
89	강원	야간/주말	상지대학교 평화안보대학원	상담심리
90	강원	주간	강릉대학교 대학원	상담심리
91	강원	야간	관동대학교 교육대학원	상담심리
92	강원	주간	강원대학교 대학원	심리학과
93	강원	주간	춘천교육대학교 대학원	초등상담심리
94	강원	주간	한림대학교 대학원	심리학
95	경남	주간	인제대학교 대학원	교육심리 및 상담
96	경남	주간	경남대학교 대학원	교육심리, 상담심리
97	경남	주간	진주교육대학교 대학원	초등교육상담
98	경남	주간	창원대학교 대학원	교육심리 및 공학, 상담심리
99	경북	주간	영남대학교 대학원	심리학, 교육학(상담심리)
100	경북	주간	대구대학교 대학원	상담심리, 심리치료, 치료교육
101	경북	주간	대구카톨릭대학교 대학원	상담
102	경북	계절제	대구가톨릭대학교 교육대학원	상담심리
103	경북	주간	동국대학교 대학원	상담심리교육
104	경북	계절제	영남대학교 교육대학원	상담심리
105	경북	주간	대구한의대학교 대학원	청소년상담
106	경북	주간	한동대학교 상담대학원	-
107	전남	주간	전남대학교 대학원	심리학, 상담심리
108	전남	계절제	여수대학교 교육대학원	상담심리
109	전남	주간	동신대학교 대학원	상담리더십, 상담
110	전남	주간	목포대학교 대학원	상담교육
111	전남	주간	대불대학교 대학원	상담교육
112	전남	주간	순천대학교 대학원	상담심리
113	전북	주간	전주대학교 상담대학원	결혼/가족상담학, 아동/청소년상담학, 진로/직업상담학
114	전북	주간	전북대학교 대학원	심리학, 교육심리
115	전북	주간	우석대학교 대학원	상담심리

번호	지역	구분	대학원명	전공명
116	전북	주간	원광대학교 대학원	상담심리
117	전북	주간	한일장신대학교 대학원	상담학
118	충남	주간	호서대학교	상담교육, 목회상담학
119	충남	주간	공주교육대학교	초등교육상담
120	충남	주간	공주대학교	상담심리, 치료특수교육
121	충남	야간	호서대학교 여성문화복지대학원	상담심리학과
122	충남	야간	천안대학교 교육대학원	상담심리
123	충남	계절제	공주대학교 교육대학원	상담심리
124	충남	주간	순천향대학교 대학원	상담교육
125	충남	주간	선문대학교 대학원	상담산업심리학, 상담심리
126	충남	주간	나사렛대학교 대학원	기독교상담교육학
127	충남	계절제	한서대학교 교육대학원	상담심리교육
128	충남	야간	중부대학교 교육대학원	상담심리교육, 교육상담심리
129	충남	주간	건양대학교 대학원	상담심리학과
130	충북	주간	한국교육대학교	교육심리
131	충북	주간	극동대학교 대학원	상담교육, 상담심리치료
132	충북	주간	충북대학교 대학원	학교상담, 심리학
133	충북	계절제	한국교원대학교 교육대학원	상담심리
134	제주	주간	제주대학교 대학원	상담심리

부록 4 한국상담심리학회 자격증제도

상담심리사 자격 규정

(2009년 6월 20일 개정)

제1조(목적)

본 규정은 본 학회의 상담심리사 자격을 규정함을 목적으로 한다.

제2조(검정방법)

상담심리사라 함은 본 학회에서 자격을 인정한 상담심리사 1급(상담심리전문가, 이하 '상담심리전문가'라 함)과 상담심리사 2급(상담심리사, 이하 '상담심리사'라 함)을 말한다.

제3조(상담심리사 자격제도의 운영 목적)

본 학회는 다음과 같은 목적을 가지고 상담심리사 자격을 운영한다.

1. 상담심리사에 대한 사회의 점증하는 수요에 부응하여 다양한 상담 현장에서 직무를 수행할 수 있는 전문적 지식과 기술을 갖춘 상담심리사 양성, 배출
2. 대학 및 대학원의 상담교육 과정을 보완하여 현장 적용능력을 갖춘 상담심리사 양성
3. 상담심리사로서 요구되는 일정수준 이상의 상담수련 과정을 거치도록 함으로써 상담자의 자질 향상에 기여
4. 국내외 상담분야에서 널리 인정받고 통용될 수 있는 자격제도를 운영함으로써 상담심리사의 사회적 지위보장 및 향상에 기여
5. 상담기관이나 상담 수요자들에게 자격을 갖춘 상담자를 선택할 수 있는 객관적 판단근거를 제공하는 데 기여

제4조(상담심리사의 역할)

상담심리사의 역할은 다음과 같이 구분한다.

1. 상담심리사 1급(상담심리전문가)
   1) 개인 또는 집단의 심리적 성숙과 사회적 적응능력 향상을 위한 조력 및 지도
   2) 심리적 부적응을 겪는 개인 또는 집단에 대한 심리평가 및 상담

3) 지역사회 상담교육, 사회병리적 문제에 대한 예방활동 및 재난후유증에 대한 심리 상담
4) 기업체 내의 인간관계 자문 및 심리교육
5) 상담 및 심리치료에 관한 연구
6) 상담실 책임운영
7) 상담심리사 1급·2급 수련중인자의 교육지도와 자문
8) 상담심리사 1급·2급 수련중인자의 수련내용 평가 인준 및 자격추천

2. 상담심리사 2급(상담심리사)
1) 개인 또는 집단의 심리적 성숙과 사회적 적응능력 향상을 위한 조력 및 지도
2) 심리적 부적응을 겪는 개인 또는 집단에 대한 심리평가 및 상담
3) 지역사회 상담교육, 사회병리적 문제에 대한 예방활동 및 재난후유증에 대한 심리 상담
4) 기업체 내의 인간관계 자문 및 심리교육
5) 상담 및 심리치료에 관한 연구
6) 상담 행정 업무

제5조(상담심리사 자격규정)

상담심리사의 자격은 다음과 같다.

1. 상담심리사 1급(상담심리전문가) : 본 학회 정회원으로서 다음의 각 항에 해당하는 자
1) 상담 관련 분야의 박사학위를 취득한 후 본 학회가 인정하는 수련감독자의 감독하에 1년 이상의 상담경력을 가진 자로서 소정의 자격검정절차를 통과하여 본 학회가 발급하는 자격증을 부여받은 자
2) 상담 관련 분야의 석사학위를 취득한 후 본 학회가 인정하는 수련감독자의 감독하에 3년 이상의 상담경력을 가진 자로서 소정의 자격검정절차를 통과하여 본 학회가 발급하는 자격증을 부여받은 자
3) 상담심리사 2급 자격증을 취득한 후 본 학회가 인정하는 수련감독자의 감독하에 4년 이상의 상담경력을 가진 자로서 소정의 자격검정절차를 통과하여 본 학회가 발급하는 자격증을 부여받은 자
4) 박사학위소지자로서 자격관리위원회의 심의를 거쳐 상담심리사 1급의 자격수준에

상응하는 것으로 인정할 수 있는 외국의 상담 및 심리치료 분야의 전문가 자격증 취득한 후 본 학회 정회원으로서 국내에서 1년 이상의 상담경력을 가진 자로서 소정의 자격검정 절차를 통과한 자

※ 인정받을 수 있는 자격수준이라 함은 각국 정부나 주정부 또는 각국 심리학회나 그에 상응하는 학술 및 전문가 단체에서 시행하는 엄격하고 공인된 자격검정 절차를 통과한 수준을 말한다.

2. 상담심리사 2급 : 본 학회 준회원 이상으로서 다음의 각 항에 해당하는 자

1) 상담 관련 분야의 석사과정에 재학 중이거나 그 이상의 학력을 소지하고 본 학회가 인정하는 수련감독자의 감독하에 1년 이상의 상담경력을 가진 자로서 소정의 자격검정절차를 통과하여 본 학회가 발급하는 자격증을 부여받은 자

2) 상담 관련 분야의 학사학위를 취득하고 본 학회가 인정하는 수련감독자의 감독하에 2년 이상의 상담경력을 가진 자로서 소정의 자격검정절차를 통과하여 본 학회가 발급하는 자격증을 부여받은 자

3) 학사학위를 취득하고 본 학회가 인정하는 수련감독자의 감독하에 3년 이상의 상담경력을 가진 자로서 소정의 자격검정절차를 통과하여 본 학회가 발급하는 자격증을 부여받은 자

4) 본 학회가 주관하여 실시하는 상담심리사 2급 하계수련 과정을 이수한 자는 위 1), 2), 및 3)항에서 요구하는 수련과정의 일부를 충족한 것으로 인정할 수 있다. 단, 인정 내용과 범위는 따로 정한다.

5) 자격관리위원회의 심의를 거쳐 상담심리사 2급의 자격수준에 상응하는 것으로 인정할 수 있는 외국의 상담 및 심리치료 분야의 자격증을 취득한 후 본 학회 준회원으로서 국내에서 1년 이상의 상담경력을 가진 자로서 소정의 자격검정 절차를 통과한 자

※ 인정받을 수 있는 자격수준이라 함은 각국 정부나 주정부 또는 각국 심리학회나 그에 상응하는 학술 및 전문가 단체에서 시행하는 엄격하고 공인된 자격검정 절차를 통과한 수준을 말한다.

3. 상담경력의 인정기준과 방법은 따로 정한다.

제6조(자격검정기준)

1. 상담심리사 1급(상담심리전문가)
   1) 지식 : 상담 및 심리치료 이론과 실제에 관한 이해 , 인간의 성격에 관한 이해, 집단 상담의 이론과 실제에 관한 이해, 상담연구 수행을 위한 통계 및 연구방법에 관한 전문 지식을 갖추었는지 평가함.
   2) 기능 : 양질의 개인상담 , 집단상담, 심리검사 실시 및 해석, 상담연구를 수행할 수 있으며, 상담심리사 2급에 대한 지도감독 및 자문을 수행할 수 있는 능력의 유무를 평가함.
2. 상담심리사 2급(상담심리사)
   1) 지식 : 상담심리에 관한 이해 , 인간의 전생애적 발달과정에 관한 이해, 이상심리에 관한 이해, 인간의 학습과정에 관한 이해, 심리검사의 실시 및 해석에 관한 전문 지식을 갖추었는지 평가함.
   2) 기능 : 개인상담 , 집단상담, 심리검사 실시 및 해석을 수행할 수 있는 능력의 유무를 평가함.

제7조(자격증 발급)

자격증의 발급은 다음과 같이 한다.

1. 자격증에는 자격증의 명칭, 등록번호, 발급대상자의 성명, 주민등록번호, 발급일 등을 기재한다.
2. 자격증은 한국심리학회의 인준을 받아 한국심리학회장과 본 학회장이 공동으로 발급한다.
3. 상담심리사 1, 2급 표기 자격증 외에 아래와 같이 전문분야를 기재한 세부 영역의 자격증을 발급할 수 있다.
   1) 상담심리사 1, 2급 자격을 취득한 자 중 전문상담영역별로 학회에서 요구하는 일정한 수련을 거친 자에게는 상담심리사 1, 2급의 자격 표기에 전문상담영역을 병기한 별도의 자격증을 발급할 수 있다.
   2) 전문상담영역의 명칭과 수련내용은 자격관리위원회의 제청과 운영위원회의 심의를 거쳐 이사회에서 정한다.

제8조(자격 등록)

자격관리위원회는 자격증 발급 후 일주일 이내에 당해년에 발급한 자격을 일괄 등록한다.

제9조(보수교육)

상담심리사 1급·2급 자격 취득자는 학회가 주관하는 월례회 또는 학술 및 제반 수련활동에 연 2회 이상 참여하여야 한다.

제10조(상담심리사 자격의 제한)

상담심리사의 자격 제한 및 회복은 다음과 같이 정한다.

1. 상담심리사 1급(상담심리전문가)
   1) 상담심리사가 자격 취득 후에 위의 제9조를 이행하지 않거나 연회비가 2년 이상 미납된 경우 수련감독자로서의 자격이 차기년도부터 정지되며, 정지된 기간 중의 수련감독은 인정치 않는다. 단, 본 학회 징계에 의한 회원자격의 정지는 그 즉시 효력이 발생한다.
   2) 자격의 회복은 회비 미납으로 인한 경우 회비 납부 즉시 회복이 된다. 보수교육을 이행하지 못함으로 인한 자격정지는 보수교육을 이행한 차기년도부터 회복된다.
2. 상담심리사 2급(상담심리사)
   1) 상담심리사가 자격 취득 후에 위의 제9조를 이행하지 않거나 연회비가 2년 이상 미납된 경우 자격이 정지되며, 정지된 기간의 수련내용은 상담심리사 1급(상담심리전문가) 수련과정으로 포함하지 않는다. 단, 본 학회 징계에 의한 회원자격의 정지는 그 즉시 효력이 발생한다.
   2) 자격의 회복은 회비 미납으로 인한 경우 회비 납부 즉시 회복이 된다. 보수교육을 이행하지 못함으로 인한 자격정지는 보수교육을 이행한 차기년부터 회복된다.

제11조(규정 개정)

본 규정의 변경은 본 학회 이사회에서 행한다.

부 칙

- 본 규정은 1987년 5월 16일부터 시행한다.
- 본 개정 규정은 1991년 4월 17일부터 시행한다.
- 본 개정 규정은 1992년 9월 15일부터 시행한다.
- 본 개정 규정은 1993년 9월 18일부터 시행한다.
- 본 개정 규정은 1994년 9월 10일부터 시행한다.
- 본 개정 규정은 1996년 9월 21일부터 시행한다.
- 본 개정 규정은 2000년 9월 16일부터 시행한다.
- 본 개정 규정은 2001년 9월 15일부터 시행한다.
- 본 개정 규정은 2002년 12월 21일부터 시행한다.
- 본 개정 규정은 2003년 11월 15일부터 시행한다.
- 본 개정 규정은 2004년 4월 17일부터 시행한다.
- 본 개정 규정은 2005년 4월 16일부터 시행한다.
- 본 개정 규정은 2007년 10월 20일부터 시행한다.
- 본 개정 규정은 2009년 03월 21일부터 시행한다.
- 본 개정 규정은 2009년 6월 20일부터 시행한다.

상담심리사 수련과정 시행세칙

(2009년 6월 20일 개정)

제1조(목적)

본 세칙은 상담심리사 자격취득을 위한 수련과정과 「상담심리사 자격검정규칙」 제 11조에 따라 자격심사에 관한 절차를 세칙에 규정함을 목적으로 한다.

제2조(수련기관)

수련기관은 자격관리위원회에서 적합하다고 인정한 상담관련기관을 말한다. ※수련기관의 예 : 학교 상담실, 공공기관 상담실, 상담심리전문가가 재직하는 상담기관, 정신병원

제3조(수련기간)

수련기간은 「상담심리사 자격규정」 제5조에 정한 바를 따른다.

제4조(수련받는 자)

수련과정에 있는 자는 자격관리위원회가 인정하는 자격을 갖춘 수련감독자의 지도하에서 수련과정을 이수해야 한다.

제5조(수련감독자)

수련과정을 지도감독할 수 있는 자는 다음과 같다.

1. 상담심리사 1급 자격증 보유자로서 본 학회가 인정한 자
2. 한국임상심리학회에서 발급하는 임상심리전문가 자격증 취득 후 5년 이상 경과된 자로서 본 학회가 인정한 자(심리평가에 한해 지도감독의 수련 내용의 30% 이내에서 인정)
3. 인접분야 전문가 자격증 보유자(예 : 정신과 전문의)로서 본 학회가 인정한 자(수련 내용의 30% 이내에서 인정)
4. 자격관리위원회에서는 매년 1차례 이상 수련감독자로 인정받을 수 있는 상담심리사 1급, 기타 인접분야 전문가의 명단을 회원들에게 공지한다.

제6조(주 수련감독자 : 자격심사 추천자격자)

상담심리사 1급, 2급 자격심사를 추천할 수 있는 주 수련감독자는 다음 중 1개 이상의

자격을 갖추어야 한다. 단, 「상담심리사 자격규정」 제10조에 해당되는 경우 상담심리사 자격심사 추천을 할 수 없다.

1. 상담심리사 1급 자격 취득 후 5년 이상 상담실적 또는 교육연구 실적이 있는 자
2. 상담심리사 1급 자격증 취득자로서 대학의 부교수 이상인 자

제7조(수련과정 및 내용)

수련과정 및 내용은 상담심리사 자격의 종류에 따라 다음과 같이 시행한다.

단, 모든 수련과정은 본 세칙 제5조에 규정된 수련감독자의 지도감독하에 실시하며, 상담사례 연구활동 및 공개사례 발표 모임에는 상담심리사 1급 자격증 보유자 2인(그중 1인은 자격증 보유기간 5년 이상이어야 함. 단, 자격정지 기간은 인정하지 않음) 이상이 참여해야 한다.

1. 상담심리사 1급(상담심리전문가)
   1) 개인상담: 면접상담 20사례 이상, 총 200회기 이상(부부·가족·아동상담 포함)
   2) 집단상담: 총 60시간 이상(가족, 부부상담 포함)
      ① 리더 또는 보조리더: 2개 집단 이상(집단별 15시간 이상) 진행
      ② 참여경험: 2개 집단 이상(집단별 15시간 이상)
   3) 상담사례
      연구활동: 학회 월례회 6회 이상을 포함하여, 분회, 상담사례 토의모임에 총 30회 이상 참여
   4) 공개사례 발표: 분회, 상담사례 토의모임에서 개인상담 4사례 이상, 총 40회기 이상
      단, 상담심리사 2급 자격으로 응시할 경우 개인상담 3사례 이상, 총 30회기 이상
   5) 심리평가
      ① 각종 심리검사 실시: 20사례 이상(1사례당 2개 이상, 그중 진단용 검사 1개 이상 포함)
      ② 각종 심리검사 해석상담: 20사례 이상
   6) 지도감독(수퍼비전)
      ① 개인상담: 면접상담 30회 이상(공개사례 발표 4회 포함)
      ② 심리평가: 10사례 이상(1사례당 2개 이상, 그중 진단용 검사 1개 포함)
      ③ 집단상담: 2집단 이상(총 30시간 이상)

7) 학술 및 연구활동: 본 학회지 또는 유관 학술지에 발표한 1편(100%) 이상의 연구논문 또는 저서(단독발표는 100%, 2인 공동발표 70%, 3인 공동발표 50%, 4인 이상 30% 인정; 연구논문의 경우 제1저자와 교신저자는 100% 인정; 지도교수와 공동발표한 논문은 2인 발표도 100% 인정)

- 유관학술지: 대학 내 상담연구소, 전문상담기관의 연구지, 유관 학술단체 학술지(최소 3년 이상의 발행실적)
- 분량: 200자 원고지 80매 이상
- 실태(설문)분석, 정책보고서: 각 1회에 한정하여(공동저작 포함) 위 논문 인정 비율에 준해서 50% 인정
- 포스터 발표: 본 학회 및 한국심리학회에서 개최하는 학술대회에서 발표한 포스터는 연구활동으로 70%(단독발표는 70%, 2인 공동발표 50%, 3인 공동발표 35%, 제1저자와 교신저자는 70% 인정함) 인정하되, 그 외 학회에서 개최된 학술대회에서 발표한 포스터는 본 학회 발표 비율의 50% 비율로 인정

2. 상담심리사 2급(상담심리사)

1) 상담 및 심리검사 접수면접: 20회 이상

2) 개인상담: 면접상담 5사례, 총 50회기 이상

3) 집단상담 참여 또는 보조리더: 2개 집단 이상(집단별 15시간 이상)

4) 상담사례 연구활동: 학회 월례회 2회 이상을 포함하여, 분회, 상담사례 토의모임에 총 10회 이상 참여

5) 공개사례 발표: 분회, 상담사례 토의모임에서 개인상담 2사례 이상, 총 10회기 이상

6) 심리평가

① 각종 심리검사 실시: 10사례 이상(1사례당 2개 이상, 그중 진단용 검사 1개 이상 포함)

② 각종 심리검사 해석상담: 10사례 이상

7) 지도감독(수퍼비전)

① 개인상담: 면접상담 10회 이상(공개사례 발표 2회 포함)

② 심리검사: 5사례 이상(1사례당 2개 이상, 그중 진단용 검사 1개 이상 포함)

8) 본 학회에서 실시하는 상담심리사 2급 하계수련 과정을 이수한 자는 상담 및 심리검사 접수면접 10회, 개인면접상담 2사례 20회기, 집단상담 2개 참여(각 15시간), 개

인면접상담 지도감독 3회 등을 이미 완수한 것으로 인정한다. 따라서 이 경우는 위 1)~7)항의 수련내용 중 나머지 해당 내용만 수련수첩에 기재하여도 자격심사를 청구할 수 있다.

〈참고〉 심리검사의 종류(예시)

- 진단용 검사 : MMPI, HTP, BGT, TAT, DAP, Rorschach, SCT, KFD, 성인 및 아동용 개인용 지능검사(예 : K-WAIS, K-WPPSI, K-WISC, KEDI-WISC, K-ABC) 등(단, 한검사가 전체 사례의 1/3을 초과할 수 없음)
- 자격관리위원회에서 인정하는 표준화 검사(진단용 이외의 검사) : 검사의 실시, 채점, 해석 등 전 과정이 표준화되어 있고, 공인된 출판사에서 판매하는 검사(예 : 성격진단검사, 적성진단검사, MBTI 등). (단, 한검사가 전체사례의 1/3을 초과할 수 없음)

3. 상담심리사 자격심사 신청 시에 아래의 수련과정은 포함될 수 없다.
   ① 상담심리사 1급(상담심리전문가) : 석사학위 취득 이전과 상담심리사 2급 취득 이전의 수련내용
   ② 상담심리사 2급(상담심리사) : 학사학위 취득 이전의 수련내용

제8조(시행세칙 개정)

본 시행세칙의 변경은 본 학회에서 행한다.

부 칙

- 본 시행세칙은 1987년 5월 16일부터 시행한다.
- 본 개정 시행세칙은 1991년 4월 17일부터 시행한다.
- 본 개정 시행세칙은 1992년 9월 15일부터 시행한다.
- 본 개정 시행세칙은 1993년 9월 18일부터 시행한다.
- 본 개정 시행세칙은 1994년 9월 10일부터 시행한다.
- 본 개정 시행세칙은 1996년 9월 21일부터 시행한다.
- 본 개정 시행세칙은 1998년 3월 21일부터 시행한다.
- 본 개정 시행세칙은 2000년 9월 16일부터 시행한다.
- 본 개정 시행세칙은 2001년 9월 15일부터 시행한다.

- 본 개정 시행세칙은 2002년 12월 21일부터 시행한다.
- 본 개정 시행세칙은 2003년 11월 15일부터 시행한다.
- 본 개정 시행세칙은 2004년 4월 17일부터 시행한다.
- 본 개정 시행세칙은 2005년 4월 16일부터 시행한다.
- 본 개정 시행세칙은 2007년 3월 17일부터 시행한다.
- 본 개정 시행세칙은 2007년 10월 20일부터 시행한다.
- 본 개정 시행세칙은 2009년 6월 20일부터 시행한다.

  단, <제7조 수련과정 및 내용> 2항 상담심리사 2급(상담심리사)의 8)은 2010년 하계수련 과정 이수자부터 적용한다.

상담심리사 자격검정 변경사항

1. 자격검정

• 일정 변경

취지: 학회원들의 취업 일정에 맞추고자 함.

	2013년부터 신규 체제로 전환
자격시험	1회 실시(7월)
자격심사	1회 실시(8월)
하계(동계)수련회	1회 개최(1월 동계)

2. 자격심사

• 하계수련회 참가자 혜택 변경: 2012년부터

	변경 후(2012년부터)
개인상담	1사례 10회기
개인상담 슈퍼비전	3회기(변경 없음)
집단상담	1개 집단(실습시간만큼만 인정)

• 상담심리사 1급 자격 취득 요건 변경: 점진적으로 확대 예정

취지: 전문성 강화

	변경 후	
	2012년	2014년
개인상담	300회기 이상	400회기 이상
개인상담 슈퍼비전	40회 이상	50회 이상

부록 5 한국상담심리학회 상담전문가 윤리강령

전 문

한국상담심리학회는 학회 회원들이 모든 인간의 존엄성과 가치를 존중하고 다양한 조력활동을 통해, 인간 개개인의 잠재력과 독창성을 신장하여 저마다 자기를 실현하는 건전한 삶을 살도록 돕는 데 헌신한다.

본 학회에서 인증한 상담심리사(1급, 2급)는 전문적 지식과 기술을 개발하고 전문가로서의 능력과 자질을 향상시키며, 상담심리사의 역할을 하는데 있어서 내담자의 복지를 최우선 순위에 둔다. 상담심리사는 전문적인 상담활동을 통해 내담자의 개인적인 성장과 사회공익에 기여하는데 최선을 다하고 상담심리사로서 자신의 행동에 책임을 진다. 이를 위하여 본 학회에서 인증한 상담심리사는 다음과 같은 윤리강령을 숙지하고 준수할 것을 다짐한다.

1. 전문가로서의 태도

가. 전문적 능력

(1) 상담심리사는 자기 자신의 교육과 수련, 경험 등에 의해 준비된 범위 안에서 전문적인 서비스와 교육을 제공한다. 상담심리사는 자신의 능력의 한계를 인정하고 교육이나 훈련, 경험을 통해 자격이 주어진 상담활동만을 한다.

(2) 상담심리사는 자신이 가진 능력 이상의 것을 주장하거나 암시해서는 안 되며, 타인에 의해 능력이나 자격이 오도되었을 때는 수정해야 할 의무가 있다.

(3) 상담심리사는 자신의 활동분야에 있어서 최신의 과학적이고 전문적인 정보와 지식을 유지하기 위해 지속적인 교육과 연수의 필요성을 인식하고 참여한다.

(4) 상담심리사는 정기적으로 전문인으로서의 능력과 효율성에 대한 자기반성이나 평가가 있어야 하며, 필요한 경우 자신의 효율성을 증진시키기 위해 지도감독을 받을 책무가 있다.

(5) 상담심리사는 윤리강령과 시행세칙을 준수할 책임이 있다.

(6) 상담기관에 상담심리사를 고용할 때는 전문적인 능력을 갖춘 이를 선발해야 한다.

나. 성실성

(1) 상담심리사는 자신의 신념체계, 가치, 제한점 등이 상담에 미칠 영향력을 자각하고, 내담자에게 상담의 목표, 기법, 한계점, 위험성, 상담의 이점, 자신의 강점과 제한점, 심리검사와 보고서의 목적과 용도, 상담료, 상담료 지불방법 등을 명확히 알린다.

(2) 상담심리사는 개인의 이익을 위해 상담전문직의 가치와 권위를 훼손하는 행동을 해서는 안 된다.

(3) 상담심리사는 능력의 한계나 개인적인 문제로 내담자를 적절하게 도와줄 수 없을 때에는 상담을 시작해서는 안 되며, 다른 상담심리사나 정신건강 전문가에게 의뢰하는 등 내담자를 도와줄 수 있는 방법을 강구한다.

(4) 상담심리사는 자신의 질병, 죽음, 이동, 또는 내담자의 이동이나 재정적 한계 등과 같은 요인에 의해 상담이 중단될 경우, 이에 대한 적절한 조치를 취해야 한다.

(5) 상담을 종결하는데 있어서 어떤 이유보다도 우선적으로 내담자의 관점과 요구에 대해 논의해야 하며, 내담자가 다른 전문가를 필요로 할 경우에는 적절한 과정을 거쳐서 의뢰한다.

(6) 상담심리사는 내담자나 학생, 연구 참여자, 동료들이 피해를 입지 않도록 적절한 조치를 취한다.

(7) 상담심리사는 자신의 기술이나 자료가 다른 사람들에 의해 오용될 가능성이 있거나, 개선의 여지가 없는 활동에 참여해서는 안 되며, 이런 일이 일어난 경우에는 이를 바로잡거나 최소화하는 조치를 취한다.

다. 상담심리사 교육과 연수

(1) 상담심리사 교육은 학술적인 연구와 지도 감독하의 실습을 통합하는 과정으로 설정되어야 하며, 교육 프로그램은 교육생들이 상담기술, 지식, 자기이해를 넓힐 수 있는 방향으로 설정되어야 한다.

(2) 상담심리사 교육에 들어가기 전에 교육 프로그램의 내용, 기본적인 기술개발, 진로 전망에 대해 알려준다.

(3) 교육 프로그램은 개인과 사회를 위하는 상담의 이상적 가치를 교육생들에게 고무해야 하며, 따라서 재정적 보상이나 손실보다는 직업애와 인간애에 더 가치를 두도록 한다.

(4) 교육생들에게 다양한 이론적 입장을 제시하여, 교육생들이 이 이론들의 비교를 통해서, 스스로 자신의 입장을 선택할 수 있도록 한다.

(5) 교육 프로그램은 학회의 최근 관련 지침과 보조를 맞추어 진행되어야 한다.

(6) 상담심리사 교육에서는 교육생들에 대한 지속적인 평가를 통해, 장래의 상담활동을 수행하는데 장애가 될 수도 있는, 교육생들의 한계를 알아내야 한다. 지도 교육하는 상담심리사는 교육생들이 상담자로서 성장할 수 있도록 도와주는 한편, 교육 프로그램을 통해서 바람직한 상담활동을 할 수 없는 사람을 가려낼 수 있어야 한다.

(7) 상담심리사는 상담심리사 교육과 훈련프로그램을 전문적으로 실시하고, 윤리적인 역할 모델이 되어 교육생들이 윤리적 책임과 윤리강령을 잘 인식하도록 돕는다.

(8) 상담심리사는 상담 성과나 훈련 프로그램을 홍보하기 위해 내담자 또는 수련생과의 관계를 이용하지 않는다.

(9) 상담심리사가 교육목적으로 저술한 교재는 교육과 연수과정에 채택할 수 있다.

라. 자격증명서

(1) 본 학회에서 인증한 상담심리사는 자신의 자격을 일반 대중에게 알릴 수 있다.

(2) 상담심리사는 자격증에 명시된 것 이상으로 자신의 자격을 과장하지 않는다.

(3) 상담이나 혹은 정신건강 분야에 관련된 석사학위를 가지고 있으나 박사학위는 그 이외의 분야에서 취득한 상담심리사는 그들의 상담활동에서 '박사' 라는 말을 사용하지 않으며, 그 상담활동이나 지위와 관련하여 박사학위를 가진 상담심리사인 것처럼 대중에게 알리지 않는다.

2. 사회적 책임

가. 사회와의 관계

(1) 상담심리사는 사회의 윤리와 도덕기준을 존중하고, 사회공익과 자신이 종사하는 전문직의 바람직한 이익을 위해 최선을 다한다.

(2) 상담심리사는 경제적 이득이 없는 경우에도 자신의 전문적 활동에 헌신함으로써 사회에 공헌한다.

(3) 상담비용을 책정할 때 상담심리사들은 내담자의 재정상태와 지역성을 고려하여야 한다. 책정된 상담료가 내담자에게 적절하지 않을 때에는, 가능한 비용에 적합한 서비

스를 받을 수 있는 방법을 찾아줌으로써 내담자를 돕는다.

(4) 상담전문가가 되기 위해 수련하는 학회 회원에게는 상담료나 교육비 책정에 있어서 특별한 배려를 한다.

나. 고용기관과의 관계

(1) 상담심리사는 자신이 종사하는 기관의 목적과 방침에 공헌할 수 있는 활동을 할 책임이 있다. 만일 자신의 전문적 활동이 기관의 목적과 모순되고, 직무수행에서 갈등이 해소되지 않을 때에는 기관과의 관계를 종결해야 한다.

(2) 상담심리사는 근무기관의 관리자 및 동료들과의 관계를 통해서 상담업무, 비밀보장, 공적 자료와 개인자료의 구별, 기록된 정보의 보관과 처분, 업무량, 책임에 대한 상호간의 동의가 이루어져야 한다. 이러한 동의는 구체적이어야 하며, 관련된 모든 사람이 알고 있어야 한다.

(3) 상담심리사는 그의 고용주에게 손해를 끼칠 수 있는 상황이나, 기관의 효율성에 제한을 줄 수 있는 상황에 대해 미리 경고를 해주어야 한다.

(4) 상담심리사의 인사배치는 내담자의 권리와 복지를 보장하고 증진시킬 수 있도록 해야 한다.

(5) 상담심리사는 수련생에게 적절한 훈련과 지도감독을 제공하고, 수련생이 이 과정을 책임 있고 유능하게 수행할 수 있도록 도와야 하며, 만일 기관의 정책과 실제가 이런 의무의 수행을 막는다면, 가능한 범위에서 그 상황을 바로잡도록 노력한다.

다. 상담기관 운영자

(1) 상담기관 운영자는 다음 목록을 작성해 두어야 한다. 기관에 소속된 상담심리사의 증명서나 자격증은 그중 최고 수준의 것으로 하고, 자격증의 유형, 주소, 연락처, 직무시간, 상담의 유형과 종류, 그와 관련된 다른 정보 등이 정확하게 기록되어야 한다.

(2) 상담기관 운영자는 자신과 현재 종사하고 있는 직원의 발전에 책임이 있다.

(3) 상담기관 운영자는 직원들에게 기관의 목표와 상담 프로그램에 대해 알려주어야 한다.

(4) 상담기관 운영자는 고용, 승진, 인사, 연수 및 지도시에 나이, 문화, 장애, 성, 인종, 종교, 혹은 사회경제적 지위 등을 이유로 어떤 차별적인 행동을 해서는 안 된다.

(5) 상담기관 운영자는 직원이나 학생, 수련생, 동료 등을 교육, 감독하거나 평가시에 착취하는 관계를 가져서는 안 된다.

(6) 상담심리사가 개업상담가로서 상담을 홍보하고자 할 때는 일반인들에게 상담의 전문적 활동, 전문지식, 활용할 수 있는 상담 기술 등을 정확하게 알려주어야 한다.
(7) 기관에 재직 중인 상담심리사는 상담개업 활동에 적극적으로 종사하고 있지 않다면, 자신의 이름이 상업 광고에 사용되도록 해서는 안 된다.
(8) 상담심리사는 다른 상담심리사나 정신건강 전문가와 협력체제를 맺을 수 있는데, 이럴 때 기관의 특수성을 분명히 인지하고 있어야 한다.
(9) 상담심리사는 자신의 개업활동에 대해 내담자에게 신뢰감을 주기 위해 학회나 연구단체의 회원임을 거론하는 것은 비윤리적이다.
(10) 내담자나 교육생을 모집하기 위해, 개인상담소를 고용이나 기관 가입의 장소로 이용해서는 안 된다.

라. 다른 전문직과의 관계

(1) 상담심리사는 자신의 방식과 다른 전문적 상담 접근을 존중해야 한다. 상담심리사는 함께 일하는 다른 전문적 집단의 전통과 실제를 알고 이해해야 한다.
(2) 공적인 자리에서 개인 의견을 말할 경우, 상담심리사는 그것이 자기 자신의 관점에서 나온 것이고, 모든 상담심리사의 견해를 대변하는 것이 아님을 분명히 해야 한다.
(3) 내담자가 다른 정신건강 전문가의 서비스를 받고 있음을 알게 되면, 내담자의 동의하에 상담 사실을 그 전문가에게 알리고, 긍정적이고 협력적인 치료관계를 맺도록 노력한다.
(4) 상담심리사는 다른 전문가로부터 의뢰비용을 받으면 안 된다.

마. 자문

(1) 자문이란 개인, 집단, 사회단체가 전문적인 조력자의 도움이 필요하여 요청한 자발적인 관계를 말하는데, 상담심리사는 자문을 요청한 내담자나 기관의 문제 혹은 잠재된 문제를 규명하고 해결하는데 도움을 준다.
(2) 상담심리사와 내담자는 문제 규명, 목표 변경, 상담 성과에 서로의 이해와 동의를 구해야 한다.
(3) 상담심리사는 자신이 자문에 참여하는 개인 또는 기관에게 도움을 주는데 필요한 충분한 자질과 능력을 갖추었는지를 합리적인 방법으로 명시해야 한다.
(4) 자문을 할 때 개인이나 기관의 가치관을 바꾸는데 도움을 주고자 한다면 상담심리사

자신의 가치관, 지식, 기술, 한계성이나 욕구에 대한 깊은 자각이 있어야 하고, 자문의 초점은 문제를 가진 사람이 아니라 풀어나가야 할 문제 자체에 두어야 한다.

(5) 자문 관계는 내담자가 스스로 성장해 나가도록 격려하고 고양하는 것이어야 한다. 상담심리사는 이러한 역할을 일관성 있게 유지해야 하고, 내담자가 스스로의 의사결정자가 되도록 도와주어야 한다.

(6) 상담활동에서 자문의 활용에 대해 홍보할 때는 학회의 윤리강령을 성실하게 준수해야 한다.

바. 홍보

(1) 상담심리사는, 전문가로서의 자신의 자격과 상담활동에 대해 대중에게 홍보하거나 설명할 수 있으나, 그 내용은 정확해야 하며, 오해를 일으킬 수 있거나 거짓된 내용이어서는 안 된다.

(2) 상담심리사는 상담 수주를 위해 강연, 출판물, 라디오, TV, 혹은 다른 매체의 홍보에 대해 보수를 지급해서는 안 된다.

(3) 내담자의 추천을 통해서 새로운 내담자의 신뢰를 얻고자 할 때는, 상황이 특수한 상태이거나, 취약한 상태인 내담자에게는 추천을 의뢰해서는 안 된다.

(4) 상담심리사는 출판업자, 언론인, 혹은 스폰서 등이 상담의 실제나 전문적인 활동과 관련된 잘못된 진술을 하는 경우 이를 시정하고 방지하도록 노력한다.

(5) 상담심리사가 워크샵이나 훈련프로그램을 홍보할 때는 소비자의 선택을 위해서 적절한 정보를 제공하고 정확하게 홍보해야 한다.

3. 인간권리와 존엄성에 대한 존중

가. 내담자 복지

(1) 상담심리사의 일차적 책임은 내담자의 복리를 증진하고 존엄성을 존중하는 것이다.

(2) 상담심리사는 내담자의 잠재력을 개발하여 건강한 삶을 영위하도록 도움을 주며, 어떤 방식으로도 해를 끼치지 않는다. 상담심리사는 내담자로 하여금 의존적인 상담관계를 형성하지 않도록 노력하여야 한다.

(3) 상담심리사는 상담관계에서 오는 친밀성과 책임감을 인식하고, 상담심리사의 개인적 욕구충족을 위해서 내담자를 희생시켜서는 안 된다.

(4) 상담심리사는 내담자의 가족이 내담자의 삶에 중요하다는 것을 인식하고, 필요하다면

가족의 이해와 참여를 얻기 위해 노력한다.

(5) 상담심리사는 직업 문제와 관련하여 내담자의 능력, 일반적인 기질, 흥미, 적성, 욕구, 환경 등을 고려하면서 내담자와 함께 노력하지만, 내담자의 일자리를 찾아주거나 근무처를 정해줄 의무가 있는 것은 아니다.

나. 다양성 존중

(1) 상담심리사는 모든 인간의 기본적인 권리, 존엄성, 가치를 존중하며 연령이나 성별, 인종, 종교, 성적인 선호, 장애 등을 이유로 내담자를 차별하지 않는다.

(2) 상담심리사는 내담자의 다양한 문화적 배경을 이해하려고 적극적으로 시도해야 하며, 상담심리사 자신의 고유한 문화적 정체성이 상담과정에 어떤 영향을 주는지를 인식해야 한다.

(3) 상담심리사는 자신의 고유한 가치, 태도, 신념, 행위를 인식하여 그것이 어떻게 다양한 사회에서 적용되는지를 깨닫고 있어야 하고, 내담자에게 자신의 가치를 강요하지 않는다.

다. 내담자의 권리

(1) 내담자는 비밀유지를 기대할 권리가 있고 자신의 사례기록에 대한 정보를 가질 권리가 있으며, 상담 계획에 참여할 권리, 어떤 서비스에 대해서는 거절할 권리, 그런 거절에 따른 결과에 대해 조언을 받을 권리 등이 있다.

(2) 상담심리사는 내담자에게 상담에 참여 여부를 선택할 자유와 어떤 전문가와 상담할 것인가를 결정할 자유를 주어야 한다. 내담자의 선택을 제한하는 제한점은 내담자에게 모두 설명해야 한다.

(3) 미성년자 혹은 자발적인 동의를 할 수 없는 사람이 내담자일 경우, 상담심리사는 이런 내담자의 최상의 복지를 염두에 두고 행동한다.

4. 상담관계

가. 이중관계

(1) 상담심리사는 객관성과 전문적인 판단에 영향을 미칠 수 있는 이중관계는 피해야 한다. 가까운 친구나 친인척 등을 내담자로 받아들이면 이중관계가 되어 전문적 상담의 성과를 기대할 수 없으므로, 다른 전문가에게 의뢰하여 도움을 준다.

(2) 상담심리사는 상담할 때에 내담자와 상담 이외의 다른 관계가 있다면, 특히 자신이 내담자의 상사이거나 지도교수 혹은 평가를 해야 하는 입장에 놓인 경우라면 그 내담자를 다른 전문가에게 의뢰한다. 그러나 다른 대안이 불가능하고, 내담자의 상황을 판단해 볼 때 상담관계 형성이 가능하다고 여겨지면 상담관계를 유지할 수도 있다.

(3) 상담심리사는 특별한 경우를 제외하고는, 내담자와 상담실 밖에서 사적인 관계를 유지하지 않도록 한다.

(4) 상담심리사는 내담자와의 관계에서 상담료 이외의 어떠한 금전적, 물질적 거래관계도 맺어서는 안 된다.

나. 성적관계

(1) 상담심리사는 내담자와 어떠한 종류이든 성적관계는 피해야 한다.

(2) 상담심리사는 이전에 성적인 관계를 가졌던 사람을 내담자로 받아들이지 않는다.

(3) 상담심리사는 상담관계가 종결된 이후 최소 2년 내에는 내담자와 성적 관계를 맺지 않는다. 상담 종결 이후 2년이 지난 후에 내담자와 성적 관계를 맺게 되는 경우에도 상담심리사는 이 관계가 착취적인 특성이 없다는 것을 철저하게 검증해야 한다.

다. 여러 명의 내담자와의 관계

(1) 상담심리사가 서로 관계를 맺고 있는 둘 혹은 그 이상의 내담자들(예 : 남편과 아내, 부모와 자녀)에게 상담을 제공할 것을 동의할 경우, 상담심리사는 누가 내담자이며 각 사람과 어떠한 관계를 맺게 될지 그 특성에 대해 명확히 하고 상담을 시작해야 한다.

(2) 만약 그러한 관계가 상담심리사로 하여금 잠재적으로 상충되는 역할을 수행하도록 요구한다면, 상담심리사는 그 역할에 대해서 명확히 하거나, 조정하거나, 그 역할로부터 벗어나도록 한다.

5. 정보의 보호

가. 사생활과 비밀보호

(1) 상담심리사는 사생활과 비밀유지에 대한 내담자의 권리를 최대한 존중해야 할 의무가 있다.

(2) 내담자의 사생활 보호에 대한 권리는 내담자나 내담자가 위임한 법적 대리인에 의해 유예될 수 있다.

(3) 상담심리사는 내담자의 사생활 침해를 최소화하기 위해서 문서 및 구두상의 보고나 자문 등에서 실제 의사소통된 정보만을 포함시킨다.

(4) 상담심리사는 고용인, 지도감독자, 사무보조원, 그리고 자원봉사자들을 포함한 직원들에게도 내담자의 사생활과 비밀이 보호되도록 주지시켜야 한다.

나. 기록

(1) 법, 규제 혹은 제도적 절차에 따라, 상담심리사는 내담자에게 전문적인 서비스를 제공하기 위해서 반드시 기록을 보존한다.

(2) 상담심리사는 녹음 및 기록에 관해 내담자의 동의를 구한다.

(3) 상담심리사는 면접기록, 심리검사자료, 편지, 녹음・녹화 테잎, 기타 문서기록 등 상담과 관련된 기록들이 내담자를 위해 보존된다는 것을 인식하며, 상담기록의 안전과 비밀보호에 책임진다.

(4) 상담기관이나 연구단체는 상담기록 및 보관에 관한 규정을 작성해야 하며, 그렇지 않을 경우 상담기록은 상담심리사가 속해있는 기관이나 연구단체의 기록으로 간주한다. 상담심리사는 내담자가 기록에 대한 열람이나 복사를 요구할 경우, 그 기록이 내담자에게 잘못 이해될 가능성이 없고 내담자에게 해가 되지 않으면 응하는 것이 원칙이다. 단, 여러 명의 내담자를 상담하는 경우 다른 내담자와 관련된 사적인 정보는 제외하고 열람하도록 한다.

(5) 상담심리사는 기록과 자료에 대한 비밀보호가 자신의 죽음, 능력상실, 자격박탈 등의 경우에도 보호될 수 있도록 미리 계획을 세운다.

(6) 상담심리사는 상담과 관련된 기록을 보관하고 처리하는데 있어서 비밀을 보호해야 하며, 이를 타인에게 공개할 때는 내담자의 직접적인 동의가 있을 때만 가능하다.

(7) 상담심리사는 다음에 정한 바와 같이 비밀보호의 예외가 존재하는 경우를 제외하고는, 내담자의 서면 동의 없이는 제삼의 개인, 단체에게 상담기록을 밝히거나 전달하지 않는다.

다. 비밀보호의 한계

(1) 내담자의 생명이나 사회의 안전을 위협하는 경우가 발생한 경우에 한하여 내담자의 동의 없이도 내담자에 대한 정보를 관련 전문인이나 사회에 알릴 수 있다. 이런 경우 상담 시작 전에 이러한 비밀보호의 한계를 알려준다.

(2) 내담자가 감염성이 있는 치명적인 질병이 있다는 확실한 정보를 가졌을 때, 상담심리사는, 그 질병에 위험한 수준으로 노출되어 있는 제삼자(내담자와 관계 맺고 있는)에게 그러한 정보를 공개할 수 있다. 상담심리사는 제삼자에게 이러한 정보를 공개하기 전에, 내담자가 자신의 질병에 대해서 그 사람에게 알렸는지, 아니면 조만간에 알릴 의도가 있는지를 확인한다.

(3) 법적으로 정보의 공개가 요구될 때는 비밀보호의 원칙에서 예외이지만, 법원이 내담자의 허락없이 사적인 정보를 밝힐 것을 요구할 경우, 상담심리사는 내담자와의 관계를 해칠 수 있기 때문에 정보를 요구하지 말 것을 법원에 요청한다.

(4) 상황들이 사적인 정보의 공개를 요구할 때 오직 기본적인 정보만을 밝힌다. 더 많은 사항을 밝히기 위해서는 사적인 정보의 공개에 앞서 내담자에게 알린다.

(5) 만약 내담자의 상담이 여러 전문가로 구성된 팀에 의한 지속적인 관찰을 포함하고 있다면, 팀의 존재와 구성을 내담자에게 알린다.

(6) 상담이 시작될 때와 상담과정 중 필요한 때 상담심리사는 내담자에게 비밀 보호의 한계를 알리고 비밀 보호가 불이행되는 상황에 대해 인식시킨다.

(7) 비밀보호의 예외 및 한계에 관한 타당성이 의심될 때 상담심리사는 동료 전문가의 자문을 구한다.

라. 집단상담과 가족상담

(1) 집단상담에서 상담심리사는 비밀보호의 중요성을 설명하고, 집단에서의 비밀보호와 관련된 어려움들을 토론한다. 집단 구성원들에게 비밀보호가 완벽하게는 보장될 수 없음을 알린다.

(2) 가족상담에서 한 가족구성원에 대한 정보는 허락없이 다른 구성원에게 공개될 수 없다. 상담심리사는 각 가족구성원의 사생활에 대한 권리를 보호한다.

(3) 자발적인 언행이 불가능하거나 미성년인 내담자를 상담할 때, 상담의 과정에서 필요하면, 부모나 보호자가 참여할 수 있음을 알린다. 그러나 상담심리사는 내담자의 이익을 위해 최선을 다한다.

마. 기타 목적을 위한 내담자 정보의 사용

(1) 교육이나 연구 또는 출판을 목적으로 상담관계로부터 얻어진 자료를 사용할 때는 내담자의 동의를 구해야 하며, 각 개인의 익명성이 보장되도록 자료 변형 및 신상 정보

의 삭제와 같은 적절한 조치를 취하여 내담자의 신상에 피해를 주지 않도록 한다.

(2) 다른 전문가의 자문을 구할 경우, 상담심리사는 사전에 내담자의 동의를 구해야 하며, 적절한 조치를 통해 내담자의 사생활과 비밀을 보호하도록 노력한다.

바. 전자 정보의 비밀보호

(1) 컴퓨터를 사용하면 광범위하게 자료를 보관하고 조사·분석할 수 있지만, 정보를 관리하는데 한계가 있다는 사실을 알아야 한다.

(2) 내담자의 기록이 전자 정보 형태로 보존되어 제삼자가 내담자의 동의 없이 접근할 수 있을 때, 상담심리사는 적절한 방법을 통해 내담자의 신상이 드러나지 않도록 조치를 취한다.

6. 상담연구

가. 연구계획

(1) 상담심리사는 윤리적 기준에 따라 과학적인 방법으로 연구를 계획하고 수행한다.

(2) 상담심리사는 연구가 잘못될 가능성을 최소화하도록 연구를 계획한다.

(3) 연구를 계획할 때, 상담심리사는 윤리강령에 따라 하자가 없도록 한다. 만약 윤리적 쟁점이 명확하지 않다면, 상담심리사는 윤리위원회나 동료의 자문 등을 통해 쟁점을 해결한다.

(4) 상담심리사는 최선을 다해 연구 대상자의 권리와 복지를 보호하기 위한 적절한 조치를 취해야 한다.

(5) 상담심리사는 국가의 법과 기준 및 전문적 기준을 준수하는 태도로 연구를 수행한다.

나. 책임

(1) 상담심리사는 연구가 진행되는 동안 연구 대상자의 복지에 대한 책임이 있으며, 연구 대상자를 심리적, 신체적, 사회적 불편이나 위험으로부터 보호해야 한다.

(2) 상담심리사는 자기 자신 혹은 자기 감독하에 수행된 연구의 윤리적 행위에 대해서 책임이 있다.

(3) 연구자와 연구 보조자는, 훈련받고 준비된 과제만을 수행해야 한다.

(4) 연구를 수행하는데 있어서, 필요에 따라 숙련된 연구자의 자문을 구한다.

다. 연구 대상자의 참여 및 동의

(1) 연구에의 참여는 자발적이어야 한다. 비자발적인 참여는 그것이 연구 대상자에게 전혀 해로운 영향을 끼치지 않거나, 관찰연구가 필요한 경우에만 가능하다.

(2) 상담심리사는 연구 대상자를 구하기 위하여 부적절한 유인가를 제공하지 말아야 한다.

(3) 상담심리사는 연구 대상자가 이해할 수 있는 언어를 사용하여 연구의 목적, 절차 및 기대되는 효과를 설명한 후에 연구 동의를 받아야 한다.

(4) 상담심리사는 모든 형태의 촬영이나 녹음에 대해서 사전에 연구 대상자의 동의를 받아야 한다.

(5) 상담심리사는 정보를 숨기거나 사실과 다르게 알리는 것이 연구와 관찰에 필요한 경우를 제외하고는, 모든 연구 대상자에게 연구의 목적 및 특성에 대해 사실대로 알려야 한다. 연구의 특성상 사실과 다르게 보고한 경우에는 연구가 끝난 뒤 가능한 한 빨리 사실 그대로를 알려 주어야 한다.

(6) 상담심리사는 연구 대상자의 참여에 영향을 줄 수 있는 물리적 위험, 불편함, 불쾌한 정서적 경험 등에 관하여 반드시 사전에 알려주어야 한다.

라. 연구결과 및 보고

(1) 상담심리사는 연구 대상자의 요구가 있을 경우, 연구 대상자에게 연구의 결과나 결론 등을 제공한다.

(2) 상담심리사는 연구결과를 출판할 경우에 자료를 위조하거나 결과를 왜곡해서는 안 된다.

(3) 출판된 자신의 자료에서 중대한 오류가 발견된 경우, 상담심리사는 그러한 오류에 대해 수정, 철회, 정정하여야 한다.

(4) 상담심리사는 타 연구의 결과나 자료의 일부, 혹은 기본적인 내용에 대해서 아무리 자주 인용된다 할지라도 자신의 것으로 보고해서는 안 된다.

(5) 상담심리사는 자신이 수행한 연구 및 기여한 연구에 대해서만 책임과 공로를 갖는다. 연구에 많은 공헌을 한 자는 공동 연구자로 하거나, 공인을 해주거나, 각주를 통해 밝히거나, 혹은 다른 적절한 수단을 통하여 그 공헌에 맞게 인정해주어야 한다.

(6) 전문적이고 과학적인 가치가 있는 것으로 판명된 연구결과는 다른 상담심리사들과 상호 교환해야 하며, 연구결과가 연구소의 프로그램, 상담활동, 기존 관심과 일치하지

않는다는 이유로 철회되어서는 안 된다.

(7) 상담심리사는 자신의 연구를 제삼자가 반복하기 원하고, 그만한 자격이 있으면, 연구 자료를 충분히 이용하도록 할 의무가 있다. 단, 연구 대상자의 정보를 보호해야 한다.

(8) 상담심리사는 이미 다른 논문이나 출판물에 전체 혹은 일부분이 수록된 원고를 전 출판사의 승인이나 인가 없이 이중발표하지 않는다.

7. 심리검사

가. 기본사항

(1) 교육 및 심리 평가의 주된 목적은 객관적이면서 해석이 용이한 평가도구를 제공하는 데 있다.

(2) 상담심리사는 교육 및 심리평가방법을 활용하여 내담자의 복리와 이익을 추구하여야 한다.

(3) 상담심리사는 평가결과와 해석을 오용해서는 안 되고, 다른 사람들이 평가도구를 개발하고, 출판 또는 사용함에 있어서 정보를 오용하지 않도록 적절한 조치를 한다.

(4) 상담심리사는 검사결과에 따른 상담심리사들의 해석 및 권유의 근거에 대한 내담자들의 알 권리를 존중한다.

(5) 상담심리사는 규정된 전문적 관계 안에서만 평가, 진단, 서비스, 혹은 개입을 한다.

(6) 상담심리사의 평가, 추천, 보고, 그리고 심리적 진단이나 평가 진술은 적절한 증거 제공이 가능한 정보와 기술에 바탕을 둔다.

나. 검사를 사용하고 해석하는 능력

(1) 상담심리사는 자신의 능력의 한계를 알고, 훈련받은 검사와 평가만을 수행해야 한다. 또한 상담심리사는 지도감독자로부터, 적합한 심리검사 도구를 제대로 이용하는지의 여부를 평가받아야 한다.

(2) 컴퓨터를 이용한 검사를 활용하는 상담심리사는, 원 평가도구에 대해 훈련받아야 한다.

(3) 수기로 하든지, 컴퓨터를 사용하든지, 상담심리사는 평가도구의 채점, 해석과 사용, 응용에 대한 책임이 있다.

(4) 상담심리사는 타당도와 신뢰도, 검사에 대한 연구 및 검사지의 개발과 사용에 관한 지침 등 교육 및 심리적 측정에 대해 철저하게 이해하고 있어야 한다.

(5) 상담심리사는 평가도구나 방법에 대해 언급할 때, 정확한 정보를 제공하고 오해가 없도록 해야 한다. 지능지수나 점수 등이 근거 없는 의미를 내포하지 않도록 특별한 노력을 기울여야 한다.

(6) 상담심리사는 심리평가를 무자격자에게 맡겨서는 안 된다.

다. 사전 동의

(1) 평가 전에 내담자의 동의를 미리 얻지 않았다면, 상담심리사는 그 평가의 특성과 목적, 그리고 결과의 구체적인 사용에 대해 내담자가 이해할 수 있는 말로 설명해야 한다. 채점이나 해석이 상담심리사나 보조원에 의해서 되든, 아니면 컴퓨터나 기타 외부 서비스 기관에 의해서 이루어지든지, 상담심리사는 내담자에게 적절한 설명을 하도록 조치를 취해야 한다.

(2) 내담자의 복지, 이해능력, 그리고 사전 동의에 따라 검사 결과의 수령인을 결정짓는다. 상담심리사는 어떤 개인 혹은 집단 검사결과를 제공할 때 정확하고 적절한 해석을 함께 제공하여야 한다.

라. 유능한 전문가에게 정보 공개하기

(1) 상담심리사는 검사 결과나 해석을 포함한 평가 결과를 오용해서는 안 되며, 다른 사람들의 오용을 막기 위한 적절한 조치를 취한다.

(2) 상담심리사는 특별한 경우를 제외하고는, 내담자나 내담자가 위임한 법적 대리인의 동의가 있을 경우에만 그 내담자의 신분이 드러날 만한 자료(예 : 계약서, 상담이나 인터뷰 기록, 혹은 설문지)를 공개한다. 그와 같은 자료는 그 자료를 해석할 만한 능력이 있다고 상담심리사가 인정하는 전문가에게만 공개되어야 한다.

마. 검사의 선택

(1) 상담심리사는 심리검사를 선택할 때 타당도, 신뢰도, 검사의 적절성, 제한점 등을 신중히 고려한다.

(2) 상담심리사는 다문화 집단을 위한 검사를 선택할 때, 사회화된 행동과 인지 양식을 고려하지 않은 부적절한 검사를 피할 수 있도록 주의한다.

바. 검사 시행의 조건

(1) 상담심리사는 표준화된 조건과 동일한 조건에서 검사를 시행한다. 검사가 표준화된

조건에서 시행되지 않거나, 검사 시간에 비정상적인 행동이 발생할 경우, 그러한 내용을 기록해야 하고, 그 검사 결과는 무효 처리하거나 타당성을 의심할 수 있다.

(2) 상담심리사는 컴퓨터나 다른 전자식 방법을 사용하였을 때, 시행 프로그램이 내담자에게 정확한 결과를 적절히 제공하도록 보장할 책임이 있다.

(3) 인사, 생활지도, 상담활동에 주로 활용되는 검사 결과가 유의미하기 위해서는 검사내용에 대한 선수지도나 내용을 언급하면 안 된다. 그러므로 검사지를 안전하게 보호하는 것도 상담심리사의 책임이다.

사. 검사 점수화와 해석, 진단

(1) 상담심리사는 검사 시행과 해석에 있어서 나이, 인종, 문화, 장애, 민족, 성, 종교, 성적 기호, 그리고 사회경제적 지위의 영향을 고려하고, 다른 관련 요인들과 통합 비교하여 검사 결과를 해석한다.

(2) 상담심리사는 기술적 자료가 불충분한 평가도구의 경우 그 결과를 해석할 때 신중해야 한다. 그러한 도구를 사용하는 특정한 목적을 내담자에게 명백히 알려주어야 한다.

(3) 정신장애를 진단하기 위해서 상담심리사는 특별한 관심을 가져야 한다. 내담자에 대한 치료 장소, 치료 유형, 또는 후속조치를 결정하기 위한 개인 면담 및 평가방법을 주의깊게 선택하고 사용한다.

(4) 상담심리사는 내담자의 문제를 정의할 때, 내담자가 속한 문화의 영향을 받는다는 것을 인지한다. 내담자의 정신장애를 진단할 때 사회경제적 및 문화적 경험을 고려해야 한다.

아. 검사의 안전성

(1) 상담심리사는 공인된 검사 또는 일부를 발행자의 허가 없이 사용, 재발행, 수정하지 않는다.

(2) 상담심리사는 시대에 뒤진 자료나 검사 결과를 사용하지 않는다. 다른 사람이 쓸모없는 측정이나 검사 자료를 사용하지 않도록 상담심리사는 도와준다.

8. 윤리문제 해결

가. 윤리위원회와 협력

(1) 상담심리사는 본 윤리강령 및 적용 가능한 타 윤리강령을 숙지해야 할 의무가 있다.

윤리적 기준에 대해 모르고 있거나, 잘못 이해하고 있다는 사실이 비윤리적 행위에 대한 근거가 되지는 못한다.

(2) 상담심리사는 윤리강령의 시행과정을 돕는다. 상담심리사는 윤리강령을 위반한 것으로 지목되는 사람들에 대해 윤리위원회의 조사, 요청, 소송절차에 협력한다.

나. 위반

(1) 상담심리사가 윤리적으로 행동하는지에 대한 의구심을 유발하는 근거가 있을 때, 윤리위원회는 적절한 조치를 취할 수 있다.

(2) 특정 상황이나 조치가 윤리강령에 위반되는지 불분명할 경우, 상담심리사는 윤리강령에 대해 지식이 있는 다른 상담심리사, 해당 권위자 및 윤리위원회의 자문을 구한다.

(3) 소속 기관 및 단체와 본 윤리강령 간에 갈등이 있을 경우, 상담심리사는 갈등의 본질을 명확히 하고, 소속 기관 및 단체에 윤리강령을 알려서 이를 준수하는 방향으로 해결책을 찾도록 한다.

(4) 다른 상담심리사의 윤리 위반에 대해 비공식적인 해결이 가장 적절한 개입으로 여겨질 경우에는, 당사자에게 보고하여 해결하려는 시도를 한다.

(5) 명백한 윤리강령 위반이 비공식적인 방법으로 해결되지 않거나, 그 방법이 부적절하다면 윤리위원회에 위임한다.

9. 회원의 의무

본 학회의 정회원, 준회원 및 종신회원은 상담심리사 자격을 취득하기 이전이라 할지라도 예비상담심리사로서 본 윤리강령을 준수할 의무가 있다.

부 칙

(1) 본 윤리강령은 2003년 5월 17일부터 시행한다.

(2) 본 윤리강령은 학회 명칭과 상담전문가 명칭을 변경함에 따라 해당되는 용어를 수정하여 2004년 4월 17일자부터 시행한다.

(3) 본 개정 윤리강령은 2009년 11월 21일부터 시행한다.

상담심리 가이드북

2011년 3월 31일 1판 1쇄 발행
2013년 8월 25일 1판 2쇄 발행

저 자 ◎ **이장호 · 김현아 · 백지연**

발행자 ◎ **조 승 식**

발행처 ◎ (주) 도서출판 **북스힐**
서울시 강북구 수유2동 240-225

등 록 ◎ 제 22-457 호

TEL (02) 994-0071(代)

FAX (02) 994-0073

E-MAIL bookswin@unitel.co.kr
www.bookshill.com

값 18,000원

잘못된 책은 교환해 드립니다.

ISBN 978-89-5526-765-5